BERND HARBECK-PINGEL | ANDRÉ MUNZINGER (HRSG.)

CHRISTENTUM IM WERDEN.

THEOLOGISCHE THEORIEBILDUNGEN

FESTSCHRIFT FÜR KONRAD STOCK ZUM 80. GEBURTSTAG

MARBURGER THEOLOGISCHE STUDIEN

139

begründet von

Hans Graß und Werner Georg Kümmel

herausgegeben von

Friedhelm Hartenstein und Michael Moxter

BERND HARBECK-PINGEL

ANDRÉ MUNZINGER (HRSG.)

CHRISTENTUM IM WERDEN.

THEOLOGISCHE THEORIEBILDUNGEN

FESTSCHRIFT FÜR KONRAD STOCK ZUM 80. GEBURTSTAG

EVANGELISCHE VERLAGSANSTALT
Leipzig 2021

Bibliografische Information Der Deutschen Bibliothek

Die Deutsche Bibliothek verzeichnet diese Publikation in der Deutschen Nationalbibliografie; detaillierte bibliografische Daten sind im Internet über http://dnb.ddb.de abrufbar.

ISBN: 978-3-374-06882-1

Printed in Germany

INHALTSVERZEICHNIS

VORWORT

Theologische Reflexionen, religiöse Überzeugungen und ihre Praxis sind gleichermaßen auf die entstehende Weltgesellschaft[1] und ihre vielfältigen Erscheinungsformen bezogen. Die systematisch-theologische Form rekonstruiert dabei Veränderungen gemäß ethischen Kategorien, in kritischer Zeitgenossenschaft und in der Fortschreibung und Profilierung dogmatischer und religionsphilosophischer Denkfiguren.

Die vorliegenden Untersuchungen sind Prof. Dr. Konrad Stock von Kollegen und Schülern zu seinem 80. Geburtstag gewidmet.

Die inhaltliche Zusammenstellung des Bandes spiegelt die Themenwelt wider, die Konrad Stock selbst bearbeitet und maßgeblich mitdiskutiert hat. Der Aufbau macht einen vielschichtigen Zugriff auf theologische Topoi geltend, die trotz ihrer Heterogenität eine Einheit bilden. In vielen akademischen Zusammenhängen und anerkannten Publikationen fordert Konrad Stock diesen Zusammenhang der theologischen Topoi ein. Dabei ist bis heute das sachliche Gespräch über die Disziplinengrenzen hinweg ein kennzeichnendes Anliegen. Der Dissens wird nicht gescheut, aber die Suche nach einer die Kirche in der Gesellschaft stärkenden, gemeinsamen Theologie bleibt der Maßstab für alle Kontroversen.

Wir danken der Kollegin und den Kollegen für die Bereitschaft, ihre Forschungsergebnisse in diesem Rahmen zu veröffentlichen. Ebenso danken wir den Herausgebern für die Aufnahme des Bandes in die Marburger Theologischen Studien. Ferner danken wir den Institutionen, die die Drucklegung des Buches namhaft gefördert haben: der Evangelischen Landeskirche in Baden, der Evangelischen Kirche in Hessen und Nassau, der Evangelisch-Lutherischen Kirche in Norddeutschland, der Evangelischen Kirche im Rheinland und Freunde der Evangelisch-Theologischen Fakultät Bonn - Rheinische Gesellschaft zur Förderung der Theologie e.V.

Nicht zuletzt gilt unser Dank den Mitarbeiterinnen und Mitarbeitern, die durch ihr Engagement dazu beigetragen haben, dass das Buch rechtzeitig erscheint: Arne Hansen, Katharina Reis (Kiel); Natascha Leins, Christian Meier, Monique Schmolzi (Freiburg).

Freiburg und Kiel, Palmarum 2021 — Bernd Harbeck-Pingel und André Munzinger

[1] K. STOCK, Systematische Theologie I. Göttingen 2017, 107–115.

A. Ethik des Werdens

Joachim Weber

BEMERKUNGEN ZUM FREIHEITSBEGRIFF

Unübersehbar ist, dass die okzidentalen Kulturen in besonderer Weise um den Freiheitsbegriff gruppiert sind. Er hat tiefe Wurzeln im Selbstverständnis des Okzidents hinterlassen und diese reichen weit in die Vergangenheit. Insbesondere zwei Wurzeln spielen dabei eine herausragende Rolle, zum einen die jüdische Tradition als eine solche, in der JHWH sein Volk vor die Entscheidung stellt und damit ein Gottesverständnis berührt ist, das eine Verhandlung mit ihm erlaubt. Sein Volk kann nein sagen zum göttlichen Willen, ja es tut dies sogar permanent, und JHWH ist selbst vorgestellt als mit einem Willen versehen, der mit diesem Willen Geschichte schreibt. Insbesondere zeigt sich Freiheit im Verhältnis zwischen Gott und Mensch. Das jüdische Testament berichtet von JHWH, dass er immer wieder mit seinem Volk einen Bund schließt, was immerhin voraussetzt, dass es im Verhältnis zwischen Gott und Mensch um eine bewusste und grundsätzlich freiwillige Einigung zweier Partner geht.

Damit ist jedoch nur eine von mindestens zwei Wurzeln des okzidentalen Freiheitsbegriffs benannt. Die andere liegt in der griechischen Erfahrung der politischen Selbstbestimmung, wie sie insbesondere Perikles in seiner berühmten Leichenrede darstellt.[1] Perikles bringt in Abgrenzung zur spartanischen Kultur militärischer Disziplin die athenische Freizügigkeit in Geltung und verbindet diese mit der Erfahrung politischer Selbstbestimmung der athenischen Bürger. Für diese, so zeigt insbesondere Aischylos, ist jedoch eine theologische Umstellung notwendig. Nicht mehr die Götter lachen über die Menschen und halten sie an ihrem Gängelband, sondern es sind die Menschen, die durch ihre politischen Entscheidungen ihre Geschicke selbst bestimmen und durch diese ihre Bestimmung die alten heiligen Gesetze, wie sie der Legende nach beispielhaft an Orest vollzogen werden sollten, aufzuheben vermögen.[2] Athene als Schutzgöttin Athens wird nur eine Stimme im politischen Abstimmungsprozess zugestanden; ihr Votum hat genauso viel Gewicht wie das jedes Bürgers, das nur deshalb den Ausschlag gibt, weil durch ihre Stimme die Mehrheit erreicht wird.[3] Auch hier begegnen sich Gott und Mensch als Verhandlungspartner, in diesem Fall sogar als gleichberechtigte. Freiheitliche Selbstbestimmung

[1] THUKYDIDES, Der Peloponnesische Krieg, Universal-Bibliothek 1807. Stuttgart 1990.

[2] AISCHYLOS, Die Eumeniden. Orestie III., hg. von K. Steinmann und A. Bierl. Stuttgart 2016; C. MEIER, Die Entstehung des Politischen bei den Griechen. Frankfurt am Main 1980; C. MEIER, Die politische Kunst der griechischen Tragödie. München 1988.

[3] AISCHYLOS, Die Eumeniden. Orestie III. Stuttgart 1981, 734ff.

geschieht zwischen mit Freiheit begabten Akteuren, die gemeinsam und bewusst, indem sie um mindestens eine Alternative wissen, über ihre Geschicke bestimmen.

Beide Wurzeln des Freiheitsbegriffs sind eng verbunden mit der Entdeckung des menschlichen Willens, der in bestimmten Momenten die eigene Biographie ebenso wie die Geschichte eines ganzen Gemeinwesens zu prägen vermag. Die Verbindung beider Wurzeln sehen wir bei dem römischen Bürger und jüdischen Schriftgelehrten Paulus, der schließlich den Abgrund des freien Willens entdeckt, indem die Freiheit in ihm kollabiert (Röm 7).[4] In seinen Briefen wird denn auch dem Begriff der Freiheit eine herausragende Bedeutung zugeschrieben. Freiheit zeigt sich bei Paulus in doppelter Form, zum einen als Freiheit von der Knechtschaft der Vergänglichkeit zur „herrlichen Freiheit der Kinder Gottes" (Röm 8,21), zum anderen als Freiheit von der Knechtschaft des Gesetzes, in deren Kontext wir „zur Freiheit befreit" sind (Gal 5,1). Beiden gemeinsam ist ein negatives Verständnis von Freiheit; Freiheit zeigt sich als Befreiung bzw. Emanzipation aus zwei unterschiedlichen Formen der Knechtschaft, die aber in eine positive Erfahrung von Freiheit münden. Zum einen geht es mit der Vergänglichkeit um die Stellung von uns Menschen im Kontext der göttlichen Schöpfung. Die Erfahrung des Glaubens impliziert das Erleben, dass wir nicht einfach Teil des Schöpfungszusammenhangs sind, sondern mit Freiheit begabt sind, aus unserem Geschaffensein etwas machen können, was mit diesem Geschöpfsein nicht determiniert ist. Wir Menschen handeln in unberechenbarer Weise und prägen damit den geschichtlichen Abläufen unseren Eigensinn auf. Wir sind Täter unserer Taten, ja die Taten wie die Leiden prägen schließlich in herausragender Weise unser Verständnis von uns selbst als jeweiliger Person. Freiheit verweist damit gleichzeitig auf Verantwortung. Wir sind aufgerufen, persönlich Antwort zu geben auf die Frage, warum wir so gehandelt haben, wie wir gehandelt haben, und wie wir mit den Folgen unserer Entscheidungen umgehen wollen. Verantwortung zeigt sich als Schwerkraft der Freiheit, unter deren Last wir zusammenbrechen würden, wenn wir nicht auf die Macht des Verzeihens hoffen können,[5] die uns immer wieder Neuanfänge erlaubt. Die Schuld bildet damit die zweite Knechtschaft neben der Naturkausalität, von der wir nach Paulus als Kinder Gottes befreit sind.

Wenn auch diese mehrdimensionale Erfahrung des Freiseins in besonderer Weise die okzidentalen Erfahrungen geprägt hat, so bedeutet dies jedoch nicht, dass diese nicht immer wieder geleugnet wurde und wird. Platon ist einer der frühesten Leugner von Freiheit im Handeln. Freiheit tritt bei Platon ebenso wie im Platonismus auf als Befreiung von der Naturnotwendigkeit durch vernünftige Selbstbestimmung zum Guten, doch diese Selbstbestimmung denkt Platon als eine solche zum Wahren, Schönen und Guten, die selbst die Form von Notwendigkeit hat und Entscheidungsfreiheit allenfalls in das vorgeburtliche

[4] H. JONAS, „Philosophische Meditation über Paulus, Römerbrief, Kapitel 7", in Zeit und Geschichte. Dankesgabe an Rudolf Bultmann zum 80. Geburtstag. Tübingen 1964.

[5] H. ARENDT, Macht und Gewalt (MuG), 8.Aufl., München 1993, 300ff.

Jenseits verschiebt,[6] und die schließlich in ein totalitäres Verständnis von *politeia* mündet.[7] Auch in der Theologie wurde und wird immer wieder mit der menschlichen Selbstbestimmung gerungen, in deren Folge allzu oft der menschliche Willen als vom göttlichen Willen determiniert gedacht wurde. Freiheit verkommt in diesem Zusammenhang zu einer freiwilligen Einstimmung in den göttlichen Willen, wie insbesondere Spinoza behauptet hat,[8] aber sie gestaltet nicht mehr den Gang der Geschichten, die von den Menschen und ihren Entscheidungen mitbestimmt werden. Die Radikalität der Freiheitserfahrung wird geleugnet, insofern diese impliziert, dass es Menschen möglich ist, in einen irgendwie regelhaften Ablauf der Ereignisse unwiderruflich einzugreifen.

In der Neuzeit treten schließlich Freiheitsbewusstsein und Notwendigkeit in neuer Weise auseinander. Wir mögen uns frei fühlen, aber hinter unseren bewussten Entscheidungen bewegen uns ganz andere – unbewusste – Kausalitäten. Der Determinismus kann dabei tiefenpsychologische Konnotationen annehmen – es ist dann die Triebdynamik, die im Rücken unserer Entscheidungen unser Handeln bestimmt - oder aber sozialwissenschaftliche: das Individuum wird „in seiner Wirklichkeit" zum Ensemble der gesellschaftlichen Verhältnisse.[9] Im Rücken seiner Entscheidungen vollziehen sich lediglich die Gesetzmäßigkeiten kapitalistischer Verhältnisse. Oder aber das Gehirn determiniert uns, insofern es bereits entschieden hat, bevor wir eine bewusste Entscheidung treffen.[10] Freiheit zeigt sich in den okzidentalen Kulturen nicht als fraglose Selbstverständlichkeit, sondern bleibt bis in aktuelle wissenschaftliche Debatten hinein umstritten und umkämpft. Sie droht immer wieder in der Knechtschaft der Notwendigkeit unterzugehen, die in der Geschichte der okzidentalen Kulturen entweder die Form von göttlicher Allmacht, von Naturkausalität oder aber von gesellschaftlichen Herrschaftsprozessen angenommen hat.

I. Okzidentale Freiheit im Kontext von Liberalismus, Kapitalismus und Neoliberalismus

Der okzidentale Konflikt um die Freiheit als handelnde und entscheidende, individuelle und soziale Selbstbestimmung in unserer Kultur steht jedoch noch vor einem ganz anderen Problem. Der Begriff der Freiheit ist in der Postmoderne besetzt von einem liberalistischen Freiheitsverständnis, das sich in der Aufklärung gebildet hat und im Kontext einer kapitalistischen Gesellschaft zuspitzt, bis es sich im Neoliberalismus im Ausgang des zwanzigsten Jahrhunderts weiter radikalisiert. Jedes Nachdenken über Freiheit muss sich

[6] D. CÜRSGEN, Freiheit. In: C. Schäfer (Hg.): Platon-Lexikon. Begriffslexikon zu Platon und der platonischen Tradition. Darmstadt 2007, 121-124.

[7] K. POPPER, Die offene Gesellschaft und ihre Feinde. Band 1: Der Zauber Platons. Tübingen 2003, 104ff.

[8] B. SPINOZA, Ethik. In geometrischer Weise behandelt. Leipzig 1982, 65.

[9] K. MARX , Thesen über Feuerbach. In: Marx-Engels-Werke (MEW) Band 3, 1990, 6.

[10] G. ROTH, Worüber Hirnforscher reden - und in welcher Weise? In: C. Geyer (Hg.): Hirnforschung und Willensfreiheit. Zur Deutung der neuesten Experimente. 1. Aufl., Frankfurt a. M. 2004, 66–85; W. SINGER, Verschaltungen legen uns fest: Wir sollten aufhören, von Freiheit zu sprechen. In: C. Geyer (Hg.): Hirnforschung und Willensfreiheit. Zur Deutung der neuesten Experimente. Orig.-Ausg., 1. Aufl., Frankfurt am Main 2004, 30–65.

zu dieser Prägung irgendwie verhalten, sind uns doch die Konsequenzen dieses Verständnisses in verhängnisvoller Weise derart selbstverständlich, dass uns die damit verbundene Unfreiheit nur durch besondere Anstrengungen kritischer Reflexivität bewusst wird.

Die Aufklärung verteidigte die Freiheit im Kontext eines zunehmend absolutistischen Staates, wobei sehr unterschiedliche Absolutismen den Ausschlag für die entsprechenden Denkbewegungen gaben, ganz gleich ob es sich dabei um den französischen, den preußischen oder den englischen unter Oliver Cromwell handelte. Im Vordergrund ging es um die Begrenzung staatlicher Herrschaft; und diese Begrenzung sollte geschehen durch die Sicherung privater Freiheitsrechte. Es entstand in diesem Kontext zunehmend die Zurichtung einer durch Rechte staatlich garantierten Privatsphäre, die gegen staatliche Übergriffe behauptet werden kann. Dabei wurde alsbald die Idee des souveränen Staates in die Person verlegt, die nun souverän in den Grenzen ihres Privatraums regieren konnte und sollte. Auf den Begriff gebracht wurde diese Idee der nicht nur von staatlichen, sondern von äußeren Einflüssen insgesamt befreiten Privatsphäre von Thomas Hobbes:

> „Unter Freiheit versteht man nach der eigentlichen Bedeutung dieses Wortes die Abwesenheit äußerer Hindernisse. Diese Hindernisse können einem Menschen oftmals einen Teil seiner Macht wegnehmen, das zu tun, was er möchte, aber sie können ihn nicht daran hindern, die ihm verbliebene Macht so anzuwenden, wie es ihm sein Urteil und seine Vernunft gebieten."[11]

Freiheit bedeutet Souveränität und damit die Fähigkeit, tun und lassen zu können, was wir wollen in dem Bereich, den das Gemeinwesen dafür vorsieht. Freiheit wird mit Willkür identifiziert, abhängig vom privaten Urteil und dem damit verbundenen je privaten Vernunftgebrauch. Freiheit ist also im Individuum verortet, ein Gedanke, der sowohl der griechischen als auch der jüdischen Antike unverständlich gewesen wäre. Noch Aristoteles beschrieb das Individuum, das sich von seinesgleichen absetzt, als entweder ein Gott oder aber als ein wildes Tier.[12] Wer sich auf sich selbst und seine Eigenheiten (*idion*) zurückzieht, galt unter den Griechen als *idiotēs*. Im nicht nur temporären Rückzug von seinesgleichen auf ein wie auch immer geartetes Selbst zeigt sich letztlich nur noch Idiotie.

Diese Individualität ist jedoch souverän nur nach innen, gleichzeitig aber abhängig davon, dass die individuelle Privatsphäre von außen garantiert wird. Die Hindernisse, die sich uns als Privatsouveräne in der Ausübung unserer Willkür in den Weg stellen können, sind bei Hobbes keinesfalls in uns selbst lokalisiert, sondern im Außen, insbesondere im Sozialen. Mögliche psychologische Gründe der Unfreiheit sind bei ihm überhaupt nicht im Blick. Im Sozialen entsteht die Behinderung der eigenen Freiheit bzw. Macht. Diese ist unvermeidbar, wir sind genötigt uns zurückzuziehen auf diejenige Macht, die uns von außen gelassen wird. Eigentliche Freiheit lokalisiert Hobbes angesichts dieser Situation gar nicht in den Individuen, sondern in den souveränen Staaten.[13] Sie ist als solche identisch mit dem Naturzustand, was zur Folge hat, dass die Staaten kraft ihrer Freiheit sich in einem permanenten Kriegszustand befinden.[14] Der Staat in Form eines Leviathan stellt diejenige

[11] T. HOBBES, Leviathan, oder Stoff, Form und Gewalt eines kirchlichen und bürgerlichen Staates. 1. Aufl., Frankfurt am Main 1984, 99.

[12] ARISTOTELES (Pol), Politik. Stuttgart 1989, Buch I, 1253a29.

[13] T. HOBBES, Leviathan, 166.

[14] Ebd.

Herrschaftsinstanz dar, die diesen Krieg im Inneren kraft staatlicher Gewalt verhindert und die Grenzen der privaten Freiräume festsetzt, um solche Kriege im Außen – zwischen Staaten - ständig hervorzubringen.

Freiheit, so wird deutlich, zeigt sich hier als individuelle bzw. privatisierte, sie bedarf einer Lokalisierung, eines privaten Raumes als eines Raumes persönlicher Souveränität. Dieser Gedanke war prädestiniert dafür, sich mit der Idee von Kapitalismus zu verbinden, sogar Kapitalismus und Liberalismus zu identifizieren[15] und in deren Folge das Programm des Liberalismus auf den Schutz und die Förderung von Eigentum zu konzentrieren.[16] Und noch Milton Friedman spricht von den Individuen und ihren privaten Haushalten als von Robinsons auf einer Insel.[17] Allerdings bleiben diese kapitalistischen Privatiers nicht auf ihrer Insel, sondern bewegen sich von dort aus auf dem sogenannten freien Markt. Die Individuen zeigen sich nicht als gänzlich asozial, sie suchen den Kontakt zueinander und begegnen sich auf dem Markt der Handel Treibenden, bleiben aber in dieser Begegnung auf sich bezogen und verfolgen auf dem Markt nichts als ihre privaten Interessen. Der Begriff des Interesses zeigt im Zuge des Kapitalismus eine markante Verwandlung. Es geht dabei nicht mehr um das römische antike *„esse inter homines"*, so dass Menschsein sich durch das Zwischen auszeichnet, das unwillkürlich zwischen ihnen entsteht, sondern Interessen zeigen sich als Privatinteressen, die in der Öffentlichkeit des Marktes zur Durchsetzung gebracht werden. Das Zwischen – das Soziale - wird benutzt als Mittel, um private Motive, Bedürfnisse und Wünsche durchzusetzen gegen und in Rücksicht auf die Interessen anderer.

Dieser freie Markt steht dem politischen Gemeinwesen gegenüber, nun avanciert zum Staat, er ist in doppelter Hinsicht frei. Zum einen zeigt er sich frei von staatlichen Vorgaben, der Markt reguliert sich selbst, bedarf jedoch des staatlichen Schutzes, damit er dazu fähig ist. Gleichzeitig zeigt sich der Markt frei, insofern die privaten Interessen, insbesondere die Profitinteressen sich zeigen dürfen, um von unsichtbarer Hand vom Marktgeschehen reguliert zu werden. Mandeville vergleicht den Vorgang mit der Arbeit des Winzers an einem Rebstock. Das nackte Interesse ist zunächst unansehnlich und treibt nutzlose bis schädliche Auswüchse hervor, aber sobald es staatlich beschnitten wird, sind es gerade diese privaten Interessen, die fruchtbar werden und öffentlichen Wohlstand hervorbringen.[18] Der Markt bedarf der staatlich zurechtgestutzten Interessen, insbesondere des Profitinteresses, um auf dieser Basis sich selbst frei zu regulieren, ohne von politischer Seite bevormundet zu werden. Der Staat wird derweil zum Nachtwächter, der dem Markt weitgehend freien Lauf lässt, damit sich dessen Selbstregulierung möglichst ungehindert entfalten kann. Nicht mehr die sichtbare Hand staatlicher Kontrolle, sondern die unsichtbare Hand der Selbstregulation regiert den Markt. Freiheit geht im freien Markt auf. Übersehen wird dabei leicht, dass diesem Staat eine Fülle von Aufgaben übertragen werden, die

[15] L. V. MISES, Liberalismus. 4. Aufl., Stuttgart/Jena 2006, 9.

[16] AaO. 17.

[17] M. FRIEDMAN, Kapitalismus und Freiheit. 5. Aufl. München/Zürich 2008, 36.

[18] B. MANDEVILLE, Die Bienenfabel oder Private Laster, öffentliche Vorteile. 2. Aufl., Frankfurt am Main 1980, 79 u. 92.

den Markt in indirekter Weise regulieren. Der Staat schafft diejenigen Rahmenbedingungen, in denen der Markt erst sich selbst regulieren kann. Er betreibt Kriminalitätspolitik zur Sicherung des Eigentums und der Eigentümer, Währungspolitik, wird durch Kartellbehörden zum Hüter des Wettbewerbs, betreibt Verbraucherschutz und vieles mehr. Politisch umstritten bleibt insbesondere die staatliche Intervention zur sozialen Sicherung.

Die letzte, die okzidentalen Kulturen prägende Weiterentwicklung erfährt die Freiheit schließlich im Kontext des Neoliberalismus. Hier wird der liberale Gedanke von einer Sozialismusfurcht beherrscht. Insbesondere die staatliche Sicherung sozialer Notlagen wird nun als Weg zur Knechtschaft interpretiert,[19] der wir nur entrinnen können, wenn wir das, was allen gemeinsam zukommt, konsequent privatisieren. Das beginnt bei Versorgungsnetzen von Straßen über die Entsorgung von Müll, die Bereitstellung von Strom, Wasser, Telefon und digitale Netze und Kommunikationsplattformen und endet bei der Privatisierung der sozialen Versorgung. Ganz gleich, wohin wir unseren Blick wenden, ob Ausübung von Wissenschaft bis hin zur inneren Sicherheit, überall zeigen sich die Folgen solcher Ökonomisierung. Der Neoliberalismus spricht in diesem Zusammenhang zwar von einem schlanken Staat, doch dieser Begriff ist missverständlich. Es geht gar nicht mehr um ein Laissez-faire von staatlicher Seite gegenüber dem Markt, sondern vielmehr um eine höchst aktive Position des Staates.[20] Es geht darum, dass der Staat aktiv Markt dort inszeniert, wo bisher kein Markt war und den Rahmen dazu bereitstellt, dass dieser Markt unter einer als neu deklarierten Steuerung, dem New Public Management, seine Freiheit entfaltet. Neoliberale Freiheit zeigt dabei ein ganz anderes Gesicht als die liberalistische. Adam Smith hatte noch die unmittelbaren Marktbeziehungen vor Augen zwischen Käufer und Verkäufer.[21] Freiheit zeigte sich hier als Freiheit zu kaufen und zu verkaufen, wobei die Transaktion nur unter der Bedingung von Äquivalenz zustande kommt. Wir sind nur dann bereit zu tauschen, wenn wir erwarten, für das, was wir einsetzen, etwas Gleichwertiges zurückzubekommen. Neoliberale Freiheit orientiert sich demgegenüber ganz im Gegenteil primär an der unternehmerischen Freiheit, die sich als eine solche zeigt im Wettbewerb mit anderen Unternehmerinnen und Unternehmern und die sich damit nicht an Gleichheit, sondern im Gegenteil an Ungleichheit orientiert,[22] insofern sie unweigerlich Gewinner und Verlierer erzeugt. Die Marktteilnehmer selbst sind nun als Unternehmen bzw. Unternehmer gedacht, die danach streben, durch Ressourcenallokation ihre Stellung im Wettbewerb zu erhöhen. Die Individuen werden zu „Unternehmern ihrer selbst".[23] Dabei spielt neben dem materiellen das Humankapital[24] eine herausragende Rolle, das es ständig zu steigern gilt, um auch in Zukunft auf der Gewinnerseite zu bleiben. Im Kontext des

[19] F. A. v. HAYEK, Der Weg zur Knechtschaft. München 1991.

[20] M. FOUCAULT, Die Geburt der Biopolitik. Vorlesung am Collège de France 1978-1979. 1 Aufl., Frankfurt am Main 2011, 172ff.

[21] A. SMITH, Der Wohlstand der Nationen (WN). Eine Untersuchung seiner Natur und seiner Ursachen. 9. Aufl., München 2001, 17.

[22] M. FOUCAULT, Die Geburt der Biopolitik, 170f.

[23] U. BRÖCKLING, Das unternehmerische Selbst: Soziologie einer Subjektivierungsform. 6. Aufl., Frankfurt am Main 2007, 46ff.

[24] M. FOUCAULT, Die Geburt der Biopolitik, 322.

Neoliberalismus haben vor allem diejenigen die Chance, sich im allgemeinen Wettbewerb zu behaupten und nicht unterzugehen, die sich persönlich möglichst flexibel halten,[25] resilient auf die Zumutungen der unabsehbaren Marktschwankungen reagieren können[26] oder durch *Nudging*[27] andere dazu bewegen können, sich in gewünschter Weise zu verhalten. Der Neoliberalismus treibt die Ressourcen, aber auch die Marktteilnehmer selbst zunehmend in die Erschöpfung, er durchzieht das Soziale mit Konkurrenz und treibt zunehmend die Welt an den Abgrund. Wer immer sich mit Freiheit auseinandersetzt, kommt nicht umhin, sich zu diesem modernen bis postmodernen Freiheitsverständnis zu verhalten mit seinen drei Bestimmungen der Freiheit als individuelle Privatsphäre, als sich selbst regulierender Markt und schließlich als Freiheit im unternehmerischen Wettbewerb aller gegen alle. Am Ende zeigt sich der Neoliberalismus als eine Selbstzerstörung der Freiheit in Form einer schleichenden Zerstörung der Demokratie im Namen der Freiheit.[28] Der *homo politicus* wird in einen *homo oeconomicus* verwandelt[29], bis der Neoliberalismus Konvergenzen mit dem Faschismus zeigt,[30] Chamayou spricht diesbezüglich von einem „Marktfaschismus" bzw. „faschistischen Kapitalismus"[31], in besonderer Weise deutlich geworden in der Hofierung von Pinochet in Chile zu Beginn der 70er Jahre durch Milton Friedman und Friedrich August von Hayek.[32]

II. Konrad Stocks Theologie der Freiheit

Dieser Anspruch, eine Antwort zu finden auf die postmoderne Sackgasse des Neoliberalismus, gilt auch für die theologische Auseinandersetzung mit der Freiheit, sofern sie einen Ausweg aus der Katastrophe aufzeigen will und nicht womöglich noch am neoliberalen Programm unreflektiert mitarbeitet. Einen Freiheitsbegriff mit besonderer Reichweite vertritt in diesem Zusammenhang Konrad Stock. Er lässt sich durch die Vielzahl an Schriften, die er in den letzten 20 Jahren veröffentlicht hat, am besten skizzieren durch die Bündelung von adjektivischen Bestimmungen von Freiheit. Er unterscheidet diesbezüglich eine personale von einer transzendentalen, ebenso von einer abhängigen bzw. bedingten und nicht zuletzt von einer kommunikativen Freiheit, die wiederum in engem Kontakt steht zur politischen Freiheit, die schließlich auf eine eschatologische Freiheit verweist. Ein besonderes Augenmerk wird schließlich auf seine Gedanken zur praktischen Freiheit zu legen sein. Konrad Stocks Denken besticht durch den weiten Horizont, in dem seine

[25] R. SENNET, Der flexible Mensch. Die Kultur des neuen Kapitalismus. Berlin 2000.

[26] U. BRÖCKLING, Gute Hirten führen sanft. Über Menschenregierungskünste. 3. Aufl., Frankfurt am Main 2019, 113ff.

[27] AaO. 175.

[28] W. BROWN, Die schleichende Revolution: wie der Neoliberalismus die Demokratie zerstört, übers. von J. Schröder. Berlin 2015.

[29] AaO. 35ff.

[30] AaO. 264.

[31] G. CHAMAYOU, Die unregierbare Gesellschaft. Eine Genealogie des autoritären Liberalismus. Frankfurt am Main 2019, 284.

[32] AaO. 280ff.

Ausführungen stehen, unternimmt er doch den Versuch, die systematische Theologie insgesamt theoretisch zu durchmessen. Dabei spielt der Freiheitsbegriff eine tragende Rolle und durchzieht bei ihm die einzelnen Disziplinen der systematischen Theologie.

Unverkennbar zeigt sich dabei eine Fokussierung auf die personale Freiheit, die sich analog zum liberalistischen Individualismus im Individuum verortet. Er spricht insofern ausdrücklich von einer „personalen Freiheit" im Sinne einer Gewissheit, die nach Stock im Rückgriff auf Schleiermachers Glaubenslehre eng verbunden ist mit einem individuellen Freiheitsgefühl als unmittelbares Selbstbewusstsein.[33] Wir sind uns selbst als frei erschlossen gegen alle Behauptungen des Determinismus, dieses Gefühl als trügerisch zu entlarven.[34] Wir erleben uns als Wesen, die fähig sind, selbstbestimmte Entscheidungen zu treffen und für die Folgen dieser Entscheidungen verantwortlich zu sein.[35]

Die personale Freiheit ist noch weitgehend kompatibel mit dem liberalistischen, aber auch mit dem kapitalistischen und neoliberalen Verständnis von Freiheit. Doch sprengen die weiteren Bestimmungen diese Kompatibilität deutlich auf. Denn die personale Freiheit hat ihren Ursprung in einer Befreiung.[36] Stock spricht in diesem Zusammenhang auch von einer transzendentalen Freiheit,[37] die erst das Freiheitsgefühl fundiert. Diese Freiheit hat nichts selbstgewirktes, erst recht nichts Selbstbestimmtes, sondern den Charakter des Bestimmtseins. Freiheitsgefühl und Abhängigkeitsgefühl sind hier aufeinander verwiesen.[38] Die Maximen unseres Handelns bestimmen unsere empirischen Entscheidungen immer schon, ohne dass wir über diese Maximen wiederum selbst bestimmen könnten. Freiheit verweist auf das Offenbarwerden des Guten, auf die Gewissheit des Geliebtseins, die dazu fähig ist, ihren Niederschlag bis in unsere Handlungsmaximen zu finden. Es ist eben nicht der Rückzug auf ein vorgegebenes Selbst, das Freiheit garantieren könnte, sondern das Bewusstsein des Verwiesenseins auf einen transzendenten Grund der eigenen Existenz bzw. der eigenen Person. Hier bringt Stock insbesondere Luthers Einsichten aus seiner Auseinandersetzung mit Erasmus ins Spiel. Über den Grund unserer Existenz und die Ausrichtung des Willens auf diesen Grund verfügen wir nicht selbst, sondern über uns ist diesbezüglich immer schon verfügt. Im Innen des personal privaten Raumes waltet keine irgendwie geartete Souveränität. Frei sind wir vielmehr in dem Maße, wie wir uns dem Bestimmtsein im Glauben überlassen.

Dieser Zusammenhang stellt jedoch nur eine Seite der Relativierung des individuellen Freiheitsgefühls dar. Die personale Willensfreiheit zeigt sich gleichzeitig als eine in vielfacher Weise bedingte, die zur unbedingten Freiheit Gottes in deutlichen Gegensatz tritt.[39] Die solcherart „abhängige Freiheit"[40], steht unter der Bedingtheit und Bestimmtheit, die

[33] K. STOCK, Einleitung in die Systematische Theologie. Berlin 2011, 13.

[34] K. STOCK, Systematische Theologie. Teil 1: Erfahrung und Offenbarung. Göttingen 2017, 281.

[35] AaO. 278.

[36] K. STOCK, Die Gegenwart des Guten. Schriften zur Theologie. Marburg 2006, 111.

[37] AaO. 106.

[38] K. STOCK, Einleitung in die systematische Theologie, 14.

[39] K. STOCK, Die Gegenwart des Guten, 107.

[40] K. STOCK, Die Theorie der christlichen Gewißheit. Eine enzyklopädische Orientierung. Tübingen 2005, 251.

die Situation jeder Entscheidung als umstellt erfährt.[41] Wir entscheiden im Kontext von Praxis nicht aus uns selbst heraus, sondern in einer konkreten Entscheidungssituation. Diese konkrete Situation ist in vielfacher Hinsicht in bestimmender Weise geworden. Zum einen sind wir selbst mit unseren Präferenzen geworden und bestimmt durch unsere Geschichte, zum anderen sind die verfügbaren Optionen erst aus dem Gegebenen der Situation entwickelt, schließlich ist die Entscheidung von vielfältigen und verschiedenen Interessen überformt, die uns beeinflussen. Wir gehen mit der geschichtlich und gleichzeitig naturkausal entstandenen Situation mit seinen Anrufungen und Herausforderungen um, um ihr Optionen abzuringen. Die Situativität stellt also gar kein äußeres Hindernis dar, zumal Hobbes vergisst, dass innere Hindernisse im Inneren der Person unter Umständen wesentlich restriktiver die Entscheidungsräume zuschneiden können als äußere, sondern in der Situation und an ihr, im Umgang mit den Hindernissen selbst vollzieht sich unsere Freiheit.

Schließlich ist das Freiheitsgefühl zwar im Inneren der Person gegenwärtig, jedoch ist dieses gleichzeitig bewusst als ein allgemeines. Nicht nur ich bin mir meiner Freiheit bewusst, sondern gleichzeitig der Freiheit aller anderen. Freiheit steht in Kommunikation und vollzieht sich in Wechselwirkung. Stock spricht insofern von einer „kommunikativen Freiheit"[42]. Die individuelle Freiheit trifft auf andere Individuen, die als in gleicher Weise frei und verantwortlich entscheidend bewusst werden. Diese Wechselwirkung bedarf der Regulierung, wobei Institutionen als „auf Dauer gestellte Geregeltheiten"[43] solcher Freiheit eine zentrale Rolle spielen. Freiheit tritt hier in Verbindung zur Vernunft[44] und schafft diesbezüglich eine „Ordnung der Freiheit"[45]. Dabei zeigt sich denn auch die Bedeutung von „politischer Freiheit"[46], die von Stock auf der Frage der Legitimität und damit schließlich der Rechtsgleichheit und der sozialen Gerechtigkeit basiert.[47] Freiheit zeigt sich unter der Bedingung weltlicher Existenz als unvollendete Freiheit, die aber als endliche Freiheit auf „eschatologische Freiheit" hin ausgerichtet ist, die Stock mit vollendeter Freiheit identifiziert.[48] Freiheit erweist sich damit im Gegensatz zum neoliberalen Modell weder von ihrem Ursprung noch von ihrem Ziel her als privatisiert. Eine Absolutsetzung des individuellen Freiheitsgefühls, das daraufhin in Konkurrenz tritt zu anderen freien Personen, mutet hier geradezu absurd an. Es geht vielmehr darum, dass der Freiheit ein Ort gegeben wird in der Person selbst wie in der Welt, in der sie sich als frei entfalten kann.

[41] K. STOCK, Systematische Theologie. Teil 1, 280.
[42] K. STOCK, Einleitung in die systematische Theologie, 135.
[43] AaO. 137.
[44] AaO. 311.
[45] K. STOCK, Systematische Theologie. Teil 1, 282ff.
[46] AaO. 103.
[47] AaO. 104.
[48] K. STOCK, Die Gegenwart des Guten, 107.

III. Praktische Freiheit

Freiheit ist bei Konrad Stock zentriert auf die Person und steht in engem Verhältnis zum Glauben auf der einen Seite und zur Vernunft bzw. Liebe auf der anderen, aber sie transzendiert diese Person immer schon in ganz unterschiedliche Richtungen, insbesondere in Richtung des göttlichen Willens, der konkreten Situation sowie der Wechselwirkung im Sozialen. Sollte dieses Soziale jedoch seinen Modus verändern und wie im Kontext des Neoliberalismus einen Wettbewerbsmarkt darstellen, gerät diese Wechselwirkung der sozialen Freiheit schnell an seine Grenzen. Es fragt sich, inwiefern wir in unserer Gesellschaft noch damit rechnen können, dass die Unterstellung der Freiheit des anderen überhaupt noch Konsens ist, oder ob das soziale Miteinander nicht zunehmend einem Haifischbecken gleicht, in dem jeder vollauf damit beschäftigt ist, seine Haut zu retten, was nur dann realistisch ist, wenn jeder und jede selbst sich dem Wettbewerb stellt und lieber andere untergehen lässt als selbst unterzugehen. Gerade die kommunikative Freiheit braucht wohl am dringendsten eine Revision, um der Falle des Neoliberalismus zu entkommen.

In diesem Zusammenhang spielt eine andere Konnotation meiner These nach eine Schlüsselrolle, die Konrad Stock als „praktische Freiheit" kennzeichnet, die zwar in engem Zusammenhang zur kommunikativen Freiheit steht, jedoch nicht einfach mit jener identisch ist. Er definiert diese als „eine Lebenspraxis, die der Realisierung vorzüglicher Ziele in der Welt der sozialen Interaktion gewidmet ist"[49] und rückt sie insofern in die Nähe der kommunikativen Freiheit. Doch die praktische Freiheit zeichnet sich gleichzeitig durch ein spezifisches Moment von „Spontaneität, Leichtigkeit und Zielstrebigkeit"[50] aus. Freiheit bedeutet hier, das Gebotene bzw. Gottes Gesetz „aus Freiheit und aus innerem Antrieb" zu wollen[51] und insofern gerade nicht beliebig bzw. willkürlich zu handeln. [52] Unwillkürlichkeit bedeutet dennoch nicht Determiniertheit. Es geht bei der praktischen Freiheit nicht einfach darum, das Gebotene ohne inneren Widerstand auszuführen, ja ihm eine innere Zustimmung zukommen zu lassen und es mit Leichtigkeit – eben spontan - zu tun. Vielmehr geht es darum, dass das allgemein und verbindlich Gebotene mit Spontaneität versetzt wird und somit einen konkreten, einzigartigen Zuschnitt erfährt. Wir erfahren uns als vom Gebot Gottes angesprochen, so dass wir diesem eine konkrete Gestalt gebe mit dem Eigensinn, mit dem wir alle Praxis fast unweigerlich prägen, und in Bezug auf die je individuelle Situation, in der diese Praxis steht. Ich behaupte, dass damit ein zentraler weiterer Zusammenhang aufgerufen ist, der Freiheit noch einmal gänzlich anders unterhalb der Ebene der Person in der Praxis selbst lokalisiert, so dass schließlich auch ein neuer Blick auf den Zusammenhang der von Stock genannten kommunikativen Freiheit entsteht.

[49] AaO. 118.
[50] Ebd.
[51] K. STOCK, Die Theorie der christlichen Gewißheit, 88.
[52] Ebd.

Freiheit lässt sich vor diesem Hintergrund bestimmen als ein Modus des Handelns, der einzelne modale Bestimmungen freien Handelns phänomenologisch aufzuklären hat.[53] Als erste modale Bestimmung zeigt sich in diesem Kontext das bereits aufgerufene Moment der Spontaneität. Es ist insbesondere Adorno, der diese Spontaneität als diejenige Größe begreift, die innerhalb der vernünftigen, verwalteten Welt automatischer und herrschaftskategorialer sozialer Prozesse die Fähigkeit zuspricht, Verhalten in Handeln zu verwandeln.[54] Wir führen handelnd nicht einfach ein vorgegebenes Programm aus, sondern entdecken in allen prozesshaften und durch Gewohnheit geprägten Abläufen Möglichkeiten, die so bisher nicht vorgesehen waren. Handeln impliziert die Fähigkeit, das Gewöhnliche und Routinierte mit Spontaneität zu durchsetzen, Neues zu initiieren. Doch so unscheinbar solches Neues auch sein mag, es durchbricht als Neues die naturgesetzlich festgelegten Automatismen und entdeckt Alternativen zum Gewohnten. Im Alltäglichen liegt die Möglichkeit begründet, unabsehbar zu agieren. Handeln zeigt Momente des Unabsehbaren, das sich derart in die Verhaltensäußerungen verwebt, dass auch aus unscheinbaren Anfängen radikal Neues erwachsen kann, insofern sich die klein und unbedeutend anmutenden Anfänge in die bestehenden Abläufe einschalten und insofern unabsehbare Wirkungen entfalten können. Uns Menschen fällt zu allem Möglichen immer noch etwas ein, wir lassen die Dinge nicht so, wie sie sind. Indem wir spontan in geregelten Abläufen einen neuen Impuls erproben, zeigen sich immer wieder Folgen und manchmal auch Auswege, mit denen keiner gerechnet hat. Gerade dadurch wird das Zwischenmenschliche in höchster Weise komplex, wir können per se nicht wissen, was den Akteuren als Nächstes einfällt, wie die Verhältnisse sich dadurch verändern, allenfalls können wir Wahrscheinlichkeiten berechnen. Doch Wahrscheinlichkeiten sind allenfalls im Umgang mit großen Zahlen nützlich, nicht aber wenn es darum geht, einzuschätzen, wie jemand sich in einer bestimmten Situation verhalten wird.

Die Philosophie hat die Spontaneität immer wieder unterbestimmt. Bei Kant ist sie bekanntermaßen im Denken und nicht im Handeln lokalisiert, und auch Hegel grenzt seinen Freiheitsbegriff immer von der Willkür spontanen Handelns ab. Sie wird allenfalls identifiziert mit der spontanen Einwilligung in die Notwendigkeit und damit nivelliert zu einem psychologischen Modus des determinierten Verhaltens. Wenn wir jedoch aufmerksam Kants Freiheitsantinomie in der Kritik der reinen Vernunft lesen, wird deutlich, dass wir es hier mit einem ebenso alltäglichen wie revolutionären Phänomen zu tun haben. Freiheit durchbricht, wenn auch in minimalisierter Form, naturkausale Abläufe. Sie ist im Kontext wissenschaftlichen Erkennens im Sinne Kants nur antinomisch fassbar als Vermögen, „eine Reihe von sukzessiven Dingen oder Zuständen von selbst anzufangen“[55], die mit

[53] E. VOLLRATH, Die Rekonstruktion der politischen Urteilskraft. Stuttgart 1977, 64ff; J. WEBER, Diakonie in Freiheit? Eine Kritik diakonischen Selbstverständnisses. Bochum 2001, 159ff.

[54] T. W. ADORNO, Gesellschaft. In: ders.: Soziologische Schriften I. Gesammelte Schriften Band 8. Frankfurt am Main 2015, 18; Negative Dialektik. Gesammelte Schriften Band 6. Hg. v. R. Tiedemann. Frankfurt a. M. 2015, 226ff.

[55] I. KANT, Kritik der reinen Vernunft (KrV). Hamburg 1990, B476.

der Erschaffung der Natur und ihrer Gesetzmäßigkeit ihren Anfang nimmt und sich in „komparativ ersten Anfängen“[56] spontanen Handelns fortsetzt.

Spontaneität zeigt sich damit nicht als Größe der Vernünftigkeit, Adornos Begriff von Spontaneität ist vielmehr vernunftkritisch konzipiert. Er spricht von einem „*archaischen Moment*“ am Willen,[57] der eher in die Nähe des kindlichen Spiels gerückt ist, als dass er auf Vernunft beruht. Freiheit zeigt sich allenfalls in zweiter Linie als bewusste, rationale Entscheidung, vielmehr beginnt sie mit dem Impuls, dass wir die Welt, wie sie sich uns zeigt, nicht so lassen müssen, wie sie ist, sondern dass uns zu dem, was uns da als normal, geregelt und vernünftig erscheint, immer noch etwas einfällt, mit dem keiner in dieser Form rechnen konnte. Allenfalls im Nachhinein sind wir schlauer, und wissen, dass es so kommen musste, wie es kam. Wir Menschen jedenfalls machen nicht unbedingt und nicht immer einfach mit und erfüllen, was von uns erwartet wird, sondern solche Erfüllung geschieht mit dem Impuls von Eigensinn; wir machen unser eigenes Ding aus dem, was gewollt oder gesollt ist.

Damit zeigt die Freiheit gleichzeitig ein radikales Profil. Sie unterbricht automatische Prozesse und setzt diesen Prozessen Spontaneität zu, sie zeichnet sich durch ein unübersehbares Moment von Negativität aus. Doch dadurch werden die bestehenden prozesshaften Verläufe unwillkürlich abgewandelt. Solche Abwandlungen mögen marginal anmuten, haben aber durchaus radikale Folgen. Wer spontan entscheidet, sich bestimmte abwertende Äußerungen nicht mehr gefallen zu lassen, fängt an, mit bestimmten Situationen anders umzugehen und entdeckt dabei vielleicht, dass die Irritation, die eine neue Reaktion in der Umwelt erzeugt, dazu führt, dass ein neues Gefühl von Selbstachtung entsteht, das nun auch auf andere Situationen übertragen werden kann. Sartre hat ziemlich genau die Konsequenzen dieses negativen Moments von Freiheit beschrieben. Dieses impliziert Situativität,[58] die das aktuelle Geschehen immer schon bestimmt. Aber das Freiheitsbewusstsein weiß um die Tatsache, dass die Freiheit die bestehende Situation zu nichten vermag. In die Situation des Handelns ist eine Distanz eingezogen, die über die Situation zu reflektieren vermag. Freiheitsbewusstsein bedeutet fortan, dass wir um die Tatsache wissen, dass die Dinge nicht so weiterlaufen müssen, wie sie sind. Wir sind fortan „verurteilt zur Freiheit“[59], weil wir selbst die Frage nach unseren Gründen auch dann beantworten müssen, wenn wir nichts gemacht haben. Denn auch dann haben wir Rede und Antwort zu stehen, warum wir die automatischen Prozesse nicht so moduliert haben, dass sie eine andere Entwicklung nehmen konnten, als sie nun genommen haben. Es ist dieses Moment der Verurteilung zur Freiheit, das so gerne vom aktivierenden Staat verabsolutiert wird, um die Individuen in ihre Verantwortung zu verstricken. Es geht darum, die Verantwortung dafür zu tragen, auch die Chancenlosigkeit nicht noch ausgenutzt zu haben.

[56] AaO. B 478.

[57] T. W. ADORNO, Zur Lehre von der Geschichte und von der Freiheit. (1964/65). 2. Aufl. Hg. v. R. Tiedemann. Frankfurt am Main 2016, 294.

[58] J-P. SARTRE, Das Sein und das Nichts. Versuch einer phänomenologischen Ontologie. Hamburg 1974, 610ff.

[59] AaO. 560.

Dabei wird übersehen, dass die radikale Freiheit keine unbedingte darstellt, sondern sich als radikale in einem Gefüge von Bedingungen vollzieht. Freiheit zeichnet sich insofern drittens durch Konditionalität aus. Die damit aufgerufenen Bedingungen haben aber einen unterschiedlichen Status. Zum einen haben wir es mit Fatalität zu tun. Handeln verläuft in einem schicksalhaften Kontext, und die Entscheidung dessen, was wir als unausweichliches Schicksal anzuerkennen haben, ist selbst nicht objektiv festgesetzt, sondern wird von uns erlebt und erlitten. Im sozialen Kontext ist die Faktizität von besonderer Bedeutung. Das menschliche Handeln zeigt Folgen und stellt damit Bedingungen dar für zukünftiges Handeln. Menschen gestalten Geschichte, aber an dieser Geschichte wird von uns Menschen immer weiter gearbeitet. Wir haben es hier mit Dispositionen zu tun, die jedoch nicht schicksalhaft bestimmen, wie die Geschichte des Handelns und Erleidens von Menschen weiter zu verlaufen hat. Auf jeden Fall ist Freiheit verwiesen auf Situativität und bedarf einer spezifischen Vernunft, die mit dieser umzugehen hat, die spätestens seit Aristoteles als Klugheit bezeichnet wird.[60] Mit ihr geht es darum, die Situation zu erfassen, aber mit der Erfassung der Situation auch das Mögliche zu entdecken bzw. eigentlich besser zu entwerfen. Freiheit geht mit der Situation kreativ um, wobei kreativ hier nicht heißt, sich frei zu machen von der Situation, sondern sich von der Situation anregen zu lassen, um auf dieser Grundlage sich auf neue Wege zu begeben.

Erst vor diesem Hintergrund kann viertens das personale Moment entwickelt werden. Spontaneität wird als Eigensinn markiert, wir zeigen mit ihr unsere Unverwechselbarkeit. Freiheit steht in enger Verbindung mit Einzigartigkeit, die sich im Handeln zeigt und dabei auf den Akteur verweist. Es ist dieser eigene Sinn, dass wir in ganz bestimmten Situationen mit Einzigartigkeit durchsetzte Handlungen vollziehen, der uns als Täter unserer Taten markiert und damit als Person kenntlich macht. Situationen selbst sind je einzigartig in ihrer Konstellation, so dass es fraglich ist, inwiefern es sinnvoll ist, mit standardisierten Verhaltenweisen darauf zu reagieren. Vielmehr ruft uns die je einzigartige Situation dazu auf, eine möglichst passende, einzigartige Antwort zu finden. Hannah Arendt vergleicht diese Partikularität des Handelns und damit der Freiheit mit dem griechischen *daimon*.[61] Obwohl wir Akteure sind, die sich mit dem, was sie tun, unauflösbar in die Geschichten unter Menschen verstricken, bildet die Person diejenige Größe, die von uns selbst im Agieren nicht wahrgenommen wird, obwohl sie außerhalb unseres Gesichtskreises permanent auf der Schulter sitzt. Es sind die anderen, die uns als Person wahrnehmen, eine Geschichte über uns erzählen können und damit fassbar machen, wer wir jeweils sind.

Der *daimon* wird insbesondere von den anderen gesehen. Freiheit genauso wie Person bestimmen sich erst von den anderen her. Freiheit zeigt sich damit bereits hier als ein soziales Phänomen. Hier erst erweist sich die Bedeutung dessen, was Arendt Initiativität nennt. Dabei argumentiert sie existenzphilosophisch. Während Heidegger die menschliche

[60] J. WEBER, Freiheit und Soziale Arbeit. Weinheim/Basel 2021; ARISTOTELES (Pol): Politik. Stuttgart 2021, 341ff.

[61] H. ARENDT, Macht und Gewalt, 219.

Existenz als Da-sein und im Folgenden als ein „Sein zum Tode" interpretiert,[62] das unsere Entschlossenheit verlangt,[63] versteht Arendt diese Existenz von ihrem Anfang, der Geburt her.[64] Der Tod jedoch individuiert,[65] jeder von uns hat seinen eigenen Tod zu sterben, den ihm niemand abnehmen kann, während die Geburt sozialisiert. Die Geburt geschieht in eine Welt hinein, die vor der Geburt bereits da war, aber danach nicht mehr so bleibt, wie sie davor war. Wer eigene Kinder hat, dem oder der leuchtet der Gehalt dieses Gedankens unmittelbar ein.

Freiheit beginnt mit spontanen Impulsen, von denen unser Handeln durchsetzt ist. Doch Spontaneität bedeutet noch keinen Anfang (*initium*). Um zu einem Anfang zu werden, braucht es andere, die den spontanen Anfang aufgreifen, etwas damit anfangen können. Freiheit ist insofern nur als sozialisiertes Phänomen zu denken, nun aber nicht so, dass man bei aller Freiheit auch die Freiheit anderer berücksichtigen soll, sondern vielmehr dahingehend, dass sich Freiheit nur unter unseresgleichen entfaltet. Sie hat den Charakter von Pluralität. Damit ist das fünfte Moment von Freiheit benannt. Arendt verweist darauf, dass in mehreren europäischen Sprachen zwei verschiedene Begriffe für Handeln gebräuchlich sind, so dass darin die Idee von zwei Stadien des Handelns aufbewahrt sind.[66] Etwas wird begonnen durch einen spontanen Impuls, der das bisher Gewohnte in irgendeiner Form durchbricht, hier vollzieht sich das *initium* im eigentlichen Sinne, das aber nur dann zu einem Anfang wird, wenn andere diesem *initium* zu Hilfe eilen, es vollenden. Wenn dieses soziale Handlungsereignis herrschaftskategorial verläuft, dann monopolisiert sich der Anfang. Nur einer darf dann spontan sein, alle anderen werden darauf festgelegt, die spontanen Impulse dieses Einen weiterzuführen, und zwar genau so, wie es vom herrschenden Initiator festgesetzt wurde. Solche Herrschaft ist kostspielig, sie funktioniert nur so lange, wie der herrschende Anfänger alle zum Gehorsam zu zwingen vermag. Sie ist schließlich mehr mit ihrer eignen Sicherung beschäftigt als mit Initiierung von Freiheit. Eigentliche Freiheit entsteht erst dort, wo die Helfenden, die an ein *initium* anknüpfen, aufgrund der Tatsache, dass sie selbst mit Spontaneität begabt sind, den ursprünglichen Anfang aufgreifen und gleichzeitig abwandeln, ihren Eigensinn in das Geschehen einbringen.

Die Sozialität der Freiheit zeigt damit eine eigentümliche Qualität. Menschen sind hier primär nicht insofern aufeinander verwiesen, als sie bestimmte Eigenschaften teilen; die Sozialität zeigt sich vielmehr als Pluralität, die den Ausgang nimmt von der jeweiligen Einzigartigkeit, die sich aber nur insofern entfalten kann, als die je eigene Einzigartigkeit sich mit der anderer vernetzt. Dies ist die Keimzelle dessen, was Hannah Arendt Macht nennt.[67] Der Begriff der Macht leitet sich in vielen okzidentalen Sprachen von „möglich" bzw. „können" her. Macht kennzeichnet insofern eine spezifische Form von Können. Sobald

[62] M. HEIDEGGER, Sein und Zeit. 16. Aufl., unveränd. Nachdr. d. 15. durchges. Aufl., Tübingen 1986, 235ff.

[63] AaO. 267ff.

[64] H. ARENDT, Vita activa oder Vom tätigen Leben (VA). München 1999, 215.

[65] M. HEIDEGGER, Sein und Zeit, 263.

[66] H. ARENDT, Vita activa, 235.

[67] H. ARENDT, Macht und Gewalt (MuG). 8. Aufl., München 1993, 1.; H. ARENDT, Vita activa, 251.

Akteure sich zum Handeln zusammenschließen, entstehen zwischen ihnen besondere Möglichkeiten, die sich nicht hätten bilden können, wenn sie je für sich geblieben wären. Macht beginnt mit Zustimmungsbereitschaft, Freiheit zeigt sich also hier als explizit politisches Phänomen. Sie erweist sich als alternativer Modus zur Gewalt, die das Handlungsvermögen anderer unterdrückt, aber auch anders als die Gewalt sich selbst nur im Modus der Pluralität vollzieht. Macht stiftet nie Konsens, der Konsens ist vielmehr ein Zeichen dafür, dass Macht in Gewalt verwandelt wurde. Wo immer Macht entsteht, teilt sie sich, gewinnt aber in dieser Teilung, die eben nicht, wie das Deutsche suggeriert, eine Teilung der Gewalten darstellt, sondern eine Teilung der Macht, die gewährleistet, dass der politische Konflikt durch die permanente Auseinandersetzung mit den verschiedenen Positionen, die sich im Machtgefüge zeigen, immer neu zu tragfähigen Kompromissen führt, ohne dass dabei die Verschiedenheit der Positionen aufgehoben wird.

Freiheit hat ihren Preis, wir bezahlen teuer für die Freiheit. Das Zusammenleben erlebt im Kontext von Freiheit eine kaum zu bewältigende Komplexität und Unsicherheit. Keiner hat das Freiheitsgeschehen, das zwischen Menschen entsteht, noch in der Hand, obwohl alle daran beteiligt sind. Auf nichts ist noch wirklich Verlass, denn alles kann in unvorhersehbarer Weise anders werden. In einem Maße, das wir uns gegenwärtig gar nicht vorstellen können, können wir zur Rede gestellt werden für das, was wir getan haben, weil die Folgen dessen, was wir tun, unabsehbar werden. Die Verantwortung droht das Handlungsvermögen zu erdrücken. Dennoch haben sich die okzidentalen Kulturen auf Freiheit eingestellt in all der Widersprüchlichkeit und Gebrochenheit, die sie im Einzelnen erfährt. Sie bedarf der Sicherung im Sinne einer Institutionalisierung, die im Raum des Unabsehbaren Inseln der Verlässlichkeit aushandelt, sich immer neu auf Regeln einigt, um den Raum der Freiheit als den Raum des Politischen zu bewahren und die Freiheit damit zu beheimaten. Damit ist das sechste und letzte Charakteristikum von praktischer Freiheit benannt. Aber noch eine weitere zentrale Funktion im Kontext von Freiheit zeigen Institutionen. Spontane Impulse bedürfen der Sichtbarkeit bis hin zur Öffentlichkeit, nur dann besteht die Möglichkeit, dass andere an solche Impulse anknüpfen. Aufgabe von Institutionen ist es, Bühnen bereitzustellen zur möglichst gestuften Sichtbarkeit derer, die handeln. Nur dann kann überhaupt Freiheit entstehen. Insbesondere hier zeigt sich der Unterschied zwischen freiheitlichen und unfreien Institutionen. Erstere sind Projekte einer niemals abgeschlossenen Demokratisierung.

IV. Diakonische Freiheit

Diese skizzierte modale Bestimmung von Freiheit ist alles andere als eine rein akademische Angelegenheit. Sie hat als praktische im theologischen Kontext auf unterschiedlichen Ebenen insbesondere diakonische Bezüge. Unübersehbar ist dabei eine Fokussierung bestimmter Aspekte dessen, was wir unter dem Begriff der menschlichen Würde verstehen und dem sich die Diakonie in besonderer Weise verschreibt.[68] In vielen Kontexten geht es dabei um die Aufhebung unwürdiger Zustände und Dynamiken der Demütigung solcher Würde, wenn zentrale Bedürfnisse oder auch Fähigkeiten guten Lebens nicht gewürdigt werden. Dies kennzeichnet jedoch vorwiegend eine Seite, während Würde über Fähigkeiten und Bedürfnisse hinaus unweigerlich Subjektorientierung impliziert.[69] Die Selbstbestimmung des Subjekts verlangt Respekt und damit eine spezifische Distanz, die jede Form von Übergriffigkeit vermeidet. Menschen sind niemals bloß Mittel, sie ordnen sich keinem gesetzten Zweck unter, ohne gleichzeitig aus selbstbestimmt, spontan und einzigartig einen Zweck ihrer selbst darzustellen.[70] Walter Benjamin spricht in diesem Kontext von einer Aura, die die Einzigartigkeit umgibt,[71] die unweigerlich mit solcher Selbstbestimmung verbunden ist. Subjektorientierung beginnt mit einem Schritt zurück, der solchen Subjekten Raum gibt, ihre Einzigartigkeit zu entfalten, wohl wissend, dass damit jede Form von Planbarkeit immer schon in Frage steht, insofern Einzigartigkeit unweigerlich Unberechenbarkeit zur Folge hat.

Im christlichen Kontext ist der Begriff der Würde erläutert durch den des „Ebenbildes Gottes". In diesem Zusammenhang weist Hannah Arendt immer wieder auf ein für sie zentrales Zitat von Augustin hin:

> „Initium ergo ut esset, creatus est homo, ante quem nullus fuit. – Damit ein Anfang sei, wurde der Mensch geschaffen, vor dem es niemand gab." (Augustinus XII, Kap.20)[72]

Die Ebenbildlichkeit kulminiert hier in dem Bezug von *initium* und *creatus*, von menschlicher Initiativität und göttlicher Kreativität. Göttliche Freiheit erweist sich als Schöpfung aus dem Nichts, während das menschliche Geschöpf sich mit Gott selbst verwechselt, wenn es meint, erst dann frei zu sein, wenn es sich von allen äußeren und inneren Einflüssen befreit hätte, um aus dem Nichts heraus kreativ zu werden. Und dennoch erweist sich der Mensch als Ebenbild Gottes, indem er mit Initiativität begabt ist, um mitten im Bestehenden fortgesetzt Neues zu initiieren. An dieser Stelle der Parallelität von Mensch und Gott entsteht Personalität, verwandelt sich das Niemandsein in Jemandsein:

> „Mit der Erschaffung des Menschen erschien das Prinzip des Anfangs, das bei der Schöpfung der Welt noch gleichsam in der Hand Gottes und damit außerhalb der Welt verblieb, in der Welt selbst und wird ihr immanent bleiben, solange es Menschen gibt; was natürlich letztlich nichts anderes sagen will, als daß die Erschaffung des Menschen als eines Jemands mit der Erschaffung der Freiheit zusammenfällt."[73]

In der konkreten Arbeit stellt dieser Aspekt die diakonisch Tätigen beinahe täglich vor besondere Herausforderungen. Er impliziert die Unterlassung jeglicher Formen fürsorglicher Belagerung auch dann, wenn diese im Namen christlicher Liebestätigkeit

[68] KIRCHENAMT DER EKD (Hg.), Herz und Mund und Tat und Leben. Grundlagen, Aufgaben und Zukunftsperspektiven der Diakonie. Gütersloh 1998, 37 u. 77.

[69] M. WINKLER, Eine Theorie der Sozialpädagogik. [über Erziehung als Rekonstruktion der Subjektivität]. Stuttgart 1988, 139ff.

[70] I. KANT, Grundlegung zur Metaphysik der Sitten. Stuttgart 2012, 429.

[71] W. BENJAMIN, Das Kunstwerk im Zeitalter seiner technischen Reproduzierbarkeit. In: W. BENJAMIN: Gesammelte Werke. Frankfurt a. M. 2011, 576.

[72] H. ARENDT, Vita activa, 215f.

[73] AaO. 216.

unternommen wird, weil die Enge solcher Fürsorglichkeit eine Missachtung menschlicher Würde darstellt. Gleichzeitig bedeutet Achtung aber auch nicht eine Untätigkeit im Sinne von Laissez-faire, sondern eine distanzierte Form der Zuwendung, die an der Selbstbestimmung Anteil nimmt. Liebestätigkeit nimmt die Form von Anerkennung an. Schließlich verschiebt sich der Fokus von den sozialen Problemen auf die Initiativität von Personen. Gerade im diakonischen Kontext kommt es immer wieder zu einer Fixierung auf das Leiden mit dem Verweis auf die Leiden Christi, auch wenn dabei die Überwindung solchen Leidens vorangetrieben werden soll.[74] Barmherzigkeit wird immer wieder zur Grundkategorie des Diakonischen erklärt bis hin zu einer existentialistischen Aufwertung als spontane Daseinsäußerung.[75] Wenn wir den Urtext solcher Barmherzigkeit lesen, wird alsbald deutlich, dass der barmherzige Samariter sehr konkret und nüchtern tut, was notwendig ist, im richtigen Moment abgibt, nicht ohne sich zu vergewissern, dass die Versorgung gesichert ist.[76] Die barmherzige Tat bildet hier nicht mehr und nicht weniger als die Voraussetzung dafür, dass jemand, der der Hilfe anderer bedarf, anschließend wieder seiner Wege ziehen kann. Erbarmen ist notwendig im ursprünglichen Sinn des Wortes. Es geht um das Ab-armen, das Abnehmen von Armut, aber solches Erbarmen bestimmt nicht den Sinn des Handelns. Freiheit liegt auf einer anderen Ebene. Diakonie nimmt im Kontext der Freiheit stärker die Initiativität als die Defizite in den Blick im Wissen, dass nur solche Lösungen tragen, die die Betroffenen selbst – in selbstbestimmter Freiheit - wählen.

Sich auf diese Freiheit einzustellen bedeutet die größte Herausforderung für die diakonische Praxis. Es verlangt nicht weniger als ein Neuverständnis von Helfen. Wir sind gewohnt, darunter bestimmte unterstützende Tätigkeiten zu verstehen, die ein Gefälle signalisieren zwischen denen, die Hilfe leisten, und denen, die hilfebedürftig sind. Dieses Gefälle relativiert sich allenfalls durch die Unterstellung, dass Helfende selbst hilfebedürftig sind oder werden können.[77] Im Kontext der Freiheit jedoch hat Hilfe allenfalls in zweiter Linie mit Bedürftigkeit zu tun. Helfen meint hier das Anknüpfen an die Initiativität anderer, sie nimmt das initiatorische Moment in den Blick und ist an dieses verwiesen. Helfende sind dann gar nicht diejenigen, die primär initiativ werden, sondern diejenigen, die Ausschau halten nach Anfängen von anderen, um aus diesen etwas zu machen und an diese eigensinnig initiativ anzuknüpfen.

In der Praxis zeigt sich dieser Gedanke als besondere Herausforderung. Die Diakonie ebenso wie andere Kontexte des Helfens sind konfrontiert mit der Tatsache, dass viele Betroffene vor dem Hintergrund vielfältiger Entmutigungserfahrungen und Erfahrungen von Ohnmacht und Abhängigkeit den Bezug zu ihrem Freiheitsvermögen verloren haben. Ihnen fehlt die Überzeugung, dass es auf sie ankomme, dass ihr Handeln an ihrer Situation

[74] J. MOLTMANN, Diakonie im Horizont des Reiches Gottes. Schritte zum Diakonentum aller Gläubigen. Neukirchen-Vlyun 1984, 30ff.

[75] K. E. LØGSTRUP, Norm und Spontaneität. Ethik und Politik zwischen Technik und Dilettantokratie. Tübingen 1989; vgl. J. WEBER, Diakonie in Freiheit?, 116ff.

[76] G. THEIßEN, Die Bibel diakonisch lesen. Die Legitimitätskrise des Helfens und der barmherzige Samariter. In: V. HERRMANN/ M. HORSTMANN (Hg.): Studienbuch Diakonik Band 1: Biblische, historische und theologische Zugänge zur Diakonie. Neukirchen-Vluyn 2006, 96.

[77] KIRCHENAMT DER EKD, Herz und Mund und Tat und Leben, 77.

irgendetwas ändern kann. Gleichzeitig fordern uns bestimmte initiatorische Momente als Helfende besonders heraus. Auch Gewalt kann auf spontanen Impulsen beruhen, sie kann aber die Handlungsfähigkeit anderer elementar bedrohen. Helfen bedeutet damit nicht Dienstleistung. Es geht nicht darum, der Initiative anderer zu Diensten zu sein, ganz gleich in welche Richtung diese geht, vielmehr kommt es darauf an, an die spontanen Impulse anderer mit eigensinnigem Hilfeimpuls anzuknüpfen, anderen zuzumuten, dass ihre spontanen Impulse eine ständige Abwandlung erfahren. Bei Sokrates sind die grundlegenden Momente einer solchen Hebammenkunst bereits grundgelegt.[78]

Eine weitere Engführung des Hilfebegriffs besteht darin, dass damit in der Regel zunächst eine dyadische Beziehung zwischen Helfender bzw. Helfendem auf der einen Seite und Hilfebedürftiger bzw. Hilfebedürftigem auf der anderen Seite im Blick ist, zusätzlich untermauert durch die Tatsache, dass vielfältige diakonische Praxen auf der Basis von individueller Bedürftigkeitsprüfung und Anspruchsregelung finanziert werden und somit einem Verständnis von Hilfe als Einzelfallhilfe Vorschub leisten. Die Eigentümlichkeit von Helfen im Kontext praktischer Freiheit besteht darin, dass sie eine unabsehbare Dynamik erzeugt in Form von Macht im ursprünglichen politischen Sinne von Empowerment. Im diakonischen Kontext geht es also primär darum, vorhandene soziale Bezüge zu unterstützen oder aber neue zu arrangieren, in denen Initiative möglich ist und Macht entstehen kann.

Damit ist gleichzeitig die Frage der Organisation angesprochen, die solche Initiativität fördert, statt sie zu blockieren. Freiheit und Demokratisierung bilden einen engen Zusammenhang. Doch gerade hier zeigt die Landschaft diakonischer Organisationen deutliche Freiheitsfeindlichkeit. Man kann die bestehenden diakonischen Institutionen einteilen in den Kliniktypus, der sich im Kontext des Wissens konstituiert, den Typus der Behörde, die sich an Regelkonformität ausrichtet, den Typus des Wirtschaftsunternehmens, das auf Profit ausgerichtet ist, familiäre Institutionen, die den Konsens bzw. die Harmonie zum Prinzip erklären, oder auch den Typus einer Glaubensgemeinschaft, die auf charismatischer Führerschaft gründet. In unterschiedlicher Weise verhalten sich alle diese Organisationstypen unfrei, weil ihr jeweiliges Organisationsprinzip Initiativität mehr oder weniger blockiert. Das gilt auch und gerade für solche Organisationen, die sich als familiär oder familienähnlich verstehen und die im diakonischen Kontext weite Verbreitung gefunden haben. Eine familiale Struktur hegt Initiativität im Kontext enger familiärer Bindungen ein, sie raubt den Akteuren alsbald die Luft zum Atmen. Ihre Konsensualität duldet kaum Neues und mündet in aller Regel in patriarchalen Strukturen.

Eher randständig sind solche insbesondere im Kontext der Reformpädagogik[79] entwickelten Konzepte, die sich als Experimente radikaler Demokratisierung erwiesen haben

[78] PLATON, Theätet (Theait.). In: Plato, K. Hildebrandt, C. Ritter, G. Schneider und O. Apelt: Sämtliche Dialoge. Hamburg 1988, 149a ff.; J. WEBER (2021), Freiheit und Soziale Arbeit, 293ff.

[79] S. BERNFELD, Kinderheim Baumgarten. Bericht über einen ernsthaften Versuch mit neuer Erziehung. In: S. Bernfeld, L. v. Werder und R. Wolff: Antiautoritäre Erziehung und Psychoanalyse. Frankfurt am Main 1971, 84–191.

J. KOCSZAK, Wie man ein Kind lieben soll. Unter Mitarbeit von A. Dross, E. Heimpel, I. Newerly und H. Roos. 8. Aufl., Göttingen 2005.

und insofern sich als institutionelle Experimente der Freiheit verstehen.[80] Stattdessen gibt es im Gegenteil immer noch auch diakonische Institutionen, die als totale Institution funktionieren und die Überwachung des ganzen Lebens zum Prinzip erklären.[81] Mahnmal der Vernichtung von Freiheit im Kontext totaler Institutionen ist das mit Bethel verbundene Heim Freistatt, das durch seinen ehemaligen Insassen Wolfgang Rosenkötter[82] und sein verfilmtes Schicksal unter dem Titel „Freistatt" weiterhin Aufsehen erregt. Während die Bundesregierung über den Runden Tisch Heimerziehung auch die diakonischen Einrichtungen der Jugendhilfe dazu gezwungen hat, sich ihrer freiheitsberaubenden Geschichte zu stellen, gilt dies erst in Ansätzen für Einrichtungen der Behindertenhilfe wie der Ev. Stiftung Alsterdorf. Bei totalen Institutionen haben wir es mit einem Organisationstypus zu tun, der die Vernichtung von Freiheit zum Prinzip erklärt, nicht weil ein perverses Personal hier übergriffig würde, sondern weil die totale Institution Personal und Insassen in spezifischer Weise zurichtet, so dass Insassen dort in besonderer Weise Demütigungserfahrungen ausgesetzt werden.[83] Dieser Organisationstypus hat sich mitnichten überlebt. Im Gegenteil wäre die Diakonie angesichts der aktuellen Ausweitung sogenannter geschlossener Unterbringung in der Jugendhilfe gefragt, hier Position zu beziehen.[84]

Freiheit hat im diakonischen Kontext eine individuelle, eine soziale sowie eine organisatorische Ebene, aber Freiheit kann sich auf Dauer nicht realisieren ohne eine politische Ebene. Wo immer Macht entsteht, insofern Menschen initiativ werden und sich mit dieser Initiativität vernetzen, trifft sie auf bereits etablierte Machtstrukturen, die in unterschiedlichen Graden nicht Freiheit, sondern Ausschließung praktizieren, während die diakonischen Werke insbesondere mit denen arbeiten, die von solcher Ausschließung betroffen sind. Im Kontext der neoliberalen Wende gilt dies in besonderem Maße, zumal die freie Wettbewerbsgesellschaft die Produktion von Verlierern zu ihrem Prinzip erklärt. Die Diakonie verhält sich hier im Allgemeinen mindestens halbherzig, sie nimmt den neoliberalen Wettbewerb als Herausforderung an, nicht ohne die Grenzen solcher unternehmerischen Logik zu erkennen, ist in diesem Zusammenhang aber mehr mit ihrem eigenen Profil beschäftigt als mit den Folgen einer neoliberalen Gesellschaft für diejenigen, die in ihr unter die Räder kommen.[85] Insbesondere Paulo Freire hat darauf hingewiesen, dass Menschsein durch Unvollendetsein geprägt ist, aus der sich eine permanente Suche ergibt. Neugier zeigt sich als zentrale humanistische Haltung, sie erweist sich aber auch als entscheidend,

[80] E. RICHTER; T. LEHMANN; B. STURZENHECKER, So machen Kitas Demokratiebildung. Empirische Erkenntnisse zur Umsetzung des Konzepts „Die Kinderstube der Demokratie". Weinheim/Basel 2017; H. RICHTER, Sozialpädagogik – Pädagogik des Sozialen. Grundlegungen – Institutionen – Perspektiven der Jugendbildung. Frankfurt am Main 1998.

[81] P. WENSIERSKI, Schläge im Namen des Herrn. Die verdrängte Geschichte der Heimkinder in der Bundesrepublik. 2.Aufl., München 2007.

[82] W. ROSENKÖTTER, Mein erster Tag in Freistatt, in: Sozialextra 30 (2006), 18ff.

[83] E. GOFFMAN, Asyle. Über die soziale Situation psychiatrischer Patienten und anderer Insassen. 1. Aufl., Frankfurt am Main 1973, 678.

[84] L. DEGENER; T. KUMTREICH; T. LUTZ; S. MIELICH; F. MUHL; W. RODENKÖTTER; J. SCHWAGERECK (Hg.), Dressur zur Mündigkeit? Über die Verletzung von Kinderrechten in der Heimerziehung. Weinheim/Basel 2020.

[85] KRCHENAMT DER EKD, Herz und Mund und Tat und Leben, 47ff.

um überhaupt Neuanfänge wahrzunehmen.[86] Doch solches Angelegtsein auf Humanisierung tritt der geschichtlichen Erfahrung der Enthumanisierung entgegen,[87] die eine radikale Erneuerung, ein eigenes Ostererlebnis braucht,[88] eine politische Bewusstwerdung (*conscientização*)[89], die keine neutrale Haltung zulässt,[90] um den bestehenden Herrschaftsverhältnissen und der damit verbundenen ständigen Produktion von Opfern eine Pädagogik der Befreiung entgegensetzen kann, sofern sie nicht selbst als domestizierende Pädagogik an den gesellschaftlichen Herrschaftsverhältnissen mitarbeiten will.[91] Freiheit geht nicht in Befreiung auf, aber sie kann ohne Akte der Befreiung nicht bestehen. Angesichts der Dynamik etablierter Herrschaftsstrukturen, die initiatorische Impulse oftmals in vielfältiger Hinsicht unterbinden, wirken die politischen Positionierungen von Seiten der Diakonie und ihrer Institutionen oftmals mutlos und sind eher geeignet, die bestehenden Verhältnisse zu perpetuieren, statt an solcher Befreiung mitzuwirken.

V. Pneumatische Freiheit

Freiheit kennzeichnet ein höchst konkretes menschliches Potential, das aber als dieses dennoch unfassbar und unverfügbar bleibt. Jeder Impuls des Verfügenwollens über die initiatorischen Impulse anderer zerstört sie bereits. Damit zeigt sie in mehrerer Hinsicht Bezüge zum göttlichen Geist. In diesem Zusammenhang macht nicht zuletzt die Metapher des Windes, die mit dem hebräischen Wort immer schon mit angesprochen ist, diese Unfassbarkeit akut (Joh 3,8). Konrad Stock weist diesbezüglich in Abgrenzung zu Karl Barth darauf hin, dass *pneuma* einen anthropologischen Sachverhalt impliziert und nicht allein eine transzendente Größe darstellt. In diesem Zusammenhang thematisiert er, dass wir Menschen nicht nur Naturwesen sind, sondern dass wir uns dem Naturgeschehen „mit Neugier und in Freiheit“[92] zuwenden können. Geist zeigt damit jenes spezifische Mehr-als-Natur-sein insbesondere menschlichen Handelns an. Er signalisiert einen Aspekt menschlichen Seins, der aber dennoch über das Menschliche hinausweist[93] und eine „Offenheit für Anderes“[94] erlaubt. Der Geist wird zu derjenigen göttlichen Kraft, die protestiert gegen Prozesse von Ausschließung und konsequent behauptet, dass die gegenwärtigen Verhältnisse nicht so bleiben müssen, wie sie sind, sondern dass eine andere Welt möglich ist. Eine Pneumatologie, die in dieser Weise den Geist Gottes von der Freiheit aus versteht und daraufhin politisch wendet, müsste erst noch entwickelt werden. Auf

[86] P. FREIRE, Dialogizität. In: P. Freire: Bildung und Hoffnung. Münster/New York/u.a. 2007, 88.

[87] P. FREIRE, E. LANGE, Pädagogik der Unterdrückten. Bildung als Praxis der Freiheit. Reinbek bei Hamburg 1981, 31.

[88] P. FREIRE, Politische Alphabetisierung. Einführung ins Konzept einer humanisierenden Bildung. In: P. Freire: Unterdrückung und Befreiung. Münster/New York/u.a. 2007, 31.

[89] AaO. 41.

[90] AaO. 33.

[91] AaO. 31.

[92] K. STOCK, Einleitung in die systematische Theologie, 215.

[93] Ebd.

[94] Ebd.

diese verweist aber bereits Paulus: „Der Herr ist der Geist; wo aber der Geist des Herrn ist, da ist Freiheit.“ (2 Kor. 3,17)

Kai Horstmann

GLÜCKLICH WERDEN. MACHBAR?

Vom Lernen, Können und Glücken

„Glücklich? Dann öffne mich!" So stand es auf einer Karte, die einer Lieferung von Druckerpatronen beilag. Innen hieß es dann: „Wir freuen uns sehr, wenn Sie mit unserem Produkt glücklich sind. Teilen Sie doch uns und Ihren Freunden Ihre Erfahrungen mit." Die Druckerpatronen taten, was sie sollten. Glücklich gemacht haben sie mich nicht.

Eine kaum mehr überschaubare Fülle an Produkten verheißt das Glück oder, wie im Fall einer Marmelade, identifiziert sich mit dem Glück selbst. Hinzu kommen Zeitschriften und eine breite Ratgeberliteratur,[1] einschließlich einer Reihe *christlicher* Titel.[2] „Glück ist ein Menschheitsthema".[3] Darum ist Glück selbstverständlich auch Gegenstand staatlicher Lehr- bzw. Bildungspläne für (Praktische) Philosophie und Religion. Die Einführung eines eigenen Schulfachs Glück durch Ernst Fritz-Schubert als Schulleiter der berufsbildenden Willy-Hellpach-Schule in Heidelberg ab dem Jahr 2007, die medial viel Aufmerksamkeit erregt hatte,[4] geht darüber hinaus.

Das Ansinnen Glück zu lehren, das an vielen Schulen Nachahmung gefunden hat, wird im Folgenden zunächst kritisch dargestellt (1.). Die Fritz-Schuberts Konzeption inhärente Ideologie von der Machbarkeit des Glücks wird daraufhin mit einer philosophischen und theologischen Begriffsklärung konfrontiert, die die Unverfügbarkeit des Glücks betonen

[1] Vgl. I. KARLE, Das Streben nach Glück. Eine Auseinandersetzung mit der Beratungsgesellschaft, in: H. Bedford-Strohm, Glück-Seligkeit. Theologische Rede vom Glück in einer bedrohten Welt, Neukirchen-Vluyn ²2014, 51–68.

[2] Darunter nicht zuletzt „Glück ist jetzt" von K. DOUGLASS, der mit diesem Buch auf besondere Weise als christlicher „Erfolgsautor" erkennbar wird (Asslar ²2014). Auf Seiten der „Organisationsberatung" siehe auch W. KÜSTENMACHER/L. SEIWERT, Simplify your life. Einfacher und glücklicher leben, Frankfurt/New York ¹⁷2016. Vgl. M. SCHULT, Das Einfache ist kompliziert. Ein Interview mit Werner Tiki Küstenmacher, Praktische Theologie 45/2010, 39–45, und M. UTSCH (Hg.), Erfolg, Optimismus, Gewinn. Erfolgstrainer, Motivationsgurus und Strukturvertriebe auf dem Prüfstand, Berlin 2002 (EZW-Texte 2002). Auch die kirchliche Presse selbst bleibt von diesem Trend nicht verschont: „Glück. Wie das Leben gelingt" titelt etwa ein Thema-Heft der im Wichern-Verlag erscheinenden Evangelische Wochenzeitung „die Kirche". Das schon 2012 erschienene Heft ist weiterhin lieferbar.

[3] D. THOMÄ, C. HENNING und O. MITSCHERLICH-SCHÖNHERR in der Einleitung zum von denselben herausgegebenen interdisziplinären Handbuch Glück (Stuttgart/Weimar 2011), 1–10, hier 8.

[4] Vgl. exemplarisch den Artikel „Neues Schulfach ‚Glück'. Die fröhlichen Schüler von Heidelberg, von J. SCHÖNMANN (12.9.2007), unter www.spiegel.de/lebenundlernen/schule/neues-schulfach-glueck-die-froehlichen-schueler-von-heidelberg-a-505005.html (gelesen am 28.12.2020).

wird (2.). In einer abschließenden Reflexion wird dann der für die Religionspädagogik und Seelsorge wesentlichen Frage nachgegangen, was zum Glück denn zu tun bleibt (3).

1. Lernen, glücklich zu werden?

Mit seiner 2017 erschienen Dissertation will Fritz-Schubert das von ihm in der Praxis entwickelte Fach theoretisch fundieren.[5] Vor allem im Stil des Referats werden Forschungen und Theorien, die seine Konzeption stützen, eklektisch aneinandergereiht (vgl. 13).[6] Der Erkenntnisweg wird am ehesten von der Schlussbetrachtung aus (261ff.) nachvollziehbar. Und wenn es auch erkenntnisförderlich sein kann, Begriffe bewusst offen zu lassen und Begriffsfelder mit Synonymen zu erkunden: bei Fritz-Schubert mangelt es gerade auch dort an Klarheit, wo es zentral um Glück als Lernziel des Fachs geht. Eine Auseinandersetzung mit Fritz-Schuberts Ansatz als Theorie wird dadurch massiv erschwert.[7] Die Studie spiegelt insgesamt sehr deutlich wider, dass das Ergebnis der Arbeit voraus

[5] Vgl. E. FRITZ-SCHUBERT, Lernziel Wohlbefinden. Entwicklung des Konzeptes »Schulfach Glück« zur Operationalisierung und Realisierung gesundheits- und bildungsrelevanter Zielkategorien, Weinheim/Basel 2017. Weitere Stellenangaben im Text.
Da eine Erörterung von in den Jahren 2007 bis 2017 erschienen Diskussionsbeiträgen zum Glücksunterricht nicht erfolgt, kann von einer „wissenschaftlichen Fortführung" des „innovativen Bildungsangebots" (Klappentext) eigentlich nicht die Rede sein. Vgl. aus der pädagogischen Diskussion kritisch T. HOYER, Glück soll lernbar sein? Ist es aber nicht!, in: Ders./U. Beumer/M. Leuzinger-Bohleber (Hg.), Jenseits des Individuums – Emotion und Organisation, Göttingen 2011, 246–260, und DERS., Lernziel Glück? Ein Unding macht Schule, in: EB Erwachsenenbildung 2/2014, S. 9-13, sowie J. ZIRFAS, Zur Pädagogik der Glücksgefühle. Ein Beitrag zum *Pursuit of Happiness*, in: Zeitschrift für Erziehungswissenschaften 14/2011, 223–240, und DERS., Warum Glück nicht glücklich macht. Thesen zu einer Anthropologie des Glücks, in: Psychologie und Gesellschaftskritik 36/2012, 63–83. Es liegen auch verschiedene Qualifikationsarbeiten vor, die sich mit FRITZ-SCHUBERTS Konzeption auseinandersetzen.

[6] E. FRITZ-SCHUBERT verweist auf K. ZIERER, Eklektik in der Pädagogik. Grundzüge einer gängigen Methode, in: ZP 55/2009, 928–944. Nun sollte wer im Glashaus sitzt (K. HORSTMANN, Campus und Profession. Pfarrdienst in der Evangelischen Studierendengemeinde, Stuttgart 2012, 11–13) beim Steinewerfen vorsichtig sein. Bei Fritz-Schubert ist die Theorieentwicklung jedoch bisweilen schwer nachvollziehbar. So bleibt dunkel, wieso der Ansatz Cal Rogers´, auf den sich E. FRITZ-SCHUBERT 2015 im grundlegenden Artikel zum „Praxisbuch Schulfach Glück" noch wesentlich bezieht (E. FRITZ-SCHUBERT/W.-T. SAALFRANK, Schulfach Glück –Skizze und Hintergründe, in: Dies./M. Leyhausen (Hg.), Praxisbuch Schulfach Glück. Grundlagen und Methoden, Weinheim/Basel 2015, 14–39, hier 21–26) in der Dissertation überhaupt nicht mehr aufgegriffen wird. Statt des von Zierer betonten argumentativen Charakters der Eklektik als geisteswissenschaftlicher Methode (Zierer, 942f.) entsteht der Eindruck einer gewissen Beliebigkeit in der Wahl der Quellen und Bezüge. An der Aufnahme oder Diskussion vorangehender Forschungsarbeiten zeigt E. FRITZ-SCHUBERT kein Interesse: Die Dissertation zum Wohlbefinden in der Schule von T. HASCHER, Münster/New York/München/Berlin 2004, mit ausführlicher Begriffsklärung, Forschungsüberblick und Theorieentwicklung im Interesse einer Wohlbefinden ermöglichenden Schul- und Unterrichtsgestaltung nimmt E. FRITZ-SCHUBERT beispielsweise nicht zur Kenntnis.

[7] Bisweilen drängt sich der Eindruck auf, als sei eine unfertige Fassung der Untersuchung veröffentlicht worden. Es scheint so, als sei der letzte Arbeitsgang der verschiedene Skriptteile angleichenden Durch- und Überarbeitung unterblieben. Das jedenfalls würde erklären können, wieso sich an die Entwicklung des Kerncurriculums des Schulfachs Glück (Kapitelzählung 4.3) ein „Exkurs: Erfahrungen und Hintergründe bei der praktischen Umsetzung des Schulfaches Glück" anschließt, der faktisch auch den Abschnitt „4.4 Schulische Umsetzung" umfasst und erst mit „4.4.3 Das digitale Curriculum" endet, in dem E. FRITZ-SCHUBERT von der Beschreibung wieder in den Modus der Reflexion wechselt. Auch fehlt dem Buch der Anhang, auf den im Text verwiesen wird.

liegt. Mag die wissenschaftliche Qualität der Dissertation auch fraglich sein,[8] der Erfolg gibt Fritz-Schubert in der Praxis Recht. Sein Unterrichtskonzept macht Schule. Das macht es notwendig, sich damit auseinanderzusetzen.[9]

Im Horizont der Ergebnisse der PISA-Studie und zur Korrektur der Konsequenzen, die bildungspolitisch aus ihr gezogen wurden, will Fritz-Schubert mit dem Schulfach Glück der Persönlichkeitsbildung stärkeres Gewicht beimessen. Mit einer durch Hartmut von Hentigs Pädagogik und der Bildung für Nachhaltige Entwicklung geprägten Ausrichtung des Bildungsplanes Baden-Württemberg auf die Zielvorstellung des guten Lebens im Rücken sollen junge Menschen in die Lage versetzt werden, „sich vom Diktat des Zeitgeistes einer durch Wertewandel, Autopaternalismus und Multioptionalität geprägten Gesellschaft frei zu machen, um als Gestalter eine gelingende Lebensführung anzustreben" (10). „Bildung", so zitiert Fritz-Schubert von Hentig, „soll Glücksmöglichkeiten eröffnen, Glücksempfänglichkeit, eine Verantwortung für das eigene Glück" (115).

Wenn Fritz-Schubert kritisiert, dass der primär leistungsorientierte und auf Wissensvermittlung und kognitive Fähigkeiten hin orientierte reguläre Unterricht „den das Lernen behindernden Tendenzen zu depressiven Stimmungen, verbunden mit Versagensängsten, nur unzureichend entgegenwirken (kann)" (12), wird deutlich, dass es ihm letztlich um eine Veränderung der Schule insgesamt geht.[10] Es mag dahin gestellt bleiben, ob der ehemalige Schulleiter nicht ein Zerrbild des kompetenzorientierten Unterrichts zeichnet, das wenigstens den musischen Fächern, dem Religionsunterricht, aber auch den Sprachen nicht gereicht wird.[11] Und ob die intendierte Veränderung des Systems Schule durch Etablierung eines weiteren, wenn auch *anderen* Schulfachs erreicht werden kann, ist mehr als fraglich. Die Problematik des Schulfachs Glück liegt tiefer. Das Bildungsziel des Schulfaches ist „Glück" als normatives Ziel der Lebenspraxis:[12] Als staatlich approbiertes Schulfach bedarf „Glück" einer ideologiekritischen Betrachtung.

„Im Schulfach Glück geht es um die Erfahrung, was Wohlbefinden ist,[13] wie es entsteht und was man selbst dazu beitragen kann" (11). Fritz-Schubert räumt ein, dass die

[8] Vgl. aber die Rezension von H. G. HOMFELDT (https://www.socialnet.de/rezensionen/22335.php; 17.11.2020), der zu dem Schluss kommt, dass E. FRITZ-SCHUBERTS Studie geglückt sei.

[9] Das sei kritisch angemerkt zu J. OELKERS, Glück in der Pädagogik. »Children be happy«?, in: Thomä/Henning/Mitscherlich-Schönherr (Hg.), Glück, 428–433, oder J. ZIRFAS, Glück als Erziehungsziel? Pädagogische Gedanken zum Kinderglück, in: JRP 29/2013, 21–30, die auf E. Fritz-Schubert nicht eingehen. Auch M. BROHM/W. ENDRES, Positive Psychologie in der Schule: Die »Glücksrevolution« im Schulalltag. Mit 5x8 Übungen für die Unterrichtspraxis, Weinheim/Basel 2015, führen mit ihrem dem Anliegen und der Praxis E. Fritz-Schuberts verwandten Ansatz die begrenzte Originalität E. Fritz Schuberts nur vor.

[10] Vgl. E. FRITZ-SCHUBERT, Schulfach Glück: Wie ein neues Fach die Schule verändert, Freiburg i.Br. 2008.

[11] Zum Religionsunterricht vgl. G. OBST, Kompetenzorientiertes Lehren und Lernen im Religionsunterricht. Überarbeitet und aktualisiert von H. Lenhard, Göttingen [4]2015. Aus der Diskussion siehe M. FRICKE, Die Bedeutung der Kompetenzorientierung für Verständnis und Praxis des Religionsunterrichts, in: ZThK 112/2015, 378–401.

[12] Vgl. die philosophische Übersicht zum Glück als Wertmaßstab und als Lebensziel von A. REGENBOGEN, in: JRP 29/2013, 51–62.

[13] „Der Begriff des Wohlbefindens umfasst einerseits das psychologische Wohlbefinden auf der Basis der subjektiven kognitiven und affektiven Erfahrungen, andererseits aber insbesondere auch die dafür

Benennung des Fachs mit „Glück" problematisch sei. Er begründet dies im Anschluss an Philipp Mayring allerdings damit, dass Glück im Deutschen nicht ausreichend differenziert sei (vgl. 11).[14] In pragmatischer Hinsicht ist es sein pädagogisches Interesse an der Operationalisierbarkeit (vgl. 146), dessentwegen er „Wohlbefinden als Konstrukt der seelischen Gesundheit bzw. Flourishing als gutes Gedeihen und Aufblühen" zur „Zielrichtung des pädagogischen Handelns" erklärt (11). Dies allerdings dann doch nicht so, dass er den Glückbegriff konsequent verabschieden würde. „Glück" ist ihm eben das Ergebnis eines seelisch gesunden und darum blühenden Lebens (vgl. 139).

Fritz-Schubert sieht sich mit der Orientierung am Glück als Orientierungspol der Lebensgestaltung in der Tradition antiker Philosophie. Es geht ihm in seiner vom Hedonismus abgegrenzten „eudaimonistischen" Theorie[15] im Anschluss an die Dissertation von Barbara Kaminski[16] um die „reine innere Harmonie als Zeichen des Sich-selbst-Seins" (17) als „glückliche" Stimmung, die sich durch die Zeit hindurch zieht (vgl. 29), bzw. ziehen soll, denn „‚glückliche' Stimmungen als Grundlage für Wohlbefinden müssen immer wieder neu mit dem Ergreifen von selbstgemäßen Möglichkeiten im Rahmen der Lebensgestaltung errungen werden" (30).

Insofern die Stimmung nach Bollnow Ausdruck unseres in der Welt Seins ist, ist sie zugleich passiv begründet, wie auch – durch Einwirkung auf die Welt – veränderbar. Das Streben nach Glück als Ausdruck der Harmonie zwischen Selbst und Welt „ist letztlich die Sehnsucht nach sich selbst".[17] Das Selbst strebt nach seiner Entfaltung, „wie z.B. das Aufgehen einer Rose" (Heidegger im Zitat auf 101). Glücklich ist nach Kaminski folglich, wer sich seinem Selbst gemäß entfalten kann. Die Stimmung der inneren Harmonie bietet

begünstigten Ressourcen, wie z.B. Selbstkompetenz, Selbstkonzept, Achtsamkeit und Reflexionsfähigkeit." E. FRITZ-SCHUBERT, Lernziel Wohlbefinden, 11.

[14] Derartige Feststellungen gehören zum Stil E. FRITZ-SCHUBERTS, der sich – sieht man einmal von pauschalen Verweisen mal auf Plato oder Aristoteles, mal auf Kant oder Freud ab – wenig bis gar nicht mit begriffs- und forschungsgeschichtlichen Fragen beschäftigt. Vgl. zum breit gefächerten Bedeutungsfeld und zur Etymologie den Artikel von J. HÖRISCH, Glück im Deutschen, in: Thomä/Henning/Mitscherlich-Schönherr (Hg.), Glück, 13f.

[15] „Im Rahmen dieser Arbeit sollen die beiden Begriffe „hedonisch" und „eudaimonisch" nicht als präskriptive Konzepte im Sinne einer Philosophie des guten Lebens verstanden, sondern psychologisch gedeutet werden. Im Sinne der [...] modernen Psychologie wird das hedonische Wohlbefinden mit Lustvollem, Vergnügen, Glück und Zufriedenheit in Verbindung gebracht und als subjektives Wohlbefinden (SWB) bezeichnet. Das eudaimonische Wohlbefinden bezieht sich auf die zufriedenstellende und erfüllende Lebensgestaltung, die mit psychologischem Wohlbefinden (PWB, psychological well-being) bezeichnet wird". E. FRITZ-SCHUBERT, Lernziel Wohlbefinden, 20. „Das eudaimonische Wohlbefinden stellt [...] die Bedingungen eines gelingenden Lebens … dar." AaO. 29.

[16] Geborgenheit und Selbstwertgefühl: eine Untersuchung auf der Grundlage der Forschungen von Otto Friedrich Bollnow in „Das Wesen der Stimmungen" und in „Neue Geborgenheit" sowie der „Analytik des Daseins" von M. Heidegger in „Sein und Zeit", Frankfurt am Main 2003.

[17] B. KAMINSKI, Philosophische Grundlagen des Schulfachs Glück, in: Fritz-Schubert/Saalfrank/Leyhausen (Hg.), Praxisbuch, 95-109, hier: 101. Nachfolgende Belege im Text aus dieser Quelle.

dabei den Orientierungspunkt für das Handeln, das sich gegen Widrigkeiten und Entfremdung richtet.[18]

In der Welt ist es nicht zuletzt die Angst, in der die „Unheimlichkeit und Ungeborgenheit des Daseins aufbricht", die die Stimmung drückt und zu lähmen vermag. Dieser Angst „wirkt das Gefühl der Geborgenheit entgegen" (105). Der Heideggersche Gedanke wird von Kaminski mit Maslow bedürfnispsychologisch aufgenommen: Durch die Erfahrung von Geborgenheit kann der existentiellen Angst begegnet werden und kann selbstgemäße Entfaltung gegen die Angst ermöglicht werden (ebd.). Was für Geborgenheit gilt, gilt Kaminski zufolge auch für das Selbstwertgefühl: „Im Hinblick darauf, dass das »Woher und Wohin« des Daseins verhüllt ist, steigt nicht nur ein Gefühl der Unheimlichkeit auf, sondern es bleibt auch der Sinn der Lebensgestaltung im Dunkeln. Mit dieser Sinnlosigkeit geht ein Gefühl der Wertlosigkeit des eigenen Daseins einher, das auf Lebensgestaltung ausgerichtet ist. Die mit dem mangelnden Selbstwertgefühl entstehende bedrückende Stimmung hat eine lähmende Wirkung. [...] Die Angst lässt nach allem greifen, was Geborgenheit und Selbstwertgefühlt verspricht. [...] Wenn wir uns an Menschen binden, die Geborgenheit vermitteln, verhindert dies, dass die Unheimlichkeit infolge des »Woher und Wohin« spürbar wird. Akzeptieren sie uns, wie wir sind, und fördern sie die selbstgemäße Entfaltung" (ebd.). Letztlich bilden dann „das Gefühl der unbedingten Geborgenheit im Unendlichen und das darin liegende Getrostsein [...] die Grundlage für die »gerüstete Freude«" im Sinne Heidegers (106).

Weil „beglückende Stimmungslagen" *in der Welt* nicht selbstverständlich seien, müssten sie „sich in einer Gegenbewegung aus der mit den Grundgegebenheiten des Daseins verbundenen Stimmung entwickeln. Der Einzelne kann einiges dazu beitragen, er ist aber auch auf die Unterstützung in der Gemeinschaft angewiesen. Das eigentliche Selbstwertgefühl ist ein Selbstwertgefühlt, bei dem das Selbst als solches als Wert empfunden wird und in der Freude der Selbstentfaltung gründet" (107). So kommt der Ausbildung des Selbstwertgefühls eine zentrale Bedeutung zu und das bedeutet auch die Abwehr solcher Faktoren, die das eigene Wohlbefinden „über seine Grenzen hinaus belasten. [...] Man kennt seine Vorlieben und versteht es, den Alltag durch freudiges Erleben z.B. durch Naturerlebnisse, Bewegung, Musik, Kunst, Theater und Literatur aufzuhellen. Beides schützt vor dem Zustand des sogenannten »Burn-out«, aber auch davor, sich durch Drogen und Alkohol künstliches Glück schaffen zu müssen. Die mit dem eigentlichen Selbstwertgefühl und der Selbstentfaltung verbundene beglückende Stimmung lässt die innere Überzeugung wachsen, dass Glück auch unabhängig von Erfolg und der Erfüllung bestimmter Anforderungen möglich bleibt. Das gibt die Sicherheit, Misserfolge und Versagen überwinden

[18] „Die Stimmung zur Handlungsorientierung heranzuziehen bedeutet jedoch nicht, gerade das zu tun, wonach einem zumute ist. Es ist vielmehr zu fragen, wie beeinflusst die in Aussicht genommene Handlung die Stimmung mit Blick auf das Leben als Ganzes, welche der sich bietenden Handlungsmöglichkeiten trägt mit dieser Blickrichtung am besten dazu bei, die reine von starker Harmonie geprägte Stimmung zu bewahren oder herbeizuführen. Das schließt ein, zur Erreichung selbstgemäßer Ziele auch weniger Lustvolles in Kauf zu nehmen. [...] Eine an der Stimmung orientierte selbstgemäße Entfaltung darf nicht mit egoistischer Selbstverwirklichung gleichgesetzt werden", denn „die Welt, in der wir leben, (ist) schon immer die, die wir mit anderen teilen." KAMINSKI, 102.

zu können, weil sie letztlich die Fähigkeit zur Freude am Leben nicht nehmen können und ein lebenswertes Leben möglich bleibt" (ebd.).

Damit ist der Ansatzpunkt und das Anliegen für den Glücksunterricht formuliert. Der in den Formulierungen Kaminskis vielleicht noch vage durchscheinende *religiöse* Aspekt fällt bei Fritz-Schubert weitestgehend aus. Im Blick auf die psychologische Glücksforschung und die dort konstatierten Auswirkungen religiöser Praxis für die Lebenszufriedenheit[19] überrascht das durchaus. Zumal Religion auch in der allgemeinen Pädagogik in ihrer praktischen Bedeutung im Umgang mit dem Unverfügbaren, mit Komplexität, Kontingenz und Nichtwissen im Blick ist.[20] Diese Leerstelle wird von Fritz-Schubert mit der Rezeption der Logotherapie überdeckt.[21]

Es geht Fritz-Schubert um die Selbstbildung des Einzelnen. Aufgabe des Glücksunterrichts ist es, „einen Beitrag zur Befähigung zur selbstgemäßen Entfaltung der eigenen Möglichkeiten in einer zuträglichen Umgebung zu leisten".[22] Gemeinschaft wird in erster Linie als Ressource für die Selbstbildung thematisch und die politische Dimension zur Überwindung der der Selbstentfaltung entgegenstehenden Entfremdung, wird nicht in den Blick genommen.[23] Eine auf Veränderung der sozio-ökonomischen Rahmenbedingungen abzielende politische Praxis bleibt außerhalb des Horizonts. Entscheidend ist die *reine innere Harmonie,* also die „von jeder Unruhe und Bedrückung freie Stimmung" und die Entwicklung eines Habitus, der „sich begünstigend auf eine Lebensgestaltung in selbstgemäßer Entfaltung der eigenen Möglichkeiten und damit auf das von der WHO (1997) beschriebene Wohlbefinden auswirkt" (35).

Formal findet sich die Bestimmung Fritz-Schuberts Glücksverständnisses in den „einführenden Überlegungen" zum Kapitel „Begriffliche Klärungen". Der behaupteten begrifflichen Problematik wegen wird nicht Glück, sondern eben Wohlbefinden geklärt und

[19] Vgl. M. ARGYLE, The Psychology of Happiness, New York ²2001, 164–177.

[20] Vgl. A. SCHEUNPFLUG, Evolution und Religion, in: Ch. Wulf/H. Macha/E. Liebau (Hg.), Formen des Religiösen. Pädagogisch-anthropologische Annäherungen, Weinheim/Basel 2004, 96–112 und DIES., Die Religionspädagogik aus der Perspektive Allgemeiner Pädagogik, in: ZPT 63/2011, 107–116.

[21] Vgl. E. FRITZ-SCHUBERT, Lernziel Wohlbefinden, 120–127, zu „Sinnfindung als Voraussetzung für seelische Gesundheit und Flourishing". Zur Logotherapie vgl. das von W. KURZ und F. SEDLAK herausgegebene Kompendium der Logotherapie und Existenzanalyse: Bewährte Grundlagen, neue Perspektiven, Tübingen 1995. Kritisch vgl. M. ROTH, „Bundesgenosse" des christlichen Glaubens? Überlegungen zu Existenzanalyse und Persontheorie V. E. Frankls, in: Int.J.Pract.Theol 7/2003, 60–85. Hier nicht unerwähnt soll bleiben, dass E. FRITZ-SCHUBERT in der Schlussbetrachtung seiner Dissertation über einen Vortrag M. FRIEDENTHAL-HAASES (Krise und Bewährung. Martin Buber zu Grundlagen der Bildung im Erwachsenenalter, http://oops.uni-oldenburg.de/1214/1/ur44.pdf; 21.11.2020) unvermittelt auf Martin Buber zurückgreift. Die religiöse Tiefe der Rede Bubers vom Urgrund, die Fritz-Schubert einem Aufsatz W.-T. Saalfranks entnimmt, verkommt zur Grundlage einer „geistigen Aufrüstung" des Einzelnen in krisenhaften Situationen (vgl. FRITZ-SCHUBERT, Lernziel Wohlbefinden, 269f.).

[22] E. FRITZ-SCHUBERT, Lernziel Wohlbefinden, 32f. Die Angaben im Text beziehen sich auf diese Quelle.

[23] Mit oder trotz der kleinen Einschränkung auf 35 („Wenn das subjektive Wohlbefinden auch dadurch gesteigert werden kann, dass es anderen schlechter geht als einem selbst, dann erscheint die Steigerung des subjektiven Wohlbefindens als Lernziel zumindest fragwürdig") und den Anmerkungen zur Gefahr egoistischer und antisozialer Übersteigerung (45).

als Gesundheitsbegriff eingeführt (vgl. vertiefend 36ff.). [24] Gesundheit, insbesondere seelische Gesundheit, wird als ein empirischer Ausdruck dieses Zustands reiner innerer Harmonie begriffen, die selbst als „Gradmesser für das Wohlbefinden" beschrieben wird und zur Ausrichtung des Handelns dient (vgl. 32).

Dass das Ich mit sich selbst im Reinen und doch alles andere als in einem Zustand „reiner innerer Harmonie" sein kann, sondern etwa in protestierend-widerständiger Haltung oder auch selbstaufopferungsvolle Engagements für das, was sein soll, holt Fritz-Schubert zwar mit der Brückenannahme ein, dass es „selbstgemäß sein (kann), sein Leben nicht in dem Maße zu gestalten und eigene Ziele zu verfolgen, wie es nach dem Konzept des PWB optimal wäre" (vgl. S. 31). Aber ist es dann noch sinnvoll, vom Wohlbefinden als Handlungsorientierung zu sprechen? Und wie steht es um das Glück der Liebe als dem Glück des Sich-Verlierens und Aufgehens der Einzelnen in etwas anderem, einem Dritten? Ist es angemessen, den/die Andere nur als „selbstgemäße" Ergänzung in den Blick zu nehmen, oder verweist die den Einzelnen überwältigende, ekstatische Erfahrung der Liebe nicht radikal über das einzelne Selbst hinaus auf den/die Andere?[25]

Dergleichen bleibt außerhalb des Betrachtungshorizonts Fritz-Schuberts, der – trotz kritischer Äußerung zum kategorischen „Think positive" der Positiven Psychologie (vgl. 21) – im Anschluss an diese doch eine Positive Pädagogik fordert.[26] Diese, und mit ihr das Schulfach Glück, soll zum „Aufblühen der Menschen" beitragen, beziehungsweise zum „Flourishing" (vgl. 73-81). Im Rahmen des salutogenetischen Interesses geht es darum, mit dem Glücksunterricht die Kompetenzen zu entwickeln, die nach einer Zusammenschau verschiedener Theorien seelischer Gesundheit als Wirkfaktoren des Wohlbefindens und Glück in Blick kommen (vgl. 65ff).

Das Schulfach Glück thematisiert dem entsprechend vier Fragekomplexe:

1.1. Was brauche ich?

Die angeborenen Bedürfnisse des Menschen, deren Befriedigung Wohlbefinden auslöse, bilden nach Fritz-Schubert die Grundlage intrinsischer Motivation. Auch die

[24] Zur Problematik Gesundheit als höchstes Gut zu setzen vgl. – die WHO-Definition von Gesundheit ausdrücklich problematisierend – G. SCHNEIDER-FLUME, Leben ist kostbar: Wider die Tyrannei des gelingenden Lebens, Göttingen 2002, 85ff.

[25] „Man würde [ ] ein verkürztes Bild vom Glück der Liebe zeichnen, wenn man es nur als eine Erfahrung verstünde, die man dank einer anderen Person mit sich selbst macht. Mit einem solch instrumentalistischen Bezug auf den Anderen wird man der Liebe zu einem anderen Menschen nicht gerecht. […] Man ist einem geliebten Menschen zugetan in dem Sinne, dass man um ihn besorgt ist, sich für ihn stark macht, im Grenzfall vielleicht sogar opfert." D. THOMÄ, Glück in der Liebe. Die Bereitschaft zur Hingabe, in: Ders./Henning/Mitscherlich-Schönherr (Hg.), Glück, 84–92, hier 87. Vgl. auch K. STOCK, „[…] ohne eigene Bildung keine Vollendung in der Liebe." Die Erfahrung der Liebe zwischen Innigkeit und Öffentlichkeit, in: Ders., Die Gegenwart des Guten. Schriften zur Theologie, Marburg 2006, 75–89.

[26] Vgl. zum Konzept den von der Gestaltpädagogik kommenden Pädagogen und Kooperationspartner E. Fritz-Schuberts an der Universität Kassel O. A. BUROW, Positive Pädagogik. Sieben Wege zu Lernfreude und Schulglück, Weinheim 2011 und heute DERS./E. FRITZ-SCHUBERT/J. LUGA, Einladung zur Positiven Pädagogik. Wie Lehrerinnen und Lehrer neue Wege beschreiten können, Weinheim 2017.

Bestärkung durch gelingende soziale Interaktion wirke auf die intrinsische Motivation förderlich, „indem sie die Voraussetzung für neue Erfahrungen, Verhaltens- und Erlebnisweisen schafft und zu einer aktiven Auseinandersetzung des Individuums mit seiner Umwelt auffordert [...] In der Beziehung des Subjekts zu anderen Subjekten erfährt sich der Mensch in seinem Sein und der Selbstaktualisierung. Nach Frankls Verständnis ist das der Bezug des Menschen auf Sinn" (131). Fritz-Schubert geht davon aus, dass die Realisierung „wirklich wichtige(r) Erlebniswerte, schöpferische(r) Werte und Einstellungswerte" dazu beiträgt, Lust entstehen zu lassen und Unlust zu überwinden oder aufgrund eines Sinns zu akzeptieren (vgl. 113).

1.2. Wer bin ich?

Das Schulfach Glück zielt auf Selbstachtung. „Dieser Kern des Selbst, auf den sich der Mensch bezieht, in dem er sich selbst annimmt und ‚Ja' zu sich und seinem Leben sagt, wie es Frankl (1987) formuliert, ist das Fundament seines Strebens nach dem, was für ihn wirklich wichtig ist, nämlich seinen Werten" (133f.).

In seiner Abgrenzung vom Hedonismus legt Fritz-Schubert Wert auf nicht-künstliche Glücksgefühle, positive, kreative, wirklich wichtige bzw. sinnvolle Erfahrungen. Er weiß, dass Selbstwertgefühl „auch durch das Bewusstsein, anderen überlegen zu sein, und durch Streben nach Macht und Besitz erreicht werden (kann)." Aber eine solcherart gehobene Stimmung sei – wie er mit Hinweis auf Kaminski formuliert – „nicht notwendigerweise eine reine harmonische Stimmung [...]. Die Werte und Ziele müssen nicht selbstgemäß sein. Mit dem Streben nach Geborgenheit und Selbstwertgefühl geht vielmehr oft ein selbstentfremdendes Handeln einher, das die reine harmonische Stimmung ausschließt und den Weg zum Erleben dieser Stimmung verstellt." In diesem Fall kommt dem Schulfach Glück die Aufgabe zu, den „Weg zur reinen Stimmung in der selbstgemäßen Entfaltung zum Finden selbstgemäßer Ziele und Werte" zu bahnen: „Es darf bestritten werden, dass mit einer Nichtbeachtung der Zehn Gebote eine reine harmonische Stimmung verbunden ist [...]. Genauso darf bestritten werden, dass mit einer Mitwirkung am ‚heiligen Krieg' eine reine harmonische Stimmung einhergeht. Das nährt die Hoffnung, dass durch die Orientierung an der reinen harmonischen Stimmung die zehntausend Gebote im Sinne von Frankl erkannt werden können, die in zehntausend Situationen verschlüsselt sind, mit denen der Mensch in seinem Leben konfrontiert wird" (169). Das Schulfach Glück als „Thora", als Weisung? Die Verschlüsselung des Sinns wird hier geradezu als seine Offenbarung rezipiert. An anderer Stelle wird der normative Impetus zur selbstgemäßen Entfaltung dann säkular mit der Würde des Menschen in Verbindung gebracht, die – „als ein Selbstbewusstsein im Verständnis der eigenen sozialen Aufgabe" – zwischen dem Wollen und Sollen vermitteln soll (171).

1.3. Was kann ich? Und wozu will ich?

Fritz-Schubert fasst unter diesen Punkten die „Regulation zwischen internen und externen Anforderungen" als Schlüssel zur selbstgemäßen Entfaltung (136). Die Fach- und Methodenkompetenzen und die Sozialkompetenz werden im Horizont des Orientierungswissens als Grundlage „selbstorganisierten Handelns" bzw. der Selbstkompetenz thematisch (vgl. 137). Aber „solange das ‚Wozu' nicht geklärt ist, braucht man sich über das ‚Wie' und ‚Mit wem' wenig Gedanken zu machen" (138).

Fritz-Schubert entfaltet die vier Faktoren in Bezug auf jeweils drei wesentliche Aspekte. Indem er die Faktoren zusammenfügt kann Fritz-Schubert Zusammenhänge der verschiedenen Aspekte herausarbeiten (vgl. S. 142ff.) und findet darüber zur Umsetzung des Lernziels Wohlbefinden.

Der Unterricht verläuft in sechs Phasen, in denen unterschiedliche Ressourcen und Kompetenzen vermittelt werden sollen. Das Unterrichtsgeschehen soll dabei positive Emotionen freisetzen und der seelischen Gesundheit bzw. dem Aufblühen der Person dienen. In der Zusammenschau der Tabellen auf 148 und 172f. wird einerseits die Idee des Glückunterrichts praktisch deutlich, in der Verdichtung wird andererseits aber auch ersichtlich, wie unklar die Konzeption durch den Stil ihrer Ausarbeitung, durch unzureichend geklärte Terminologien und Äquivokationen sowie unklare Formulierungen ist und bleibt.

Handlungsphase	Titel	Förderung von Ressourcen bzw. Kompetenzen	Grobziel	Kategorien	Lerninhalte	Positive Emotionen	Indikatoren der seelischen Gesundheit und des Flourishing
1. Stärkung	Freude am Leben	Selbstwertschätzung Vertrauen Wertschätzung Entdecken der eigenen Stärken soziale Kompetenzen	soziale und mentale Stärkung	Vertrauen Wertschätzung Entdecken der Stärken Empathie	1.1 Über sich selbst sprechen 1.2 Gefühle artikulieren 1.3 Wertschätzender Umgang miteinander 1.4 Die eigenen Stärken und Ressourcen entdecken 1.5 Die persönlichen Potentiale entfalten	Stolz Geborgenheit Sicherheit	Selbstwertschätzung Selbstakzeptanz Positive Beziehungen
2. Visionen	Träume und Lebensmotive	Werte Einstellungen Haltungen	Motive und Bedürfnisse erkennen	Imagination Motive und Sinnfindung Zielharmonie Lösungsorientierung	2.1 Erkennen der eigenen Motive aus Wünschen und Träumen 2.2 Erkennen der eigenen Charakterstärken 2.3 Erkennen, dass Stärken und Motive zusammenhängen 2.4 Erkennen der eigenen Glaubenssätze als Antriebskraft des Handelns 2.5 Bewusst machen von individuellen und kollektiven Visionen	Freiheit Selbstbestimmtheit	Autonomie Optimismus
3. Entscheidungen	Leben bewegen	Optimismus Sinnkonstruktion Selbstkompetenz	ganzheitlich Entscheidungen finden	Optimismus Engagement Beziehungen und Emotionen Sinn	3.1 Durch körperliche Erfahrung einen Zugang zu den eigenen Bedürfnissen, Visionen und Wünschen finden 3.2 Den Zusammenhang zwischen Sinneswahrnehmungen, Körperreaktionen und Entscheidungsfindung erleben 3.3 Sich seiner Handlungsfähigkeit bewusst werden;	Sicherheit Kontrolle	Selbstwertschätzung

					Zielorientierung bewusst machen 3.4 Leitgedanken formulieren		
4. Planung	Gestaltungspotentiale nutzen	Kohärenzgefühl Gestaltorientierung Allgemeine Kompetenzen	Selbstwirksamkeitserwartung steigern	Ressourcen Potentiale Planungsstrategien Herausforderungen meistern	4.1 Hinderungsgründe als Herausforderungen begreifen 4.2 Lösungsorientierung 4.3 Ressourcen bei der Planung berücksichtigen 4.4 Planungsstrategien entwickeln	Vorfreude	Selbstwirksamkeitserwartung
5. Umsetzung	Abenteuer Alltag	Selbstkompetenz allgemeine Kompetenzen Zielerreichung Selbstregulierung	Selbstregulierung	Flow Kommunikation Soziale Systeme Gruppenphasen Resilienz Motivieren und beruhigen	5.1 Ganzheitliches Körperempfinden 5.2 Bedeutung körpersprachlicher Signale erkennen 5.3 Gruppendynamische Prozesse verstehen 5.4 Kommunikation als Ressource nutzen 5.5 Durch Körperarbeit Resilienz stärken	Flow Lebensfreude	Umweltbewältigung Konsistenzgefühl
6. Bewertung	Seelisches Wohlbefinden	Kohärenzgefühl Konstistenzgefühl	Mit der Fülle des Lebens umgehen	Reflexion Trennen von Ereignis und Person Reframing Körperliche und mentale Balance Empathie	6.1 Eigenes Handeln reflektieren 6.2 Erfolge und Niederlagen verstehen 6.3 Mit sich und anderen im Einklang sein 6.4 Sich als Teil der Natur verstehen	Zufriedenheit Gelassenheit	Sinn Kohärenzgefühl

Voraussetzung für die Kompetenzentwicklung und die Problemlösung in den diversen Lebenssituationen sind entsprechende Ressourcen. Selbstregulierungskompetenz nennt Fritz-Schubert die Befähigung, Ressourcen zur Bewältigung von komplexen internen und externen Herausforderungen bereitstellen zu können (vgl. 92f.). Zu deren Förderung greift er methodisch auf das in den 90er Jahren entwickelte Züricher Ressourcen Modell zurück. Selbstregulierungskompetenz bedeutet damit Selbstmanagement (vgl. 109). Zur Schulung des Selbstmanagements dient eine Reihe von aus der pädagogischen und therapeutischen Arbeit mit Gruppen bekannte Methoden, die Fritz-Schubert den Lerninhalten zugeordnet auf 59 Seiten seiner Dissertation darstellt (vgl. 180–239).[27]

Fritz-Schuberts Überlegungen sind auch schulpädagogisch eigentlich nicht sonderlich revolutionär. Die Gegenüberstellung der Lehrerrolle „in etablierten Fächern" (fachlicher Experte und ergebnisorientierter Wissensvermittler im Gegenüber zum Schüler) im Vergleich mit der Rolle des Lehrers im Schulfach Glück (Experte für den Lernprozess, in dem der Schüler die Relevanz der Lerninhalte für seine Selbstbildung überprüft) (vgl. 246) hat zudem mit dem Stand der Lehr-Lern-Forschung, der Wirklichkeit der pädagogischen Ausbildung und der schulischen Praxis nicht viel gemein. Man könnte gar einwenden, dass Fritz-Schuberts Konzept, insbesondere in der Ausrichtung auf methodische Schritte, selbst einem Prozess-Produkt-Paradigma verhaftet ist und dass in der Fokussierung auf Lernziele die Bedeutung der Lehrerpersönlichkeit und des wesentlich durch diese gestalteten Lernklimas in der Klasse zu kurz kommt.[28] Aus theologisch-religionspädagogischer Perspektive ist die Hauptproblematik, wie schon angerissen, eine andere: Durch das von Ernst Fritz-Schubert in der Folge seines Erfolgs gegründete – und wie es heißt „nach ihm benannte" – Fritz-Schubert-Institut"[29] wird das Ziel verfolgt „die Macht des Optimismus als Weg zum Glück und Erfolg zu begreifen. Ziel ist es, junge Menschen zu zufriedenen und selbstsicheren Männern und Frauen auszubilden. [...] Auf der Grundlage des aristotelischen Glücksbegriffes sollen alle für die Menschen existenziellen Bereiche wie Körper und Seele, aber auch der wertschöpfende Bezug zur Gemeinschaft erfahren werden. Es soll vermittelt werden, dass Glück erlernbar ist und sich im glücklichen und erfolgreichen Tun widerspiegelt."[30] Geht es mit diesem *pursuit of happiness* nicht eigentlich doch mehr oder weniger um das Erfolgsversprechen des amerikanischen Traums,[31] der auf dem Weg der schulbehördlichen Genehmigung des Faches normative Geltung für öffentliche Bildungsprozesse erhält?

Wenngleich Fritz-Schuberts Anliegen, der Persönlichkeitsbildung im schulischen Rahmen mehr Raum zu geben vor dem Hintergrund eines im wohlverstandenen Sinne

[27] E. FRITZ-SCHUBERT, Lernziel Wohlbefinden, 180, spricht von einer „Auswahl aus dem FSI-Methodenbaukasten (FSI = Fritz-Schubert-Institut)".

[28] Vgl. P. NOACK/E. J. BRUNNER, Lehrer-Schüler-Interaktion, in: D. H. Rost/J. R. Sparfeld/S. R. Buch (Hg.), Handwörterbuch Pädagogische Psychologie, Weinheim [5]2018, 382–389.

[29] www.fritz-schubert-institut.de/dr-phil-ernst-fritz-schubert (1.11.2020).

[30] www.fritz-schubert-institut.de/unser-konzept (1.11.2020).

[31] Vgl. zum ökonomischen Hintergrund, historischen Kontext und der auch sozialpolitischen Dimension der Formel D. THOMÄ, Glück, Revolution und revolutionäres Denken im 19. Jahrhundert. Philosophisch-politische Diskurse in den USA und in Frankreich, in: Ders./Henning/Mitscherlich-Schönherr (Hg.), Glück, 172–182, hier 173f.

dogmatisch orientierten, für die gestalthafte und praktische Dimension des Glaubens sensiblen sowie seelsorglich akzentuierten Verständnisses des Religionsunterrichts Zustimmung verdient, ist das konkrete Projekt mehr als kritisch zu sehen. Es ist nicht die mit ihm einhergehende, jedenfalls tendenzielle Verletzung der weltanschaulichen Neutralität des Staates allein, die (religions-)pädagogisch für die Ablehnung des Fritz-Schubertschen Glücksunterrichts entscheidend ist. Einer entsprechend verfassten Weltanschaungsgemeinschaft stünde es schließlich frei, einen Religionsunterricht in der Schule anzubieten, der sich der *happiness* und dem Erfolg verpflichtet weiß! Es ist sachlich falsch, dass seelisches Wohlbefinden oder das Gefühl der schlüssigen Kohärenz von Lebenserfahrungen daraus folgt, sich als Teil der Natur zu verstehen zu lernen (vgl. in der Tabelle oben Punkt 6.4) oder gar verstehen lernen zu müssen. Die Naturerfahrung ist grundsätzlich keine per se tröstliche Erfahrung, sondern eine solche, die das (Gott-,) Welt- und Selbstvertrauen zutiefst erschüttern kann. Sei es wörtlich durch die elementare Erfahrung von Erdbeben oder durch die existentielle Erfahrung von Krankheit und Tod. So überzeugend es ist, dass Stimmungen wie innere Ruhe, (Selbst-)Zufriedenheit oder *happiness* mit Bollnow als Ausdruck des In-der-Welt-Seins verstanden werden kann und also durch Handeln veränderbar ist, so wenig ist Glück eine Sache der Machbarkeit. Angst und Verzweiflung sind nicht Ausdruck eines seelischen Defizits, sie sind Ausdruck dessen, dass menschliches Leben im Weltbezug nicht gesichert ist und nie gesichert werden kann. Es gibt keinen Tun-Ergehen-Zusammenhang, über den wir verfügen könnten. Die Welterfahrung ist derart ambivalent, dass sie letztlich unverständlich bleibt. Die Verborgenheit eines Sinns und die Notwendigkeit der *Entdeckung* und nicht etwa Setzung von Bedeutung wird von Fritz-Schubert m.E. nicht ernst genug genommen.[32]

Um die These, dass man Glück nicht lernen kann, nachvollziehbar zu machen, ist im Folgenden zu klären, was Glück im Unterschied zu seelischem Wohlbefinden, Zufriedenheit oder *happiness* bedeutet. Die begriffliche Klarheit schärft den Blick auf das Fritz-Schuberts Unterrichtskonzept zugrundeliegende Problem.

2. *Was sich nicht machen lässt, kann glücken!*

Eine Problematik des moralisierten Glücksbegriffs[33], der die Voraussetzung der Lehrbarkeit des Glücks ist, liegt in der schon biblischen Erkenntnis, dass auch Böse und Ungerechte ein gutes, womöglich sogar ein besseres Leben haben (Mt 5,45, Psalm 73,3ff.). Eine Lebensführung, die in ethischer oder pädagogischer Reflexion als gut erscheint, muss

[32] „Dass die Konsonanz des Sinnes ausfällt [...], das ist nämlich von nirgendwoher zu beheben. Es hilft nicht, auf sinnvolle Zusammenhänge in der Welt zu verweisen, weder auf das Schöne in der Natur noch auf die Verlässlichkeit der Moral noch auf die Gesetze des Universums. [...] Des Sinnes innewerden heißt [...] immer auch dieser eigenartigen Unverfügbarkeit des Sinnes gewahr werden, der da ist, weil er es will und weil ich als Sinn Wesen darin gemeint bin." D. KORSCH, Sinn, in: Ders./L. Charbonnier (Hg.), Der verborgene Sinn. Religiöse Dimensionen des Alltags, Göttingen 2008, 41–47, hier 46f.

[33] Vgl. die Systematisierung der philosophiegeschichtlichen Zuordnungen von Glück und Moral bei D. STURMA, Glück und Moralität. Zusammenhänge, Verbindungen und Abgrenzungen, in: Thomä/Henning/Mitscherlich-Schönherr (Hg.), Glück, 42–50.

nicht notwendig glücklich verlaufen. Bemerkenswert ist hier, dass das Deutsche mit dem Wort Glück eben zwei Bedeutungsfelder verbindet, die in anderen Sprachen unterschieden werden: Das Glücklichsein und das Glückhaben.[34]

Der im Deutschen sprachlich aufgewiesene Zusammenhang beider Bedeutungsfelder ist nicht bestreitbar. Er schließt allerdings die Einsicht ein, „dass immer auch Glück dazu gehört, um glücklich zu sein."[35] Es ist eindimensional, Glück (seelische Gesundheit, Flourishing o.ä.) als Erscheinungsform eines guten Lebens zu begreifen. In der Philosophie stellt insbesondere Nicholas Rescher die Unvorhersagbarkeit als wesentliches Element des Glücks heraus. Er unterscheidet es vom Schicksal als dem, was wir sind und Umständen als dem Kontext, in den wir versetzt wurden (vgl. 51). „Los und Schicksal bestimmen die Spielregeln für uns; das Glück sorgt für die Ausnahmefälle" (82).

Glück ist die Lücke oder Luke im Horizont des Erwartbaren. Rescher verweist darauf, dass Glück und Pech im Sinne von *luck* bei unterschiedlichen Vorzeichen als *good* oder *bad luck* einander im Betrag voll entsprechen. *Luck* ist eben nicht einfach mit *happiness* oder *subjective wellbeing* als dem emotionalen Zustand gleichzusetzen, der im Fokus der psychologischen Glücksforschung steht. Ich möchte also dafür plädieren, Glück in einem engen Begriffssinn als einen kontingenten Sachverhalt und nicht als ein herstellbares Gefühl zu beschreiben. Glück ist dasjenige Zufällige, dem für den, der es erfährt, signifikant positive Bedeutung zukommt (vgl. 43). Das Glück, der Zu-Fall als ekstatisches Moment, ist gewissermaßen das Medium, das Gefühle von Erleichterung und Freude, Erfüllung, Dankbarkeit und Zufriedenheit vermittelt. Die Ideologie der Machbarkeit ignoriert diesen Grundzug des Glücks und verkennt die Bedeutung der nicht beherrschbaren, naturalen und sozialen Bedingungen für *Wellbeing*.[36]

Die Unverfügbarkeit des Glücks wird in der (evangelisch-)theologischen Diskussion besonders betont.[37] Jörg Lauster spricht, beeinflusst von Friedrich Schleiermacher und William James, vom „Augenblicksglück" als der ästhetischen Erfahrung *erfüllter Augenblicke*.[38]

[34] Vgl., nach dem zitierten Artikel von J. HÖRISCH, N. RESCHER, Glück. Die Chancen des Zufalls, Berlin 1996, 14–17. Nachfolgende Belege im Text aus dieser Quelle.

[35] O. MITSCHERLICH-SCHÖNHERR, Glück, Schicksal, Zufall. Das Glück haben, glücklich zu sein, in: Thomä/Henning/Dies. (Hg.), Glück, 75–83, hier 75.

[36] Vgl. M. HAMPE, Glück und Sinn. Das Problem von Einheit und Vielheit, in: Thomä/Henning/Mitscherlich-Schönherr (Hg.), Glück, 56–63, hier 56.

[37] Vgl. durchaus im Kontrast P. SCHALLENBERG (Glück in der Theologie I. Glauben als Glück, in: Thomä/Henning/Mitscherlich-Schönherr [Hg.], Glück, 434–439), der von einem „jenseits von Eden" zwar ausstehenden, aber von Gott *garantierten* Glück spricht. Diese Annahme verleitet ihn zu der angesichts der Leiden der Armen und Kranken und den Qualen der Opfer von Gewalt unglaublichen Aussage, im Licht der Auferstehung Christi könne jedes menschliche Leben und jede noch so fragmentarische Lebensgeschichte als geglückt gedeutet werden (vgl. 438). Ist es nicht eines, die Seligpreisungen Jesu tröstlich zu hören und auf eine himmlische Wirklichkeit zu hoffen, und ein anderes, sich von der Wirklichkeit des Leids nicht wirklich anfechten zu lassen? Nicht für Schallenberg, für den das Unglück eine Sache falscher Lebensentscheidungen ist. „Und jede Lebensentscheidung wird erst ermöglicht durch die Bereitschaft zu einem als geglückt gedeuteten Verzicht – lebenslange eheliche Treue und der Zölibat stehen für solche Entscheidungen" (437).

[38] Vgl. J. LAUSTER, Gott und das Glück. Das Schicksal des guten Lebens im Christentum, Gütersloh 2004, 148.

Diese Momente der nicht machbaren und darum als gegeben erfahrenen Erfüllung[39] werden von Lauster als Gotteserfahrungen interpretiert: die sehnsüchtige Unruhe bzw. der kontrafaktische Charakter des Glücks vermittelt sich als Transzendenzerfahrung, als Bezug auf das Woher des augenblicklich erfahrenen Guten. Das Glück vermittelt gewissermaßen eine Gotteserfahrung.[40]

Michael Roth betont den unverfügbaren und augenblicklichen Aspekt der Glückserfahrung noch einmal in besonderer Weise.[41] Glück lässt sich nicht finden, denn Glück ist gegenwärtig oder es ist nicht. Glücklich sein ist für ihn ganz und gar im Moment zu sein. Roth stellt einen Bezug zur Theorie des Flow von Mihaly Csikszentmihalyi her. „Offenkundig sind wir in dem Maße in der Lage Glück zu erleben, wie wir von uns selbst absehen und uns den Dingen des Daseins hingeben können. In dem Maße, in dem es uns gelingt, in einzelnen Situationen vom Dasein *bestimmt zu werden*, ist das Glück präsent. Wenn wir bei einer Tätigkeit ganz bei der Sache sind und eben nicht mit unseren Gedanken über die Sache hinaus schielen, ist unser Blick weder auf uns selbst noch auf ein übergeordnetes Projekt gerichtet, so daß wir von den Anmutungsqualitäten der Dinge ergriffen und von ihnen mitgerissen werden können."[42] Zu solchem Glück befähigt der christliche Glaube, weil er vom Vergangenen entlastet und Sorgen im Blick auf die Zukunft aufhebt. Dabei wird der Glaube, wie Roth anhand von Luthers Auslegung des ersten Artikels im Kleinen Katechismus darlegt, als Praxis verstanden, als Lebensvollzug. Nicht auf einer Theorie über den Ursprung der Welt liegt die Pointe des Glaubensverständnisses, sondern darauf, „die Welt als *mir* zugesagtem Lebensraum zu vertrauen und die Gegenwart als *für mich* gegeben wahrzunehmen […] Mit dem Glauben an die Welt als Schöpfung ist daher einer bestimmten Form der *Wahrnehmung der Gegenwart* Ausdruck gegeben. Das Wahrnehmen des Gewährten im Nehmen, Essen und Leben – das ist der Glaube [...]." Das Glück ist in dieser Perspektive eine unmögliche Möglichkeit, wie der Glaube eben Gottes und nicht des Menschen Werk ist. Das Glück vermittelt sich zwar durch „Dinge des Lebens", aber nur dann, wenn es diese Dinge sind, die uns ergreifen und das Streben nach Glück aufheben. Das Glück kann darum nicht erstrebt werden, weil das Streben nach Glück das passive Moment des Glückserlebens durch eine grundsätzliche Abwertung des Gegebenen unmöglich macht. An die Stelle dankbarer Wahrnehmung und hingebungsvollen Genusses tritt die Ausrichtung auf das, was nicht (gegeben) ist (208).[43]

[39] Vgl. J. LAUSTER, Glück als Gnade? Theologische Anmerkungen zur aktuellen Diskussion um das Glück des Augenblicks, in: rhs 50/2007, 138–145.

[40] J. LAUSTER, Gott und das Glück, 172ff. Lauster kann darum vom Glück als Medium sprechen, den christlichen Glauben plausibel zu machen 164ff.

[41] M. ROTH, Zum Glück. Glaube und gelingendes Leben, Gütersloh 2011. Darin besonders 189–235. Vgl. konzentriert DERS., Sein-Lassen als Voraussetzung eines gelingenden Lebens, in: Lutherische Beiträge 18/2013, 207–228.

[42] M. ROTH, Zum Glück, 208. Vgl. den schöpfungstheologischen Grundgedanken auch bei K. STOCK, Einleitung in die Systematische Theologie, Berlin/New York 2011, 126–131.

[43] Damit geht M. ROTHS entschiedene Ablehnung der Güterethik einher: „Die Dinge des Daseins um ihrer selbst willen zu begehren und zu genießen ist aus dem Grund keine Absage an Gott, weil Gott die Dinge des Daseins genau zu diesem ‚Zweck' bestimmt hat. Dies hat bereits Kohelet (Prediger Salomo) so gesehen. So darf nach ihm die Intention, Wein zu trinken, das Brot zu genießen, seine Kleider weiß sein zu

Glücklich werden ist also ein Sein-lassen, ist nicht Gebrauch von Möglichkeiten, sondern Genuss des Gewährten. Die Pointe des Glücksverständnisses Roths liegt dabei in der harmatiologischen Zuspitzung, dass der Mensch sein Glück in seinem „auf-sich-selbst-gerichtet-Sein" verfehlt, weil er sich eben nicht bestimmen lässt. Alle „Arbeit am eigenen Glück" erscheint als tragisches und verzweifeltes Versuchen. Der sündige Mensch kann nicht von sich loslassen und bei der Sache sein, es sei denn, er erfährt seine bedingungslose Annahme in Christus und damit die Befreiung von sich selbst. Roths radikale Ausrichtung der Glückstheologie auf das Gegebene steht allerdings wenigstens in der Gefahr, die dem Glück gegenteilige Lebenserfahrung zu gering zu achten. Das was ist, ist nicht einfach identisch mit dem, was sein soll. Und mag im Moment des Glücks selbst vergangenes Unglück aufgehoben sein, so ist es augenblicklich doch sein Gegenteil.[44]

Die Ambivalenzen der uns unbedingt angehenden Erfahrungen sind ein Gegenstand der Religion.[45] Der christliche Glaube ringt mit den Uneindeutigkeiten, indem er neben der existentiellen Unverständlichkeit der Welterfahrung auch von der Verborgenheit Gottes spricht.[46] Die psychologische Funktionalität des Glaubens im Umgang mit Kontingenz, Nichtwissen und Ohnmacht liegt nicht darin begründet, dass Fragen beantwortet, Spannungen aufgehoben und Probleme einfach gelöst würden. Der Mensch muss in der Perspektive des Glaubens auch nicht erst Sinn*machen*, um sein zu dürfen. Im Augenblicksglück „(weiß sich) der Mensch von woanders her angenommen, bevor er sich selbst annehmen kann. Er erfährt sein Dasein in der Wirklichkeit aufgehoben, weil sich diese Wirklichkeit in jenen erfüllten Augenblicken als ihm wohlwollend zugewandt und ihn tragend erweist".[47] Das Augenblicksglück ist darum eine befreiende, Vertrauen stiftende und ermutigende Erfahrung.[48]

Die Teilhabe an dieser annehmenden und erfüllenden Wirklichkeit wird zum Anziehungspunkt der Lebensorientierung und Motivator[49] und kehrt insofern das Konzept der Eudaimonia um.[50] „Die Bemühungen und Anstrengungen, die Menschen unternehmen, um das Glück in ihrem Leben zu finden, sind nicht die Voraussetzung, um dieses Glück dann auch zu erreichen, sondern sie sind die Folge davon, dass Menschen sich von dem, was sie als Glück erleben, zutiefst ergriffen wissen."[51] Das Glück *ist* momentan. Im

lassen und das Haupt mit Salbe zu versehen, in diesen Handlungen selbst liegen, sie müssen in keinen ordo der Zwecke eingeordnet werden, die sie einer außerhalb liegenden Intention dienstbar macht (vgl. Koh 9,7ff)" (Sein-Lassen, 226). Vgl. demgegenüber K. STOCK, Glück und Gnade, in: Ders., Die Gegenwart des Guten. Schriften zur Theologie, Marburg 2006, 263–269.

[44] Vgl. U. LINK-WIECZOREK, Glück als Lebensinhalt? Herausforderungen für die Theologie im gegenwärtigen philosophisch-sozialwissenschaftlichen Diskurs, in: Bedford-Strohm (Hg.), Glück-Seligkeit, 16–36, hier 29.

[45] Vgl. hierzu M. KLESSMANN, Ambivalenz und Glaube. Warum sich in der Gegenwart Glaubensgewissheit zu Glaubensambivalenz wandeln muss, Stuttgart 2018.

[46] Vgl. M. ROTH, Für dich gegeben. Lutherische Theologie, Hannover ^{2}2018, 56–58.

[47] J. LAUSTER, Gott und das Glück, 151.

[48] J. LAUSTER, Gott und das Glück, 184.

[49] J. LAUSTER, Gott und das Glück, 177 und 175.

[50] Vgl. J. LAUSTERS Artikel, Glück in der Theologie II. »Mitten in der Endlichkeit eins werden mit dem Unendlichen«, in: Thomä/Henning/Mitscherlich-Schönherr (Hg.), Glück, 439–443, hier 439.

[51] J. LAUSTER, Gott und das Glück, 186f.

Ereignis aber, das ist der systematisch über Roth hinaus gehende Punkt Jörg Lausters, weist es über sich hinaus, überwindet als befreiendes Moment die Krankheit zum Tode, ermutigt – auch im Modus der Erinnerung – dazu, aufzustehen und das Leben im Horizont des Himmels zu wagen. Das vertrauensstiftende, ermutigende und auch tröstliche Element des „Kontrafaktischen“ (Lauster), des über das So-Sein noch Hinausweisenden in der Glückserfahrung, ist dasjenige Moment des Glaubens, das im Blick auf die Zukunft getrost macht, im Leid vor Verzweiflung bewahrt und das für das Leid der anderen sensibilisiert.[52]

Glaubende wissen sich aus Gott in der Welt und bringen das prinzipiell Nicht-Handhabbare und Unverrechenbare vor Gott, in der Klage wie im Dank. Aber es ist gottlob nicht so, dass man im und aus Glauben zur Zu-Friedenheit in der Welt nichts weiter tun könnte. Menschen können auf ihre Lebensumstände einwirken und dürfen darauf hoffen, dass ihr Handeln glücken, also mit Erfolg gesegnet sein wird.[53] Noch einmal mit Rescher: Zwar „(entzieht sich) das Wirken des Glücks unserem Zugriff; ob wir in bestimmten Umständen und Situationen Glück haben werden oder nicht, darüber können wir per definitionem keine Kontrolle haben. Den Spielraum aber, den das Glück hat [...] können wir beeinflussen. Wer an einem Wettkampf teilnimmt, verschafft sich zumindest die *Möglichkeit* zu gewinnen; wer es nicht tut, hat gar keine Chance.“[54]

3. Kann man denn gar nichts tun?

Daran besteht kein Zweifel: Wir können durch Gegebenes unsere Stimmung beeinflussen und Lebensorientierung erfahren. „Nun darf aber ein wesentlicher Punkt nicht überspielt werden [...]: die Gefahr, im Bestimmt-Werden durch die Gegenwart auch den destruktiven Tendenzen der Wirklichkeit ausgeliefert zu sein. [...] Dieses unheilvolle Bestimmt-Werden durch die Gegenwart begegnet uns in den unterschiedlichen Formen der Sucht. Statt genießend uns hinzugeben, werden wir von den Dingen aufgesogen; wir können die Hingabe an ein konkretes Objekt nicht verlassen, sondern sind gebannt und [...] auf eine unheilvolle Weise in der Gegenwart ‚festgehalten‘.“[55] Zum Glück gehört darum wesentlich der Freiheit eröffnende Verweis in der Gegenwart über sie hinaus. In dieser Offenheit für die letztlich nie planbare Zukunft[56] „gelangt (der Mensch) aber zu dem Bewusstsein, dass es eine Dimension vom Gelingen des Lebens gibt, die seiner realen Lebensführung und seinen Möglichkeiten zu einer glückenden Verwirklichung gelingenden

[52] Vgl. R. MIGGELBRINK, Können Christen vom Glück reden? Theologische Überlegungen im Anschluss an die Wiederentdeckung der Kategorie der Lebensfülle, in: Bedford-Strohm (Hg.), Glück-Seligkeit, 90-100.

[53] Vgl. an dieser Stelle den Artikel K. E. GRÖZINGERS zum semantischen Feld des Glücks im Hebräischen in: Thomä/Henning/Mitscherlich-Schönherr (Hg.), Glück, 20f und P. MÜLLER, Viel Glück und viel Segen. Das Reden vom Glück in der Bibel, in: JRP 29/2013, 40–50. Vgl. weiter die kurze segenstheoretische Einordnung der Glücksthematik bei WIECZOREK, 36.

[54] N. RESCHER, 176f.

[55] M. ROTH, Sein-Lassen, 209.

[56] Vgl. den Artikel Zukunft I. und II. von H. ROSENAU in der RGG4, 8. Bd., 1915f.

Lebens immer schon voraus liegt."[57] Ganz in den Begrenzungen zu sein *und darin* eine Ahnung von über das Hier und Jetzt hinaus transzendierenden Möglichkeit zu haben und sich im Handeln hier und jetzt darauf hin auszurichten, ist Glaubenspraxis. Sie ist eine Lebensweise, die sich von den Bedingungen des Seins nicht erdrücken lässt, sondern sich in der Hoffnung auf die Möglichkeit der transzendenten Wirklichkeit von Leistungsforderungen entlastet weiß.[58]

Ausgehend von der augenblicklichen Erfahrung des Glücks kann sich zur Zufriedenheit in die Vergangenheit hinein Heilung und Versöhnung ausbreiten und Zuversicht in die Zukunft sich gegenwärtig auswirken. Die Bemühungen die Glaubenspraxis dahingehend zu unterstützen, werden seit einigen Jahren unter dem Leitbegriff der Lebenskunst verhandelt. Peter Bubmann betont im Begriff der Lebenskunst im Vergleich mit „ähnlichen Begriffen wie »Lebensgestaltung«, »Lebensbewältigung« und »Lebensführung« gerade den Vorzug, dass er nicht sofort auf den aktiv-bemächtigenden Zugriff des Subjekts auf eigene Handlungsmöglichkeiten reduziert werden muss, sondern zunächst offen lassen kann, wer der Künstler ist, ob es im traditionellen Sinn überhaupt ein geschlossenes Kunstwerk geben kann oder ob es sich um einen offen Prozess der Wahrnehmung und Deutung handelt, für den gar kein einzelnes »Subjekt« als Urheber bestimmbar ist."[59] Am Phänomen des Sinns hat Michael Hampe gezeigt, dass „die Alternative von Entstehen oder Herstellen [...] insofern falsch (ist), als es bei dieser Entwicklung um einen *Prozess der Aufmerksamkeit* geht." Er veranschaulicht dies am Beispiel der Musterentdeckung als ästhetischem Prozess im „Zusammenspiel von Passivität und Aktivität".[60] Die Erkenntnis von Mustern, von Gestalt und Sinn ist ästhetisch rezeptiv begründet und ist zugleich eine Sache der Einbildungskraft,[61] die einen Zusammenhang zwischen den verschiedenen Lebens(zeit)punkten entdeckt, und diesen – die Zukunft eingeschlossen – „als den Zusammenhang *meines* Lebens" sehen lässt. „Wenn das gelingt, dann gibt es einen *Ansatz*, von dem aus die Fortsetzung des eigenen Lebens so geführt werden kann, dass die eine Handlung *richtig* und die andere *falsch*, etwas als zum eigenen Leben *gehörend* oder ihm *fremd* erscheinen kann."[62] Diese kritische Perspektive beizubehalten und die Polarität von *Eigentlichem* und *Uneigentlichem, Richtigem* und *Falschem* nicht mit einem vergleichgültigendem „Ich seh´ das eben so" aufzugeben ist eminent wichtig.[63] Denn wenn, wie in der Positiven Psychologie oder eben

[57] J. LAUSTER, Gott und das Glück, 184f.

[58] Eine solche Hoffnung „vermag Resignation und Verzweiflung zu überwinden, die entstehen kann, wo das eigene Tun auf überlegenen Widerstand stößt oder in der Selbstprüfung des Gewissens als verfehlt oder gescheitert erscheinen muß. Sie wirkt als Kraft der Beharrlichkeit." K. STOCK, Artikel Hoffnung, in: EKL Bd. 2, 547–548, hier: 548.

[59] P. BUBMANN, Gut leben lernen. Lebenskunst als Leitbegriff in Ethik und Praktischer Theologie, in: *ZEE* 59/2015, 250–261, hier 251.

[60] M. HAMPE, 59.

[61] Vgl. A. PIEPER, Glück zwischen Sinnlichkeit und Geist, in: Thomä/Henning/Mitscherlich-Schönherr (Hg.), Glück, 25-31, hier: 30f.

[62] M. HAMPE, 60.

[63] „Wer einen Sinn in seinem Leben erschaffen oder das Lebensglück entdeckt hat, weiß, was er aus der individuellen Notwendigkeit der eigenen Existenz zu tun hat. Er mag jedoch nicht die äußere Freiheit besitzen, es auch tatsächlich tun zu können, er mag durch andere, mächtigere Instanzen daran gehindert werden,

auch Positiven Pädagogik, „jegliche innere und äußere Determination abgestritten wird, geht mit der Arbeit am eigenen Glück die Möglichkeit einher, den eigenen Anspruch auf Glück auch gegen äußere Anforderungen zu reklamieren und ihn verwirklichen. [...] Diese Konzeption des Glücks verspricht ein erfülltes Leben – auch jenseits der Marktlogik. [...] Doch arbeiten sie genau diesen Anforderungen zugleich auch zu, [...] indem die Techniken der Selbstoptimierung wesentlich dazu (beitragen), produktiver zu werden", analysiert Stefanie Duttweiler.[64]

„Das Diktum, eigeninitiativ für sich selbst zu sorgen, Verantwortung zu tragen und in eigener Sache das Beste aus sich zu machen, ist ein entscheidenden Moment der aktuellen Regierungsweise (Gouvernementalität im Sinne Foucaults; K.H.), in der soziale Sicherheiten und Bindungen abgebaut, gesellschaftliche und ökonomische Risiken der Selbstverantwortung der Einzelnen übergeben und Initiative, Aktivität und Eigenverantwortung zu gesellschaftlichen Inklusionskriterien werden. [...] Die Diskurse, Verfahren und Praktiken zur Herstellung des Glücks konstruieren Bedingungen, die die ‚neoliberale' Transformation des Sozialen nicht nur diskursiv plausibilisieren, sondern sie auch konkret mitproduzieren."[65] Diese Kritik betrifft auch den Glücksunterricht Fritz-Schuberts, zumal dann, wenn er als staatlich akkreditierter Lebenskunde-Unterricht zur Fächergruppe Religion, Philosophie und Ethik hinzutritt. Menschliche Freiheit ist immer relative, von naturalen und sozialen Voraussetzungen bedingte Freiheit. Dass die Praktische Theologie in Seelsorgelehre und Religionspädagogik die Bedingungen der Freiheit nicht ausblendet und für die Opfer sensibel ist, die das Herrschaftssystem fordert,[66] macht den wesentlichen Unterschied.

Die Seelsorge und die theologische Bildungspraxis, konkret der Religionsunterricht, dienen der Freiheit des Subjekts dadurch, dass sie die Bedingungen der Freiheit nicht ausblenden, sondern aus dem Evangelium heraus dem Anliegen des Empowerments dienen.[67] Peter Bubmann spricht von der Realisierung der Freiheit als Aufgabe christlicher Lebenskunst.[68] Es geht damit um Sprachfähigkeit, um Freiheit wahrnehmen und mitteilen zu

das zu machen, was für ihn notwendig ist. Deshalb sind auch diejenigen, die einen Sinn gefunden haben, nicht ihres Glückes Schmied, sondern den Kontingenzen ausgesetzt, denen alle Wesen mit endlicher Macht unterliegen" (62).

64 S. DUTTWEILER, Figuren des Glücks in aktuellen Lebenshilferatgebern. Vom Glück durch sich selbst, in: Thomä/Henning/Mitscherlich-Schönherr (Hg.), Glück, 308–312, hier: 311f. Zuvor schon DIES., Vom wahren und falschen Leben. Glücksratgeber als Lebenshelfer im Neoliberalismus, in: PrTh 45/2010, 6–10.

65 Ebd.

66 Vgl. hierzu noch einmal G. SCHNEIDER FLUMES Widerspruch gegen die Ideologie des Gelingens, die diejenigen, deren Leben als nicht-gelungen bewertet wird, erbarmungslos verwirft; sind sie es im Grunde genommen selbst schuld und haben es also nicht anders verdient (vgl. am Beispiel der Krankheit auf 88).

67 Vgl., gerade im Gegenüber zur herrschenden „Pastoralmacht" und „gouvernementalen Wahrheit", R. SCHIEDER, Seelsorge und Lebenskunst, in: W. Engemann (Hg.), Handbuch der Seelsorge. Grundlagen und Profile, Leipzig ²2009, 377–389, hier 387. In der Religionspädagogik hat jüngst M. DOMSGEN das Empowerment ins Zentrum seiner Konzeption gestellt (Religionspädagogik, Leipzig 2019. In dem Zusammenhang ist die Kritik eines politisch unterbestimmten Verständnisses von Empowerment von J. WEBER zu beachten (Begeisterung für die Macht als politische Grundhaltung. Ein Gegenentwurf zur deutschen Rezeption von Empowerment, in: Widersprüche 30/2009, 7–22).

68 P. BUBMANN, Religion und Theologie, in: G. Gödde/ J. Zirfas (Hg.), Kritische Lebenskunst. Analysen – Orientierungen – Strategien, Stuttgart 2018, 180–187, hier 184.

können sowie um die elementaren und darum unbedingt zu bewahrenden oder zu erstreitenden naturalen Voraussetzungen des leibhaftigen Menschseins.[69] Es geht „um den Umgang mit der Fragmentarität und der Gebrochenheit des Lebens“[70] und darum, geschöpfliche *Möglichkeitsräume* und *Lebensoptionen* wahrnehmbar zu machen.[71] Für diese Praxis wirken subjektive Erfahrungen des Glücks vertrauensbildend, sich in seiner relativen Freiheit bestimmen zu lassen.[72]

Dass Fritz-Schubert auf empirische Untersuchungen verweisen kann, die die Wirksamkeit des Glücksunterrichts belegen,[73] überrascht nicht. Viele Übungen, auf die der Glücksunterricht zurückgreift, haben sich in der Humanistischen (Psychotherapie und) Pädagogik, in Seelsorge und Religionspädagogik seit langem bewährt. Abschließend soll darum auf Ansätze verwiesen werden, die für den Religionsunterricht von womöglich neu zu entdeckender Bedeutung sind.

In religionspädagogisch-praktischem Interesse lenkt der Hinweis darauf, dass im Glauben eine beglückende Form der Wahrnehmung der Gegenwart „im Nehmen, Essen und Leben“ (Roth) wirklich wird, die von Anfechtung und Zweifel[74] nicht negiert wird, sondern sich diesen entgegen ereignet und ermutigt (Lauster), den Blick zunächst auf die Seelsorge-Theologie Gert Hartmanns. In dieser kommt der Geschöpflichkeit und den Dingen als Gottesgaben eine entscheidende Bedeutung zu.

Seelsorge ist für Hartmann ein Beitrag zur Lebensdeutung durch biblische Symbole und Szenen. Im Umgang mit diesen geht es Hartmann darum, Menschen darin zu unterstützen, die Dinge „so zu sehen, wie sie sind“.[75] Dazu gehört grundlegend die Einsicht in das „Allerselbstverständlichste“ menschlicher Existenz: „Die Tatsache, daß wir Menschen abhängig sind. […] Unsere Abhängigkeit besteht generell darin, daß wir uns das Leben nicht selbst gegeben haben, und daß das Leben einmal zu Ende gehen wird. Unsere

[69] „Praktische Theologie […] achtet (als kritische Theorie der Lebenskunstbildung und Lebenskunst-Seelsorge) vor allem auf die *Grenzen* dessen, was in der eigenen Macht steht und wo Bildungsanstrengungen an ihre Grenzen stoßen müssen. Sie verfällt nicht dem Wahn, das Leben perfektionieren zu wollen.“ P. BUBMANN, Religion und Theologie, 186. Das schließt auch ein, Moralisierungen in Seelsorge und Religionspädagogik zu vermeiden. Es geht der theologischen Lebenskunst eben um nicht um eine Anleitung zum Glück bzw. dem Gelingen des Lebens. Vgl. P. BUBMANN, Gut leben lernen, 255.

[70] P. BUBMANN, Gut leben lernen, 255.

[71] Vgl. P. BUBMANN, Gut leben lernen, 254.

[72] Vgl. J. LAUSTER, Gott und das Glück, 181.

[73] E. FRITZ-SCHUBERT, Lernziel Wohlbefinden, 246–260.

[74] Vgl. den Artikel Anfechtung I. von O. BAYER in: RGG[4] Bd. 1, 478f., der mit der fundamentalen Infragestellung Gottes durch die Anfechtung die Radikalität der Anfechtung im Vergleich zum Zweifel herausstellt. Zum Zweifel vgl. hier den Artikel M. BEINERS in der TRE, Bd. 36, 767f. M. Beiner weist der Praktischen Theologie mit Recht die Aufgabe zu, die individuellen Bildungsgeschichten zu reflektieren und einen Beitrag dazu zu leisten, auch durch Zweifel hindurch die Handlungsfähigkeit der Person zu unterstützen. In A. BIELERS Artikel (Zweifel II, ebd.) hingegen kommt die existentiell bedrohliche, *wider-glückliche* Dimension des Zweifels nicht wirklich in den Blick; Zweifel ist ihr vor allem ein Aspekt der emanzipativen Erkenntnis, der (Wahl-)Freiheit, die sie in der psychologischen Entwicklung, der Homiletik und Liturgik, überraschenderweise jedoch nicht in der Seelsorge oder Religionspädagogik erörtert.

[75] G. HARTMANN, Lebensdeutung. Theologie für die Seelsorge, Göttingen 1993, 6. Weitere Belege im Text. Vgl. zu G. Hartmann schon K. HORSTMANN, Was taugt die Lebenskunst? Eine kritische Sichtung pastoraltheologischer Konzeptionen, in: PThI 33/2013, 257–277, hier 273–275 (samt Fortführung des Gedankens mit dem frühen Ernst Lange).

Abhängigkeit besteht speziell darin, daß wir einen Körper haben, der auf Nahrung und viele andere ›Gaben‹ der uns umgebenden Welt unbedingt angewiesen sind" (190). Die Integration dieser Bedingtheit in das Selbstkonzept des Menschen erschließt Freiheit. Hartmann spricht von der „Paradoxie geschöpflicher Abhängigkeit", die „sich darin zeigt, daß Freiheit nicht gegen sie verteidigt oder erstritten werden müsste, wie dies gegenüber der destruktiven Abhängigkeit der Fall ist. Geschöpfliche Abhängigkeit ist vielmehr die Voraussetzung der Freiheit" (ebd.).

Hartmann zielt darauf ab, im Gabencharakter der Dinge Gott wahrnehmen zu können. Gemeint ist damit allerdings weder die Erkenntnis eines erklärenden Sachverhalts, noch ein Bekenntnis. Es geht um die praktische Frage, ob unsere Beziehung zur Wirklichkeit „den gesegneten Charakter geschöpflicher Abhängigkeit trägt oder den heillosen Charakter destruktiver Abhängigkeit, zu der jedes Ding verführen kann" (209). Denn, „wenn uns die mit den Dingen gegebene unverfügbare und begrenzte Freiheit geschöpflicher Abhängigkeit nicht ausreicht, wollen wir uns mit Gier, Askese oder Moralismus verfügbaren Genuss verschaffen. Dessen Preis ist destruktive Abhängigkeit",[76] die „Perversion geschöpflicher Abhängigkeit" (252). Diese zu überwinden hilft, die Welt im Horizont der Reich Gottes-Reden Jesu wahrzunehmen. „In der Nähe des Reiches Gottes darf Selbstverständliches selbstverständlich sein. Und umgekehrt: Wo Selbstverständliches selbstverständlich sein darf, ist das Reich Gottes nahe, da ist geschöpfliches Leben auch schon durch Erlösendes geprägt" (187).[77] Mit der Formulierung „Gott in den Dingen" ist also eine Qualität des Erlebens der Dinge selbst gemeint, die befreiend wirkt. „In allem, was wir als »tägliches Brot« genießen oder entbehren, Selbstverständliches und zugleich Unverfügbares zu sehen, dient der Genuß- und Leidensfähigkeit" (190).

Religionspädagogisch zielt Hartmanns Theologie der Seelsorge auf eine Schule der Wahrnehmung geschöpflicher Abhängigkeit und Freiheit, auf Sensibilität für pervertierter Abhängigkeit und Unfreiheit, auf Genuss- und Leidensfähigkeit und die Bedürftigkeit für Erlösung. Es geht um Erfahrungen „Gottes in …" (Hartmann). Es geht um Erfahrungen, die man nicht machen, aber für die man sich öffnen kann. Wie für den Umgang mit den Dingen gilt dies auch für Beziehungen. Denn auch „eine Beziehung lebt vom Unverfügbaren" (215).[78] Das gilt gerade auch in ihrer Selbstverständlichkeit. „Würden wir das ‚tägliche Brot' nicht mit einer gewissen Selbstverständlichkeit erwarten und annehmen, wäre die Beziehung von Distanz geprägt und durch Mißtrauen gefährdet. Wollten wir uns dagegen zu unbedingter Verläßlichkeit verpflichten, würden wir einander zu manipulieren beginnen. […] So normal es – Gott sei Dank! – ist, daß wir die Spannung von Verläßlichkeit und Unverfügbarkeit miteinander aushalten, so leicht kann es bekanntlich auch mißlingen, weil wir zu wenig oder zu viel voneinander erwarten" (217). Dementsprechend ist

[76] G. HARTMANN, 192. „Und man entzieht Gottes Gaben dem Zugriff des Teufels eher durch Genuß als durch Askese" (ebd.).

[77] „Jesus (kann) mit den Gleichnissen (zeigen), daß alles, was er angesichts des Reiches Gottes sagt und tut, eben nicht ungewöhnlich, geheimnisvoll und problematisch ist, sondern dem entspricht, was seit alters her und überall als normal und selbstverständlich gilt: Er tut nichts anderes, als was jeder vernünftige Mensch tut, dem eine Münze verloren ging, oder der im Bazar eine kostbare Perle entdeckt." AaO. 186f.

[78] Im Original kursiv.

nicht nur das Naturale, sondern auch das Soziale ein Lernfeld dieser Haltung des Glaubens. Hartmann diskutiert drei Gegensatzpaare oder Tendenzen des geschöpflichen Lebens im Sozialen: Autorität vs. Gleichberechtigung, Spontaneität vs. Pflicht sowie ererbte vs. gewählte Beziehungen. Er zeigt auf, dass alle Gegensatzpaare „ihre Ambivalenzen haben und damit ein relatives Recht" (234). Wenn einzelne Pole allerdings idealisiert und also mit dem Versprechen aufgeladen werden, „Unvollkommenheit zu erlösen [...], locken sie uns eher in destruktive Abhängigkeit. Sie sind dann wie eine Droge, mit deren Hilfe wir über Unverfügbares verfügen wollen. Solche Idealisierung kann nicht das Geschäft der Theologie sein. Aber die Alternative ist nicht das ›Sowohl-Als-Auch‹ als Kompromiß. Die Alternative ist die Vertiefung. Sie geschieht mit der symbolischen Deutung, die uns in den Ambivalenzen und Tendenzen die Verläßlichkeit und Unverfügbarkeit der Schöpfung wahrnehmen lässt" (235). Religionspädagogisch erfordert dies eine Stärkung des Ich in der Gruppenarbeit, die Annahme der personalen Fragmentarität statt seiner Überblendung durch die virtuelle Realität *gephotoshopter* Idealbilder und eben die Vertiefung von Abhängigkeitserfahrungen. Im Religionsunterricht kommt so die Klasse nicht als Ort, sondern als Gruppe, als Erfahrungsmedium in den Blick und – einmal mehr – die Themenzentrierte Interaktion (TZI).[79]

In ihrer Dissertation hat sich die jetzt in Graz lehrende römisch-katholische Theologin Gunda Werner unter der Leitfrage „Macht Glaube glücklich?" mit den Bedingungen und Möglichkeiten der Heilserfahrung und der TZI als Methode zur Vermittlung dieser Erfahrung gewidmet.[80] Im Anschluss an Henning Luther betont sie die Fragmentarität menschlicher Identität. „Fragmente lassen Ganzheit suchen, die sie selbst nicht bieten und finden lassen."[81] Anknüpfend an diesen Gedanken Luthers wird für Werner der Gottesgedanke zur Möglichkeit, nicht fragmentarische Identität zu denken (119) und – durchaus in Spannung zu Luther – die anzustrebende Heilung des Menschen.[82] In ihrer Arbeit, die immer wieder das Gespräch mit evangelischen Autoren führt, betont sie die geschichtliche Selbstoffenbarung Gottes in Jesus Christus als Grund der Glaubens- bzw. Heilsgewissheit. „Erlösung [...] meint [...], dass sich Gott in all der Bruchstückhaftigkeit und Begrenztheit, in der ganzen Fragmentarität des menschlichen Lebens längst für den Menschen entschieden hat. Erfahrene Heilsgeschichte meint nichts anderes, als der Erlösung zu trauen, zu der Gott sich entschieden hat in seiner Selbstoffenbarung" (227). Werner kommt in ihrer

[79] Vgl. pastoraltheologisch allgemein HORSTMANN, Campus und Profession, 124–148, und hinsichtlich der symbolischen Vertiefung insbesondere D. FUNKE, Verkündigung zwischen Tradition und Interaktion. Praktisch-theologische Studien zur Themenzentrierten Interaktion (TZI) nach R. C. Cohn, Frankfurt a.M. 1984. Zu TZI und Schule vgl. den Artikel von E. ARNDT, TZI und Schule, in: M. Schneider-Landolf/ J. Spielmann/W. Zitterbarth (Hg.), Handbuch Themenzentrierte Interaktion (TZI), Göttingen 2009, 322–327. Religionspädagogisch siehe F. LOTT, Religionsunterricht als themenzentrierte Interaktion im Kontext einer Schule der Zukunft: bildungs-, subjekt- und beziehungsorientiert, Ostfildern 2001.

[80] G. WERNER, Macht Glaube glücklich? Freiheit und Bezogenheit als Erfahrung persönlicher Heilszusage, Regensburg 2005. Belege im Text aus dieser Quelle.

[81] H. LUTHER, Religion und Alltag. Bausteine zu einer Praktischen Theologie des Subjekts, Stuttgart 1992, 167.

[82] „Meine These ist die, daß die in sich geschlossene und dauerhafte Ich-Identität theologisch nicht als erreichbares Ziel gedacht werden kann – und darf", LUTHER, 165. Und auch „Ostern korrigiert nicht Karfreitag, sondern bewahrt ihn, indem es die Sicht auf Karfreitag neu macht", LUTHER, 173.

Auseinandersetzung mit der Anthropologie Pannenbergs der reformatorischen Konzeption der Gerechtigkeit Gottes zwar nahe, erfasst die Pointe des reformatorischen Sünden- und Freiheitsverständnisses allerdings nicht. Im Anschluss an ihren Lehrer Thomas Pröpper versteht sie die Sünde nicht als Existentialie, sondern moralisch als Freiheitsakt, dem dann auch das Heil in seiner Vermittlung und Annahme entspricht (vgl. 102ff.). Werner bleibt darum nicht nur äußerlich den (römisch-katholischen) Pastoralstrukturen verhaftet, wenn es ihr um eine quasi gegenständliche *Vermittlung* des Heils geht, bzw. dessen Erfahrbarkeit durch heilendes „Aufleuchten-Lassen der Heilsbotschaft Gottes" als Aufgabe der pastoralen – in der Vollgestalt letztlich priesterlichen[83] – Praxis der Darstellung der Liebe Gottes in Jesus Christus (187ff.).[84] Die ausdrücklich benannte Herausforderung, die mit der Rezeption der TZI als herrschaftsfreiem Modell besonders für das pastorale Handeln im römisch-katholischen Kontext einhergeht (vgl. 211), wird im Grunde nur benannt, die konflikthaften Implikationen werden nahezu ausgeblendet.[85]

„Das Geschehen pastoraler Praxis in der Begegnung von Menschen im Glauben an den einen Gott geht von Voraussetzungen aus, die eben die reale Begegnung prägen. Wie diese Begegnung geschehen kann, so dass sie nah an die Idee Gottes mit den Menschen in seiner Freiheitsgeschichte herankommt, hängt wesentlich von der Struktur der pastoralen Praxis und ihrem angenommenen Inhalt ab" (128). Der TZI weist Werner die *strukturelle* Aufgabe zu, zu dieser Erfahrung beizutragen. Das setzt ihr zufolge aber *inhaltlich* eine Bestimmung der TZI voraus. Über ihre die Freiheit betonende Reformulierung der TZI-Axiomatik hinaus[86] führt Werner für die pastorale Praxis darum gewissermaßen als viertes „unerlässliches" Axiom den Glauben an einen personalen Gott ein, „mit dessen Selbstmitteilung in der Geschichte, und damit im Hier und Jetzt, gerechnet wurde und wird."[87] Diese dogmatische Vereinnahmung scheint mir aus TZI-Sicht zu weit zu gehen. Dass die TZI kein personalisiertes Gottesverständnis voraussetzt, spricht nicht gegen ihre Rezeption in der kommunikativen Praxis der christlichen Kirche. Diese Weite muss nicht beschnitten werden, sie ist vielmehr mit der Begegnung von Menschen gegeben. Soziale Erfahrung ist per

[83] Das gilt auch dann, wenn der klassische Amtsbegriff der römisch-katholischen Kirche nach dem II. Vaticanum derart modifiziert worden ist, dass der Priester mehr die Gemeinschaft mit Christus als diesen selbst repräsentiert. Vgl. L. LIES, Einige Beobachtungen zu „Repräsentatio Christi", „in Persona Christi agere" und „Vicarius Christi" innerhalb katholischer Ämtertheologie in Patristik, Scholastik und im Zweiten Vatikanischen Konzil, in: S. Hell/A. Vonach (Hg.), Priestertum und Priesteramt. Historische Entwicklungen und gesellschaftlich-soziale Implikationen, Wien/Berlin/Münster 2012, 163–186. Siehe dort auch S. HELL, Reformatorisches Amtsverständnis und Amtsverständnis des Zweiten Vatikanischen Konzils. Ein Vergleich unter Berücksichtigung des jeweils zugrunde liegenden Priesterbildes, 205–238.

[84] Pastorale Praxis bestimmt G. WERNER als „methodische Anleitung zu gläubiger Praxis" (199, vgl. auch 201). Zur theologisch wie hinsichtlich des Modells der TZI problematischen Vorstellung der Vermittlung vgl. M. SCHARER, Gott entdecken anstatt vermitteln. Theologische Hermeneutik themenzentrierter Interaktion, in: Themenzentrierte Interaktion 7/1993, 41–51.

[85] Vgl. demgegenüber die Rezeption der TZI in der Kommunikativen Theologie durch B. J. HILBERATH und M. SCHARER. Vgl. Dies., Kommunikative Theologie, Ostfildern 2012.

[86] Vgl. G. WERNER, 212. Zu den Axiomen Ruth Cohns vgl. die Artikel von U. FAßHAUER (1. Axiom: existentiell-anthropologisches Axiom), P. VOGEL (2. Axiom: ethisches Axiom) und A. VON KANITZ (3. Axiom: pragmatisch-politisches Axiom) in: Schneider-Landolf/Spielmann/Zitterbarth (Hg.), Themenzentrierte Interaktion, 80–94.

[87] G. WERNER, 211.

se *offen nach oben*. Eine andere Frage ist, wie diese transzendente Dimension philosophisch oder theologisch formuliert wird.[88] Indem Werner aber der Sache nach zeigt, dass die TZI einen Raum öffnet, „Erlösung" als Inhalt der Offenbarung zu *realisieren* (Bubmann),[89] unterstützt sie hier den Impuls, die Klasse nicht nur als Ort, sondern auch als Gruppe wahrzunehmen und in ihrer Gegebenheit den Unterricht themenzentriert-interaktionell zu gestalten. Dieser Ansatz kann auch kompensatorisch mit der von Link-Wieczorek kritisierten ekklesiologischen Leerstelle der aktuellen Glückstheologie in Verbindung gebracht werden.[90] Nicht darum soll es gehen, die Schulklasse quasi kirchlich *einzugemeinden*,[91] sondern darum, dass der Sache des Unterrichts auch in seiner Form entsprochen werden soll und im Religionsunterricht *Religion selbst* zum Thema und plausibel werden kann, indem die Schülerinnen und Schüler Anleitung erfahren, ihre Lebenserfahrung „in die ‚story' Gottes (hineinzuinterpretieren)".[92]

Der Erfolg des Schulfachs Glück stellt eine kritische Anfrage an die religionspädagogische Praxis dar. Zwar muss der stark „religionskritische" Zug in der öffentlichen Diskussion um Alternativen zum von Weltanschauungsgemeinschaften mitverantworteten staatlichen Religionsunterricht nicht allein der Qualität des Religionsunterrichts angelastet werden. Der Religionsunterricht ist besser als sein Ruf[93] und die Kritik am Religionsunterricht nicht zuletzt ein Spiegel der zunehmenden Randstellung der Kirche in der Gesellschaft. Wie es diese in der kirchlichen Praxis wahrzunehmen gilt,[94] so ist auch religionspädagogisch die Herausforderung anzunehmen und auch die Bildungspläne einer Überprüfung zu unterziehen. Den Glücksunterricht mit seinen „körperbetonten und emotionssensiblen Übungen" als Impuls allein für „bewegende Formen" im Religionsunterricht zu verstehen, bleibt zu oberflächlich. Darum ist Hartmut Rupp und Ulrich Löffler darin zuzustimmen,

[88] A. LUIKING hat diesbezüglich jüngst Bezug auf Simmel genommen (Soziale Erfahrung ist offen nach oben – eine religionsphilosophische Betrachtung der Anthropologie von Georg Simmel und Ruth Cohn im Vergleich, in: TZI 34/2020, 159–167). Im Denken Cohns sind vielfältige auch direkte und mögliche indirekte Beeinflussungen und Entsprechungen, etwa mit Goethe, Albert Schweitzer, Hannah Arendt und vor allem Martin Buber, bemerkt worden. Mit einer breiten Bildung (u.a. hat sie bei Emil Brunner Vorlesungen gehört) hat sie die TZI in ihrer Praxis entwickelt. Erst nach ihrer Rückkehr nach Europa hat sie ihre Konzeption auch theoretisch vertieft. „Auch das Werk von Martin Buber, das eine theoretische Nähe zur Philosophie und Ethik der TZI aufweist, lernte sie erst in Europa kennen. Oft überraschte sie ihre eigene denkerische Verbindung mit anderen Ansätzen." M. SCHARER, R. C. Cohn. Eine Therapeutin gegen totalitäres Denken, Ostfildern 2020, 126.

[89] Vgl. bei G. WERNER, 231.

[90] U. LINK-WIECZOREK, 34f.

[91] Unbeschadet einer möglichen, aber eben allein ereignishaften und nicht institutionellen Kirchlichkeit schulischer Prozesse. Vgl. K. HORSTMANN, Religion an der Schule. Zum Verhältnis von Unterricht und Seelsorge, in: Theo-Weg 19/2020, 154–166, hier 154.

[92] U. LINK-WIECZOREK, 35, im Sinne des gerade nicht klerikalen Anliegens, Leben glaubend zu erschließen (vgl. B. BEUSCHER, Langeweile im Religionsunterricht. Zur Sache und unter die Haut, Göttingen 2009, 110).

[93] Zur Frage „Was ist guter Religionsunterricht" vgl. G. ADAM/M. ROTHGANGEL in: Dies./Rainer Lachmann (Hg.), Religionspädagogisches Kompendium, Göttingen 2012, 416–433. In Auseinandersetzung mit empirischen Untersuchungen vgl. aktuell Friedrich Schweitzer, Religion noch besser unterrichten. Qualität und Qualitätsentwicklung im RU, Göttingen 2020. Zum Urteil „besser als sein Ruf" siehe 151.

[94] Vgl. K. HORSTMANN In den Streit der Welt … Eine Anregung zur Konziliaren Gemeindebildung, Leipzig 2020, 83–99.

wenn diese das Profil des Religionsunterrichts im Gegenüber zum Schulfach Glück herausstellen wollen. Ihnen ist beizupflichten, wenn sie den Religionsunterricht als eine ‚Hermeneutik des Lebens' in den Blick nehmen, die „von elementaren Lebensfragen aus(geht) oder zu diesen (führt)", weil „der Glaube an den gekreuzigten und auferstandenen Christus Sinnlosigkeit nicht als sinnvoll erweisen (kann und will), [...] jedoch helfen (kann und will), damit zu leben."[95] Wenn sie angesichts der „Orientierung des Glücksfaches an der Bewältigung alltäglichen Lebens und damit der Lebensführungskompetenz" aber bei der Frage stehen bleiben, „wie die Gestaltung persönlichen Lebens im Geist des christlichen Religionsunterricht zum Thema wird" und „Ernährung und Kleidung, der Umgang mit Zeit, Geld, mit Krankheit, mit Trauer oder mit Liebeskummer [...] stärker Beachtung finden können",[96] macht das ein wenig ratlos. Wenn es im Religionsunterricht um Religion und also um das Leben der Schülerinnen und Schüler selbst geht, kann das doch nicht wirklich eine Frage sein. Damit soll die Problematik der Inhaltsfrage, gerade auch angesichts der von der Öffentlichkeit in Frage gestellten Zukunft eines theologisch orientierten Religionsunterrichts, nicht im geringsten banalisiert werden.[97] Eine Alternative zu einem von der Grundausrichtung her themenzentriert-interaktionellen, „problemorientierten" Unterricht, der Schülerinnen und Schüler mit vielfältigen Ansätzen und Methoden befähigt und unterstützt, Religion durch Lebenserfahrung zu interpretieren und ihr Leben selbst mit religiösen Symbolen zu verstehen, ist schwer vorstellbar.[98] Mit Glück aber mag solcher Religionsunterricht dazu beitragen, dass Menschen in Wahrnehmung ihrer geschöpflichen Freiheit das Gegebene dankbar annehmen und genießen oder demütig aushalten, das Nötige tun und sich mutig nach dem ausrichten, was um Gottes Willen Erfüllung verheißt.[99]

[95] H. RUPP/U. LÖFFLER, Das Unterrichtsfach ›Glück‹ und der Religionsunterricht, in: JRP 29/2013, 143–152, hier 152. Vgl. im selben Band auch den Beitrag RUDOLF ENGLERTS, Glück und Lebenskunst als Thema und Ziel des Religionsunterrichts? 162–172.

[96] H. RUPP/U. LÖFFLER, 151.

[97] Vgl. T. GOJNY/S. SCHWARZ/U. WITTEN, Die Inhalte des Religionsunterrichts in der Kritik – eine mehrperspektivische Annäherung an eine religionspädagogische Grundfrage, in: Theo-Web 20/2020, 218–238.

[98] „Idealtypisch zielt die Form der Erschließung auf eine ‚Dimension der Tiefe' von Erfahrung, für die Sprache zu finden und ein Gespräch zu eröffnen im Unterricht die Aufgabe ist. Die Frage nach dem, was innerlich ergreift oder berührt, wird damit zur Grundfrage eines Problemorientierten Religionsunterrichts. Eine Grundfrage ist sie auch deshalb, weil sie gleichsam gegenstandsoffen ist, also im Blick auf jedes Thema und jeden Gegenstandsbereich gestellt werden kann. Dies ist der eigentliche Grund für die thematische Offenheit und Weite des Problemorientierten Ansatzes." TH. KNAUTH, Bleibend notwendig! Der Problemorientierte Religionsunterricht und seine Bedeutung für eine kritische Religionspädagogik – Geschichte und Aktualität, in: ZPT 70/2018, 128–141, hier 135. Zitat im Zitat von Paul Tillich.

[99] Vgl. G. SCHNEIDER-FLUME, 128f.

Eilert Herms

VERÄNDERUNG DES MENSCHEN

Der spezifische Beitrag der Kirche und des Christentums zu einer Kultur der Nachhaltigkeit

Die Titelthese dürfte irritieren: In der laufenden Nachhaltigkeitsdebatte geht es landauf und landab um *Natur*. Hier aber wird behauptet: Es geht um den *Menschen*. Dass das tatsächlich so ist, in welchem Sinne und mit welchen Konsequenzen, das möchte ich zeigen – in zwei Schritten: Zunächst besinnen wir uns auf den *konkreten Gegenstand* der Rede von „Nachhaltigkeit" und ihren konkreten *Sinn*. Dann wird entfaltet, was dieser konkrete Nachhaltigkeitsbegriff impliziert: Nachhaltigkeit tritt nie anders auf als in Gestalt einer *Kultur*; diese Kultur *kann* christlich sein; wenn sie das ist, kommt sie her von einer spezifischen *Veränderung des Menschen* und zielt auch auf eine solche; womit schließlich klar ist, wo der Schwerpunkt des *kirchlichen Engagements für Nachhaltigkeit* liegen *müsste*.

1. Der konkrete Gegenstand der Rede von Nachhaltigkeit:

Seit dem Aufkommen der Rede von „Nachhaltigkeit" durch Hans Carl v. Carlowitz (1645–1714)[1] ist ihr *formaler* Sinn klar: „Nachhaltigkeit" hat *adverbialen* Sinn. Der Ausdruck bezeichnet eine Qualität unseres Handelns, nämlich unseres Umgangs mit Seiendem-im-Werden (werdend-Seiendem, prozessual Realem). Dieser Umgang ist „nachhaltig", wenn er Ziele verfolgt, die den Prozess nicht stören, nicht ungünstig beeinflussen und nicht vorzeitig zum Erliegen bringen.

Nun gibt es jedoch *gar keine* Gegenstände unseres Handelns, die nicht im Werden wären. Alles *mögliche menschliche Handeln ist Umgang mit prozessual Realem*. Und somit auch *durchgehend und ausnahmslos* vor die Frage nach seiner *Nachhaltigkeit* gestellt. Somit ist Nachhaltigkeit nicht das *Kriterium der Sachgemäßheit, der Richtigkeit und Güte*, irgendeines einzelnen *besonderen* Sektors von menschlichem Handeln, sondern *allen* unseren Handelns überhaupt: *ethisches Universalkriterium*.

[1] H.C. CARLOWITZ, Sylvicultura oeconomica. Hausswirthliche Nachricht und naturgemäßige Anweisung zur wilden Baum-Zucht, mit einer Einf. von J. Huss und F. von Gadow, Remagen Oberwinter 2012 [Original: 1713]. Forstwirtschaftliche These: Holzentnahmen sind auf den Umfang des sichergestellten Nachwuchses zu beschränken.

Was ist nun die primäre und direkte Gestalt des prozessual Realen, auf das sich nachhaltiger Umgang richtet? Weithin meint man, das seien Prozesse in unserer *Umwelt*. Aber auf Umwelt kann ich mich nur beziehen, indem ich mich dabei zugleich auf *mich selbst* beziehe. Also: die primäre Gestalt des Realen, mit dem wir nachhaltig umzugehen haben ist stets: unser eigenes im-Werden-Sein, genau: die dauernde Gegenwart unseres leibhaften Prozedierens als ein individuelles Ich (das als solches leibhaft-umweltbezogen und somit ein *Gemeinschafts*wesen ist).

Als „Gegenwart" kommt dabei offensichtlich nicht dasjenige Nichts in den Blick, welches die Grenze ist zwischen Vergangenem, nicht mehr Realem, und Zukünftigem, noch nicht Realem. Was in den Blick kommt, ist vielmehr

- das reale *Bezogensein* der schon real gewordenen Bestimmtheit von prozessual Realem, des leibhaft-individuellen Ichs, auf den Inbegriff seiner möglichen zukünftigen Bestimmtheiten, die noch ausstehen. Und zwar genau
- das reale *Dauern* dieser Bezogenheit. Dieses Dauern umfasst jeweils alle meine schon gewordenen Bestimmtheiten *und* alle noch ausstehenden möglichen. In ihm, dem realen Dauern, vollzieht sich die auswählende Umsetzung von noch ausstehenden möglichen Bestimmtheiten meiner selbst auf die Seite der schon verwirklichten. So dass dieses Dauern von Gegenwart das übergreifende *Medium* ist, in welchem das im Werden seiende Reale prozediert, voranschreitet von schon gewordener zu weiterer und schließlich vollendeter Bestimmtheit.

Zwei Weisen solchen Prozedierens sind zu unterscheiden: Entweder widerfährt dem Realen seine Weiterbestimmung, deren Richtung und Geregeltheit, durch einen von ihm unterschiedenen Urheber; dann ist das Prozedieren „fremdbestimmt". Oder die Weiterbestimmung, ihre Richtung und Regelung, erfolgt durch das Reale, dem sie widerfährt, selber; dann liegt „selbstbestimmtes" Prozedieren vor.

Möglich und unvermeidlich ist dieses dann, wenn dem prozessual Realen das Dauern seiner Gegenwart, also seines Bezogenseins auf den Inbegriff seiner möglichen schon gewordenen und noch ausstehenden Bestimmtheiten, selber als ein solches dauernd *so* zur Auswahl gegenwärtig ist, dass es nicht anders kann, als selber der Urheber des selektiven Realisierens einiger dieser Möglichkeiten aus diesem Inbegriff aller seiner ihm noch zur Auswahl gegenwärtigen eigenen Möglichkeiten zu sein und auch Urheber der Richtung und der Regelung dieses Prozedierens.

Diese beiden unterschiedlichen Weisen des Prozedierens sind nicht nur möglich, sondern auch real, wie sich an demjenigen prozessual Realen zeigt, welches der konkrete Gegenstand unseres nachhaltigen Umgangs ist: eben an der Gegenwart unseres eigenen leibhaft personalen Prozedierens:

Dieses unser Werden ist sowohl in gewisser Hinsicht fremdbestimmt als auch, in anderer Hinsicht, selbstbestimmt; und beides im unauflöslichen Ineinander einer unumkehrbaren (asymmetrischen) Wechselbedingung: Jedem Ich widerfahren in der Gegenwart seines Prozedierens kontinuierlich Bestimmtheiten seines Umweltverhältnisses, deren Urheber nicht es selber, sondern Instanzen in seiner Umwelt sind. Wobei dieses Fremdbestimmtwerden von Ich allerdings nie *vorbei* an seinen selbstbestimmten Reaktionen (seinem selbstbestimmten Tun oder Lassen) *wirksam* wird (seinen Effekt erzielt).[2]

Jedes leibhafte Ich ist ihm dauernd gegenwärtig als prozedierend in Selbstbestimmung unter der Bedingung des Fremdbestimmtwerdens,[3] und zwar des Frembestimmtwerdens primär und direkt durch alle anderen kopräsenten Ichindividuen und die Interaktion mit ihnen.[4]

Darin liegt auch schon die primäre und direkte Herausforderung für den nachhaltigen Umgang mit mir selber: Er muss *interpersonal (sozial) kohärent*[5] werden. Das ist er, wenn er sich nicht nur auf das eigene Ich gegenüber den Anderen richtet, sondern auf das *Verhältnis* zwischen mir und den Anderen, das Bezogensein aufeinander, das uns gemeinsam ist.

Wenn das der Fall ist, richtet sich die Selbstbestimmungsaktivität jedes Einzelnen nicht nur auf seinen eigenen Bedarf, sondern auf den, der ihm und den anderen in der Einheit dieses Verhältnisses *gemeinsam* ist und der darum auch nur *gemeinsam* gedeckt werden kann. Wobei „gemeinsam" heißt: in der *Ordnung* (Geregeltheit) einer Interaktion,

- deren Regeln von allen anerkannt und durgehalten werden und
- die die interaktive Meisterung aller *Arten* von Herausforderungen leistet, die schon mit der Konstitution unseres gemeinsamen leibhaften Ichseins gegeben sind.

Die dafür erforderliche soziale Kohärenz der Selbstbestimmung aller beteiligten Ichindividuen ist nur zu erreichen durch ein symbolisierendes Handeln, das auf die Verständigung über die allen gemeinsame Verfassung von leibhaft-umweltbezogenem Ichsein zielt.[6]

Nun wäre aber, sich einem solchen Verständigtsein auch nur zu nähern, geschweige denn, es zu erreichen, unmöglich, wenn jedes Ich sich *nur* in seinem individuellen *Umweltverhältnis* gegenwärtig wäre und sich auch nur in diesem selbst zu bestimmen hätte. So ist es aber nicht. Denn was je mir in dem dauernden für mich Gegenwärtigsein meines leibhaften Prozedierens gegenwärtig wird, ist eben als das Dauern dieses einzelnen leibhaften Umweltverhältnisses zugleich auch das Dauern des Umweltverhältnisses der anderen[7], die

[2] Indem nämlich die dauernde Gegenwart je *meines* leibhaften Prozedierens *dauernd* für je mich gegenwärtig ist, ist auch das übergreifende Ganze der möglichen Bestimmtheiten meines prozessual realen leibhaften Ichs, seiner schon realisierten und seiner möglichen noch ausstehenden Bestimmtheiten, je mir als ein solches gegenwärtig, aus dem über meine schon gewordene Bestimmtheit hinaus keine weitere real wird *vorbei* an meinem eigenen realisierenden Wählen aus den je noch offenen Möglichkeiten.

[3] Wobei das Fremdbestimmtwerden die *notwendige* Bedingung der Selbstbestimmung ist, aber erst Selbstbestimmung die *hinreichende* Bedingung für die Effekte des Fremdbestimmtwerdens.

[4] Das gründet in der Leibhaftigkeit jedes Ichindividuums: Aufgrund ihrer kehrt auch *in der Umwelt* des Ichs, die ihm mit seiner Leibhaftigkeit gegenwärtig ist, das für das eigene Prozedieren wesentliche asymmetrische Ineinander von Selbstbestimmung unter der Bedingung von Fremdbestimmtwerden wieder: nämlich in allem demjenigen prozessual Realen innerhalb der Umwelt von Ich, zu welchem es sich als zu *seinesgleichen* verhält.

[5] Grund: Alle an der Interaktion Beteiligten sind jeweils ein prozessual reales Ich, so dass unser Fremdbestimmtwerden durch Interaktion nur effektiv wird durch Selbstbestimmung der Beteiligten auf allen Seiten. Und den *kohärenten* Charakter eines *kohärenten* Zusammenhandelns nimmt diese Vielzahl gleichzeitiger individueller Selbstbestimmungsprozesse nur unter der Bedingung an, dass die individuelle Selbstbestimmungsaktivität aller Beteiligten *interpersonal* kohärent wird.

[6] Welches auch die unerlässliche Voraussetzung für die durchgehende wechselseitige Anerkennung und Achtung der Würde dieses Realen ist.

[7] In anderen Texten verwendet der Verfasser semantisch äquivalent: „(leibhaft innerweltliche) Person".

in je meinem leibhaften Umweltverhältnis real sind, und ebenso wiederum aller leibhaften Ichindividuen auch in deren leibhaftem Umweltverhältnis. Wobei dieses Dauern des Ichseins *gleichartig* ist – ganz unabhängig davon, ob der Anfang eines anderen Ichseins hinter den Anfang meines eigenen zurückreicht (Eltern, die ältere[n] Generation[en] überhaupt) oder sein Ende über meines hinaus (Kinder, die spätere[n] Generation[en] überhaupt). In dem Dauern meines Ichseins ist mir über dessen Grenzen hinaus die synchrone und diachrone *Isomorphie* des Dauerns *aller möglichen* Umweltverhältnisse von meinesgleichen, also leibhaften Ichindividuen, in seiner universalen Weite gegenwärtig – und damit nichts anderes als die mir und meinesgleichen gemeinsame *Welt*,[8] die *Welt* des prozessual-realen leibhaften Ichseins. Und dies gilt ipso facto wiederum von *allen* meinesgleichen.[9] Das *Umwelt*verhältnis leibhafter Ichindividuen überhaupt ist real nur innerhalb ihres *Welt*verhältnisses.

Das ist der *Grund* dafür, dass das für eine kohärente Interaktion erforderliche Verständigtsein auch möglich ist, gesucht und gefunden werden kann.[10]

Allerdings werden damit auch die *inhaltlichen Anforderungen* an dies mögliche und erforderliche Verständigtsein *gesteigert*. Das Weltverhältnis, in dem sich das Umweltverhältnis aller Ichindividuen bewegt, ist nicht nur der *Grund* ihres möglichen Verständigtseins, sondern hat auch dessen konkreter *Inhalt* zu sein. In provozierender Deutlichkeit: Erst ein Verständigtsein im Blick auf die gemeinsame Welt und deren Ansicht, also über die „Weltanschauung"[11] der Beteiligten, begründet und trägt die interpersonale Kohärenz ihres Interagierens.[12] Dafür erforderlich ist nicht nur praktische Gewissheit über das aktuelle gemeinsame *Umwelt*verhältnis, sondern auch über das gemeinsame *Welt*verhältnis sowie darüber, dass das erste (das Umweltverhältnis) stets nur innerhalb des zweiten (des Weltverhältnisses) vorkommt (und zwar als aktuelle Variation dieses zweiten)[13] – einschließlich praktischer Gewissheit über die im einen und im anderen Verhältnis herrschende Wechselbedingung zwischen Fremdbestimmtwerden und Selbstbestimmung.

[8] Dazu: E. HERMS, Wahrheit. Gegebenheit – Wesen – Grund, in: Hermeneutische Blätter 24/1 (2018), 20–45.

[9] Nicht nur mir, sondern auch jedem möglichen anderen Ich ist das Dauern des Ganzen der für es möglichen, schon realisierten und noch realisierbaren, Bestimmtheiten seines prozessual realen, leibhaft-umweltbezogenen individuellen Ichseins nur gegenwärtig innerhalb des und zugleich mit dem alle möglichen Bestimmtheiten aller möglichen Umweltverhältnisse leibhafter Ichindividuen und ihre Umweltverhältnisse umfassenden isomorphen Dauern, also gegenwärtig innerhalb ihrer gemeinsamen *Welt* und von dieser umgriffen.

[10] Es ist erreicht, soweit für Ichindividuen *praktisch gewiss* wird, dass ihre individuelle Sicht der besonderen aktuellen Interaktionssituation, die sie mit allen irgendwie kopräsenten Anderen teilen, als der *besonderen jetzt erreichten Variation der isomorphen Verfassung des leibhaft-innerweltlichen Ichseins angemessen* ist; und das wiederum ist genau insoweit der Fall, als ein Ich seinen an dieser Sicht orientierten zielstrebigen Umgang mit der aktuellen Situation als erfolgreich (die reale Erfüllung seiner Erwartung bringend) erlebt.

[11] Vgl. E. HERMS, Die Bedeutung der Weltanschauungen für die ethische Urteilsbildung, in: F. Nüssel (Hg.), Theologische Ethik der Gegenwart. Ein Überblick über zentrale Ansätze und Themen, Tübingen 2009, 49–71.

[12] Nur weil Weltanschauung (eben als Anschauung der gemeinsamen *Welt*) zunächst einmal verbindet (Y.N. HARARI, Sapiens. A Brief History of Humankind (2011), London ed. 2014, 233ff.), kann sie dann auch Weltanschauungsgruppen trennen.

[13] Was jeweils die praktische Gewissheit einschließt, dass das aktuelle Umweltverhältnis nichts anderes ist als die aktuelle Variante des Weltverhältnisses.

Die nämlich ist in unserem Verhalten zur Welt eine signifikant andere als im Verhalten zur Umwelt:

Im *Umweltverhältnis* werden die Aktionen Anderer, die uns primär und direkt fremdbestimmen, nur im *Durchgang* durch unsere selbstbestimmten Reaktionen wirksam. Das gilt gerade auch für die Ordnung der Interaktion und ihre *Regeln*, die alle nur wirksam werden und bleiben *durch* ihr Anerkannt-/Nichtanerkannt-, Befolgt-/Nichtbefolgtwerden auf Seiten aller Beteiligten.[14] Hier, im sozialen Umweltverhältnis, hat unser Fremdbestimmtwerden durch Andere *nie* einen Effekt, den wir *nur* erleiden.[15]

Im *Weltverhältnis* ist das aber sehr wohl der Fall. Zur *Isomorphie der Welt* gehört nämlich zugleich mit der personalen Interaktion und ihren sozialen Effekten auch ein Prozedieren, welches zwar wie das interpersonale geregelt und unumkehrbar zielstrebig[16] ist, sich aber von diesem unterscheidet durch seinen Effekt und die Art seines Geregeltseins: nämlich das physisch/chemisch/biotische Prozedieren:

- Sein Effekt ist die Gattung homo sapiens,[17] dessen Exemplare jeweils einem Ich als „mein Leib" gegenwärtig sind, und

- alles, was in ihm prozessual real ist, prozediert nicht selbst-, sondern lediglich fremdbestimmt (es „wird" prozediert).[18]

Dieses Prozedieren bedingt unsere Selbstbestimmung durch Weisen eines Fremdbestimmtwerdens, das nicht erst *durch* unsere selbstbestimmte Reaktion effektiv wird, sondern schon *vor* ihnen und *ohne* sie. Und zwar durch vier solche Weisen:

Die *erste* ist das Fremdbestimmtwerden durch die besondere Wirksamkeit der Regeln des physisch/chemisch/biotischen Prozedierens. Denen hat sich unsere Selbstbestimmung ohne jeden eigenen bestimmenden Einfluss (also im Unterschied zu den Regeln des soziohistorischen Prozedierens) nur *anzupassen*.

[14] *Soweit* diese Regeln nicht anerkannt und nicht befolgt werden, treten sie außer Kraft – was bei Regeln des physisch/chemisch/biotischen Geschehens nicht der Fall ist.

[15] Nur weil das so ist, ist das Konzept der „Kollektivschuld" nicht gegenstandslos. (zum Ganzen vgl. E. HERMS, Schuld in der Geschichte. Zum Historikerstreit, in: ZThK 85 (1988), 349–370.

[16] Vgl. E. HERMS, Prozeß und Zeit. Überlegungen eines Theologen zu Friedrich Cramers Essay „Der Zeitbaum", in: M. Laarmann (Hg.), Erfahrung – Geschichte – Identität. Zum Schnittpunkt von Philosophie und Theologie, FS Richard Schaeffler, Freiburg 1997, 281–304. Auch in: E. HERMS, Phänomene des Glaubens, 2006, 262-285.

[17] Weil in der Gegenwart dieses Prozedierens diejenigen biotischen Systeme (Organismen) prozessual real sind, welche jeweils einem Menschen als sein *eigener* Leib gegenwärtig sind und weil dieser das Umweltverhältnis von Menschen begründet, deshalb manifestiert dieses Prozedieren sich mit seinen Effekten auch in der *Umwelt* des Menschen. Aber hier manifestiert es sich als eine Eigenschaft der Isomorphie der *Welt* des Menschen, was sich darin zeigt, dass seine Effekte nicht erst kraft und in menschlicher Interaktion prozessual-real sind, sondern dieser immer schon zugrundeliegen.

[18] Es widerfährt ihm als dauernde Gegenwart seines Prozedierens, die aber nicht für das darin prozessual Reale selber, sondern nur für anderes gegenwärtig ist *als* ihm zu eigenverantwortlichem angemessenem Umgang im Lichte angemessener praktischer Gewissheit vor- und aufgegeben Dieses so qualifizierte Gegenwärtigsein der Gegenwart eines Prozedierens herrscht also keineswegs schon dann, wenn und soweit überhaupt prozessual Reales mit anderem kopräsent prozediert (etwa im kopräsenten Prozedieren von Mineralien, Pflanzen und Tieren).

Die *zweite* ist das bleibende Fremdbestimmtwordensein eines jeden von uns durch sein Erzeugt- und zur-Welt-Gebrachtwordensein. Dieses Fremdbestimmtwordensein musste jeder von uns erleiden vor und unabhängig von jeder Selbstbestimmung.[19]

Über dieses eigene in der Welt Sein hinaus hat jedes Ich aber *drittens* auch das *Dasein seiner Welt* unabhängig von und vor jeder Selbstbestimmung nur zu erleiden. Zwar muss jedes Ich sich auch zu diesem Frembestimmtwerden selbstbestimmt verhalten. Aber angemessen kann es dies nur so, dass es die vorgegebene Isomorphie der Welt respektiert als die absolute *Grenze* jedes möglichen Effekts von Selbstbestimmung, die durch Selbstbestimmung nicht angetastet werden kann.

An dem *Realsein* der Welt ist aber auch ihre *Kontingenz* manifest. Und die wirft die offene Frage nach dem *Grund* ihres Dass- statt ihres Nichtseins und ihres So- statt Andersseins auf. Also die Frage nach demjenigen Prozedieren, welches nicht *aufgrund* des Dass- und Soseins unserer Welt und nicht nur *innerhalb* ihrer irgendwelches *Innerweltliches* hervorbringt, sondern welches sich auf das *Dass- und Sosein der Welt selber* richtet und diese selber prozessual real sein lässt. Dies weltbegründende Prozedieren ist die *vierte* Fremdbestimmung, die jedes Ich nur zu erleiden hat, nicht durch seine Selbstbestimmung antasten kann, sondern nur respektieren – und zwar nicht als Grenze aller möglichen Effekte seiner Selbstbestimmung in der Welt, sondern nur als den Grund des Daseins von Welt, also ihren Ursprung, in dem die zielgerichtete Dynamik von Welt, also ihr Ziel, gründet – das Ziel *von* Welt im Ganzen, dem nicht zu widersprechen die Bedingung für das Gelingen des Wählens und Verfolgens von Zielen *in* der Welt ist.

Erst dies Verständigtsein über unsere gemeinsame Welt verschafft unserer Interaktion, die für die Etablierung und Erhaltung einer Ordnung des Interagierens erforderlich ist, die alle *Arten* des Herausgefordertseins meistert, die mit unserem gemeinsamen leibhaften Ichsein in der Welt gegeben sind. Und zugleich ist es auch das Verständigtsein darüber, um *welche* Arten von Herausforderungen es sich dabei handelt. Nämlich wenigstens drei, so dass erforderlich ist:

- a) eine Ordnung, welche der Verständigung über unser *Weltverhältnis*[20] dient, die das Ganze unserer Interaktion trägt.

- b) eine Ordnung, welche das Zusammenleben vor Störung durch Gewalt auch dann bewahrt, wenn das Verständigtsein über Welt noch nicht erreicht, noch unterwegs ist, also eine politische Ordnung der Aufrechterhaltung von „Frieden äußerlich" durch Herrschaft des Rechts; und

[19] Obschon dieser Effekt verursacht ist durch das Zusammenwirken jeweils meiner biotischen Eltern und aufgrund menschlicher Interaktion auch in dieser real ist; und zwar so, dass jeder auch auf dieses Fremdbestimmtwordensein selbstbestimmt zu reagieren hat. Und dies letztere eben deshalb, weil dieses Frembestimmtwordensein durch die eigenen biotischen Eltern in demjenigen angemessenen, nämlich richtig angepassten, Umgang von Menschen mit dem physisch/chemisch/biotischen Prozedieren und seinen Regeln gründet, in dessen dauernder Gegenwart die biotische *Gattung* homo sapiens prozessual real ist und darum auch jedes ihrer *individuellen Exemplare*, das jeweils einem von uns als sein Leib gegenwärtig ist.

[20] Innerhalb dessen sich auch jedes ihrer möglichen aktuellen Umweltverhältnisse bewegt und das handlungsleitend ist, weil es auch das Verständigtsein (d. h. die praktische Gewissheit) über die unterschiedlichen Weisen des Fremdbestimmtwerdens ist, dessen Erleiden die Möglichkeitsbedingung aller Selbstbestimmung ist; zum komplexen Inhalt solchen handlungsleitenden Wissens vgl. oben Seite 53.

- c) schließlich eine Ordnung, die der Reproduktion der tierischen Gattung homo sapiens dient, deren Exemplare jeweils einem Ich als sein Leib gegenwärtig sind. Diese Funktion erfüllt die Ordnung von Wissenschaft, Technik und Wirtschaft.

Zwischen diesen unterschiedlichen Elementen der Gesamtordnung herrscht eine unauflösliche Wechselbedingung: Nur auf dem Boden einer Ordnung der Verständigung über die gemeinsame Welt (also der „weltanschaulichen" Verständigung) können die politische Ordnung und die Ordnung von Wissenschaft, Technik und Wirtschaft erfolgreich arbeiten[21].

Umgekehrt haben die Institutionen der weltanschaulichen Verständigung nur Bestand, wenn die Institutionen von Politik sowie Wissenschaft, Technik und Wirtschaft hinreichend erfolgreich arbeiten.

Ich fasse zusammen: Wir hatten gesehen, dass der konkrete Begriff von „Nachhaltigkeit" davon abhängt, welches das Reale ist, mit dem wir nachhaltig umzugehen haben, also so, dass wir sein Prozedieren nicht stören, es nicht ungünstig beeinflussen und nicht vorzeitig zum Erliegen bringen. Nun sehen wir:

Der *primäre* und direkte Gegenstand solchen Umgangs, der niemals übersprungen werden kann, ist die reale interpersonale Kohärenz je meiner eigenen Interaktion. Deren Kern ist mein weltanschauliches Verständigtsein mit anderen über Ursprung, Wesen und Bestimmung der Welt. Somit habe ich zunächst mit dieser bildungsgeschichtlich real gewordenen und im Werden verbleibenden Qualität meines Umgangs mit Welt und Leben so umzugehen, dass ich ihre Entwicklung nicht störe, nicht ungünstig beeinflusse oder vorzeitig zum Erliegen bringe.

Zweitens aber kann ich mit dieser bildungsgeschichtlich (also prozessual) realen Qualität meines Interagierens nur so umgehen, dass ich auch mit der sozialen Ordnung, in der diese Qualität sich entwickelt hat und weiter entwickelt, umgehe, und zwar angemessen, d. h. so, dass ich in das asymmetrischen Zusammenspiel ihrer leistungsdifferenten Subordnungen nicht störend eingreife, es nicht ungünstig beeinflusse und vorzeitig zum Erliegen bringe.

Und ich überlasse es hier nun Ihnen selbst, sich auf die unübersehbar mannigfaltigen Weisen eines Umgangs mit der prozessual (also: „geschichtlich") gegenwärtigen Ordnung unseres Zusammenlebens zu besinnen, die nicht nur möglich sondern auch real sind und den prozessualen Bestand, die dauernde Gegenwart ihres im-Werden-Seins, stören und/ oder ungünstig beeinflussen und langfristig auch zum Erliegen bringen können.

Nur eins hebe ich hervor und unterstreiche ich: Ein *direkter* Umgang mit dem physisch/chemisch/biotischen Prozedieren und seinem Effekt, der tierischen Gattung homo sapiens, deren Exemplare je einem von uns dauernd als „sein eigener Leib" gegenwärtig sind, ist schlechterdings unmöglich. Überhaupt mit ihm umzugehen, ist zwar für uns und unseresgleichen unvermeidlich. Aber weil die dauernde Gegenwart dieses ausschließlich fremdbestimmten Prozedieren überhaupt nur unter der Bedingung für uns real, da und zugänglich ist, dass die Exemplare einer bestimmten biotischen (und als solcher chemisch

[21] Wobei Wissenschaft, Technik und Wirtschaft wiederum nur auf dem Boden von weltanschaulichem Verständigtsein und Gewaltfreiheit arbeiten können und auch arbeiten.

und physisch bedingten) Gattung einem jeden von uns und unseresgleichen jeweils dauernd als „sein Leib" gegenwärtig sind, deshalb ist jeder mögliche und reale Umgang mit diesem Prozedieren vermittelt durch unseren Umgang mit uns selbst, mit der dauernden Gegenwart der Bildungsgeschichte unseres eigenen Verständigtseins mit Anderen über unser eigenes leibhaftes in der Weltsein und mit der dauernden Gegenwart der Geschichte des Gesamtgefüges der sozialen Ordnungen, in deren Zusammenspiel unsere eigen Bildungsgeschichte verläuft. Das heute „Natur" genannte physisch/chemisch/biotische Prozedieren ist zwar unvermeidlich Gegenstand eines Umgangs, der nachhaltig zu sein hat, aber nie direkt. Der direkte Gegenstand dieses Umgangs *kann* nichts anderes sein und ist nichts anderes und ist nichts anderes als je mein leibhaftes Leben, das im dauernden Wandel der aktuellen Bestimmtheiten des mir und meinesgleichen gemeinsamen Umweltverhältnisses im Dauern der gemeinsamen Welt prozediert, kurz: mein Menschsein unter Menschen.[22] – Kommen wir nun zu den Implikationen dieser Sicht.

2. *Implikationen*

2.1. *Nachhaltigkeit gibt es nur als „Kultur"*

Vielfach wird der Ausdruck „Kultur" zur Bezeichnung einer besonderen Teilordnung neben anderen Teilordnungen unseres Zusammenlebens verwendet. Etwa zur Bezeichnung all der Institutionen, in denen es um das Verständigtsein über Isomorphie, Ursprung und Ziel unserer Welt geht, im Unterschied zu den Institutionen von Politik und Wissenschaft/Technik/Wirtschaft. Dieser Sprachgebrauch tendiert jedoch zur Verstellung der Tatsache, dass alle funktionsspezifischen Subordnungen nur als Momente des unteilbaren Ganzen unseres leibhaften Zusammenlebens real sind, deren verschiedene Leistungen nur in unauflöslicher Wechselbedingung erbracht werden können und erbracht werden.[23] Das ist, wie gezeigt, nur möglich, wenn die Selbstbestimmung am Ort aller Einzelnen interpersonal kohärent wird durch Erlangung eines Verständigtseins über die jeweils aktuelle Bestimmtheit des gemeinsamen Umweltverhältnisses als variierte Teilhabe an der Isomorphie der gemeinsamen Welt und ihrer zielstrebigen Dynamik. Erst durch ein Verständigtsein hierüber wird die Selbstbestimmung von Menschen fähig zum gemeinsamen Wählen und Verfolgen aller möglichen Arten von Zielen, seien das nun Ziele *in* den funktionsverschiedenen Ordnungen des Zusammenlebens oder diese Ordnungen und ihr Zusammenspiel selber. Und eben dieses Ausgerichtetsein des Zusammenlebens im Ganzen und aller

[22] Dasselbe ist auch die Pointe der schon andernorts vorgenommenen Verhältnisbestimmung zwischen „Naturkapital", „Sachkapital" und „Humankapital". So in: E. HERMS, Der Beitrag der Kirchen zur christlichen Kultur der Nachhaltigkeit. Oder: Die christliche Kultur der Nachhaltigkeit, in: B. Bertelmann/ K. Heidel (Hgg.), Leben im Anthropozän. Christliche Perspektiven für eine Kultur der Nachhaltigkeit, München 2018, 229-246.

[23] Diese Wechselbedingung ist asymmetrisch: Eine Ordnung der Gewaltminimierung und eine Ordnung Wissenschaft/Technik/Wirtschaft kann und muss überhaupt nur deshalb unterhalten und entwickelt werden, weil leibhafte Ichindividuen nicht nur *fremdbestimmt* interagieren, sondern in *Selbstbestimmung* unter der Bedingung von Fremdbestimmung.

seiner Ordnungen an einem bestimmten Verständigtsein über Welt ist das, was die konkrete Rede von einer „Kultur" meint.

Der Inhalt dieses eine Kultur begründenden Verständigtseins über Welt schwankt, er kann unterschiedlich sein und ist es. Daher treten im menschlichen Zusammenleben unterschiedliche Kulturen auf, sei es räumlich getrennt, sei es nebeneinander am gleichen Ort. So entsteht stets ein Bedarf an Verständigung zweiter Ordnung: nämlich nicht nur über Welt, sondern über unterschiedliche Gestalten des Verständigtseins über Welt, der bei räumlicher Trennung lange latent bleiben kann, bei deren Fehlen aber akut wird. Der dann naheliegende Versuch, die Kosten (Schwierigkeiten) dieser Verständigung zweiter Ordnung zu ersparen, indem Bereiche eines Interagierens frei von einem Verständigtsein über Welt angenommen und behauptet werden – etwa in Politik und/oder Wissenschaft/Technik/Wirtschaft – scheitert an der Realität: Das Interagieren in solchen Bereichen verlässt keineswegs den Orientierungshorizont eines solchen kommunikativ gewonnenen weltanschaulichen Verständigtseins, sondern verschweigt lediglich seinen Inhalt und die Gemeinschaft, in der er gewonnen wurde.

So verstanden kann dann aber Kultur nicht etwas sein, was von der Programmatik und Praxis von Nachhaltigkeit verschieden ist und sich mit ihr verbinden kann oder auch nicht, sondern:

- weil Nachhaltigkeit derjenige Umgang von Menschen mit der prozessualen Realität ihres eigenen leibhaften und deshalb immer auch sozialen Ichseins ist, der diese prozessuale Realität nicht stört, ungünstig beeinflusst und vorzeitig zum Erliegen bringt, und
- weil alles und jedes menschliche Handeln und Umgehen mit etwas durch ein kommunikativ gewonnenes und unterhaltenes Verständigtsein über Welt geleitet ist,
- deshalb gibt es auch Nachhaltigkeit nicht anders als jeweils in Gestalt einer Kultur, also geleitet von einem Verständigtsein über die Isomorphie und die zielstrebige Ursprungsdynamik von Welt. Erst dieses stellt überhaupt die *Kriterien* dafür bereit, wann ein Umgang mit prozessual Realem dies *stört*, es *ungünstig* beeinflusst und/oder *vorzeitig* zum Erliegen bringt.

Der Aufbau einer Kultur erfolgt mehr oder weniger langfristig. Das ist uns aus unserer eigenen Bildungsgeschichte bekannt: unsere persönliche Teilhabe an einem Verständigtsein über Welt hat erhebliche Lebenszeit in Anspruch genommen und zeigt dann eine gewisse Dauerhaftigkeit. Erst recht hat sich der Aufbau von Institutionen der kommunikativ-symbolisierenden Verständigung über Welt, in denen die Bildungsgeschichte Einzelner verläuft, und die Entfaltung ihrer Wirksamkeit in allen funktionsspezifischen Bereichen des Zusammenlebens über Generationen erstreckt und besitzt nun auch danach seine langfristige Dauerhaftigkeit. Das aber heißt: So langfristig wie Kulturen sich aufbauen und wirken, so langfristig entsteht und wirkt sich aus auch der für eine jede von ihnen spezifische Modus von Nachhaltigkeit.

Wer also den Nachhaltigkeitsmodus einer von weither kommenden und seit langem wirksamen Kultur als defizitär durchschaut, muss sich darauf einstellen, dass der nicht kurzfristig beseitigt werden kann. Und jedenfalls nicht anders als durch Arbeit an der Kultur, für die er eigentümlich ist. Eine solche Arbeit aber kann – nach allem, was wir uns bisher klar gemacht haben – nicht sachgemäß sein, wenn sie ansetzt bei Änderungen in den Bereichen Politik oder/und Wissenschaft/Technik/Wirtschaft statt bei dem Verständigtsein der Menschen über Welt als dem Leithorizont aller menschlichen Zielwahlen.

Ein in einer großen deutschen Tageszeitung häufig zu lesender Autor hat vor kurzem Teilen der internationalen Wirtschaftselite empört vorgeworfen, dass sie den Ausstieg aus der Nutzung fossiler Energie „gar nicht wollen".[24] Das trifft ins Schwarze: Programm und Praxis von Nachhaltigkeit leben von den Zielen, deren Attraktivität Menschen dazu motiviert, sie zu wollen, sie gemeinsam zu wählen und zu verfolgen. Und dies stets im Horizont dessen, was ihnen als das im Ursprung ihrer Welt gesetzte prozessuale Wesen (die Isomorphie) und Ziel ihrer Welt praktisch gewiss geworden ist. Nachhaltigkeit gibt es nur als Qualität einer Kultur, als Qualität des Umgangs der Menschen mit dem Ganzen ihres Zusammenlebens im Horizont jeweils ihrer Weltanschauung. Deren Inhalte können verschieden sein. Aber in jedem Fall liefern erst sie die Kriterien für das Urteil darüber, welcher Umgang mit diesem Ganzen *stört*, es *ungünstig* beeinflusst und *vorzeitig* zum Erliegen bringt. Es ist der Inhalt des eine Kultur begründenden und tragenden weltanschaulichen Verständigtseins, der jeweils die Nachhaltigkeit prägt, die dem Ganzen einer Kultur eignet.

2.2. Wesenszüge der christlichen Kultur der Nachhaltigkeit.

Das gilt auch für die Nachhaltigkeit der *christlichen Kultur*. Auch die ist geprägt durch den Inhalt der Weltanschauung ihrer Träger, eben den christlichen Glauben in seiner Eigenschaft als einer spezifischen Weltanschauung.[25] Diese ergibt sich aus der Begegnung mit dem Lebenszeugnis Jesu (und dann seiner Anhängerschaft, seiner Gemeinde) für das prozessuale Wesen (die Isomorphie) unserer Welt, also für die uns dauernd gegenwärtige dauernde Gegenwart unseres leibhaften Zusammenlebens als selber schon das Kommen, also das Verwirklichtwerden der Herrschaft ihres Schöpfers über sie als Werk seines sie schaffenden und erhaltenden Wollens und Wirkens, und dann daraus, dass Adressaten dieses Zeugnisses jeweils im Lichte ihrer eigenen uneingeschränkten Selbsterfahrung dessen Wahrheit evident wird. Die sechs Wesenszüge dieser Weltanschauung sind folgende:

- *Erstens* und grundlegend die schon alttestamentlich-jüdische Einsicht, dass mit dem Menschsein, also unserem leibhaften Ichsein, in unserer Welt das *Ebenbild ihres Schöpfers* dieser Welt real gegenwärtig ist.

- Und somit *zweitens* die Einsicht, dass der Ursprung unserer Welt in einem Prozedieren liegt, das wie das unsrige den Charakter der Selbstbestimmung eines Ichs besitzt, das aus der ihm gegenwärtigen Gegenwart seiner möglichen eigenen Bestimmtheiten eine noch ausstehende Zielbestimmtheit will und wirkt, indem es zugleich mit dem Ziel auch die Regeln, also die Ordnung, des Prozedierens wählt, durch deren dauernde Befolgung das Ziel erreicht wird. Das ist nichts anderes als die positive Seite einer negativen Einsicht, die de facto ebenfalls schon vom Alten Testament bezeugt wird: nämlich der Einsicht, dass ein rein und ausschließlich fremdbestimmtes Prozedieren (uns heute ist es als das

[24] Joachim Müller-Jung.
[25] Gegen Verkürzungen des Verständnisses von Christentum als einer bloß von Innerlichkeit.

physisch/chemisch/biotische Prozedieren bekannt) unmöglich der Ursprung seiner selbst sein kann und ist, weil es eben durch seine ausschließliche Fremdbestimmtheit selber durchgehend und ad infinitum bezeugt, dass sein Ursprung nicht in ihm, sondern außerhalb seiner liegt, eben in einem Prozess der Selbstbestimmung eines sich selbst selbstbestimmenden Ichs. Schon das Alte Testament bezeugt zugleich mit seiner durchgehenden Zurückweisung des Anspruchs auf Schöpfungsmächtigkeit von allem, was rein fremdbestimmt prozediert,[26] dass unsere Welt vielmehr als Werk der sie schaffenden Macht die Äußerung und faktische Bekundung des Wollens und Wirken eines „Ichs" ist.[27]

- Freilich – und das ist die *dritte* Einsicht – nicht eines Ichs, wie des unseren, dessen schöpferische Selbstbestimmung nur eine relative, nämlich unter der Bedingung mannigfacher Weisen eines vorgängigen und durchgehenden Fremdbestimmtwerdens stehende ist, sondern eines Ichs, dessen Selbstbestimmung absolut, vor und unabhängig von jedem Fremdbestimmtwerden schöpferisch ist, also nicht eines geschaffenen leibhaft-innerweltlichen, sondern eines weltschaffenden Ichs.

- Das schließt als *vierte* Einsicht ein, dass dieses selbstbestimmt zielstrebige Wollen und Wirken des Schöpfers nicht wie unser leibhaftes bloß *in* dieser geschaffenen Welt Ziele wählt und verfolgt, sondern dass es sich umgekehrt verhält: diese unsere geschaffene Welt ist ihrerseits ausschließlich *real in ihm*, in seinem Wollen und Wirken, das sie in sich, in seinem ewig schöpferisch selbst sich selber bestimmenden Leben, schafft und erhält, d. h. prozessual real sein lässt (wie schon Paulus in Athen kurz und bündig festhält: „In ihm leben, weben und sind wir" Apg 17,27f.).

- Was dann *fünftens* auch schon Einsicht in das *Ziel* des Schöpfers ist, dass er wollend und wirkend verfolgt. Das kann – weil ein Ziel absoluter *Selbst*bestimmung – kein anderes sein und ist kein anderes, als eben dieses Wollen und Wirken des schaffenden Ichs selber: Innerhalb der *Unendlichkeit* seiner schlechthin unbedingten, absoluten Selbstbestimmung (außerhalb von der nichts real sein kann und ist) setzt es selber sich in dauernde *Gemeinschaft* mit der von ihm geschaffenen und dadurch von ihm unterschiedenen *endlichen* Welt des *geschaffenen Ichs*; schaffend setzt das schaffende Ich sich ins dauernde Verhältnis zur Welt seines geschaffenen Ebenbildes und lässt damit ipso facto auch dieses schon von Anfang an nur in dem geschaffenen Verhältnis zu ihm real sein, das aber – als das geschaffene Verhältnis des geschaffenen *Ichs* zum schaffenden – dazu *bestimmt* ist, schließlich auch vom geschaffenen Ich selbstbestimmt anerkannt und vollzogen zu werden – und zwar als das Verhältnis des in seiner *endlichen* Welt *endlichen* Ichs zur *Unendlichkeit* des schaffenden Ichs und *innerhalb* dieser Unendlichkeit. Diese Vollendung der Gemeinschaft – des schaffenden Ichs mit dem geschaffenen und des geschaffenen mit dem schaffenden – ist von Anfang an das konkrete Ziel des schaffenden Ichs und wird erreicht, indem das mit der Endlichkeit seiner Welt und seiner selbst versöhnte geschaffene Ich diese seine Endlichkeit anerkennt und sich ihr hingibt.

- Damit ist aber *sechstens* die Einsicht klar, welche das geschaffene Ich *mit der Endlichkeit* seiner Welt und seines eigenen Daseins *versöhnt*. Ihr Inhalt ist dieser: Von der Unendlichkeit

[26] Die prophetische Polemik gegen die Götzen ist Polemik gegen das „Tote".

[27] Schon Ex 20,2. Besonders deutlich: Ez. 5,15; 28,9; 34,24.

des schaffenden Ichs ist die Welt des geschaffenen Ichs durch seine Endlichkeit definitiv *unterschieden*; freilich nur *innerhalb* der Unendlichkeit des schaffenden Ichs, aus der nichts herausfallen kann, und somit von dieser niemals *geschieden*. Das Enden, welches die ursprüngliche und daher inevitable Bestimmung unserer Welt und eines jeden von uns ist, geschieht *in* der Unendlichkeit des schaffenden Ichs, von ihr umfangen, und ist somit nicht die Annihilation, sondern das definitive Ganzwerden, das definitive zur-Gänze-kommen von Welt und Leben; und somit nicht *Untergang*, sondern *Übergang* der nun definitiv und ganz sie selbst gewordenen Geschöpfe in ihre vollendete Gemeinschaft mit dem Schöpfer in dessen ewigem Leben.

Soweit die Sicht des christlichen Glaubens auf Welt und Leben, seine Weltanschauung. Auch sie kann gar nicht anders als die christliche Kultur zu prägen: den Umgang der Christen mit dem Ganzen ihres Zusammenlebens mit allen anderen, Glaubenden und Nicht- oder Andersglaubenden. Und weil auch dieser Umgang nie etwas anderes zu seinem Gegenstand hat als Reales im Werden, kann auch er gar nicht anders, als *seinen* spezifischen Nachhaltigkeitscharakter zu gewinnen, nämlich den durch diese Weltanschauung geprägten. Aus ihr stammen die Kriterien des Christen für das, was das prozessual Reale, mit dem er umzugehen hat, das Ganze seines Zusammenlebens mit anderen, „stört", „ungünstig beeinflusst" oder „zu vorzeitigem Erliegen" bringt:

Was den Prozess des Zusammenlebens von leibhaften Ichindividuen in der gemeinsamen Welt *stört*, ist jedenfalls die Anwendung von Gewalt, die ein anderes Ziel verfolgt als die Minimierung von Gewalt und damit die Erhaltung der Möglichkeit zur Erzielung von Weisen des Zusammenhandelns, die von interpersonaler Kohärenz getragen sind, die kommunikativ gewonnen wurde.

Ungünstig beeinflusst wird der Prozess des Zusammenlebens aus christlicher Sicht durch die Veralltäglichung von Interaktionsweisen mit handgreiflichem Verdummungspotential, also dem handgreiflichen Potential, die Selbstbestimmungsfähigkeit der beteiligten Ichindividuen eher zu hemmen als zu fördern, indem sie zu Unachtsamkeit, mangelnder Umsichtigkeit, Gedanken- und Rücksichtslosigkeit verführen. Nicht zuletzt gehört dazu die unkontrollierte und undisziplinierte Anerkennung von vermeintlichen Selbstverständlichkeiten, Klischees und Vorurteilen, die nicht nur die Jedermanns-Kommunikation im Alltag belasten, sondern auch die Art und Weise, wie Entscheidungsträger mit weitreichender Verantwortung das Zusammenleben im Ganzen auffassen und behandeln: insbesondere alle Weisen des Außerachtlassens der durchgehenden Interdependenz der verschiedenen Funktionsbereiche des Zusammenlebens, also der Versuch, die Wohlordnung des Zusammenleben durch die Dominanz eines dieser Funktionsbereiche zu erreichen (Dominanz von Wissenschaft/Technik/Wirtschaft über Politik und weltanschaulicher Verständigung [Liberalismus]; Dominanz von Politik über Wissenschaft/Technik/Wirtschaft und weltanschauliches Verständigtsein [Sozialismus]; Dominanz des weltanschaulichen Verständigtseins über Politik und Wissenschaft/Technik/Wirtschaft [Fundamentalismus]). Die christliche Kultur ist also durch die sie leitende Sicht auf Welt und Leben der Menschen darauf aufmerksam gemacht, dass die Gefahr eines „Raubbaus" nicht nur im Umgang mit den Ressourcen droht (und zu vermeiden ist), die durch den physisch/chemisch/biotischen Prozess zur Verfügung gestellt werden, sondern ganz ebenso auch mit denjenigen Ressourcen, die das positive Erbe der soziohistorische Entwicklung, unserer Sozial- und Bildungsgeschichte, sind; und er leitet zur kritischen Prüfung nicht nur des technisch/wirtschaftlichen Umgangs mit der zuerst genannten Art von Ressourcen, sondern ebenso zur kritischen Prüfung des sozialreformerischen Umgangs mit den an zweiter Stelle genannten.

Zum *vorzeitigen Erliegen* des Prozesses des menschlichen Zusammenlebens *droht* alles beizutragen, was diesen Prozess stört und ungünstig beeinflusst. Und *direkt befördert* wird sein Erliegen, indem entweder auf die physische und soziale Reproduktion des Zusammenlebens bewusst verzichtet oder/und die notwendigen Bedingungen dieser Reproduktion durch entsprechende Fehler in der Gestaltung der Ordnung des Zusammenlebens und in seiner Anpassung an die unbeeinflussbaren Regeln des physisch/chemisch/biotischen Prozesses unterminiert werden.

Auch der christlichen Kultur, die im Lichte des sie tragenden Verständigtseins über Ursprung, Wesen (Isomorphie) und Ziele unserer Welt die genannten Fehler vermeidet, eignet also *Nachhaltigkeit*; auch sie verfolgt das Ziel der Pflege und *Erhaltung* des Zusammenlebens. Freilich zielt sie ausschließlich auf Vermeidung eines *vorzeitigen* Endens. Ihr Ziel ist keineswegs – im deutlichen Unterschied zu aus anderen Ansichten von Welt und Leben gespeisten Nachhaltigkeitsprogrammatiken – die Vermeidung des Endens überhaupt. Ihr Ziel, das sie mit der Vermeidung des *vorzeitigen* Endens verfolgt, ist das *gute* Enden; nämlich dasjenige, welches sich dem Enden, das der geschaffenen Welt unseres relativ selbstbestimmten leibhaften Lebens durch ihren Ursprung gesetzt ist, in der zuversichtlichen Gewissheit hingibt, nicht Untergang sondern – innerhalb des ewigen Leben des Schöpfers, das schon die Gegenwart des im-Werden-Sein unserer Welt und unseres Lebens umgreift – Übergang in die vollendete Gemeinschaft des Schöpfers mit seiner Schöpfung zu sein.

2.3. „Veränderung des Menschen" als Ursprung und Ziel der christlichen Kultur der Nachhaltigkeit.

Damit sind wir bei unserem provozierenden Themastichwort angekommen: Bei der *Veränderung des Menschen*, von der die spezifische Nachhaltigkeitsqualität der christlichen Kultur herkommt und auf die sie hinzielt:

Das ist nicht diejenige Veränderung, die Y.N. Harari in seinen beiden als Zeitdokumente gar nicht zu überschätzenden Bestsellern[28] beschreibt, als das Zusammenfallen der *genetischen* Veränderung, und zwar wie versprochen wird: Optimierung, unserer *biochemischen* (uns durch die physisch/chemisch/biotischen Evolution vorgegebenen) Verfassung und der *digitalen* Veränderung – und zwar wiederum wie versprochen: Optimierung – der (uns durch die soziohistorische Entwicklung, also Geschichte vorgegebenen) sozialen Gestalten unseres Zusammenlebens. Es ist vielmehr eine Veränderung des Menschen durch die Veränderung seiner handlungsleitenden Sicht auf Welt und Leben, also seiner

[28] HARARI, Sapiens; DERS., Homo deus. A Brief History of Tomorrow (2016), New York ed. 2017.

Weltanschauung; eine Veränderung in der Antwort auf die Frage nach Ursprung, Wesen (Isomorphie) und Ziel der Welt. Und zwar genau diejenige Veränderung, deren Geschichte in den Schriften der Bibel dokumentiert ist und deren sachliches Ergebnis ich vorhin in wenigen Punkten umrissen habe. Ein bestimmter Ansatz zur Beantwortung dieser Frage wird verlassen und ein anderer ergriffen:

- Verlassen wird die Annahme, dass der Ursprung unserer Welt in dem uns hart fremdbestimmenden physisch/chemisch/biotischen Prozess zu finden ist, der in sich selbst ausschließlich fremdbestimmt ist und an dessen Regeln wir uns ohne Einfluss auf sie nur anpassen können. Diese Sicht ist attraktiv, weil ihr zufolge der Ursprung unserer Welt in dieser selbst liegt und in ihr nach einer ehernen Gesetzmäßigkeit wirkt, die wir erkennen und der wir uns anpassen und eben dadurch Anteil am endlosen ewigen Leben dieser sich unaufhörlich selbst reproduzierenden Welt gewinnen können; diese Sicht verlangt aber zu übersehen, dass dies physisch-chemisch-biotische Prozedieren ausschließlich fremdbestimmt ist, und somit durch sich selbst bezeugt, seinen Ursprung außerhalb seiner selbst zu haben.

- Ergriffen wird daher die Einsicht, dass die Ordnung eines geregelten und somit zielstrebigen Prozedierens, wie sie uns als die dauernde Gegenwart unseres fremdbestimmt-selbstbestimmten Prozedierens dauernd gegenwärtig ist, ihren Ursprung nur in einem selbstbestimmten Prozedieren haben kann, das freilich nicht wie das unsrige durch Fremdbestimmung bedingt, sondern unbedingt ist, und als dieses auch nicht eines ist, das nur *in* unserer Welt prozediert, sondern dasjenige weltschaffende und weltumgreifende Prozedieren ist, das sich in seiner *Unendlichkeit* unsere Welt als *endliche* auf das Ziel hin schafft und erhält, schließlich auch als ganz gewordener und dadurch vollendeter ewig gegenwärtig zu sein.

Beide Antworten auf die Frage nach dem Ursprung unserer Welt sind keineswegs, wie heute weitgehend als selbstverständlich angenommen wird, ein spekulativer Luxus, den man sich leisten, aber auch sparen kann. Vielmehr begründet jede von ihnen die Kultur, in der ihre Träger leben; jede von ihnen leitet – implizit oder explizit – ihren *gesamten* Umgang mit dem *Ganzen* unsers Zusammenlebens.

Es gibt die christliche Kultur nur, weil sie von der beschriebenen Veränderung der Weltanschauung (nämlich der Antwort auf die Frage nach Ursprung, Wesen und Ziel unserer Welt) herkommt. Sie hat diese Veränderung aber nicht einfach hinter sich: denn einerseits hat sie selber sich in dieser veränderten Sicht im Umgang mit täglich neuen Herausforderungen zu bewähren. Und andererseits hat sie wie seit ihren Anfängen ihre noch nichtchristliche Umwelt zu dieser Veränderung des Lebens durch Veränderung seiner weltanschaulichen Orientierung einzuladen, weil sie der Wahrheit und Heilsamkeit dieser Veränderung gewiss geworden ist – ebenso wie von der Unwahrheit und Heillosigkeit der verlassenen Sicht.

2.4. Die Verantwortung der Kirchen für die christliche Kultur der Nachhaltigkeit

Die Verantwortung der Kirchen für die christliche Kultur der Nachhaltigkeit ist damit klar: Die Kirche hat durch all ihre Reden und Handeln nichts anderes zu tun, als die Wahrheit und Heilsamkeit der christlichen Sicht auf Welt und Leben in der Öffentlichkeit in einladender Klarheit präsent zu halten. Ob (bzw. wieweit) sie – die evangelische ebenso wie die römisch-katholische Kirche – dieser Verantwortung heute gerecht wird, darf ich hier dem eigenen Urteil des Lesers als eines Beobachters und vielleicht auch Teilnehmers des „christlichen Lebens" überlassen.

André Munzinger

SOZIALE NACHHALTIGKEIT

Eine theologische Skizze

Ottmar Edenhofer vom Potsdam-Institut für Klimafolgenforschung führt mit anderen eine Parabel ein, um die gegenwärtigen Probleme zum Umgang mit den natürlichen Ressourcen der Erde zu beschreiben: In einer Wüste streiten sich zehn Personen. Sie haben gemeinsam einen Wasserkanister, zwei Drittel der ursprünglichen Menge sind getrunken worden, wobei drei der zehn Personen bei weitem den größten Anteil erhalten haben. Nun setzen sie sich heftig auseinander: Wie soll der verbliebene Rest gerecht aufgeteilt werden? Die drei, die am meisten in Anspruch genommen haben, möchten die verbliebene Menge zu gleichen Teilen aufteilen.

> „Die anderen sieben empfinden dies als ungerecht und fordern einen entsprechend höheren Anteil. Sie streiten und streiten und können sich auch nach längeren Debatten nicht einigen. Inzwischen ist so viel Zeit vergangen, dass die Wasservorräte schwinden, ohne dass es zu einer einvernehmlichen Lösung kommt."[1]

In der Parabel stehen die drei Personen, die einen zu hohen Anteil verbraucht haben, für die Industrienationen, die sieben anderen für die Entwicklungs- und Schwellenländer. Edenhofer fragt nun: Wäre es nicht besser, den Streit zu beenden und neue Möglichkeiten auszuloten, vielleicht gemeinsam einen Ausweg zu suchen, sich auf den Weg zu machen, um möglichst schnell die nächste Oase oder ein anderes Wasserloch zu finden? Aber blinder Aktionismus ist nicht die Lösung, denn alle beteiligten Akteure müssen sich auf ein gemeinsames Ziel einigen, denn sie sind aufeinander angewiesen. Eine gemeinsame Lösung setzt aber voraus, dass die Akteure einander vertrauen und sich auf einen neuen Weg einigen können, bei dem alle, gerade auch die Schwächeren, mitkommen.

Über den Sinn einer solchen Parabel lässt sich diskutieren – vor allem, wenn es in der Realität um komplexe Probleme wie Klimawandel, Emissionsrechte, globalisierte Verteilungsmechanismen und Wachstumshypothesen geht. Aber vielleicht beeindruckt die Parabel, weil sie komplexitätsreduzierend ist: Nachhaltigkeit mag daran scheitern, dass die beteiligten Akteure sich nicht vertrauen. An der Parabel interessiert im Folgenden, *dass die Fragen um die Reichweite der natürlichen Ressourcen mit der Reichweite des kulturellen Kapitals*

[1] O. EDENHOFER u.a. (Hg.), Global, aber gerecht. Klimawandel bekämpfen, Entwicklung ermöglichen. Ein Report des Potsdam-Instituts für Klimafolgenforschung und des Instituts für Gesellschaftspolitik München im Auftrag von Misereor und der Münchener Rück Stiftung, München 2010, 17.

verschränkt werden. Damit greife ich eine Diskussion in der Nachhaltigkeitsforschung auf,[2] die gezielt den Umgang mit den naturalen Ressourcen mit den kulturellen Möglichkeiten der humanen Entwicklung verschränkt.

Soziale Nachhaltigkeit ist somit ein kulturelles Problem. Sie ist eine normative Beschreibung sozialen Wandels, der in sich unabdingbar strittig ist, aber eines globalgesellschaftlichen Konsenses bedarf. Immer öfter ist die Kritik zu hören, Nachhaltigkeit sei eine Leerformel geworden. Darin liegt eine Gefahr, die im weiteren Verlauf zu bedenken ist. Die Aufgabe wird zunächst so definiert, dass die *Praktiken der generationenübergreifenden Sorge um das gemeinsame gute Leben auf dem Planeten theoretisch* erörtert werden sollen.

Was lässt sich theologisch dazu sagen? Inwiefern ist die Theologie sprachfähig im Horizont dieser Menschheitsaufgabe? Im Folgenden wird die (Systematische) Theologie im Zusammenhang mit (sozial- und kulturwissenschaftlichen) Theorien der Nachhaltigkeit reflektiert. Theologie verortet den Menschen in einer geschaffenen Welt, die generationenübergreifend und im Angesicht Gottes Sinn ergibt. Insofern liefert sie Bausteine eines eigenständigen Zugangs zur Nachhaltigkeit. Diesen Zugang will ich mit zehn Thesen markieren, die weitere, vielschichtige Erkundungen initiieren sollen. Der Text ist so aufgebaut, dass zunächst zwei grundlegende Thesen zur Nachhaltigkeit eingebracht werden, die auf *fundamentaltheologischen* Einsichten beruhen (die Thesen 1–2). Daraufhin werden *dogmatische* Überlegungen aufgenommen, die Menschen in ihrem Werden reflektieren. Das Werden ist intentional und transformativ zu verstehen und mit Theorien der sozialen Umformung in eine Beziehung zu setzen (die Thesen 4–6). Im nächsten Schritt sind genuin *ethische* Reflexionen zu berücksichtigen, mit denen die Praxis der Nachhaltigkeit in einen güter-, tugend- und pflichtentheoretischen Zusammenhang gesetzt wird (die Thesen 7–9). Abgeschlossen wird mit einem *interreligiösen und -kulturellen Ausblick* als Herausforderung für die Sozial- und Kulturwissenschaften (These 10).

Der Dreiklang von fundamentaltheologischen, dogmatischen und ethischen Thesen ist ausschlaggebend durch die Arbeiten von Konrad Stock beeinflusst. Dieser zeigt wiederholt auf, dass die Systematische Theologie eine kohärente theoretische Einheit geltend macht, in der ihre drei Elemente sich wechselseitig bedingen und ergänzen.[3] Dieser Zugang entfaltet seine Stärke in der Vielschichtigkeit der Perspektiven, die er auf das einheitliche Phänomen des Menschseins ermöglicht.

Die folgenden Thesen gehen *assoziativ* vor. Es werden Perspektiven und Theoriefragen aus verschiedenen Disziplinen miteinander verbunden. Das ist anfechtbar, weil die kultur- und sozialwissenschaftlichen Theorien nicht durchweg auf einer wissenschaftstheoretischen Ebene mit den theologischen Fragen anzusiedeln sind. Ziel ist es vielmehr, die Theologie selbst in einen diskursiven, transdisziplinären Lernprozess einzubinden, indem sie

[2] Vgl. U. SCHNEIDEWIND, Die große Transformation. Eine Einführung in die Kunst gesellschaftlichen Wandels, Frankfurt a.M. 2018; PH. DESCOLA, Jenseits von Natur und Kultur, übers. von E. Moldenhauer, mit einem Nachwort von M. Kauppert, Frankfurt a.M. 2011.

[3] Vgl. K. STOCK, Einleitung in die Systematische Theologie, Berlin/New York 2011.

sich auf die Herausforderungen einlässt, ihre Topoi kritisch einbringt und gleichzeitig ihre eigene veränderte Aufgabe reflektiert.[4]

Natürlich ist anzuerkennen, dass der Gesamtrahmen der Diskussionen um soziale Nachhaltigkeit keineswegs erfasst werden kann. Die Probleme sind derart vielschichtig, dass hier nur ein Querschnitt bearbeitet wird.

Die Vereinten Nationen ordnen die heterogenen Probleme nachhaltiger Entwicklung, indem sie siebzehn Ziele formulieren – mit 169 Unterzielen. Daraus werden fünf Kernbotschaften entwickelt, die den Zielen als Prinzipien vorangestellt werden: „1. Die Würde des Menschen im Mittelpunkt, 2. den Planeten schützen, 3. Wohlstand für alle fördern, 4. Frieden fördern und 5. Globale Partnerschaften aufbauen.“[5] Ziel ist es, die Armut wie auch den Hunger zu beenden, die Ungleichheit zu bekämpfen und die Selbstbestimmung der Menschen zu stärken, indem beispielsweise auf Geschlechtergerechtigkeit geachtet wird und ein gutes und gesundes Leben für alle gesichert wird.

Auf der einen Seite gibt es Ziele, die durchaus in einer Spannung zueinander liegen, weil Wohlstand für alle gefordert und gleichzeitig Lebensweisen weltweit nachhaltig gestaltet werden sollen. Es entsteht eine hypertrophe Verpflichtung, weil ökologische Grenzen der Erde zu respektieren sind, der Klimawandel zu bekämpfen und natürliche Lebensgrundlagen zu bewahren sind. Auf der anderen Seite liegt der Fokus auf der menschlichen Entwicklung und darin liegt gewissermaßen das orientierende Kriterium für die Bearbeitung von Widersprüchen. Menschenrechte müssen geschützt, indem Frieden erhalten, gute Regierungsführung und Zugang zur Justiz gewährleistet werden. Insgesamt werden diese Ziele so formuliert, dass auf eine globale Partnerschaft als Netzwerk nachhaltiger Entwicklung gesetzt wird.

Diese weitreichenden, alle Lebensbereiche umspannenden Ziele lassen sich kaum einheitlich wissenschaftlich bearbeiten. Deshalb hat sich die Forschung in verschiedenste Einzelbereiche der Nachhaltigkeit aufgeteilt. (Darin liegt wiederum die Schwierigkeit, dass kein Überblick mehr generiert wird.)

Wird im weiteren Verlauf von *sozialer* Nachhaltigkeit die Rede sein, ist es der Versuch, sich der ethischen Aufgabe der Sozialität bewusst zu werden, die einen fundamentalen Baustein der gesamten Diskurse um Nachhaltigkeit bildet. Die Fokussierung auf die Sozialität ist der Dreiteilung des Nachhaltigkeitsdiskurses in den letzten vier Dekaden geschuldet.

Orientiert am Brundtland-Bericht definiert dementsprechend der Rat für nachhaltige Entwicklung die Gesamtaufgabe als eine Gleichberechtigung zwischen drei Systemen: der Umwelt, des Sozialen und der Wirtschaft.

[4] Vgl. im Sinne eines kirchlich-theologischen Lernprozesses den Aufruf: Kairos for Creation – Confessing Hope for the Earth. The Wuppertal Call, vom Juni 2019, zu finden unter: https://www.oikoumene.org/sites/default/files/Document/KAIROS%20FOR%20CREATION%20%20Final%20Version%2024062019.pdf (abgerufen am 20.02.2021).

[5] Vgl. Engagement Global, Ziele für Nachhaltige Entwicklung, im Auftrag des Bundesministeriums für Zusammenarbeit und Entwicklung, zu finden auf der Seite: https://17ziele.de/info/was-sind-die-17-ziele.html (abgerufen am 20.02.21).

„Wir müssen unseren Kindern und Enkelkindern ein intaktes ökologisches, soziales und ökonomisches Gefüge hinterlassen. Das eine ist ohne das andere nicht zu haben.“[6]

Im Folgenden wird demnach eine dieser drei Säulen in den Fokus gerückt – nämlich die soziale. Wenn der Aufsatz sich auf diese Dimension konzentriert, kann es zum Missverständnis führen, dass die Säulen jeweils für sich stünden. Das ist epistemisch und handlungstheoretisch nicht möglich, denn die drei Dimensionen bedingen einander. Dennoch ist die jeweilige Fokussierung durchaus üblich, um die Diskurse in der Abstraktion handhabbar zu halten.

1. Soziale Nachhaltigkeit bedarf der kritischen Erinnerung.

Die Praxis der Nachhaltigkeit ist zwar auf Zukunft ausgerichtet, aber sie lässt sich nicht ohne historisches Bewusstsein entwickeln. Um die Zukunftsausrichtung zu gewährleisten, bedarf es starker Wurzeln, *die als kulturelles Tiefenbewusstsein verstanden werden können.* In der Erinnerung entsteht ein Bewusstsein dafür, dass sich Menschen nicht zufällig in der Konstellation einer Krise befinden, dass die Gegenwart auf Entscheidungen beruht, die über Jahrtausende von Vorfahren gefällt worden sind. Zu dieser Erinnerung zählen die jüdisch-christlichen Traditionen. Sie erinnern an göttliche Fürsorge, sie nehmen der Menschen Freiheit wahr und sie gedenken ihrer Tragik. Ihre Schriften sind eine Art Tagebuch menschlicher Freiheit und Fragilität. Sie bringen die Tragweite menschlicher Selbstverständigung an die Oberfläche: Angst, Vertrauen, Begehren, Sinn, Gericht, Gleichgültigkeit. Dabei ist die Heilige Schrift des Christentums nicht auf die gegenwärtigen Fragestellungen eins zu eins zu übertragen. Sie stellt vielmehr eine Vielfalt an Fragen, die ihre Zeit in Begriffe fasst. Über diese Fragen und Antworten darf gestaunt und die eigene Selbständigkeit im Diskurs mit ihnen erlernt werden.

Mit dieser ersten These zur Erinnerung wird darauf aufmerksam gemacht, dass die Reflexionsmuster sozialer Nachhaltigkeit nicht in der Gegenwart erfunden worden sind. Sie bauen auf der Arbeit von Generationen auf, die kulturelle Ressourcen zur Verfügung gestellt haben, mit denen die Gegenwart in ihrer Differenz klarer erfasst werden kann. Die Theologie kann dazu beitragen, diese Überlieferungen aufgrund ihrer historisch-kritischen Kompetenzen aufzudecken und zu analysieren.

Die Theologie steht dabei in mancherlei Hinsicht quer zum Anspruch empirischer Sozialwissenschaften. Sie geht gezielt von der eigenen Positionalität aus und versucht, allgemeine Geltungsansprüche im Horizont partikularer Lebensdeutungen zu begründen. Sie geht somit von der Geschichtlichkeit aller Geltungsansprüche aus. Das Potenzial der Theologie liegt in der kritischen Erinnerungsarbeit, insofern sie diese auch selbst relativieren kann. Ihre Perspektive auf soziale Nachhaltigkeit ist somit bewusst als eine unter vielen verstanden, bei der sie ein Denkangebot im Gespräch mit anderen Angeboten liefert.

[6] RAT FÜR NACHHALTIGE ENTWICKLUNG, zu finden auf der Seite: https://www.nachhaltigkeitsrat.de/nachhaltige-entwicklung/ (abgerufen am 20.02.21).

Allerdings steht die Theologie selbst vor der Aufgabe, ihre normativen Wurzeln hinsichtlich der Anforderungen einer nachhaltigen gesellschaftlichen Konstellation zu reflektieren. Dazu gehört die Frage, ob die theologischen Bilder der Schöpfung zu ihrer Instrumentalisierung geführt haben,[7] ob die moderne Naturbeherrschung die theologischen Angebote zu ihrer eigenen Legitimation entwendet hat oder ob die biblischen Bezüge in der veränderten, globalisierten Krisenlage neu zu denken sind.

2. Soziale Nachhaltigkeit ist strittig.

Michael Opielka macht auf verschiedene Verständnisse sozialer Nachhaltigkeit aufmerksam.[8] Sozial im engen Sinne wird sozialistisch verstanden – im Gegensatz zu kapitalistisch, also im Konflikt mit der Ökonomie. Sozial im internalen Sinne wird konservativ verstanden – traditionalistisch, als Erhalt der menschlichen Kernsysteme. Sozial im skeptischen Sinne wird ökonomistisch verstanden, um beispielsweise den Kampf der Generationen um politische Entscheidungen zu forcieren. Soziale Nachhaltigkeit im weiten Sinne wird als Transformation der Gesellschaft in ein neues Paradigma verstanden. Dieses wird – um es überschriftenmäßig zu formulieren – als eine neue gesellschaftliche Konstellation gefeiert, in der nicht die soziale Frage dominiert, sondern diese in einen Zusammenhang der Ressourcenschonung gestellt wird.

Auf den Begriff Transformation ist zurückzukommen. Hier ist zunächst die Strittigkeit von Sozialität hervorzuheben. Der Streit geht tiefer als um Konzeptionen von Nachhaltigkeit. Er betrifft die symbolische Interpretation von Realität, die nur individuell erlebt und diskursiv bestimmt werden kann. Der Streit um soziale Nachhaltigkeit greift somit in die Auseinandersetzung um den Umgang mit kultureller Differenz ein. Für das angemessene Verständnis sozialer Nachhaltigkeit stehen nämlich konkurrierende Sinnangebote zur Verfügung.

Zu diesen Sinnangeboten tragen die Religionen bei. Sie sind Interpretationsgemeinschaften (Francis Schüssler Fiorenza) sozialer Nachhaltigkeit.[9] Auf der einen Seite stellen die Religionen eine zentrale Säule der Zivilgesellschaft dar. Schätzungen gehen von über 80% der Weltbevölkerung aus, die einer Religion zuzuordnen sind.[10] Insofern bilden sie das symbolische Kapital der Weltgemeinschaft mit ab. Auf der anderen Seite sind

[7] CH. HARDMEIER, K. OTT, Naturethik und biblische Schöpfungserzählung. Ein diskurstheoretischer und narrativ-hermeneutischer Brückenschlag, Stuttgart 2015; vgl. K. OTT, Umweltethik zur Einführung, Hamburg 2010, 148 – 162.

[8] M. OPIELKA, Soziale Nachhaltigkeit. Auf dem Weg zur Internalisierungsgesellschaft, München 2017, 18–23.

[9] In der gegenwärtigen Öffentlichkeit werden die Religionsgemeinschaften oftmals als moralische Akteure angesehen. Religion also als moralischer Kitt moderner Gesellschaft – oder als solcher kritisiert. Das Christentum kann in diesem Umfeld selbstbewusst agieren. Es bietet gewachsene, selbstkritische Traditionen der Sensibilität für Ausgrenzung, Armut und sozialer Asymmetrie.

[10] Vgl. R. SCHIEDER, H. MEYER-MAGISTER, Neue Rollen der Religion in modernen Gesellschaften, zu finden unter: https://www.bpb.de/ajax/183654?type=pdf (abgerufen am 20.02.2021), die sich berufen auf: Pew Forum on Religion and Public Life. Die Schätzung geht auf das Jahr 2010 zurück.

Religionsgemeinschaften selbst im Umbruch. Sie werden durch Säkularisierungs- und Individualisierungsprozesse zutiefst herausgefordert. In der Umbruchssituation sind sie gelegentlich reaktionär und können sich an die wachsenden Veränderungen nicht anpassen. Weder sind die Religionsgemeinschaften somit *die* Lösung für die ethischen Probleme der Gegenwart, noch ist ihr kontinuierlicher Einfluss auf die Symbolisierung der Wirklichkeit zu unterschätzen. Der Politologe John Gray vermutet, dass sich in den großen Konflikten der Zukunft religiöse, ökonomische und staatliche Interessen vermischen werden. Er meint deshalb, dass die „dringlichste Aufgabe der Gegenwart" darin bestehe, Religiosität in ihrem beständigen Einfluss auf die Gesellschaft besser zu verstehen.[11]

Wie lässt sich die Bedeutung der Religionen sozialphilosophisch bestimmen? In der Bewältigung von Zukunft sind Leitbilder gefragt, die Handlungen orientieren und ermöglichen. In der Ethik Friedrich Schleiermachers wird der Religion eine wesentliche Funktion in der Konstituierung solcher Leitbilder zugewiesen.[12] Religionen sind nicht nur eine Ressource, um die nachhaltigen Ziele einer Gesellschaft zu sichern. Vielmehr ist für Schleiermacher Religiosität die individuelle Symbolisierung des Universums. Dieses Symbolisieren ist konstitutiv für die Überlegungen einer nachhaltigen Gesellschaft und somit fundierender Bestandteil jedweder Transformationstheorie.

3. Soziale Nachhaltigkeit beruht auf Praktiken humaner Transformation.

In der Nachhaltigkeitsforschung wird über die Möglichkeitsbedingungen gelingender Transformationsprozesse nachgedacht,[13] die für eine ressourcenschonende und entwicklungsermöglichende Zukunftsperspektive unerlässlich sind. Was heißt das?

> „Transformation or transformability in social-ecological systems is defined as the capacity to create untried beginnings from which to evolve a fundamentally new way of living when existing ecological, economic, and social conditions make the current system untenable."[14]

[11] J. GRAY, Politik der Apokalypse. Wie Religion die Welt in die Krise stürzt, übers. von Christopher Trunk, Stuttgart 2009, 326. Soziale Nachhaltigkeit kann selbst Züge einer religiösen Identität beinhalten. Sie stellt einen eigenen Sinnhorizont bereit und bestimmt gelingendes Zusammenleben anhand der Orientierung am ökologisch verstandenen Gemeinwohl. Eine eigenständige Religionsgemeinschaft bietet allerdings mehr, indem sie orientiert, motiviert, Transformationsmythen bereitstellt und diese rituell einübt wie auch institutionell ordnet.

[12] F. SCHLEIERMACHER, Ethik (1812/1813), mit späteren Fassungen der Einleitung, Güterlehre und Pflichtenlehre, auf der Grundlage der Ausgabe von O. Braun, herausgegeben und eingeleitet von H.-J. Birkner (Philosophische Bibliothek 335), Hamburg 1990, 2. Verb. Aufl., 80–132.

[13] Vgl. J. HÜBNER, „Nachhaltige Entwicklung" war gestern, „Transformation" ist heute, in: ders./ G. Renz (Hg.), Gut - besser - zukunftsfähig. Nachhaltigkeit und Transformation als gesellschaftliche Herausforderung, Stuttgart 2014, 41–57.

[14] STOCKHOLM RESILIENCE CENTRE, Resilience thinking can help us understand how to initiate and navigate large-scale transformations in social-ecological systems, 2012, zu finden unter: https://www.stockholmresilience.org/download/18.3e9bddec1373daf16fa437/1459560363279/INsights_Transformations_111214-2.pdf, abgerufen am 07.09.2020), mit Verweis auf u.a. L. Gunderson, C. S. Holling (Hg.), Panarchy: understanding Transformations in Human and Natural Systems. Island Press, Washington, D.C. 2002.

Der Wissenschaftliche Beirat der deutschen Bundesregierung für Globale Umweltveränderungen macht in diesem Sinn seit zehn Jahren geltend (2011), dass eine Große Transformation erforderlich ist.[15] Dazu gehören ökologische, technologische, ökonomische, institutionelle und kulturelle Dynamiken, deren systemischer und handlungstheoretischer Zusammenhang erst nach und nach deutlicher vor Augen tritt. In diesem Sinne wird die kulturelle Dimension der nachhaltigen politischen Gestaltung beleuchtet. Vor allem durch Publikationen von Uwe Schneidewind tritt diese kulturelle Ebene zutage. Schneidewind spricht von der Notwendigkeit einer kulturellen Kompetenz und identifiziert sie als eine transformative *Literacy* – eine Bildung in Sachen sozialen Wandels. Dabei fällt der Begriff der „Zukunftskunst", eine Kunstfertigkeit also, die entscheidende Veränderungen identifizieren und herbeiführen kann.[16]

Im Folgenden ist dieser kulturelle Wandel mit den Topoi der Dogmatik zusammenzuführen. Das ist, wie gesagt, nicht unumstritten. Die dazugehörige Theorie wäre beispielsweise auf die Philosophie Georg Friedrich Wilhelm Hegels zurückzuführen. Sie läßt sich hier nicht ausführen.[17] Die Annahme ist es, dass Dogmatik eine kritische Beschreibung humaner Transformation ist.[18] *Dogmatik stellt die kritische Reflexion christlichen Transformationswissens in sozial-nachhaltiger Absicht in Aussicht.*[19] Ich will diesen dogmatischen Zusammenhang an den drei folgenden Thesen (4-6) skizzenhaft erläutern.

4. Soziale Nachhaltigkeit ist die Suche nach lebensdienlicher Ordnung.

Die Rede von Transformation geht von einer paradoxen Arbeit zwischen kreativen Neuanfängen und beständiger Ordnung aus. Soziale Ordnung muss nicht einmalig, sondern kontinuierlich neu gedacht werden. Beständige Ordnungen stehen somit in einem spannungsreichen, aber unabdingbaren Zusammenhang mit kreativen Neuanfängen.

[15] WISSENSCHAFTLICHER BEIRAT DER DEUTSCHEN BUNDESREGIERUNG FÜR GLOBALE UMWELTVERÄNDERUNGEN, Welt im Wandel – Gesellschaftsvertrag für eine Große Transformation, zu finden unter: https://www.wbgu.de/de/publikationen/publikation/welt-im-wandel-gesellschaftsvertrag-fuer-eine-grosse-transformation (abgerufen am 20.02.2021).

[16] Dazu bedarf es verschiedene Formen des Wissens: *Zielwissen*, welches die Szenarien und Horizonte des gesellschaftlichen Handelns entwickelt; *Transformationswissen*, welches die Gelingensbedingungen bestimmt; *Systemwissen*, mit dem die Probleme analysiert und entschlüsselt werden sowie Lösungen aufgezeigt werden. Vgl. M. SINGER-BRODOWSKI, U. SCHNEIDEWIND, Transformative Literacy. Gesellschaftliche Veränderungsprozesse verstehen und gestalten, in: Umweltdachverband, Wien (Hg.), Krisen- und Transformationsszenarios: Frühkindpädagogik, Resilienz & Weltaktionsprogramm (Bildung für nachhaltige Entwicklung Jahrbuch 2014), Wien 2014, 131–140.

[17] Eine solche Interpretation der Dogmatik als eine trinitarische Theorie des reflexiven und dialektischen Selbstverhältnisses liegt vor bei F. WAGNER, Geld oder Gott? Zur Geldbestimmtheit der kulturellen und religiösen Lebenswelt, Stuttgart 1985.

[18] Vgl. T. MEIREIS, Schöpfung und Transformation. Nachhaltigkeit in protestantischer Perspektive, in: Nachhaltigkeit. Jahrbuch Sozialer Protestantismus Band 9, Gütersloh 2016, 15–50.

[19] Dabei ist die Dogmatik selbst vor die Aufgabe gestellt, ihre Topoi zu transformieren. Für die Probleme und Risiken, aber auch Unumgänglichkeit dieser Arbeit vgl. M. MOXTER, Operative Begriffe der Reformationsdeutung, in: ders. (Hg.), Konstellationen und Transformationen Reformatorischer Theologie (VWGTh 51), Leipzig 2018, 9–34.

Für die christliche Theologie ist diese Spannung nicht neu. Sie diskutiert von ihren Anfängen das Verhältnis von Schöpfung und Ordnung, Kreativität und Beständigkeit. Sie weiß um die Fallstricke einer Ordnungsmetaphysik, weil sie an dieser (jedenfalls in ihrer starren, absoluten Form) gescheitert ist. So ließe sich an den Ordnungen der Ehe und des Staates verdeutlichen, dass die jüdisch-christliche Interpretationsgemeinschaft ihre Vorstellungen kontextuell und zeitbedingt angepasst hat. Und deshalb kann die Suche nach lebensdienlicher Ordnung nicht aufhören. Sie ist ein kontinuierlicher Prozess. Soziale Nachhaltigkeit ist somit eine soziale Ordnung, die diesen Prozess gezielt aufnimmt und anerkennt. Sie stellt auf Dauer, was Menschen als lebensdienlich und generationenübergreifend beständig erscheint und dennoch kontinuierlich neu gedacht werden muss.[20]

Die Theologin Grace Jantzen verortet diese Suche nach Ordnungen im Horizont der Bilder der neuen Schöpfung.[21] Sie plädiert dafür, dass die neue Schöpfung erotisch aufzuschlüsseln ist. In ihr entfaltet sich demnach eine gezielte, ganzkörperliche Leidenschaft für Transformation, die versöhnt und sich der Gewalt verweigert. Indem Menschen sich auf ihre eigene Körperlichkeit einlassen, werden sie sensibler für die Natur, ohne die sie nicht denken, atmen und sein können. Mit Grace Jantzen ist der Vorschlag zu entwickeln, die Schöpfungstheologie als Entdeckungsraum der Ordnungssuche zu verstehen.

Diese erotische Perspektive auf die selbstgegebenen Ordnungen führt weiter, weil sie das noch nicht ausgeschöpfte und jedenfalls kontinuierlich erneuerbare Potenzial der menschlichen Kreativität anzapft. Ralf Fücks bringt das Anliegen auf den einfachen, aber schlagfertigen Punkt, dass die Kreativität wie die Sonnenenergie für eine „freiheitliche *und* nachhaltige Gesellschaft" unverzichtbares Fundament ist.[22] Ziel ist es somit, die kreative, lebensdienliche Ordnungssuche auf Dauer zu stellen.

5. Soziale Nachhaltigkeit basiert auf resilienter Eigenständigkeit.

Eigenständigkeit ist besonders an der Schnittstelle zwischen Nachhaltigkeit und Gender ein Thema. Der orthodoxe Theologe Petros Vassiliadis erläutert die agonale Situation wie folgt:

[20] Ein entscheidendes Bild dieser Suche ist die biblische Orientierung am Atem in der ersten Schöpfungsgeschichte. Dass der Atem Menschen beseelt, wird als göttliche Gabe gewürdigt. In Konflikten sozialer Nachhaltigkeit bietet der Atem ein praxistaugliches Sinnbild für kontinuierliche Kreativität.

[21] G. JANTZEN, New Creations: Eros, Beauty, and the Passion for Transformation, in: C. Keller, V. Burrus (Hg.), Toward a Theology of Eros. Transfiguring Passion at the Limits of Discipline, New York 2006, 271–288.

[22] R. FÜCKS, Ökologie und Freiheit, in: ders., Thomas Köhler (Hg.), Soziale Marktwirtschaft ökologisch erneuern, wirtschaftliche Chancen und soziale Teilhabe in Zeiten des Klimawandels, Berlin 2019, 15–27, hier 27.

„As long as the patriarchal binary prevails, subjective human development remains defective, with pervasive repercussions in human relations as well as human-nature relations [...] There can be no fully integral ecology as long as humanity behaves as the dominant male and treats nature as a submissive female."[23]

Ein Beispiel der Sensibilität für die sich immer deutlicher abzeichnende Beachtung der Verbindung von Gender und Nachhaltigkeit ist in besonderer Weise mit Bangladesch verbunden. Die Grameen Bank dort vergibt Mikrokredite an die Ärmsten, als ein umfangreiches Programm der Hilfe zur Selbsthilfe.[24] Vor allem Frauen werden gefördert, indem sie Kleinstbeträge erhalten, um beispielsweise den Erwerb einer Nähmaschine und von Stoffen zu ermöglichen, und als Schneiderin und somit Kleinstunternehmerin tätig zu werden. Gemeinsam mit anderen Frauen bestimmen sie, wer Geld erhält und wie es eingesetzt wird. Um einen Kredit zu erhalten, werden strenge Regeln befolgt. Kinder werden zur Schule geschickt, saubere Toiletten errichtet, Nachhaltigkeit gelernt. Weitreichende Veränderungen sind erkennbar. Sie werden unabhängig und bestimmen die Geschicke ihrer Familien. Die wachsende Resilienz ist nicht zu übersehen. Die durchgehende Erfahrung des Gründers der Bank und Nobelpreisträgers Muhammad Yunus mit diesen Mikrokrediten ist es, dass Frauen erheblich verantwortungsbewusster mit Kredit umgehen. Der überwiegende Anteil der Kreditnehmer*innen sind Frauen.

Die Frage, ob Frauen in dieser Weise hervorgehoben werden sollten, steht natürlich zur Debatte. Einerseits ist der Beitrag von Frauen zu einem nachhaltigen Wirtschaften bekannt. In der Entwicklungszusammenarbeit ist dieser Zusammenhang weitreichend dokumentiert worden. Wiederholt wird deutlich, dass in der Praxis Gender eine zentrale Rolle spielt, wenn es um effektive Entwicklung geht. Dabei hat sich herausgestellt, dass gerade Frauen „von den Chancen der Selbsthilfe durch Zugang zum Kredit in weit größerem Umfang Gebrauch machen als die Männer. Frauen erweisen sich als disziplinierter und auch kreativer bei neuen Möglichkeiten, produktiv tätig zu sein. Sie [...] haben einen noch stärkeren Willen, aus dieser Situation herauszukommen. Indem sie diese Möglichkeiten für sich selbst ergreifen, helfen sie der ganzen Familie, was bei Männern nicht immer der Fall ist."[25]Auf der Theorieebene hat sich dieser Zusammenhang in feministischer Forschung so ausgedrückt, dass es um analoge Machtstrukturen geht.

„A defining tenet of feminist environmental scholarship, and ecological feminist theory in particular, is that the domination of women is ideologically linked with the domination of nature."[26]

[23] P. VASSILIADIS zitiert in einem Beitrag diese Aussage von L. Gutiérrez: Integral Ecology in the Witness of the Orthodox Church. The CEMES Ecological Project, in: Kairos for Creation. Confessing Hope for the Earth. The "Wuppertal Call" – Contributions and Recommendations from an International Conference on Eco-Theology and Ethics of Sustainability, Wuppertal, Germany, 16 – 19 June 2019, hg. von L. Andrianos, M. Biehl, R. Gütter, J. Motte, A. Parlindungan, Th. Sandner, J. Stork und D. Werner, zu finden unter: https://www.vemission.org/kairos-for-creation (abgerufen am 20.02.2021).

[24] Vgl. A. MUNZINGER, Menschenbild und Mikrokredit – Ethische Erwägungen zur Entwicklungspolitik, in: R. Neudeck, W. Pinger (Hg.), Stärke der Armen, Kraft der Würde. Entwicklungspolitik in der Globalisierung, Stuttgart 2007, 77–94.

[25] W. PINGER, Armutsbekämpfung als Schwerpunkt der deutschen Entwicklungspolitik, in: ders. (Hg.), Armutsbekämpfung. Herausforderung für die deutsche Entwicklungspolitik, Bad Honnef 1998, 5–22, hier 16.

[26] F. MATHEWS, The Dilemma of Dualism, in: Routledge Handbook of Gender and Environment, hg. von Sherilyn MacGregor, London/New York 2017, 54 (–70).

Andererseits führt diese Hervorhebung der Frauen zur Klischeebildung und zur Bestätigung von Genderrollen. Insofern ist die Profilierung der Rolle der Frauen nicht ohne Probleme.

Somit kommt die Frage auf, was Eigenständigkeit ist. Sie ist ein besonders konfliktträchtiger Aspekt der sozialen Nachhaltigkeit. Durch Eigenständigkeit entsteht Differenz. Oftmals wird diese als zu überwindendes Problem angesehen. Aber ohne Differenz ist keine Entwicklung möglich. Institutionen der Moderne leben von der Auseinandersetzung um Differenzen (beispielsweise bei Tarifparteien, politischen Parteien, wissenschaftlichen Positionen). Selbstgewählte Positionierungen machen von Haus aus Unterschiede. Anders ausgedrückt: Differenzen ermöglichen Individualität und Freiheit ist ohne Individualität nicht denkbar.

Es entstehen aber schwierige Fragen: Wie lässt sich der Wert der Eigenständigkeit in der Suche nach Nachhaltigkeit begründen? Wie ist mit Gesellschaften umzugehen, die nicht auf Freiheit, sondern Gefolgschaft setzen? Wann führt Eigenständigkeit zum Individualismus? Der Zusammenhang von heilsamer Sozialität und resilienter Individualität markiert eine wesentliche Auseinandersetzung der Zukunft.

Um hier fortzufahren, wird es Theorien gelungener Individualität bedürfen. Die Christologie ist als Denk- und Lernraum dieser Fragestellung einzuführen. Christus ist das Symbol für das Aufstehen, für das Neue Sein, wie Paul Tillich es ausdrückt.[27] Oder anders formuliert: In Christus lässt sich Menschwerdung erkunden; Menschwerdung, bei der Freiheit und Fragilität des Individuums zusammenkommen. Mit der Christologie betreten wir einen gedanklichen Raum, in dem Freiheit in ihrer Passionalität thematisch wird.

Für die Debatte um soziale Nachhaltigkeit ist diese leidvolle und leidenschaftliche Dimension der Eigenständigkeit von besonderem Interesse. Das Neue Sein, wie es im Anschluss an Tillich formuliert werden kann, ist ohne die Tragik des Menschseins nicht zu haben. Es täuscht sich nicht über die Fallstricke der Emanzipation und Selbständigkeit hinweg. Es geht nicht an den Ambivalenzen vorbei, sondern nimmt sie auf und bejaht sie. Für die weitere Forschung wäre deshalb nachzudenken, inwiefern die Christologie eine sinnvolle Rolle in der Beschreibung von Freiheitsvollzügen spielen kann. Selbstverständlich ist diese Verschränkung von verschiedenen Theoriedimensionen hier nur sehr assoziativ vorbereitet. Der Versuch ist es, die Diskurse der Christologie mit denen der nachhaltigen Emanzipation zusammenzuführen. Dass diese Aufgabe in Zukunft besonders interkulturell und interreligiös zu bestimmen ist, wird in der zehnten These aufzunehmen sein.[28]

[27] Vgl. A. MUNZINGER, Bejahtes Leben. Das Problem seelischen Heils mit Blick auf das Spätwerk Paul Tillichs und dessen grundlagentheoretischer Einordnung, in: J. Rahner, A. Strübind (Hg.), Begegnungen – Entgegnungen (Beiheft zur Ökumenischen Rundschau 102), Leipzig 2015, 70–87.

[28] Besonders eindrücklich lässt sich die Interkulturalität der Christologie in der globalisierten Kunstwelt ansehen. Eric Copage stellte zu Ostern 2020 eine Kompilation der internationalen Christusdarstellungen zusammen: E. V. COPAGE, Searching for a Jesus Who Looks More Like Me. A writer's Easter pilgrimage, from Jordan to Jamaica, to find a multiethnic image of Christ, https://www.nytimes.com/2020/04/10/arts/design/jesus-christ-image-easter.html (abgerufen am 17.09.20). Dabei ist vor allem auf das Bild von *Djanira da Motta e Silva* zu verweisen, welches einen schwarzen Christus am Pranger, auf dem öffentlichen Platz in Salvador ausgepeitscht, darstellt. Das Bild ist in der Kolonialzeit Brasiliens verortet und macht

6. Soziale Nachhaltigkeit zielt auf eine politische Praxis der Verständigung.

Zu Anfang ist eine Parabel eingeführt worden, die auf den Verständigungsbedarf im Rahmen der Nachhaltigkeit aufmerksam macht. Dieser ist groß. Papst Franziskus fordert deshalb in seiner Enzyklika *Laudato si'* eine mutige geistige Neuorientierung. In zustimmender Aufnahme dieser Enzyklika stellt der Sozialwissenschaftler Opielka die Neuorientierung als eine neue Spiritualität dar.

> „Erforderlich erscheint eine neue Wertepolitik, eine für alle denkenden Menschen zugängliche Spiritualisierung, die von der Individualität ausgeht und ihre Verpflichtung gegenüber dem Gemeinwohl, den Commons, konzeptionell integriert."[29]

Sein Plädoyer lautet, dass die individuellen Interessen mit einem Gemeinsinn versöhnt werden müssen. Dazu bedarf es einer neuen Wertepolitik, die er als Spiritualisierung beschreibt. Bei der Verbindung von Wertepolitik und Spiritualisierung muss sicherlich mit Vorsicht vorgegangen werden: Lässt sich der Streit durch eine Gesinnungspolitik beilegen? Wie ist eine problematische Vereinheitlichung zu vermeiden?

Legitime Differenzen in der Bestimmung sozialer Nachhaltigkeit sind jedenfalls nicht zu übergehen. Vielmehr ist dafür zu plädieren, die Möglichkeitsbedingungen gelingender Verständigung in den Mittelpunkt zu rücken. *In diesem Sinne ist eine nachhaltige Gesellschaft nicht eine, die ohne Differenzen auskommt, sondern die friedlich mit diesen umzugehen lernt.*[30] Der Begriff der Spiritualität erinnert dabei zu Recht an die Potentiale der Pneumatologie.

Mit der Pneumatologie steht ein Lernraum zur Verfügung, der zur Verständigung anleitet. Von ihren Anfängen setzt die christliche Gemeinde sich mit Differenzen im Horizont der Einheit der Menschheit auseinander. Immer wieder ist im Laufe der Theologiegeschichte hier ein Paradigma weiterentwickelt worden für den konstruktiven Umgang mit Unterschieden.[31]

Gemeint ist nicht eine harmonisierende Pneumatologie, die esoterische Züge tragen kann. Vielmehr geht es um Aufklärung des Gesamtzusammenhangs der Verständigung, also der Interdependenz der Menschheit in ihrer Umwelt. Der Gemeingeist führt die

deutlich, dass diese Form der Gewalt so normal war, dass die gesichtslosen Passanten ihr gleichgültig gegenüberstehen. Kirchen umgeben den Platz und zeigen an, dass sie an der Gewalt gegenüber der schwarzen Bevölkerung beteiligt waren.

[29] OPIELKA, Soziale Nachhaltigkeit, 49. Vgl. PAPST FRANZISKUS, Enzyklika Laudato Si'. Über die Sorge für das gemeinsame Haus, § 202–246 (sechstes Kapitel: Ökologische Erziehung und Spiritualität), zu finden unter: http://www.vatican.va/content/dam/francesco/pdf/encyclicals/documents/papafrancesco_20150524_enciclica-laudato-si_ge.pdf (abgerufen am 20.10.2020).

[30] „Frieden ist *nicht die Abwesenheit* von Gegensätzen der Interessen und Willensziele unter allen Beteiligten, sondern Frieden ist dieser *allseits verstehende Umgang* mit ihnen, der die rationale Verantwortlichkeit des Wollens und Wirkens *aller* Beteiligten nicht mißachtet, sondern anerkennt. Friede erweist sich somit als derjenige Zustand des Zusammenlebens, der gewaltfrei ist, kraft seiner durchgehenden Verständigungsbasiertheit." (E. HERMS, Systematische Theologie. Das Wesen des Christentums: In Wahrheit und aus Gnade leben. Band 2 §§60–84, Tübingen 2018, 2260, Hervorhebung im Original).

[31] Vgl. D.G. HORRELL, Solidarity and Difference. A Contemporary Reading of Paul's Ethics, London/New York 2008 (Kapitel 6).

notwendige Perspektive der Menschheit auf der Erde als interdependentes Gefüge ein.[32] Insofern muss *jede* Konzeption von sozialer Nachhaltigkeit über die Perspektive individueller Transformation hinaus, sich fragen lassen, wie die gemeinsamen Bedingungen des Gelingens hinreichend berücksichtigt werden können.

Franz-Josef Radermacher macht beispielweise geltend, dass die entscheidenden Veränderungen nicht auf der Ebene individueller Verantwortung anzusiedeln sind, sondern auf der globalen Ebene liegen. Soll Nachhaltigkeit erzielt werden, muss das Gesamtsystem des Globus beansprucht, weltweite Einigung erzielt werden:

> „Nachhaltigkeit im Sinne der Brundtland-Definition muss als Systemzustand verstanden werden, und zwar als anzustrebender Zustand der Welt. Nachhaltigkeit ist damit nicht individualisierbar, weder auf der Ebene einzelner Individuen noch auf der Ebene einzelner Länder. Individuelle Beiträge sind wichtige, notwendige Beiträge, aber keine hinreichenden. Nachhaltigkeit ist letztlich ein Gesamtsystemzustand der Menschheit. In einer globalisierten, vernetzten Welt ist der Globus das Gesamtsystem. Auf dieser Ebene sind die Umwelt-, Klima-, Armuts- und Gerechtigkeitsfragen zu lösen."[33]

Radermacher bemerkt zurecht eine gegenläufige Tendenz, nämlich die Zuordnung der Verantwortung individuellen Akteuren, ohne zu klären, wie jede einzelne Reaktion im Gesamtgefüge der Staaten, Organisationen und Menschen einen sinnvollen Zusammenhang bildet. Selbstverständlich ist aber eine solche Betrachtung des Ganzen anspruchsvoll. Es bedarf eines ausgeprägten Bewusstseins für Sozialität im globalen Rahmen.

Friedrich Schleiermacher hat solch eine Bewusstseinsbildung im Rahmen einer Predigt zum „Erndtefest" vorgemacht.[34] Er stellt eine Ethik ausdifferenzierter Gesellschaft vor: Jeder Acker, jeder Pflug trägt zum Ganzen bei. Programmatisch wird das Anliegen so formuliert:

> „Alle menschlichen Geschäfte, die sich auf unser Dasein und Leben auf dieser Erde beziehen, bilden ein großes unzertrennliches ganzes; jedes ist durch die anderen gestützt, jedes Mißlingen in dem einen breitet weit umher seine Folgen aus, wie im Gegentheil über jedes Gelingen und noch mehr über jede Verbesserung Freude und Dankbarkeit laut wird unter allen Verständigen, auch unter denen die keinen unmittelbaren Theil daran haben." (Ebd.)

Die dreiteilige Architektur der Predigt eröffnet eine Entwicklungsdynamik: Zunächst wird die Dankbarkeit für das Gegebene geäußert, dann die Integration der einzelnen Leistung in das Ganze einer Gesellschaft beschrieben und schließlich die Anerkennung der interdependenten Menschheit insgesamt gefordert. So stellt Schleiermacher jede

[32] Friedrich Schleiermacher erläutert, dass der Geist Gottes Sozialität bestärkt, so dass eine Perspektive für das Gemeinsame entwickelt werden kann, vgl. A. MUNZINGER, Schleiermachers Geselligkeitskonzeption, in: Anne Käfer (Hg.), Der reformierte Schleiermacher. Gespräche über das reformierte Erbe in seiner Theologie, Berlin/New York 2019, 87–100.

[33] F.-J. RADERMACHER, Der Milliarden–Joker. Wie Deutschland und Europa den globalen Klimaschutz revolutionieren können, Hamburg 2018, 61–62.

[34] F. SCHLEIERMACHER, „Warnung vor Selbstsucht und Eigennuz bei der Erndtefreude. Am Erndtefest (2. Oktober 1831), in: Predigten. Fünfte bis Siebente Sammlung (1826-1833), KGA III/2, Berlin/New York 2015, 720-730, hier 720–721. Schleiermacher legt Lukas 12, 16-21 aus – das Gleichnis vom reichen Kornbauer. Anders als Text und Titel vermuten lassen, wird aber keine Abrechnung mit Hab und Gut vorgenommen. Schleiermacher wird Grund und Boden kulturwissenschaftlich zu würdigen wissen. Die Freude an der Ernte ist berechtigt.

Selbstbezogenheit in den Horizont einer kulturtheoretischen Entwicklung, die nur dann zum Ziel kommt, wenn sich Individuen im Rahmen der Menschheit gleichermaßen entfalten.

Stärker als bisher wird es in Zukunft um eine politische Pneumatologie gehen, die Verständigung als Problem der gesamten, globalen Polis zu denken ist.

7. Soziale Nachhaltigkeit bedarf einer gesamtgesellschaftlichen Güterabwägung.

Die protestantische Sozialethik, wie sie Konrad Stock in mehreren Werken erforscht hat, ist durch ein tiefes Bewusstsein für die Interdependenz der gesellschaftlichen Ziele und Güter gekennzeichnet.[35] Im Anschluss an Friedrich Schleiermacher entwirft Stock eine gesellschaftliche Ordnung, die mit ihren politischen, rechtlichen, wirtschaftlichen, wissenschaftlichen und religiösen Dynamiken umzugehen weiß. Dass diese Dynamiken in einem wechselseitigen Abhängigkeitsverhältnis stehen, macht eine eindeutige Zuordnung von Verantwortung mitunter problematisch, schärft aber zeitgleich die Sensibilität für die komplexe Problematik der Gesamtverantwortung in ausdifferenzierten Gesellschaften. Dabei steht die Güterabwägung in der Gegenwart vor weichenstellenden Entscheidungen, welche die marktwirtschaftlichen Grundfesten selbst betreffen. Letztlich handelt es sich um die Frage, wie weitreichend der ökologische Umbau der Gesellschaftsordnung zu sein hat.

Auf der einen Seite steht das Modell des sogenannten grünen Wachstums oder *Green New Deal*. Diese Strategie hält eine angemessene Effizienzsteigerung im Ressourcenverbrauch für möglich, so dass das ökonomische Wachstum von der Umweltschädigung entkoppelt wird. Durch technologische Neuerungen und politische Rahmenbedingungen wie bei der Energiewende werden die notwendigen Maßnahmen eingeleitet. Innovative Lösungen für nachhaltige Produkte, Verfahrensweisen und Infrastrukturen ermöglichen den Rückgang im Abbau von Ressourcen und in der Verwendung begrenzter Formen des natürlichen Kapitals. Das bestehende Wirtschaftssystem soll nicht grundsätzlich verändert, sondern eine effizientere und konsistentere Weise des Umgangs mit dem System eingeführt werden.[36]

Auf der anderen Seite stehen diejenigen, die einer inkrementellen ökologischen Wende skeptisch bis ablehnend gegenüberstehen und eine Reform durch Effizienz- und Konsistenzmaßnahmen für nicht zielführend halten. Letztlich seien die Erfolge durch diese Maßnahmen nicht hinreichend für die nötige Gesamtveränderung. Es müsse vielmehr das grundsätzliche kapitalistische Paradigma angetastet werden, auf dem unsere Gesellschaft wirtschaftet, nämlich die Wachstumskonstellation. Die Rede ist von einer Postwachstumsgesellschaft. Weitreichende Reduktionen werden im Lebensstil und im Verbrauch von

[35] Vgl. STOCK, Einleitung, 360–474; SCHLEIERMACHER, Ethik.

[36] Bei der Effizienz handelt es sich um ein Ziel, das auf die Produktivität von Ressourcen ausgerichtet ist. Bei der Konsistenz wird die Naturverträglichkeit der Technologien beachtet, so dass Ökosysteme so genutzt werden, dass sie nicht zerstört werden. Zusätzlich wird die Suffizienz genannt, die auf eine Verringerung der Nachfrage abzielt.

Ressourcen gefordert. Konkret heißt das: Weniger ist mehr; weniger Reisen, weniger Ware aus Übersee, weniger Konsumgüter, weniger Produktion, weniger Handel. Ziel ist es, auf das Bruttosozialprodukt bezogen, insgesamt kein Wachstum mehr zu generieren.

Selbstverständlich wären hier in der Beschreibung dieser komplizierten Weichenstellung weitere Differenzierungen angebracht. In beiden Strategien, das wird soweit erkennbar, werden weitreichende güterethische Abwägungen durchgeführt. Bezogen auf die Parabel von den Wassersuchenden in der Wüste zeigt sich, dass es nicht nur um die vertrauensvolle Suche nach weiteren Wasserquellen geht, sondern um die Bestimmung eines angemessenen Gesellschaftsmodells, welches der anthropogenen Krise gerecht wird. Im ersten Modell müssen Innovationsprozesse eingeleitet werden, die wiederum unbekannte Risiken beinhalten. Im zweiten Modell wird dagegen die Grundlage des Wirtschaftens selbst infrage gestellt. Ob sich solch ein Modell durchsetzen kann, wird vor allem davon abhängen, ob es gesamtgesellschaftlich leistungsfähig *und* freiheitsfördernd ist (also ob es die Kreativität, Eigenständigkeit und Sozialität der Handelnden im Rahmen der globalen Ordnung fördern kann). Die Theologie wird hier kaum ausschlaggebend sein, sondern mit anderen Akteuren für die Risiken und Chancen dieser Abwägungen sensibilisieren, indem sie gerade nach dem jeweiligen Letztziel und höchsten Gut fragt.

8. Soziale Nachhaltigkeit ist ein mehrdimensionales Bildungsgeschehen.

Der Friedensnobelpreisträger Muhammed Yunus bringt den ethischen Auftrag der gesellschaftlichen Neuordnung folgendermaßen auf den Punkt:

> „We need a new economic system that unleashes altruism as a creative force just as powerful as self-interest."[37]

Raymond Geuss hinterfragt solche steilen ethischen Ansprüche insofern, als er meint, dass nicht hinreichend nach den tatsächlichen Motivlagen und Fähigkeiten der Handelnden gefragt werde.[38] Dagegen setzt Geuss bei den realen Ethosbeständen und Interessenlagen der Gesellschaftsteilnehmer an, und betont diesen Ausgangspunkt als unabdingbare Grundlage jedweder politischen und ethischen Theorie:[39] Geuss hebt also die komplexe, fluktuierende Struktur dieser Interessen hervor, die nicht mehr in einem bestimmten Ethos zu verorten sind.

Wie steht die theologische Ethik angesichts dieser Einschätzung da? Ich greife auf die Grundlegung der protestantischen Tugendlehre von Konrad Stock zurück, der „eine Theorie affektiver Erfahrung" entwirft, die sich mit dem Moment des Bestimmt- und

[37] M. YUNUS, A World of Three Zeros. The New Economics of Zero Poverty, Zero Unemployment and Zero Net Carbon Emissions, New York 2017, Umschlag.

[38] Vgl. R. GEUSS, Realismus, Wunschdenken, Utopie, in: DZfPh 58 (2010) 419–429; DERS., Philosophy and Real Politics, Princeton NJ/Oxford 2008, 419–429. Axel Honneth würdigt die Anfrage von Geuss als Kritik an den Grundfesten der Zunft, als ob es solche Erkenntnisse bisher nicht gegeben hätte (A. HONNETH, Schwerpunkt. Wozu politische Philosophie? in: DZfPh 58[2010] 417–418).

[39] GEUSS, Philosophy, 4f. Er unterscheidet somit nicht mehr zwischen der normativen und der empirischen Ebene, zwischen Sollen und Sein.

Affiziertseins beschäftigt, welches er als das „fühlende In-der-Welt-Sein" umschreibt.[40] Er entwickelt eine besondere Art der Tiefenpsychologie, die nach zwei Seiten hin Akzente setzt: Zum einen verdeutlicht sie gegenüber den Emotionstheorien, dass das affektive Leben immer eine sozialethische Dimension besitzt. Und andererseits macht sie gegenüber der Moraltheorie geltend, dass ihre rationalistische, pflichtentheoretische Ausformulierung die Affekte zu Lasten der ethischen Entwicklung missachtet. Beide Theorierichtungen werden von Stock dazu aufgefordert, nach den Bedingungen der „unwillkürlichen Bereitschaft zum Guten" zu fragen (164). Zwar hat auch die protestantische Ethik diese Frage nicht durchgehend beantwortet, aber Stock weist darauf hin, dass sie es könnte. Denn Paulus, Luther wie auch Schleiermacher machen geltend, dass es auf die Bildung der Herzen ankommt, dass die Tugend als sittliche Kraft zu bestimmen ist, die in der „Tiefe des Selbstgefühls Handlungen generiert" (165). Die Art und Weise in der eine Moraltheorie an diesem Selbstgefühl ansetzt, ist der ‚Prüfstein' für eine ponderable Ethik (166). Denn daran wird deutlich, ob die realen Ethosbeständen und die tatsächlichen Interessenlagen berücksichtigt werden, ohne dass Stock die Tugenden gegenüber den Pflichten und Gütern ausspielt.[41] Im Gegenteil, diese drei Elemente der Ethik sind gleichermaßen handlungs- und systemtheoretisch zu beachten.

9. Soziale Nachhaltigkeit stellt eine pflichtentheoretische Herausforderung dar.

Das Feld der Nachhaltigkeit betrifft das gesamte Leben auf dem Planeten. Im Kern ist es dennoch eine anthropologische Frage, weil Menschen das zu bearbeitende Problem der Verschwendung und Ausbeutung naturaler Ressourcen herbeigeführt haben, weil sie die einzigen Wesen sind, die es intentional erkennen und weil sie entscheidend zu dessen Lösung beitragen können. Damit sind Menschen nicht über alle anderen Lebewesen zu stellen, sondern epistemisch (aber eben nicht axiologisch) in einer zentralen Rolle. Wenn eine nachhaltige gesellschaftliche Ordnung erreicht werden soll, so simpel es klingt, müssen Menschen ihre Rolle in der Problembewältigung erkennen. Das impliziert, die eigenen Grenzen als Gattung zu respektieren. Insofern ist es zunächst selbstverständlich, dass große Teile der Nachhaltigkeitsdebatte unter der Überschrift des Sollens geführt werden. Dahinter steht die Einsicht in die humane Pflicht, das eigene Haus in Ordnung zu bringen.

Welche Pflicht genau besteht, ist allerdings nicht einfach zu beantworten. Ist es die Pflicht, jedes Tier und jede Pflanze, alles Leben auf dem Planeten in derselben Weise wie das Leben des Menschen zu würdigen? Auch die Begründung der Pflichten steht aus. Einerseits bietet sich eine deontologische Argumentation an, mit der eine unbedingte Dimension, unabhängig von den Zielwahlen und Güterabwägungen erreicht werden soll.

[40] K. STOCK, Grundlegung der protestantischen Tugendlehre, Gütersloh 1995, 161. Seitenzahlen im Folgenden im Text.

[41] Ethik in diesem Sinne verbindet die Beschreibung des Orientierungswissens mit dessen normativer Reflexion.

Andererseits entfalten teleologische Begründungen ihre Leistungskraft, indem sie die Pflicht als konsequente Umsetzung von Zielwahl- und Fähigkeitsanalysen bestimmen.

Für die theologische Ethik ergeben sich Verschränkungen mit den Fragen nach dem Sittengesetz, welche sich durch die Schriften der Bibel ziehen. Sie erörtern den unbedingten Willen des Schöpfers, den Menschen in seiner vielschichtigen Beziehungsarbeit zu verorten. Gleichzeitig sind die Schriften des Alten- und Neuen Testaments, wie dann auch die reformatorische Theologie, eine Kritik des Gesetzes. Die Kritik relativiert die Ansprüche des Gesetzes, stellt das Gesetz in den Kontext des Heilswillen Gottes und unterbindet eine vorschnelle Identifizierung menschlicher Ordnungskraft mit der Erfüllung des Gesetzes.

10. Soziale Nachhaltigkeit ist eine interkulturelle Aufgabe.

Mehr als bisher wird die Aufgabe einer ethischen Orientierung in Fragen der Nachhaltigkeit eine interkulturelle Verständigung erfordern. Nicht nur die Systematische Theologie muss ihre provinzielle Fokussierung auf die europäischen Problemstellungen überwinden.[42] Wie gehen andere Religionen und Kulturen mit der Aufgabe der Nachhaltigkeit um? Die Einsicht, dass die Natur eine Gabe des Schöpfers ist, teilt das Christentum mit den monotheistischen Religionen. Aber auch im Buddhismus und im Hinduismus sind Traditionen des Respekts vor dem Unverfügbaren zu erkennen und eine Kritik an dem ausufernden Konsumismus und der Ökonomisierung aller Lebensbereiche zunehmend zu hören. Gemeinsamkeiten zwischen den Religionen sind hier vorsichtig und mit historisch-kritischer Distanz zu bestimmen. Vermutlich lässt sich hinsichtlich einiger Nachhaltigkeitsziele problemlos eine Einigung erzielen.[43] Die Weltreligionen sensibilisieren in ähnlicher Weise für die Grenzen des Menschen und wissen um die Chancen und Risiken neuer ethischer Ordnungen.

Gleichzeitig ist auf Differenzen zu achten. Gemeinsame Gerechtigkeitsempfindungen sollten nicht vorschnell über unterschiedliche *Entwicklungen* in den Kulturen hinwegtäuschen.[44] Dies betrifft beispielsweise unterschiedliche Reflektionsmodi in der Bearbeitung der rechtlichen Ansprüche der Individuen wie auch der Formulierungen des jeweiligen höchsten Gutes.[45] Die Leistungskraft einzelner Traditionen kann als Anregung eines Lernprozesses für andere kulturelle und religiöse Gemeinschaften gesehen werden. So ist in

[42] Vgl. H. SCHWARZ, Theology in a Global Context. The Last Two Hundred Years, Grand Rapids MI/Cambridge U.K. 2005, 472–539.

[43] Vgl. A. GRUNWALD, J. KOPFMÜLLER, Nachhaltigkeit. Eine Einführung, Frankfurt/New York 2012, 2. ver. Aufl., 227ff., mit Verweis auf Gary T. Gardner.

[44] Vgl. A. MUNZINGER, Wahrheitsansprüche der Religionen in pluralen Gesellschaften. Überlegungen zu ihrer theoretischen Differenzierung und friedlichen Gestaltung, in: S. Jäger, R. Anselm (Hg.), Ethik in pluralen Gesellschaften. Grundsatzfragen Bd. 3, Wiesbaden 2019, 71–92.

[45] Vgl. U. DEHN, Menschenwürde und Menschenrecht. Konzepte im buddhistisch-christlichen Dialog, in E. Herms (Hg.), Menschenbild und Menschenwürde, Gütersloh 2001, 483–492; M.A. MUQTEDAR KHAN, The Primacy of Political Philosophy, in: J. Cohen and D. Chasman (Hg.), Islam and the Challenge of Democracy, Princeton 2004, 63.

der buddhistischen Tradition die Interdependenz des Lebens seit Jahrhunderten in einer Weise präsent, die für die christlichen Denkweisen ein Anstoß sein kann. Alles ist durch anderes bedingt und alles ist mit allem verbunden. Damit ist eine Reziprozität für die Menschen und die Natur gegeben, die der 14. Dalai Lama in den Mittelpunkt seiner Botschaft und Lebenspraxis als eine universale Verantwortlichkeit stellt.[46]

Zum Schluss ist auf die Parabel zurückzukommen, mit der dieser Text einsetzt. Darin wird eindrücklich die Ungerechtigkeit thematisiert, die zwischen den Industrienationen und den sogenannten Entwicklungsländern hinsichtlich ihres asymmetrischen Ressourcenverbrauchs besteht. Die Einseitigkeit führt darüber hinaus zu der jahrhundertealten Geschichte des Imperialismus und Kolonialismus. Die mit dieser doppelten Ungerechtigkeit verbundenen Konsequenzen werden erst nach und nach bewusst. Die postkoloniale Analyse hebt mittlerweile viele strukturelle Denkweisen hervor, die das Ausmaß des Schadens erkennen lässt. Für die soziale Nachhaltigkeit in globaler Absicht liegt deshalb für Theorie und Praxis viel Arbeit vor der Theologie im Kontext der entstehenden Weltgesellschaft.

[46] Vgl. DALAI LAMA, Eine Politik der Güte, Schriften von und über das religiöse und politische Oberhaupt des tibetischen Volkes, Olten u.a. 1992; F.-J. LITSCH, Buddhismus und Gesellschaft, in A. Weil (Hg.), Brücken ins nächste Jahrtausend - Buddhistisch-Christlicher Dialog für eine lebenswerte Zukunft, Berlin 1999, 52–79. Aber es einsteht ein spannungsvolles Verhältnis zum neuzeitlichen Individualismus, da ein abgegrenztes Subjekt-Objekt-Verhältnis im Buddhismus als dualistisch angesehen wird und zu einem Bewußtsein führt, welches die Kontinuitäten der Wirklichkeit nicht hinreichend wahrnimmt (aaO. 58ff.).

B. Dynamiken des Glaubens

Michael Wolter

KOSMOLOGISCHE ANMERKUNGEN ZUR PAULINISCHEN THEOLOGIE INNERHALB IHRES NEUTESTAMENTLICHEN UMFELDES

1. Gott und die Welt: Kosmologie als Theo-logie

1.1 Von „Kosmologie“[1] ist für gewöhnlich dann die Rede, wenn wir über die Fragen nach dem Ursprung, der Gestalt und der Zukunft jenes universalen Systems nachdenken, von dem die „Welt“, in der wir leben, nur ein verschwindend geringer Teil ist. Selbstverständlich sind diese Fragen auch ein Thema der Bibel. Schon wenn wir uns den Anfang und das Ende des zweiteiligen biblischen Kanons anschauen, wird deutlich, dass er der in ihm erzählten Geschichte einen profilierten kosmologischen Rahmen gibt, bei dem die Endereignisse gezielt auf die Anfangsereignisse zurückverweisen:

Die in der Bibel erzählte Geschichte beginnt in Gen 1,1–2,4 mit der Erzählung von der „Entstehung der Himmel und der Erde“ (2,4) als Resultat von Gottes schöpferischer Tätigkeit. Zu ihr gehört auch die Erschaffung der Sonne, des Mondes und der Sterne, deren Aufgabe darin besteht, über die Erde zu leuchten sowie den Tag bzw. die Nacht zu „regieren“ und „das Licht von der Finsternis zu trennen“ (V. 14–19). Am anderen Ende der Bibel eröffnen die letzten beiden Kapitel der Johannesoffenbarung eine Perspektive, die unübersehbar auf die Schöpfungsgeschichte zu Beginn Bezug nimmt: Ihr Verfasser berichtet von einer Vision, in der er „einen neuen Himmel und eine neue Erde“ sieht, nachdem „der erste Himmel und die erste Erde“, von deren „Entstehung“ in Gen 1,1–2,4 erzählt worden war, „dahingegangen waren“ (ἀπῆλθαν; Apk 21,1). Von diesem neuen Himmel sieht der Visionär „die heilige Stadt, das Neue Jerusalem, herabkommen“ (V. 2), die er dann en détail beschreibt. Eines ihrer Merkmale ist, dass sie „weder der Sonne noch des Mondes bedarf“, weil sie von der Herrlichkeit Gottes und dem Lamm erleuchtet wird (V. 23). Dementsprechend wird es in ihr nicht mehr dunkel (V. 25), so dass in der Konsequenz auch die Abfolge von Tag und Nacht und damit das Ergebnis des allerersten Schöpfungstages rückgängig gemacht wird:

[1] Als erster Benutzer dieses Begriffs gilt der Aufklärungsphilosoph Christian Wolff (1679–1754) mit seiner *Cosmologia Generalis* aus dem Jahr 1731 (Ch. WOLFF, Gesammelte Werke. III/123. Philosophiae Wolfianae contractae Tomus I, hg.v. J.F. Stiebritz, Halle 1744 = Hildesheim 2009, 637–774). Es handelt sich um eine gräzisierende Neubildung, denn in der griechischen Literatur der Antike und der nachantiken Zeit, soweit sie durch den TLG erschlossen wird, ist das quellensprachliche Pendant „κοσμολογία“ nirgendwo belegt. Lediglich die Scholien zu Aristophanes, Pax 835 charakterisieren ein ansonsten unbekanntes Werk des Vorsokratikers ION VON CHIOS (5. Jh. v. Chr.) als „kosmologisch“: φέρεται δὲ αὐτοῦ καὶ κτίσις καὶ κοσμολογικὸς καὶ ὑπομνήματα καὶ ἄλλα τινά (Scholia in Aristophanem. II/2. Scholia vetera et recentiora in Aristophanis Pacem, hg. D. Holwerda, Groningen 1982, ad 835–837a, Zl. 11–12).

Apk 22,5: Und es wird keine Nacht mehr geben, und man braucht auch nicht mehr das Licht einer Lampe und das Licht der Sonne, denn Gott der Herr wird sie erleuchten, und sie werden herrschen von Ewigkeit zu Ewigkeit.

Die Welt wird damit gewissermaßen wieder in den Zustand vor dem ersten Schöpfungstag zurückversetzt, als es noch keinen Unterschied zwischen Tag und Nacht gab. Es gibt jedoch einen fundamentalen Unterschied zwischen der Situation vor der Schöpfung und dem Neuen Jerusalem: In ihm wird es anders als vor Gen 1,3–5 nicht mehr finster sein, sondern hell, denn Gott selbst wird seine Stadt mit seiner Herrlichkeit erleuchten (s. auch Apk 21,3.23).

Im Neuen Testament ist es nicht nur die Johannesoffenbarung, die die eschatologische Heilserwartung mit einer kosmischen Dimension ausstattet. In der Abschiedsrede Jesu, die der Verfasser des Markusevangeliums in Mk 13,5–37 der Passionsgeschichte voranstellt, werden unter Rückgriff auf eine Reihe alttestamentlicher Texte[2] die Ereignisse beschrieben, die dem zu erwartenden Kommen des Menschensohnes voraufgehen:

Mk 13,24–25: In jenen Tagen aber, nach jener Bedrängnis, wird sich die Sonne verfinstern, und der Mond wird seinen Schein verlieren. Dann werden auch die Sterne vom Himmel fallen, und die Kräfte in den Himmeln werden erschüttert.

Es ist bemerkenswert und natürlich auch schon immer wieder hervorgehoben worden, dass keiner der neutestamentlichen Texte, die wie Mk 13,24–25 und seine synoptischen Parallelen (Mt 24,29; Lk 21,25–26) oder die Johannesoffenbarung kosmische Geschehnisse beschreiben, auf das Kollektivum κόσμος zurückgreift, um die Ausdehnung oder die Reichweite des von ihnen geschilderten Geschehens zu charakterisieren. Dieser Sachverhalt markiert eine scharfe Grenze zwischen dem Neuen Testament und der griechischen philosophischen Tradition, in der – angefangen mit den jonischen Naturphilosophen des 6. Jahrhunderts v. Chr. – der Begriff κόσμος Verwendung fand, um die „Gesamtheit von allem" (τὴν τῶν ὅλων περιοχήν) zu bezeichnen.[3] Innerhalb der neutestamentlichen Schriften wird der Begriff κόσμος mit dieser Bedeutung zum einen in der Rede von den „Elementen der Welt" (τὰ στοιχεῖα τοῦ κόσμου; Gal 4,3 [s. auch V. 9]; Kol 2,8.20) benutzt, mit welchem Ausdruck ursprünglich die physikalischen Grundbestandteile, aus denen alles Seiende zusammengesetzt ist, bezeichnet worden war.[4] Zum anderen begegnet er in der Zeitangabe

[2] Vgl. Jes 13,10; 34,4; Joel 2,10; 3,4; 4,15.

[3] Das Zitat ist dem fragmentarisch überlieferten Werk *De placita philosophorum* des AËTIUS (1. Jh. n. Chr.) entnommen, dem zufolge Pythagoras „als erster die Gesamtheit von allem ‚Welt' (κόσμος) nannte", und zwar „auf Grund der in ihr bestehenden Ordnung (ἐκ τῆς ἐν αὐτῷ τάξεως)" (PLUTARCH, Mor. 886b; s. auch H. DIELS, Doxographi Graeci [1879], Berlin 1965, 327,8–10 sowie H. SASSE, Art. κοσμέω κτλ., ThWNT 3 [1938] 867–898, hier 869, 27–34). In der Begründung kommt noch zum Ausdruck, dass der seit Homer belegte Begriff κόσμος ursprünglich so etwas wie „Ordnung" oder „Wohlgestalt" bedeutete (Beispiele bei SASSE, a.a.O., 868–869).

[4] Vgl. z.B. PLATO, Tim. 48b: Feuer, Wasser, Luft und Erde sind als „Ursprünge" (ἀρχαί) die „Grundbestandteile von allem" (στοιχεῖα τοῦ παντός); s. auch Soph. 252b; Theaet. 201e u.ö. s. auch M. WOLTER, Der Brief an die Kolosser. Der Brief an Philemon (ÖTK 12), Gütersloh/Würzburg 1993, 122–124; D. RUSAM, Neue Belege zu den στοιχεῖα τοῦ κόσμου (Gal 4,3.9; Kol 2,8.20), ZNW 83 (1992) 119–125; M.C. de BOER, The Meaning of the Phrase τὰ στοιχεῖα τοῦ κόσμου in Galatians, NTS 53 (2007) 204–224.

„seit/vor der Erschaffung/Grundlegung der Welt" ([τοῦ] κόσμου).[5] Davon abgesehen ist dieser Sprachgebrauch nur noch in Joh 1,10b erkennbar, wo Joh 1,3a (πάντα δι' αὐτοῦ ἐγένετο) durch ὁ κόσμος δι' αὐτοῦ ἐγένετο aufgenommen wird. Auf Apg 17,24 werden wir im übernächsten Abschnitt zu sprechen kommen.

1.2 Wenn man von dieser formelhaften Verwendungsweise des κόσμος-Begriffs absieht, ist das kosmologische Lexikon des Neuen Testaments von der sprachlichen *Enzyklopädie der hebräischen Bibel bzw. der Septuaginta* bestimmt. Sie gewinnt ihre Eigenart dadurch, dass es für das griechische Wort κόσμος als Bezeichnung für das Weltganze kein hebräisches Äquivalent gibt. Stattdessen wird die Gesamtheit des von Gott geschaffenen Universums wie in Gen 1,1 meistens durch das komplementäre Begriffspaar „Himmel und Erde" umschrieben.[6] Bisweilen kommt auch noch das „Meer" hinzu wie z.B. in Ex 20,11: „In sechs Tagen hat JHWH Himmel und Erde gemacht und das Meer und alles, was in ihnen ist".[7] Dieselbe Referenz weist das gelegentlich belegte singularische und maskulinische Nomen (הַ)כֹּל („[das] Alles"; „[die] Gesamtheit") auf, das eine Vielheit zu einer Einheit zusammenfasst und in die gleichen semantischen Verbindungen eintreten kann wie „Himmel und Erde". In diesem Sinne heißt es in Jer 10,16: „er ist es, der das Alles הַכֹּל gebildet hat, [...] JHWH Zebaot ist sein Name"; die Septuaginta nimmt für die Übersetzung immer den Plural und das Neutrum (τὰ) πάντα.[8]

1.3 Dieser Sprachgebrauch dominiert auch in den *Schriften des Neuen Testaments*. Wir treffen in ihnen sowohl das komprehensive Begriffspaar „Himmel und Erde" (οὐρανὸς καὶ γῆ) an[9] als auch die abstrahierende Umschreibung durch (τὰ) πάντα[10].

Im Blick auf den Unterschied im Sprachgebrauch der hellenistischen Umwelt des frühen Christentums und des Alten Testaments, wie wir ihn in den beiden vorangegangenen

[5] Mt 13,35; 24,21; 25,34; Lk 11,50; Joh 17,5.24; Röm 1,20; Eph 1,4; Hebr 4,3; 9,26; 1Petr 1,20; Apk 13,8; 17,8. S. auch HECATAEUS V. ABDERA, FGrHist 3a, 264, Fragm. 25,11: κατὰ τὴν ἐξ ἀρχῆς τοῦ κόσμου σύστασιν (diese Stelle zitiert Diodorus Siculus 1,10,3; 3,3,2). Die bei GELASIUS VON CYZICUS, Hist. Eccl. 2,17,17 (GCS 28,74,11–12) zu AssMos 1,14 belegte Formulierung πρὸ καταβολῆς κόσμου (der lateinische Text hat *ab initio orbis terrarum*) verdankt sich wohl dem Einfluss der neutestamentlichen Texte.

[6] S. auch Gen 2,1.4; 14,19.22; Ex 31,17; 2Kön 19,15; 2Chr 2,11; Ps 115,15; 121,2; 124,8; 134,3; 146,6; Jes 37,16; 42,5; 44,24; 48,13; 51,13.16; Jer 32,17 u.ö.

[7] S. auch Neh 9,6; Ps 69,35; 96,11; 146,6; Am 9,6 sowie Hag 2,6: „Himmel und Erde, das Meer und das Trockene".

[8] S. auch Ps 103,19; Jer 51,19; Jes 44,24: „Ich, JHWH bin es, der alles macht, der den Himmel ausbreitet und die Erde festmacht".

[9] Mt 5,18; 6,10par.; 11,25; 24,35; 28,18; Mk 13,31parr.; Lk 10,21; 16,17; 21,33; Apg 4,24; 14,15; Eph 1,10; Kol 1,16.20; Hebr 1,10; 2Petr 3,7.13; Apk 5,13; 10,6; 14,7; 20,11; 21,1a. – In Apg 4,24; 14,15; Apk 5,13; 10,6; 14,7; 20,11; 21,1b tritt wie nicht selten im Alten Testament (s.o. bei und mit Anm. 7) auch noch das „Meer" (θάλασσα) hinzu.

[10] Joh 1,3a; Apg 7,49–50 mit dem Zitat von Jes 66,1–2, in dem beide Redeweisen miteinander kombiniert werden („der Himmel ist mein Thron und die Erde der Schemel meiner Füße. [...] Hat nicht meine Hand dies alles [ταῦτα πάντα] gemacht?"); Röm 11,36; 1Kor 8,6; 15,27.28; Eph 1,10; 3,9; Phil 3,21; Kol 1,16.17.20; Hebr 1,3; 2,8.10; Apk 4,11. – In Gal 3,22 („die Schrift hat alles [τὰ πάντα] unter der Sünde zusammengeschlossen") bezieht τὰ πάντα sich auf die Geschichte der Menschheit seit Adams Fall (vgl. auch u. Anm. 26).

Abschnitten dargestellt haben, ist der Befund in der *Apostelgeschichte* überaus interessant, denn hier wird mit Hilfe dieses Unterschieds erzählte Theologie getrieben:

Auf der einen Seite ist vom kosmisch dimensionierten Universum mit Bezug auf Gott zweimal in alttestamentlicher Weise unter Rückgriff auf das Begriffspaar „Himmel und Erde" die Rede: Erst im Gebet der Jerusalemer Gemeinde, das mit Worten beginnt, wie sie u.a. in Ex 20,11 belegt sind[11], und dann mit dem Zitat von Ps 2,1–2 fortgesetzt wird:

> *Apg 4,24–26:* (24) Herrscher, du bist es, der den Himmel und die Erde gemacht hat und das Meer und alles, was in ihnen ist, (25) der durch den heiligen Geist durch den Mund unseres Vaters David, deines Knechtes, gesagt hat: Wozu tobten die Heiden und sannen Eitles die Völker? (26) Die Könige der Erde haben sich aufgestellt und die Fürsten haben sich versammelt gegen den Herrn und seinen Gesalbten.

Dieselben Worte, die Lukas der Jerusalemer Gemeinde in Apg 4,24 in den Mund gelegt hat, lässt er auch Paulus nach der Heilung eines Gelähmten an die Bewohner von Lystra richten, weil diese ihn und Barnabas für Götter halten und drauf und dran sind, ihnen Opfer darzubringen:

> *Apg 14,15:* Wir sind […] Menschen, die euch frohbotschaften, damit ihr euch von den Nichtsen zum lebendigen Gott hinwendet, der den Himmel und die Erde und das Meer gemacht hat und alles, was in ihnen ist.

In beiden Fällen will Lukas deutlich machen, dass die jeweiligen christlichen Protagonisten der Erzählung mit ihrem Christusbekenntnis bzw. mit dem von ihnen verkündeten Christusevangelium in ungebrochener Kontinuität mit der heiligen Schrift Israels stehen.

Dieser Redeweise steht auf der anderen Seite ein Text gegenüber, in dem sich biblischer und hellenistischer Sprachgebrauch in eigentümlicher Weise verschränken. Als Paulus vom Areopag aus sein Wort an die „Männer von Athen" (Apg 17,22) richtet, prädiziert er Gott mit den Worten:

> *Apg 17,24:* Gott, der die Welt (τὸν κόσμον) gemacht hat und alles, was in ihm ist (πάντα τὰ ἐν αὐτῷ), er, der Herr des Himmels und der Erde ist […].

Die biblische Einfärbung der beiden Gottesprädikationen ist nicht zu verkennen. Auffällig ist in ihr aber der Begriff κόσμος, den Lukas seinen Paulus hier anstelle von „Himmel und Erde und das Meer"[12] benutzen lässt. Beides passt traditionsgeschichtlich eigentlich nicht zusammen. Wenn wir nach den Gründen für diese Verschmelzung von zwei unterschiedlichen sprachlichen Enzyklopädien fragen, ist die Antwort in der Situation zu suchen, in der Paulus sich hier befindet: Lukas hat ihn von epikureischen und stoischen Philosophen von der Agora auf den Areopag führen und auffordern lassen, seine „neue Lehre" vorzutragen (V. 18–20). „Mitten auf dem Areopag" stehend (V. 22) verkündigt der lukanische Paulus daraufhin sein Programm in Gestalt eines philosophischen Diskurses, der die Wahrheit des Glaubens an den Gott der Bibel zu erweisen sucht. Es spricht sehr viel dafür, dass es eben diese Konstellation ist, der sich die Ersetzung des biblischen Ausdrucks „Himmel und Erde und das Meer" durch den philosophischen Terminus technicus κόσμος in V. 24 verdankt. Lukas will auf diese Weise deutlich machen, dass Paulus nicht nur nach wie vor kompromisslos den Monotheismus und die Schöpfungstheologie des

[11] S.o. Anm. 7.
[12] S.o. bei Anm. 7.

Judentums vertritt, sondern dass er auch über die erforderliche philosophische Expertise und sprachliche Kompetenz verfügt, um in der Debatte mit athenischen Epikureern und Stoikern seinen Mann stehen zu können.

1.4 Die Frage nach der Eigenart der kosmologischen Sprache des Neuen Testaments bliebe unzureichend beantwortet, wenn wir nicht auch formgeschichtliche Aspekte in den Blick nehmen würden. Die drei im vorangegangenen Abschnitt zitierten Texte aus der Apostelgeschichte sind durch eine Gemeinsamkeit miteinander verbunden, die auch den größten Teil derjenigen biblischen Texte Alten und Neuen Testaments kennzeichnet, die von dem reden, was in der paganen Gräzität κόσμος genannt wird: Sie sind Bestandteil von *Gottesprädikationen*. Die kosmologischen Aussagen sind nicht Thema (bzw. „topic"), sondern Rhema (bzw. „comment"). Sie sind nicht der Gegenstand der Proposition, sondern Bestandteil von deren Inhalt. Semantischer Gegenstandsbegriff ist vielmehr Gott, und der kosmologischen Sachverhaltsfeststellung kommt keine andere Funktion zu als Gottes Gott-Sein hervorzuheben. Diese Eigenart weisen aber nicht nur die drei zitierten Texte aus der Apostelgeschichte auf, sondern sie kennzeichnet überhaupt die Art und Weise des biblischen Redens von Gott, und zwar sowohl in der hebräischen Bibel[13] als auch im Neuen Testament[14]. Man kann darum sagen, dass die Kosmologie hier zu einem Bestandteil der Theo-logie im eigentlichen Sinne wird: Die kosmologischen Texte der Bibel gewinnen ihr spezifisches Profil nicht dadurch, dass sie ein distinktes kosmologisches Konzept vortragen, sondern dadurch, dass sie die Kosmologie in die Gotteslehre einstellen.

Dieser biblische Befund findet seine unmittelbare Entsprechung in dem Status, den Konrad Stock, den dieser Beitrag zu seinem 80. Geburtstag grüßen will, der Kosmologie in seiner *Einleitung in die Systematische Theologie*[15] zuweist. Er verweigert diesem Thema die eigenständige theologische Existenz (die Begriffe „Welt" oder „Kosmos" oder „Universum" gibt es nicht mal im Register) und erörtert es unter der Überschrift „Gott der Schöpfer – Welt als Schöpfung"[16] innerhalb des Paragraphen, der den christlichen Glauben an Gott den Schöpfer behandelt.[17]

Ein gänzlich anderes Bild ergibt sich, wenn wir den Gebrauch des griechischen Wortes κόσμος in den Mittelpunkt stellen und danach fragen, was den neutestamentlichen Umgang mit ihm kennzeichnet. Von „Kosmologie" kann man dann nur noch sprechen, wenn man diesen Begriff semantisch engführt und als Lehre von den Sachverhalten versteht, die im Neuen Testament κόσμος genannt werden. Gegenüber dem eingeführten Sprachgebrauch ist das Abstraktum „Kosmologie" nur noch als Metapher verwendbar, und es fragt sich, welches Element seines Bedeutungsprofils die semantische Relation jeweils dominiert.

[13] Vgl. u.a. Gen 14,19.22; 24,3; Dtn 10,14; 2Kön 19,15; 2Chr 2,11; Esr 5,11; Ps 89,12; 115,15; 121,2; 124,8; 134,3; 146,6; 148,13; Jes 37,16; 42,5; 44,24; Jer 32,17.

[14] Vgl. u.a. Mt 11,25; Lk 10,21; Apg 4,24; 14,15; 17,24; Röm 11,36; 1Kor 8,6; 12,6; 15,27–28; Eph 3,9; Hebr 1,3.10; 2,8.10; Apk 4,11; 5,13; 10,6; 14,7; 20,11.

[15] K. STOCK, Einleitung in die Systematische Theologie, Berlin/New York 2011.

[16] AaO. 106.

[17] Vgl. aaO. 93–144.

2. Die Menschen und ihre Welt als κόσμος: „Kosmologie" als Anthropologie

2.1 Dieser Sprachgebrauch hat seinen Ursprung ebenfalls in der hellenistischen Umwelt des frühen Christentums. Hier ist ein umgangssprachlicher Gebrauch von κόσμος belegt, für den eine unverkennbare anthropozentrische Einfärbung charakteristisch ist. Als κόσμος bezeichnet wird zunächst die *Gesamtheit des von den Menschen bewohnten Erdkreises*. Nach diesem Sprachgebrauch hat κόσμος ungefähr dieselbe Bedeutung wie οἰκουμένη in Mt 24,14; Lk 2,1; 4,5; Apg 11,28; Röm 10,18 u.ö. In diesem Sinne kann Philo von Alexandrien über Augustus sagen, dass er „den Frieden überall ausbreitete, über Land und Meer, bis an die Grenzen der Welt (ἄχρι τῶν τοῦ κόσμου περάτων; Leg. Gai. 309), während Paulus in Röm 10,18 Ps^{LXX} 18,5 zitiert und feststellt, dass seine Verkündigung „bis an die Grenzen der bewohnten Erde (εἰς τὰ πέρατα τῆς οἰκουμένης)" gelangt ist. Dass hierbei mit κόσμος nicht lediglich die räumliche Ausdehnung abgebildet wird, sondern der Begriff in metonymischer Verdichtung die Gesamtheit der in ihr befindlichen *Menschheit* bezeichnen will, geht daraus hervor, dass die Geburt oder das öffentliche Auftreten eines Menschen als „in die Welt kommen (εἰς τὸν κόσμον ἔρχεσθαι)" bezeichnet werden kann.[18] Auch die Kalenderinschrift von Priëne aus dem Jahr 9 v. Chr. benutzt den κόσμος-Begriff in diesem Sinne, wenn sie vom Geburtstag Octavians-Augustus' sagt: „Der Geburtstag des Gottes machte für die Welt den Anfang der seinetwegigen Frohbotschaften".[19] Dasselbe gilt für die Prädikation Neros als ὁ τοῦ παντὸς κόσμου κύριος.[20] In den Sprachgebrauch des frühen Judentums hat diese Verwendung des κόσμος-Begriffs ebenfalls Eingang gefunden: 2Makk 3,12 weiß, dass der Jerusalemer Tempel „überall in der Welt (κατὰ τὸν σύμπαντα κόσμον) verehrt wird". Und wenn Adam in SapSal 10,1 πατὴρ κόσμου („Vater der Welt") genannt wird, so kann κόσμος hier nichts anderes als die Gesamtheit aller Menschen bezeichnen. Ganz in die Nähe von Röm 5,12 kommt die in SapSal 2,24 formulierte Feststellung: „Durch den Neid des Teufels kam der Tod in die Welt (θάνατος εἰσῆλθεν εἰς τὸν κόσμον)", und dasselbe gilt im Blick auf Röm 1,19–23 auch für SapSal 14,14 wo es von den Kultbildern (εἴδωλα) heißt: „Durch den eitlen Wahn der Menschen kamen sie in die Welt (εἰσῆλθεν εἰς τὸν κόσμον)".[21] In allen Texten steht κόσμος für „alle Menschen" oder „die gesamte Menschheit". Wenn Paulus in Röm 5,12 schreibt, dass die Sünde durch *einen* Menschen in die Welt gekommen ist (δι' ἑνὸς ἀνθρώπου ἡ ἁμαρτία εἰς τὸν κόσμον εἰσῆλθεν), will er damit natürlich nicht sagen, die Sünde sei „von außerhalb der Welt ‚in die Welt gekommen'"[22].

[18] Vgl. z.B. MARK AUREL 6,56 („Wie viele, mit denen ich in die Welt kam [μεθ' ὧν εἰσῆλθον εἰς τὸν κόσμον], sind bereits wieder aus ihr geschieden"); Joh 1,9; 3,17.19; 6,14; 9,39; 10,36; 11,27; 12,46; 16,21.28; 17,18; 18,37; 1Tim 1,15; griechApkEsr 1,6 („Es ist besser, wenn der Mensch nicht geboren würde, als dass er in den κόσμος kommt"); 1Clem 38,3; ParJer 9,20.21.

[19] OGIS II,458: ἦρξεν δὲ τῷ κόσμῳ τῶν δι' αὐτὸν εὐαγγελίων ἡ γενέθλιος τοῦ θεοῦ.

[20] IG 7,2713 (= SIG^3 II, 814),31.

[21] Vgl. auch 1Clem 3,4 („ungerechte und gottlose Eifersucht […], durch die auch der Tod in die Welt gekommen ist [εἰσῆλθεν εἰς τὸν κόσμον]").

[22] So U. SCHNELLE, Ethik und Kosmologie bei Paulus, in: Biblical Ethics and Application, hg. R. Zimmermann / S. Joubert (WUNT 384), Tübingen 2017, 207–229, hier 208. – Zu Röm 5,12–14 s. auch u. Abschn. 2.3.

Nach paulinischem Verständnis hat die Sünde ihren Ursprung vielmehr nirgendwo anders als mitten unter den Menschen.

2.2 Dieselben beiden Aspekte des umgangssprachlichen Gebrauchs des κόσμος-Begriffs lassen sich auch im Neuen Testament identifizieren. Mehr als einige wenige Beispiele sind nicht erforderlich.

Für die Bezeichnung der Gesamtheit der bewohnten Welt als κόσμος können wir Mt 4,8 mit Lk 4,5 vergleichen: In diesem Ausschnitt aus der Erzählung von der Versuchung Jesu heißt es in Lk 4,5, dass Jesus vom Teufel „alle Königreiche τῆς οἰκουμένης (der bewohnten Erde)“ gezeigt bekommt, während die Parallele Mt 4,8 stattdessen „alle Königreiche τοῦ κόσμου (der Welt)“ hat, ohne dass eine semantische Differenz erkennbar würde.[23]

Theologisch noch interessanter ist die Relecture von Gen 15,7 in Röm 4,13: In Gen 15,7 verspricht Gott Abraham, ihm „dieses Land zu geben, damit er es in Besitz nimmt (δοῦναί [...] τὴν γῆν ταύτην κληρονομῆσαι)“. Auf diese Verheißung nimmt Paulus in Röm 4,13 Bezug, doch ersetzt er dabei „Land“ (γῆ) durch „Welt“ (κόσμος): „Nicht durch das Gesetz ist Abraham und seiner Nachkommenschaft die Verheißung (zuteil geworden), dass sie Erbe der Welt sind, sondern durch die Gerechtigkeit des Glaubens“. Obwohl es eine ganze Reihe von frühjüdischen Texten gibt, in denen die biblische Verheißung über Kanaan hinaus ausgeweitet wird und die gesamte Erde umfasst[24], kann kein Zweifel daran bestehen, dass die von Paulus vorgenommene Ersetzung von „Land“ durch „Welt“ durch die universale Perspektive seiner Soteriologie veranlasst ist: Paulus lässt die Verheißung sich nicht lediglich auf Abrahams leibliche Nachkommenschaft beziehen, sondern „auf alle, die glauben, ohne dass sie beschnitten sind“, denn Abraham empfing die Verheißung, *deren* „Vater“ zu werden (Röm 4,11). Paulus gibt der Verheißung hier eine „a-territoriale“ Interpretation.[25] Ihre Ausweitung ins „Kosmische“ verdankt sich der inklusiven Soteriologie, die *alle* Menschen einbezieht, wo immer sie leben. Darum ist es der Glaube, der das Christusgeschehen als ein Handeln Gottes zum Heil *aller* Menschen deutet, durch den die Menschen in die Nachkommenschaft Abrahams eintreten. „Überall und jedermann“ – das ist hier die Bedeutung des griechischen Wortes κόσμος, das dem Christus-Glauben, paulinisch gesprochen: der πίστις Χριστοῦ, insofern unmittelbar entspricht, als dieser weder territorial noch ethnisch einzugrenzen ist. Dementsprechend wird das Evangelium εἰς ὅλον τὸν κόσμον „verkündigt“ (Mk 14,9), hat Jesus „im κόσμος Glauben gefunden“ (1Tim 3,16)

23 In die gleiche Richtung weist 1Kor 14,10, wo Paulus feststellt, dass es „viele Arten von Sprachen im κόσμος gibt“.

24 Vgl. z.B. Sir 44,21; Jub 17,3; 22,14; 32,19; äthHen 5,7; PHILO, Somn. 1,175; Vit. Mos. 1,155. Die beiden Philo-Texte sind besonders interessant, weil hier der paulinische Universalismus vorweggenommen wird: In Vit. Mos. 1,155 schreibt Philo über Mose, dass Gott „ihm πάντα τὸν κόσμον zum Besitz gegeben hat, der ihm als Erben zusteht“. In Somn. 1,175 spricht Philo von der Verheißung, die Abraham nach Gen 28,14 gegeben wurde: Das „Geschlecht der Weisheit“ werde „wegen seiner unbeschreiblichen Menge mit dem Sand der Erde verglichen“, und wer im Besitz der Weisheit ist, „ist Erbe von allen Teilen der Welt (τῶν τοῦ κόσμου κληρονόμος μερῶν)“. Hier ist es die Weisheit, deren Besitz den Erben des „Landes“ zum Erben der „Welt“ macht, bei Paulus ist es der Christus-Glaube.

25 W.D. DAVIES, The Gospel and the Land. Early Christianity and Jewish Territorial Doctrine, Los Angeles 2003, 179.

und ist der κόσμος der „Acker“, in den „die Kinder des Königreichs“ als „guter Same“ gesät worden sind (Mt 13,38). Diese Anthropologisierung der Kosmologie dürfte auch dafür verantwortlich sein, dass Paulus in Gal 3,22 die gesamte Menschheit seit Adam unter der Sammelbezeichnung τὰ πάντα zusammenfasst[26], obwohl sie weder syntaktisch noch semantisch zum Denotat passt.[27]

Für diesen Aspekt der als Anthropologie konzipierten „kosmologischen“ Vorstellungen des Neuen Testaments noch charakteristischer ist die unverkennbare Personifizierung des κόσμος. Es sind in diesem Zusammenhang vor allem Paulus und Johannes, die dem κόσμος menschliche Eigenschaften zuschreiben. Bei ihnen agiert der κόσμος wie ein menschliches Wesen: Der κόσμος kann „erkennen“ oder auch nicht (Joh 1,10; 14,31; 17,23.25; 1Joh 3,1; 1Kor 1,21), der κόσμος kann „lieben“ oder „geliebt werden“ (Joh 3,16; 15,19; Jak 4,4; 1Joh 2,15) oder „glauben“ (Joh 17,21), vom κόσμος wird gesagt, dass er „hasst“ (Joh 7,7; 15,18; 17,14; 1Joh 3,13), dass er einem Menschen „nachläuft“, dass er „sieht“ und „sich freut“ (Joh 12,19; 14,19; 16,20; 1Joh 4,5 u.ö.). Der κόσμος kann „überführt“, „gerichtet“ und „verurteilt“ werden (Joh 16,8; Röm 3,6; 1Kor 11,32; s. auch 6,2). Der κόσμος kann vor Gott „schuldig dastehen“ (Röm 3,19), und er kann mit Gott „versöhnt werden“ wie ein ehemaliger Feind (Röm 11,15[28]; 2Kor 5,19), und wie ein menschlicher Feind kann der κόσμος natürlich auch „besiegt werden“ (Joh 16,33; 1Joh 4,4; 5,4–5).

2.3 Zwei Texte aus dem Römerbrief können dieses Bild noch abrunden. In beiden Fällen geht es um die Universalität der Sünde. Zunächst heißt es in

Röm 3,19–20: (19) Wir wissen aber: Alles, was das Gesetz sagt, spricht es zu denen, die im Gesetz sind, damit jeder Mund (πᾶν στόμα) zum Verstummen gebracht wird und alle Welt (πᾶς ὁ κόσμος) vor Gott schuldig dasteht. (20) Darum wird aus Werken des Gesetzes kein Fleisch vor ihm gerechtfertigt werden (οὐ δικαιωθήσεται πᾶσα σάρξ). Denn durch das Gesetz kommt die Erkenntnis der Sünde.

Während dieser Text eschatologisch auf das Endgericht vorausblickt, blickt der andere protologisch auf den Beginn der menschlichen Sündengeschichte zurück:

Röm 5,12–14b: (12) Wie durch *einen* Menschen die Sünde in die Welt (εἰς τὸν κόσμον) gekommen ist und durch die Sünde der Tod und somit zu allen Menschen (εἰς πάντας ἀνθρώπους) der Tod gekommen ist, weil alle (πάντες) gesündigt haben […].[29] (13) Denn (schon) vor dem Gesetz gab es Sünde in der Welt (ἐν κόσμῳ). Sünde wird aber nicht verbucht, solange es kein Gesetz gibt. (14) Trotzdem regierte der Tod von Adam bis Mose auch über die, die nicht gesündigt hatten, nach dem Modell der Übertretung Adams.

Röm 3,19–20 beschreibt eine Gerichtsszene: Der κόσμος steht vor seinem Richter wie ein Angeklagter, der nicht in der Lage ist, Entlastendes zu den gegen ihn erhobenen Anschuldigungen vorzubringen. Dementsprechend kann der Ausdruck πᾶς ὁ κόσμος dann durch πᾶν στόμα (V. 19) und πᾶσα σάρξ (V. 20) ersetzt bzw. aufgenommen werden. Obwohl die drei Ausdrücke nicht synonym sind, sind sie referenzsemantisch isotop, denn sie

[26] S.o. Anm. 10.

[27] τὰ πάντα ist Neutrum und bezeichnet die Gesamtheit aller Dinge (s.o. bei Anm. 8).

[28] Hier und in Röm 11,12, wo Paulus in ähnlicher Weise vom „Reichtum der Welt (πλοῦτος κόσμου)“ spricht und diesen Ausdruck mit πλοῦτος ἐθνῶν parallelisiert, verweist der κόσμος-Begriff auf die Gesamtheit der nichtjüdischen Völker.

[29] Röm 5,12 endet auch schon bei Paulus anakoluthisch.

verweisen auf ein und dasselbe Denotat: die Gesamtheit aller menschlichen Individuen. In Röm 5,12–14 kann εἰς τὸν κόσμον in derselben Weise durch εἰς πάντας ἀνθρώπους oder einfach durch πάντες aufgenommen werden. Wenn Paulus in V. 13 schreibt, dass „(schon) vor dem Gesetz Sünde in der Welt war", so will er dadurch nichts anderes zum Ausdruck bringen, als dass auch schon die Menschen zwischen Adam und Mose sündigten. Als Erkenntnisgrund für diese Feststellung dient ihm der Sachverhalt, dass die Menschen auch schon zwischen Adam und Mose dem Tod unterworfen waren, obwohl ihre Sünde nicht die Gestalt der Gebotsübertretung hatte. Beide Texte korrespondieren insofern miteinander, als Paulus mit ihrer Hilfe das Wesen der Menschheit charakterisieren will. Sie rahmen die Geschichte der Menschheit ein und interpretieren sie als eine Geschichte der Sündhaftigkeit. Daraus können wir die Schlussfolgerung ziehen, dass die Menschen nicht gegen ihren Willen *in den* von ihnen zu unterscheidenden κόσμος eingebunden sind, sondern dass sie selbst der κόσμος *sind.*

Wenn wir noch einen Schritt weitergehen und danach fragen, wie dieser theologische Zusammenhang sich in den übergreifenden Kontext der paulinischen Theologie einfügt, fällt die Antwort nicht schwer. Was Paulus hier über die Gesamtheit *aller* Menschen als κόσμος sagt, dessen Einheitlichkeit und Gleichförmigkeit durch die Sünde hergestellt wird[30], ist ein integraler Bestandteil seines Rechtfertigungsverständnisses: Genauso wie Gott jedes menschliche Individuum – sei es Jude oder Heide – einzig und allein durch Glauben für gerecht erklärt, befindet sich jedes menschliche Individuum – sei es Jude oder Heide – unter der Herrschaft der Sünde. Zwei Texte lassen die als Anthropologie konzipierte Korrespondenz von „Kosmologie" und Soteriologie deutlich hervortreten. Beide finden sich im Römerbrief, und beide beginnen mit denselben Worten: „Denn es gibt keinen Unterschied" (οὐ γάρ ἐστιν διαστολή; Röm 3,22b; 10,12a). In Röm 3,23 lautet die Erklärung: „denn alle haben gesündigt und entbehren der Herrlichkeit Gottes", während Paulus in Röm 10 erst Jes 28,16 zitiert („keiner, der an ihn glaubt, wird zuschanden werden"; V. 11), und dann fortfährt: „Denn es gibt keinen Unterschied zwischen einem Juden und einem Griechen, denn es ist ein und derselbe Herr über allen, der reich ist für alle, die ihn anrufen". Die Soteriologie, die Paulus hier vorträgt, macht die Unterscheidung zwischen Juden und Heiden theologisch bedeutungslos und sagt allen Glaubenden die Rechtfertigung zu, denn glauben kann jeder.[31] Die als Anthropologie konzipierte „Kosmologie", die Paulus vor allem im Römerbrief, aber auch im Galaterbrief vorträgt, fungiert in diesem Rahmen als pointierter theologischer Gegenentwurf zur jüdischen Erwählungstheologie, mit der Paulus sich in diesen beiden Briefen auseinandersetzt.

Mit dem Vorstehenden ist die Breite der paulinischen κόσμος-Theologie aber noch nicht vollständig erfasst. Erst ein weiterer Aspekt rundet das Bild ab.

[30] Vgl. auch Joh 1,29 mit der Rede von der „Sünde der Welt". Gemeint ist: „die Sünde aller Menschen".
[31] Vgl. vor allem Röm 1,16; 3,20.22–23.28–30; 10,4.11–12; 15,8–12; Gal 2,15–16.

3. *„Wir" und der κόσμος: „Kosmologie" als Ekklesiologie*

Für die Wechselbeziehung von „Kosmologie" und Ekklesiologie sind zwei Aspekte von Bedeutung: Zum einen stehen sich „Kirche" – oder besser: das „Wir" bzw. „Ihr" der Christen – und der κόσμος antithetisch gegenüber, und zum anderen besteht der κόσμος auch in diesem Kontext aus Menschen. Die Verknüpfung dieser beiden Aspekte macht es möglich, das semantische Profil der ekklesiologischen Bedeutung, die Paulus den κόσμος-Begriff in diesem Zusammenhang gewinnen lässt, präzise darzustellen. Auch hier fungiert der κόσμος-Begriff als Kollektivum, doch hat er ein anderes Denotat als in den Texten, die im vorangegangenen Abschnitt besprochen wurden: Anders als z.B. in Röm 3,19 oder 5,12–14 bezeichnet Paulus mit ihm jetzt alle Menschen, die nicht an Jesus Christus glauben.[32] Er teilt diesen semantischen Gebrauch vor allem mit dem Johannesevangelium, denn auch hier stehen sich die Gemeinschaft der Jünger Jesu und der κόσμος antithetisch gegenüber.[33]

Die spezifisch paulinische Rezeption dieser Konstellation können wir nach zwei Seiten hin entfalten:

3.1 Die eine Seite lässt sich mit einer Formulierung charakterisieren, auf die Konrad Stock in dem Abschnitt seiner *Einleitung in die Systematische Theologie* zurückgegriffen hat, in dem es um „die soziale Gestalt des Glaubens" geht: *„Kirche für die Welt"*.[34] Bei Paulus findet sich die mit ihr bezeichnete Vorstellung in

Phil 2,14–15: (14) Alles tut ohne Murren und Zweifel, (15) damit ihr untadelig und lauter seid, Kinder Gottes ohne Makel inmitten eines verdorbenen und verdrehten Geschlechts (μέσον γενεᾶς σκολιᾶς καὶ διεστραμμένης), unter denen ihr scheint als[35] Lichter in der Welt (ἐν οἷς φαίνεσθε ὡς φωστῆρες ἐν κόσμῳ).

Für das sachgerechte Verständnis des Textes ist entscheidend, dass das „Ihr", das Paulus in diesen beiden Versen anredet, ein ekklesiales „Ihr" ist. Es bezeichnet nicht das christliche Individuum, sondern die christliche Gemeinde in ihrer Gesamtheit.[36] Es bezieht sich damit auf dasselbe „Ihr", das Paulus anderenorts „Tempel Gottes" (1Kor 3,16–17; 2Kor 6,16) oder „Leib Christi" (1Kor 12,27) oder „Kinder Gottes" (Gal 3,26) nennt.[37] Dem entspricht, dass er den Singular γενεὰ σκολιά καὶ διεστραμμένη zunächst im Wege einer

[32] Vgl. in dieser Hinsicht auch die Gegenüberstellungen in 1Kor 5,10 und 2Kor 1,12.

[33] Vgl. Joh 1,10c; 7,7; 14,17.19.22.27.30.31; 15,18.19; 17,9.11.21. Wir haben also bei Johannes genau dieselbe semantische Ambiguität wie bei Paulus: Als κόσμος bezeichnet wird einerseits die gesamte Menschheit und andererseits die Gesamtheit der Menschen, die nicht glauben, dass man es in Jesus mit Gott zu tun bekommt.

[34] STOCK, Einleitung (s. Anm. 15), 233.241.

[35] ὡς nimmt hier nicht einen Vergleich („wie") vor, sondern bezeichnet die Eigenschaft der angeredeten „Ihr" (vgl. W. BAUER, Griechisch-deutsches Wörterbuch zu den Schriften des Neuen Testaments und der übrigen urchristlichen Literatur, Berlin/New York [6]1988, 1791–1792 [s.v. ὡς III]).

[36] Vgl. auch U. B. MÜLLER, Der Brief des Paulus an die Philipper (ThHK 11/I), Leipzig 1993, 118–119.

[37] Es sollte nicht unbeachtet bleiben, dass Paulus gerade nicht sagt, „die Kirche ist der Tempel Gottes" oder „die Kirche ist Leib Christi" usw., sondern immer: „ihr seid der Tempel Gottes" und „ihr seid Leib Christi". Es sind immer die Menschen, die ekklesiologisch qualifiziert werden, nicht die Institution.

constructio ad sensum[38] mit einem pluralischen Relativpronomen (ἐν οἷς) aufnimmt und dann in das Kollektivum κόσμος überführt. Hierin kommt zum Ausdruck, dass auch an dieser Stelle der κόσμος aus Menschen besteht. Von Bedeutung ist, dass Paulus dabei eine intertextuelle Anspielung auf die Septuaginta-Fassung von Dtn 32,5 vornimmt, wo es von Israel heißt: „Sie haben gesündigt, gehören nicht zu ihm, tadelnswerte Kinder, ein verdorbenes und verdrehtes Geschlecht" (ἡμάρτοσαν, οὐκ αὐτῷ, τέκνα μωμητά, γενεὰ σκολιὰ καὶ διεστραμμένη). Er verdreht den Sinn des Praetextes freilich in sein Gegenteil, indem er ein gegen Israel gerichtetes Scheltwort zu einem paränetischen Wort an die christliche Gemeinde macht und dabei alle invektivischen Prädikate auf die nichtchristliche Mehrheitsgesellschaft überträgt, während das Gottesvolkprädikat („Kinder") für die christliche Gemeinde reserviert bleibt. Diese Konstellation verbindet Phil 2,15 über die hier verwendete Metaphorik mit Jes 42,6 und 49,6, wo der Gottesknecht aus Israel zum „Licht der Völker" gemacht wird. Diese Konstellation wird in der Weise in Phil 2,15 aufgenommen und modifiziert, dass Paulus das Gegenüber von Israel und den Völkern in das Gegenüber von christlicher Gemeinde und κόσμος überführt. Der christlichen Gemeinde schreibt er dabei die Aufgabe zu, ihre Lebensführung so zu gestalten, dass sie das Heil Gottes innerhalb ihrer nichtchristlichen Mehrheitsgesellschaft erkennbar werden lässt.

Von Phil 2,15 inhaltlich nicht weit entfernt ist vor allem

Mt 5,14a mit seiner Entfaltung in V. 15–16: (14a) „Ihr seid das Licht der Welt (τὸ φῶς τοῦ κόσμου) [...]. (15) Man zündet ja auch nicht eine Lampe an und stellt sie unter den Scheffel, sondern auf den Leuchter. So leuchtet sie allen, die im Hause sind. (16) So soll euer Licht leuchten vor den Menschen, damit sie eure guten Werke sehen und euren Vater in den Himmeln preisen.

Κόσμος (V. 14a) wird in V. 16a durch das referenzsemantisch isotope „Menschen" aufgenommen, und beide Wörter referieren in komprehensiver Weise auf die nichtchristliche Umwelt der matthäischen Gemeinde. Obwohl Paulus und Matthäus ansonsten sehr viel voneinander trennt, liest sich Mt 5,14 wie eine konkretisierende Erläuterung von Phil 2,15.

3.2 Auf der anderen Seite gibt es aber auch Texte, in denen Paulus das antithetische Gegenüber von Gemeinde und „Welt" (κόσμος) thematisiert. Als Ausgangspunkt für die Darstellung kann *1Kor 1,18–25* fungieren, denn hier verdichtet sich das genannte Gegenüber mehr als anderswo:

(18) Das Wort vom Kreuz ist für die, die ins Verderben gehen (τοῖς ἀπολλυμένοις), eine Torheit. Für die aber, die gerettet werden (τοῖς δὲ σῳζομένοις), für uns (ἡμῖν), ist es eine Kraft Gottes. (19) Denn es steht geschrieben: Ich werde die Weisheit der Weisen zunichte machen, und die Klugheit der Klugen werde ich wertlos machen. (20) Wo *(gibt es da noch)* einen Weisen, wo einen Gelehrten, wo einen Erforscher dieses Äons? Hat nicht Gott die Weisheit der Welt (τὴν σοφίαν τοῦ κόσμου) zur Torheit gemacht? (21) Denn weil der κόσμος auf Grund der Weisheit Gottes durch *(seine)* Weisheit Gott nicht erkannt hat, hat es Gott gefallen, durch die Torheit der Botschaft diejenigen, die glauben (τοὺς πιστεύοντας), zu retten. (22) Denn Juden fragen nach Zeichen, und Griechen suchen Weisheit. (23) Wir aber verkündigen Christus als Gekreuzigten; für die Juden *(ist das)* ein Ärgernis, für die Heiden eine Torheit, (24) für die Berufenen selbst aber (αὐτοῖς δὲ τοῖς κλητοῖς) – für Juden wie für Griechen – *(ist es)* Christus, Gottes Kraft und Gottes Weisheit. (25) Denn das

[38] Vgl. F. BLASS / A. DEBRUNNER, Grammatik des neutestamentlichen Griechisch, bearb. v. F. Rehkopf, Göttingen [14]1976, § 134,1: Wenn „ein Kollektivum, das eine Mehrheit von Personen in einem singularischen Nomen zusammenfaßt, so konstruiert wird, als ob die Personen selbst im Plural stünden".

Törichte Gottes (τὸ μωρὸν τοῦ θεοῦ) ist weiser als die Menschen, und das Schwache Gottes ist stärker als die Menschen.

Die ekklesiologische Substruktur der paulinischen Darstellung wird vor allem an der Referenz des antithetischen Gegenübers erkennbar, das den gesamten Text bestimmt: Auf der einen Seite steht der κόσμος (V. 20.21), der das Wort vom Kreuz für ein Ärgernis und eine Torheit hält (V. 18a.23b) und darum ins Verderben geht (V. 18a). Ihm stehen die „Wir" (V. 18b) gegenüber, die Paulus auch „die Glaubenden" (V. 21b) und „die Berufenen" (V. 24) nennt, die das Wort vom Kreuz für eine „Kraft Gottes" und für „Gottes Weisheit" halten (V. 18b.24) und die darum gerettet werden (V. 18b).

Worum es inhaltlich geht, ist nicht schwer zu verstehen: Paulus will der Gemeinde in Korinth deutlich machen, dass der Christus-Glaube die Gewissheit impliziert, dass Gott ausgerechnet durch einen grausamen und entehrenden Kreuzestod zum Heil aller Menschen gehandelt hat.[39] Eine solche Behauptung kann aber – das stellt Paulus hier fest – nach den Maßstäben der „Welt" nichts anderes als „Torheit" sein. Weil der christliche Glaube einem Kreuzestod Heilsbedeutung zuschreibt, tritt er in einen fundamentalen und nicht überbrückbaren Gegensatz zu demjenigen Gefüge von Werten und Normen, das bei den Menschen, die diesen Glauben nicht teilen, bzw. – paulinisch gesprochen – in der „Welt" in Geltung steht.

Von 1Kor 1,18–25 nicht weit entfernt ist

Gal 6,14–15: (14) Für mich[40] soll es nichts zu rühmen geben als allein das Kreuz unseres Herrn Jesus Christus, durch das mir die Welt (ὁ κόσμος) gekreuzigt ist und ich der Welt (τῷ κόσμῳ). (15) Denn weder Beschneidung gilt etwas noch Vorhaut, sondern neue Schöpfung (καινὴ κτίσις).

Auch hier ist es die Deutung von Jesu Tod am Kreuz, die die Existenzorientierung der Christus-Glaubenden grundsätzlich von derjenigen aller anderen Menschen trennt. Darüber hinaus sind die beiden Texte auch dadurch miteinander verbunden, dass hier wie dort die Aufhebung des Unterschieds zwischen Juden und Heiden zum Ausdruck gebracht wird. In 1Kor 1,18–25 finden sich Juden und Heiden auf beiden Seiten: sowohl unter denen, die das „Wort vom Kreuz" für eine „Torheit" halten (V. 22.23), als auch auf Seiten derer, die es als „Gottes Kraft und Gottes Weisheit" wahrnehmen (V. 24). In Gal 6,14–15 stellt Paulus die Unterscheidung zwischen Juden und Heiden als ein Charakteristikum der „Welt" dar, die dadurch ihr Ende gefunden hat und durch eine „neue Schöpfung" ersetzt worden ist, dass Gott den Kreuzestod Jesu zu einem Heilsereignis gemacht hat.

Damit kommt nun aber ein weiteres Element in den Blick, das die beiden Texte miteinander verbindet: *das Gegenüber von Gott und Welt.* In Gal 6,14–15 stellt Paulus dieses Gegenüber dadurch her, dass er den durch Gottes Heilshandeln ins Werk gesetzten Paradigmenwechsel als „neue Schöpfung" bezeichnet und dadurch Gott ins Spiel bringt, denn niemand anderer als Gott selbst kommt natürlich als Schöpfer in Frage. Paulus hebt damit

[39] JOSEPHUS nennt den Kreuzestod „die jämmerlichste unter den Todesarten" (Bell. 7,203), und für CICERO ist sie die „grausamste und abstoßendste Hinrichtung" (Verr. 2,5,165). Zum Image der Kreuzesstrafe in der Umwelt des frühen Christentums vgl. immer noch M. HENGEL, Mors turpissima crucis, in: ders., Kleine Schriften. VI. Studien zum Urchristentum, Tübingen 2008, 594–652.

[40] Die 1. Person Singular ist hier paradigmatisch zu verstehen und soll alle Christus-Glaubenden einschließen (s. auch 1Kor 6,12.15; 10,29–30; 13,1–3.11–12; 14,11.14–15; Gal 2,18–20).

das Gegenüber von christlicher Gemeinde und nichtchristlicher „Welt" auf eine übergeordnete Ebene und macht es in einer Weise zu einem Teilaspekt des grundsätzlichen Gegenübers von Gott und „Welt", aus der hervorgeht, dass es eigentlich niemand anderer als *Gott selbst* ist, der in der christlichen Gemeinde der „Welt" gegenübertritt. In 1Kor 1,26–28, d.h. in unmittelbarem Anschluss an den oben zitierten Text, wird deutlich erkennbar, wie sich das Gegenüber von „Welt" und Gemeinde zur Konfrontation der „Welt" mit Gott verschiebt: Paulus beginnt zunächst mit der Gemeinde:

1Kor 1,26: Schaut doch auf eure Berufung, Brüder: Es gibt nicht viele Weise nach dem Fleisch, nicht viele Mächtige, nicht viele Hochgeborene.

In der Fortsetzung lenkt er dann den Blick auf Gott und lässt dessen Gegenüber zur „Welt" sich im Gegenüber von Gemeinde und „Welt" abbilden:

1Kor 1,27–28: (27) Sondern das Törichte der Welt (τὰ μωρὰ τοῦ κόσμου) hat Gott erwählt, damit er die Weisen zuschanden mache, und das Schwache der Welt (τὰ ἀσθενῆ τοῦ κόσμου) hat Gott erwählt, damit er das Starke zuschanden mache, (28) sowie das Niedriggeborene der Welt (τὰ ἀσθενῆ τοῦ κόσμου) und das Verachtete hat Gott erwählt, das, was nichts ist, damit er das, was ist, zunichte mache.

Interessant sind in diesen Versen die drei Genitiv-Konstruktionen. Grammatisch handelt es sich um einen „Genitiv der Zugehörigkeit" *(genitivus pertinentiae)*[41], der den kognitiven Geltungsbereich oder die Sinnwelt angibt, in dem bzw. in der etwas als „töricht", „schwach" oder „niedriggeboren" gilt. Es ist insofern gleichbedeutend mit κατὰ σάρκα, mit welchem Ausdruck Paulus in V. 26 sowie auch sonst oft[42] eine Wirklichkeitsannahme kennzeichnet, die auf einer alltagsweltlichen, d.h. von Gott absehenden Wahrnehmung basiert. In 1Kor 1,18–28 und Gal 6,14–15 geht dieses Gegenüber von Gott und „Welt" mit einer Inversion von Werten und Normen einher, die das, was in der symbolischen Sinnwelt des κόσμος als „Torheit" gilt, in der von Gott neu geschaffenen Sinnwelt zur „Weisheit" werden lässt und umgekehrt und die es darum sogar möglich macht, im abgründigen Geschehen eines Kreuzestodes das eschatische Heilshandeln Gottes wahrzunehmen.

4. *Rückblick*

Genauso wie das deutsche Wort „Welt" ist das griechische Wort κόσμος im Neuen Testament ein Polysem, das äquivok gebraucht werden kann: Es kann sowohl die Gesamtheit des physikalischen Universums bzw. alles Seiende innerhalb dieser Totalität bzw. – theologisch gesprochen – die Gesamtheit von Gottes Schöpfung (Abschn. 1) bezeichnen als auch die Gesamtheit des von den Menschen bewohnten oder ihnen zugänglichen Erdkreises bzw. die Gesamtheit aller Menschen (Abschn. 2) sowie schließlich die Gesamtheit aller

[41] H. v. SIEBENTHAL, Griechische Grammatik zum Neuen Testament, Gießen/Basel 2011, 235. S. auch D. ZELLER, Der erste Brief an die Korinther (KEK 5), Göttingen 2010, 118 Anm. 199: „Der Genitiv τοῦ κόσμου bezeichnet die Zugehörigkeit der substantivierten neutrischen Adjektive zu einem Bereich, der die Wertung vornimmt."

[42] In 2Kor 5,16 nennt Paulus sie ein εἰδέναι bzw. γιγνώσκειν κατὰ σάρκα; s. aber auch z.B. Röm 1,3; 4,1; 9,3.5; Gal 4,23.29.

Menschen außerhalb der „Kirche" (Abschn. 3). In diesen Zusammenhang gehört möglicherweise auch, dass im Neuen Testament zwar wiederholt ein „kommendes Zeitalter" (αἰὼν μέλλων/ἐρχόμενος)[43] oder „ein neuer Himmel und eine neue Erde" angekündigt werden[44], niemals aber so etwas wie „ein neuer κόσμος". Von ihm wird vielmehr nur eines erwartet: dass er „vergeht" (παράγεται; 1Joh 2,17; s. auch 1Kor 7,31).

Wenn wir auf dieser Grundlage nach der Besonderheit des paulinischen Redens vom κόσμος im Rahmen seines neutestamentlichen Umfelds fragen, kann man vielleicht sagen: Paulus selbst hat an dem, was wir heute unter „Kosmologie" verstehen, kein Interesse. Für ihn hat der κόσμος ein menschliches Gesicht und spricht mit einer menschlichen Stimme. Dass gerade hierin das individuelle Profil der paulinischen „Kosmologie" greifbar wird, hat zwei Ursachen: Zum einen spiegelt sich in ihr die soziale und kognitive Randgruppen- und Außenseitersituation der christlichen Gemeinden innerhalb der nichtchristlichen Mehrheitsgesellschaft. Mit dem κόσμος-Begriff zieht Paulus eine kategoriale Grenze zwischen „allen, die an jedem Ort den Namen unseres Herrn Jesus Christus anrufen" (1Kor 1,2), auf der einen Seite und allen übrigen Menschen, die das nicht tun. Zum anderen hat die von Paulus als Anthropologie betriebene „Kosmologie" ihr Widerlager in einem zentralen Element seiner Theologie, das er in seinen Briefen immer wieder in den Vordergrund stellt[45]: dass die kulturellen, sozialen, geschlechtlichen oder ethnischen Unterschiede zwischen den Menschen für deren Gottesverhältnis bedeutungslos sind. Vor Gott sind alle Menschen gleich, und darum kann Paulus sie unter dem Kollektivbegriff „Welt" subsumieren.

[43] Vgl. Mt 12,32; Mk 10,30par. Lk 18,30; Lk 20,35; Hebr 6,5. – Diese Erwartung nimmt das aus dem frühen Judentum stammende „Zwei-Äonen-Schema" auf (vgl. vor allem 4Esra 7,50: „Nicht *unum saeculum* hat der Höchste geschaffen, *sed duo*"; äthHen 71,15; ApkAbr 29,2.7.11.12 u.a. sowie die bei P. BILLERBECK, Kommentar zum Neuen Testament aus Talmud und Midrasch IV/1, München [6]1975, 799–857.968–976 genannten Texte; s. auch T. HOLTZ, Art. αἰών, ῶνος, ὁ, EWNT 1 (1980) 105–111, hier 109–110.

[44] 2Petr 3,13; Apk 21,1; vgl. auch 21,5. Im Hintergrund steht Jes 65,17.

[45] Vgl. vor allem Röm 1,16–17; 3,9.22f.28–30; 10,12–13; 1Kor 12,12–13; Gal 3,28; 5,6; 6,15.

Michael Kuch

„RECREATION DES GEMÜTS“ – ANALYSEN UND REFLEXIONEN

Zur Bedeutung der Tonsprache Johann Sebastian Bachs

1. Bach – eine Annäherung[1]

Bach – das ist für mich die Quelle der Musik.

Ich liebe die Musik in ihren unerschöpflichen Variationen. Ein Satz aus einer Sonate Mozarts kann der Seele Flügel verleihen. Ein Nocturne von Chopin birgt uns in süßer Melancholie, die in anderer, unvergleichlicher Weise auch die Lieder Schuberts durchzieht. Und die Zerrissenheit in den Stücken Schumanns – innige Zartheit und wildes Aufbäumen lösen einander unmittelbar ab – berührt, ja erschüttert mich. Aber mich begleiten auch die Songs eines Poppoeten wie Cat Stevens, die bis heute nachgesungen werden. Die Lieder und die Lebenslinien der Comedian Harmonists erscheinen mir als ein Beispiel für die Möglichkeiten und die Grenzen der Musik in düsterer Zeit. Und wenn ich etwa von Chava Alberstein jiddische Lieder höre, möchte ich mit ihr einmal lachen, dann wieder weinen, und ich denke mir: Solche Seelentiefen muss jemand erst einmal ausloten!

Aber die ursprüngliche Musikliebe, sie gilt Johann Sebastian Bach. Für mich ist er, der Beethoven zufolge wegen seiner Unerschöpflichkeit „Meer“ heißen sollte, eine immer lebendig sprudelnde Quelle der Musik. Mit ihm hat meine Liebe zur Musik angefangen. Das bekannte C-Dur-Präludium aus dem *Wohltemperierten Klavier* ist mir zum musikalischen Ursprungserlebnis geworden. Und als ich in jungen Jahren zum ersten Mal die Matthäuspassion hörte, wurde das für mich auch zu einer bleibenden religiösen Erfahrung. Denn diese Musik entspringt im Grunde einer großen Inspiration: Bachs Quelle ist der Glaube.

Gleich, ob er für den weltlichen Hof die sechs *Brandenburgischen Konzerte* schreibt oder für den sakralen Raum eine seiner zahlreichen Kantaten – alles ist an eine Adresse gerichtet: *„Soli Deo Gloria“*, Allein Gott zur Ehr'. Mit den berühmten drei Buchstaben *S.D.G.* kennzeichnet er seine Werke. Die Unterscheidung in weltliche oder geistliche Musik oder auch die Trennung zwischen ernster und unterhaltender Musik existiert für Bach nicht. Er komponiert universal, umfassend. Lange Zeit hat man in ihm nur den Meister des Kontrapunkts, des Prinzips konsequent durchgeführter Mehrstimmigkeit gesehen. Aber er steckt ebenso voller Emotion und Leben. Jubelnd schallende Fanfaren oder klagend

[1] In dieser Annäherung greife ich einleitend einige Gedanken und Formulierungen von mir auf, die erstmals erschienen sind in: M. KUCH, Evangelische Spiritualität: Musik, in: N. Dennerlein/ M. Rothgangel (Hg.), Evangelischer Lebensbegleiter, Gütersloh 2007 (^{2}2019), 418–421.

absteigende Tonfolgen, harte Dissonanzen und warme Harmonien – das Spektrum seiner Tonsprache reicht bis in die Extreme. Sie umfasst die gesamte Welt menschlicher Empfindungen. Vielleicht ist das auch der Grund, weshalb sie in ganz unterschiedlichen Kulturen verstanden werden kann. In Bachs Musik entdecken wir eine weltumspannende Menschlichkeit.

Denn neben Gott ist sie, zugleich und damit untrennbar verbunden, dem Menschen gewidmet, genauer: seiner Seele, seinem Gemüt. In einer nüchternen Abhandlung über den Generalbass lässt Bach, fast nebenbei, eine Bemerkung fallen, die zu den tiefsinnigsten Beschreibungen der Musik gehören dürfte: Sie ist letztlich zur „Recreation des Gemüts" da. Dass sie diese Möglichkeit schafft und den Raum dafür eröffnet, ist „Finis und End Ursache" der Musik, also ihr wahrer Grund und ihr eigentliches Ziel:

> „Der General Baß ist das vollkommenste Fundament der Music, welcher mit beiden Händen gespielet wird, dergestalt, dass die linke Hand die vorgeschriebenen Noten spielet, die rechte aber Con- und Dissonantien dazu greift, damit diese eine wohlklingende Harmonie gebe zur Ehre Gottes und zulässiger Ergötzung des Gemüts und soll wie alle Music, also auch des General Basses Finis und End Ursache anderes nicht, als nur zu Gottes Ehre und Recreation des Gemüts sein. Wo dieses nicht in Acht genommen wird, da ists keine eigentliche Music, sondern ein teuflisches Geplärr und Geleier."[2]

Recreation des Gemüts – wir würden heute vielleicht von Erholung oder Entspannung, von Work-Life-Balance und Stressabbau reden. Aber alles das berührt bestenfalls die Oberfläche dessen, worauf Bachs Formulierung zielt. Wörtlich übersetzt müsste man von „Wiedererschaffung des Gemüts" sprechen, von Erneuerung der Seele, ja des ganzen Menschen. Und dessen bedürfen wir immer wieder, denn nichts kann sich so aufreiben und abnützen wie der Mensch. „Es gibt Zeiten, da habe ich nicht etwa die Traurigkeit, sondern die Traurigkeit hat mich", schreibt der Liederdichter *Wolf Biermann* in einem Traktat über Bachs Kantate „Ich hatte viel Bekümmernis". Und weiter: „Wer humpelt, sucht eine Krücke. Und meine Seelenkrücke fand ich in Bachs Kantate."[3] Im Medium der Musik kann die Seele Fassung und Halt bekommen. Was auseinanderdriftet oder auseinanderfällt, wird in Klängen, Worten und Melodien aufgehoben; es beginnt sich neu zusammenzufügen. Und in besonderen Augenblicken stellt sich eine wunderbare „Leichtigkeit des Seins" ein.

Jeder und jede kann das erfahren, mit den unterschiedlichsten Arten von Musik. Entscheidend ist, dass sich jemand darin unterbringen kann. Dann können wir in eine gehörte oder gesungene Melodie vollkommen eintauchen. Die Seele schwingt sich auf sie ein, der Atem kommt und geht in ihrem Takt. Wir lassen uns davon gefangen nehmen. Am Ende werden wir wieder entlassen: um ein Stück getröstet, bestärkt, befreit. Und dazwischen gibt es eine Möglichkeit, die so nur die Musik schafft. Wörter, Rufe, Themen können viele Male wiederholt werden. Ein „Kyrie eleison" zum Beispiel kann man ein-, zwei- oder dreimal sprechen, ohne dass es seltsam berührt. Gesungen oder musiziert kann es in endlosen

[2] J. S. BACH, Gründlicher Unterricht des General-Basses. Cap. 2: Von der Definition (1738). Zit. nach: M. Fischer (Hg.), Da berühren sich Himmel und Erde. Musik und Spiritualität. Eine Anthologie, Zürich 1998, 99–100.

[3] W. BIERMANN, Ich hatte viel Bekümmernis. Meditation zur Kantate Nr. 21 von J. S. Bach, Zürich 1991, 20.

Variationen gerufen, vielleicht auch geschrien werden – und in jeder kommt eine Facette unseres ebenso wunderbaren wie zerbrechlichen Lebens zum Ausdruck.

„Ja, und was ist das denn: Erfahrung der Musik?", fragt *Konrad Stock* in einer Meditation über das Lied „Gott ist gegenwärtig". Und er führt aus:

> „Klänge, Akkorde, Melodien, Bögen von einem Anfang bis hin zu einem Ende dringen ein in unser Gehör und erzeugen in unserer Seele eine nachhaltige Resonanz. Ob es sich nun um ganz einfache und um ganze freie Töne handelt, die jemand vor sich hinpfeift, ober ob es sich um eine kunstvolle Komposition handelt – meinetwegen um den Anfang von Bachs Matthäus-Passion: Die Erfahrung der Musik scheint etwas Lösendes und etwas Befreiendes zu haben. Klänge, Akkorde, Töne, Melodien: sie sind etwas in dieser physischen, in dieser natürlichen Welt. Dennoch schweben sie darüber hinaus und heben sich von ihr ab."[4]

Diese Erfahrung der Musik will ich im Folgenden in der Auseinandersetzung mit einigen ausgewählten Werken Bachs im Blick auf ihren ästhetischen und theologischen Gehalt genauer ergründen. Dabei steht jede musiktheoretische Abhandlung vor dem Dilemma, dass sie ihrem eigentlichen Gegenstand immer nur in eingeschränkter Weise gerecht werden kann. *Musik wird gehört, gespielt, gespürt,* sie stellt ein sinnlich-affektives Geschehen und Erleben par excellence dar. Die Reflexion über die Musik hingegen vollzieht sich in gedanklicher Abstraktion, sie ist sprachlich durch Gedanken und Texte vermittelt. Das liegt in der Natur der Sache, muss ihr aber keinen Abbruch tun. Zeigt sich darin doch ein genereller Sachverhalt, der für alle affektiv vermittelten Erfahrungen und ihre Beschreibungen zutrifft: Die Beschreibung ist immer von der Erfahrung unterschieden, kann sich aber erhellend und deutend auf sie in ihren wesentlichen Aspekten beziehen. Das gilt grundsätzlich auch hier.

Darüber hinaus gibt es einen weiteren, spezifischen Zusammenhang zwischen der Erfahrung der Musik und der durch Worte vermittelten Annäherung an sie. Er hat mit der Musik selbst zu tun. Sie wird nämlich ihrerseits durch Notationen, Partituren oder Arrangements – ob schriftlich fixiert oder gedanklich festgehalten – tradiert. Durch diese Zwischeninstanz erklingt sie als Interpretation eines vorgegebenen „Textes", wie differenziert oder schematisch dieser auch ausformuliert ist und vorliegt. Dies gilt im Grunde für jede Art von Musik, sofern sie sich nicht in gänzlich freier Improvisation entwirft.[5] In besonderer Weise gilt es für die Kompositionen Bachs. Sie können und wollen in gewisser Weise auch *als Texte* verstanden und aufgefasst werden. Das meint nicht nur seine Vokalwerke, bei denen das gesungene Wort von direkt tragender Bedeutung ist. Es meint in anderer Weise auch und gerade seine rein instrumentalen Stücke in ihrer kompositorischen Ausformung. Es ist keineswegs nur metaphorische Ausdrucksweise, wenn wir in diesem Zusammenhang von einem *Notentext* reden. Denn das Notenbild an sich weist bereits

[4] K. STOCK, „Gott ist gegenwärtig". Predigt über Gerhard Tersteegens Lied (EG 165), in: E. Gräb-Schmidt/R. Preul (Hg.), Ästhetik (MJTh XXII), Leipzig 2010, 101.

In vergleichbarer Weise hat jetzt *Thea Dorn* diese Erfahrung treffend beschrieben: „Als Partitur, als Instrument, als Schallplatte, ja vielleicht sogar als digitaler Track *ist* sie [die Musik]. Auch als Klang besteht sie immer noch aus Schallwellen, ist also immer noch *etwas*. Aber das *Eigentliche* an ihr hat mit dem Reich der Physik nichts mehr zu tun, ist schiere Metaphysik: verklingen, verschweben und trotzdem nicht ganz verschwunden sein." (T. DORN, Trost. Briefe an Max, München 2021, 92.)

[5] Doch selbst in diesem Fall, der uns etwa in verschiedenen Spielarten des Jazz begegnet, spielen zumindest *internalisierte* Klangmuster und -formen bei den Interpreten eine Rolle, die sich zum Beispiel im spontanen Rückgriff auf bestimmte musikalische Standards zeigen.

Elemente einer Botschaft auf, welche entziffert und kenntlich gemacht werden kann. Der Notentext ist *lesbar;* er ist Ausdruck einer notierten *Tonsprache.* Und er nimmt – zumindest wenn er uns in Bachs eigener Handschrift begegnet – selbst schon den Charakter eines *Kunstwerkes* an.[6]

Aus diesem Grund werden im Folgenden Notenbeispiele und ihre Interpretation an verschiedenen Stellen eine wichtige Rolle spielen. Einzelne Stücke aus dem Klavier- und Instrumentalwerk Bachs kommen dabei beispielhaft in den Blick. Mit ihrer Analyse werden zugleich Verbindungen zu seinem weiteren Schaffen deutlich. In einer abschließenden Betrachtung will ich die gewonnenen Einsichten dann als kurzes Postludium in einen theologischen Deutungszusammenhang stellen.

Freilich behalten diese Ausführungen in Bezug auf ihren Gegenstand, Bachs Musik, notwendiger Weise einen vorläufigen bzw. vorbereitenden Charakter. Ihr Ziel haben sie im Grunde erst erreicht, wenn sie den Leser und die Leserin dazu inspirieren, die Erfahrung der Musik selbst zu machen. Doch kann die genaue „Lektüre" des Notentextes umgekehrt das Hören, Spielen, Fühlen und Wahrnehmen auch anstoßen und orientieren. In jeder Erfahrung, also auch der musikalischen, ist ein Moment von Deutung enthalten. In diesem Sinne versuche ich die Deutungsräume zu erkunden, die uns Bachs Tonsprache in der Form ihrer Texte eröffnet und zuspielt.

2. Präludium

Johann Sebastian Bachs *Präludium in C-Dur* BWV 846 – was ist das?

35 Takte Musik, entstanden ursprünglich in pädagogischer Absicht („der gelehrigen Jugend zur Übung"), die durch die Übernahme ins Notenbüchlein für Anna Magdalena zur Liebeserklärung transformiert wurden. Seinen Zielpunkt findet das Stück, indem es zum

[6] Dass das Notenbild in *Bachs Handschrift* Züge eines Kunstwerkes trägt, hat *Yehudi Menuhin* eindrucksvoll beschrieben. Für ihn wurde die Betrachtung von Bachs Handschrift selber schon zum ästhetischen Ereignis: „Schaue ich auf Bachs Handschrift, so meine ich einen Himmelskörper in Bewegung zu sehen und Zeuge zu sein, wie sich eine Naturerscheinung entfaltet nach der unabänderlichen Weltordnung, in welcher der Mensch nur ein Bruchteil ist. Kein Wunder, dass wir Bachs Musik als universal empfinden […] Man sehe, mit welcher Klarheit, Unabhängigkeit und doch Unterordnung unter das Ganze jede Stimme geführt und aufgezeichnet ist! […] Der leidenschaftliche Ausdruck dieser Musik und dieser Handschrift, vermittelt durch eine ergreifende Einfachheit, wie zum Beispiel in Tönen einer Flöte oder Oboe; das Übermaß der Gefühle und die Tiefe der Gedanken, verkörpert in äußerster Ökonomie; und schließlich das Unmessbare und Unendliche, übertragen in festes und ebenes Maß, als wäre das Gewebe von Träumen in Architektur verwandelt und die Geschichte der Menschheit in Melodie. Bach ist unser Fleisch und Blut, wie es Christus ist." (Y. MENUHIN, Geleitwort zu: Johann Sebastian Bach. Sonaten und Partiten für Violine. Wiedergabe der Handschrift, Frankfurt am Main 1962, 5f.).

Ausgangspunkt wird: Es eröffnet die Reihe der insgesamt 48 Präludien und Fugen der beiden Teile des *Wohltemperierten Klaviers*, also jenes Klangkosmos' der Tonalität, der, zweimal sämtliche Tonarten durchschreitend und ausmessend, die Instrumente der abendländischen Musik aus dem Dornröschenschlaf ihrer bloß erahnten Möglichkeiten geweckt hat. „Unwissende Klaviaturen"[7] zuvor, enthüllen sie nun Stück um Stück die Spielräume der Musik und des menschlichen Gemüts.

Das C-Dur Präludium ist der Anfang all dessen. Es entfaltet sich als Perlenkette gebrochener Akkorde, einer aus dem anderen fließend, den vorangegangenen geringfügig, doch unüberhörbar variierend, den nachfolgenden tastend und zugleich zielstrebig vorbereitend. So ist das Präludium gewissermaßen zum Vorspiel der abendländischen Musik geworden, so ist es in das kollektive Bewusste und Unbewusste jenes Kulturkreises eingegangen.[8] Es genügen Anspielungen, Zitate, Klangfragmente – und im Inneren des Hörenden entsteht ein Klangbild, in dem das Ganze präsent ist. Jede/r begabte und weniger begabte Klavierschüler/in erschließt sich früher oder später diese Klangwelt, „unwissend" zunächst vielleicht auch er oder sie, irgendwann aber hineingenommen in das Gleichmaß der Bewegungen, die sich über dem Grundton, einem Mantra vergleichbar, aufbauen.

Bewegung ist die Keimzelle dieses Präludiums. Sie zielt nach oben, fällt in einem bestimmten Intervall nach unten, um sogleich wieder aufzusteigen. Die Phrase wird wiederholt, klingt in der Wiederholung nach, gibt sich Zeit und nimmt sich Raum, bevor sie in der Variation verwandelt und aufgehoben wird. Ein Spiel des Steigens und Fallens, getragen von einem Fundament, das zwar nicht unveränderlich, aber verlässlich bleibt. Ein begrenztes Spiel in einer bemessenen Spanne Zeit, das aber zugleich unendlich weitergehen könnte. Es beginnt und endet in C-Dur, wird gehalten im Raum der Tonalität, verlässt diesen auch an keiner Stelle. Die subtilen harmonischen Veränderungen jedoch, die das Präludium durchziehen, rufen das Gefühl einer im Grunde nicht enden wollenden Gesamtbewegung hervor. Die Reihe der Variationen ist prinzipiell nicht abschließbar. Jeder Takt wiederholt in seinem Aufbau die vorangegangene Phrase, verändert aber den dabei durchmessenen Tonraum. Die Wiederholung birgt den musikalischen Gehalt und verwandelt ihn zugleich; das Gleiche erscheint nicht mehr als dasselbe. Ja, es gibt eine Musik, die sich uns als Vorspiel des Ewigen anmutet. Bachs Präludium ist ein solches Vorspiel.

[7] Die Formulierung nimmt eine Metapher auf aus dem wundervollen Gedicht *Lars Gustafsons: „Die Stille der Welt vor Bach"*:

„Es muss eine Welt gegeben haben vor / der Triosonate in D, eine Welt vor der A-moll-Partita, / aber was war das für eine Welt? / Ein Europa der großen leeren Räume ohne Widerhall, / überall unwissende Instrumente, / wo das *Musikalische Opfer* und das *Wohltemperierte Klavier* / noch über keine Klaviatur gegangen sind. / Einsam gelegene Kirchen, / in denen nie die Sopranstimme der Matthäuspassion / sich in hilfloser Liebe um die sanfteren / Bewegungen der Flöte gerankt hat, / weite sanfte Landschaften, / wo nichts zu hören ist als die Äxte alter Holzfäller, / das muntere Gebell starker Hunde im Winter / und – wie eine Glocke – Schlittschuhe, die blankes Eis ritzen; / die Schwalben, die durch die Sommerluft schwirren / die Muschel, in die das Kind hineinhorcht / und nirgends Bach, nirgends Bach / die Schlittschuhstille der Welt vor Bach."

[8] Es ist von daher kein Zufall, dass für die Voyager-Sonden der NASA, die seit den 1970er Jahren eine Botschaft der Menschheit in die Weiten des Universums tragen, als Beispiel für die menschliche Musik dieses Präludium samt Fuge – in der Interpretation Glenn Goulds – ausgewählt worden ist.

Alles daran ist klar: der Aufbau wie der Wechsel der Harmonien, der in zwingender Folgerichtigkeit abläuft, so dass sich hier eines aus dem anderen notwendig zu ergeben scheint. Zu ihr steht das spielerisch Freie in keinem Widerspruch. Vielmehr bedingt eines das andere. In seiner gesetzmäßigen Struktur erscheint das Präludium wie improvisiert. Beides besteht hier also zugleich: Form und Abwandlung, Regel und Freiheit, Strenge und Spiel. Diese Pole markieren das Spannungsfeld, in dem allein sich eine Komposition und überhaupt jede Äußerung des menschlichen Geistes entwickeln kann. Und auch hierfür gibt Bachs Musik, und zwar seine Musik im Ganzen, ein Urbild ab. Konsequente Mehrstimmigkeit, stringente Polyphonie, eine ebenso vielschichtige wie klare Linienführung durchziehen sein Werk. Sie bilden nicht nur den äußeren Rahmen der Musik, in ihr besteht und lebt sie. Und die Kunst der Interpretation besteht darin, eben diese komplexe Klarheit so einleuchtend wie möglich hör- und erfahrbar zu machen. Insofern bedeutet Bachs Musik immer auch eine geistige Herausforderung, die anzunehmen und zu bestehen technische Fertigkeiten ebenso wie intellektuelles Einfühlungsvermögen verlangt. „Darum hat unrecht, wer Bach nur zum Träumen nimmt. Aber so ganz unrecht hat er eben doch nicht."[9] Denn die anspruchsvolle Struktur birgt eine Welt an Bildern, Gefühlen und Affekten, die uns umfängt und in die wir eintauchen können. Bachs Musik will sowohl *erlebt* als auch *verstanden* werden. Und beides, Erleben wie Verstehen, befruchten und intensivieren sich gegenseitig.

Ja, man kann bei Bach „nur" träumen. Aber die Träume gewinnen Farbe und Gestalt, wenn man begreift, was sich in ihnen abspielt. Und verstehen wird hier nur, wen das Erlebnis des Hörens bereits ergriffen, erschüttert oder zum Staunen gebracht hat. Das ist in der Musik nicht anders als in der *Liebe*. Wer davon erfüllt ist, will erkennen. Das erkennen, was ihn oder sie in so wundersamer Weise mitnimmt.

In dieser Analogie von Liebe und musikalischem Ergriffensein zeigt sich ein grundlegender anthropologischer Bezugspunkt der *ästhetischen Erfahrung*. Wir benennen ästhetische Eindrücke in der Regel mit Hilfe einer Fülle von Eigenschaftswörtern, die jeweils Gegensätze bzw. ein Spannungsfeld markieren, in dem sich unsere Wahrnehmung abspielt,[10] also etwa: „schön" und „hässlich", „harmonisch" und „schrill", „lebendig" und „leer", „klar" und „verworren" und viele andere mehr. Selten stellen sich die damit bezeichneten Eindrücke eindeutig und in Reinform ein. Eher beschreiben die Adjektive Pole, die Zwischenräume unserer sinnlichen Wahrnehmung umreißen. Diese steht deshalb auch nicht ein für alle Mal fest. Die sinnlich-ästhetische Wahrnehmung ist vielmehr prinzipiell wandelbar. Dies kann einerseits mit dem Gegenstand der Wahrnehmung und seinen Veränderungen zu tun haben. So können zum Beispiel die Eindrücke von einem Menschen von „blühend" bis „verlebt" changieren. Und in der Musik verändern sich beispielsweise, subtil oder offenkundig, Motive. Die Variation eines Motivs hat dann zugleich Auswirkungen auf die Art seiner Wahrnehmung. Diese kann sich andererseits aber auch selbst

[9] G.-H. H. FALKE, Johann Sebastian Bach. Philosophie der Musik, Berlin 2001, 168.

[10] Ich folge hier der einleuchtenden Beschreibung Konrad Stocks in seinem Beitrag: DERS., Über die Idee einer theologischen Ästhetik, in: E. Gräb-Schmidt/R. Preul (Hg.), Ästhetik (MJTh XXII), Leipzig 2010, 79–99, 86f.

wandeln. So kann ein Musikstück, das mir zunächst komplex und undurchsichtig erscheint, zunehmend an Klarheit und Schönheit gewinnen, je mehr ich mich darauf einlasse, mich also „einhöre“. Maßgeblich für diesen Vorgang dürfte dabei sein, dass die Musik ein ursprüngliches Interesse geweckt, dass sie ein Moment von Ergriffenheit, von spontaner Sympathie in mir ausgelöst hat. Dann will ich auch genauer hören und tiefer verstehen.

Das bedeutet insgesamt, dass die „ästhetische Erfahrung [...] ursprünglich an der Intensität des personalen Mit-Seins haftet.“[11] Wer oder was mir als „schön“ oder „abstoßend“ erscheint, das hat immer mit der Art meiner Beziehung zum Gegenüber zu tun. Fühle ich mich in irgendeiner Weise zu ihm hingezogen, dann setzt das Impulse frei, die zu einer einfühlsamen und genauen Wahrnehmung drängen. In sie können dann auch Momente integriert werden, die zunächst und für sich betrachtet spannungsvoll, irritierend oder gar verwirrend erscheinen. Nicht zuletzt lebt die Musik Bachs von solchen Spannungen. In ihr entladen sich auch klangliche Härten, die sich oftmals erst in einem längeren Prozess auflösen. Das verleiht ihr eine eigene Dynamik. Ist die Liebe zur Musik aber erst einmal geweckt, dann geht sie auch solche Wege mit. Die Liebe will verstehen.

Die Liebe ist auch maßgeblich für den Kompositionsprozess selbst; er erwächst aus ihrem Impuls. Musik gibt es überhaupt nur, weil Menschen lieben können. Bereits die wenigen Hinweise zur Entstehungsgeschichte von Bachs C-Dur-Präludium sind ein Beispiel dafür. Es ist *gewidmete* Musik. Ganz gleich, ob es sich hierbei um seine Schüler, Kinder oder um Anna Magdalena handelt – die Widmung ist der Musik inhärent. Und das gilt nicht nur für dieses Beispiel, sondern grundsätzlich, also auch dann, wenn die Widmung nicht explizit formuliert wird, sondern in den Noten verborgen ist und in der erklingenden Musik auf geheimnisvolle Weise aufscheint. In geradezu ergreifender Weise wird dies an einem anderen berühmten Werk Bachs deutlich: der *Chaconne*, dem Schlusssatz aus der Partita Nr. 2 in d-moll für Violine solo (BWV 1004). Dank der intensiven Arbeiten der Musikwissenschaftlerin und Geigerin *Helga Thoene* kann es als gesichert gelten, dass dieses Werk die Reaktion auf ein dramatisches Ereignis in Bachs Leben darstellt:[12] den völlig unerwarteten Tod seiner ersten Frau Maria Barbara im Jahr 1720. Nach der Rückkehr von einer mehrwöchigen Reise fand Bach sie nur noch im Grabe vor. Die Chaconne ist unmittelbar danach entstanden. Sie ist ein musikalisches Tombeau (Grabmal) oder Epitaph, in dem Bach den tiefen Schmerz in einer atemberaubenden und den ausführenden Künstlern alles abverlangenden Weise verarbeitet. Eine musikalische Welt, changierend zwischen Moll und Dur, voller extremer Emotionen[13] und versteckter Anspielungen, die sich auf zahlreiche Choralzitate oder -fragmente insbesondere von Passions- und Osterliedern beziehen. Der

[11] AaO. 87.

[12] Vgl. dazu: H. THOENE, Ciaccona – Tanz oder Tombeau? Eine analytische Studie, Oschersleben 2003.

[13] *Johannes Brahms* hat dazu geschrieben: „Die Chaconne ist mir eines der wunderbarsten, unbegreiflichsten Musikstücke. Auf ein System für ein kleines Instrument schreibt der Mann eine ganze Welt von tiefsten Gedanken und gewaltigsten Empfindungen. Hätte ich das Stück machen, empfangen können, ich weiß sicher, die übergroße Aufregung und Erschütterung hätten mich verrückt gemacht.“ (Zitiert nach: A. KRUSE, Die Grenzgänge des Johann Sebastian Bach. Psychologische Einblicke, Berlin/Heidelberg ^{2}2014, 97.) Trotz oder gerade wegen dieses Eindrucks hat Brahms dann Bachs Chaconne in eine nicht minder schwere Klavierversion für die linke Hand allein transkribiert.

erlittene Schmerz wird so nicht nur musikalisch zum Ausdruck gebracht, sondern zugleich in die Verheißung des Glaubens integriert und auf diese Weise lebbar gemacht.

Bachs Musik eignet grundsätzlich ein doppelter Widmungscharakter. Er entsteht aus dem intensiven „Mit-Sein" mit Menschen und mit Gott. Sein „Soli Deo Gloria" ist keine barocke Floskel, sondern genauso gemeint. Und indem er die „Recreation des Gemüts" als „Finis und End Ursache" aller Musik begreift und ausweist, eröffnet er der ästhetischen Erfahrung insgesamt eine tiefe lebenspraktische Bedeutung.

Nicht zuletzt aber ist es die Leidenschaft zur Musik selbst, die dem Prozess ihrer Entstehung vorausgeht und ihn zugleich durchdringt. Musik trägt ihre Bedeutung auch in sich. In kaum einer anderen Gattung wird dies deutlicher als in der Fuge.

3. Fuge

Fugen, immer wieder Fugen! Sie begleiten Bachs musikalische Entwicklung bis zum Ende. Sie erscheinen als gewichtige Einschübe zum Beispiel in Oratorien oder Motetten, aber auch und vor allem als eigenständige instrumentale Kunstform. Letztere Stücke hat Bach in Sammlungen gefasst, welche auf die Entwicklung der abendländischen Musik einen Einfluss ausgeübt haben, der gar nicht überschätzt werden kann. Zu nennen sind nochmals die beiden Zyklen des *Wohltemperierten Klaviers,* dessen erster Band in Bachs Köthener Zeit (1717–1723) entstand und das dann in den anschließenden Leipziger Jahren (1723–1750) mit dem zweiten Band komplettiert worden ist. Zu nennen sind die zahlreichen *Orgelfugen*, die auch auf diesem Instrument seine Präludien, Fantasien und Toccaten krönen. Nicht zu vergessen ist vor allem die *Kunst der Fuge* (BWV 1080), jenes außerordentliche Spätwerk, das keinem Instrument mehr spezifisch zugeordnet ist, sondern in ganz verschiedenen Besetzungen aufgeführt werden kann. Die Musik wird reine Struktur, die unterschiedliche Farben und Klänge annehmen kann und dabei immer sie selbst bleibt. Allerdings erschien gerade dieser Zyklus den damaligen Zeitgenossen kaum mehr zugänglich. In seiner diffizilen Kunstfertigkeit und dem Ausschöpfen sämtlicher Potentiale der Fugentechnik erscheint er wie eine in sich geschlossene Welt, die nur noch an der Behandlung ihrer Themen und an keinerlei Außenwirkung mehr interessiert ist.[14] Die Fuge und mit ihr deren Meister wirkten im Übergang zum „galanten Stil", der sich in der Musik durchzusetzen begann, zunehmend wie aus der Zeit gefallen, anachronistisch. Mit Bach ist die Fugenkomposition jedenfalls zu ihrer Vollendung und zugleich an ein Ende gelangt, hinter dem nichts wesentlich Neues mehr kommen konnte.

Die Möglichkeiten waren erschöpft und mit ihnen der Künstler ein Stück weit auch selbst. So jedenfalls deutet *Paul Hindemith* den Umstand, dass Bach in der letzten Dekade seines Lebens – verglichen mit der schier unfassbaren Produktivität zuvor – nur noch

[14] Dieser Eindruck kann sich heute noch einstellen. So urteilt etwa *Albert Schweitzer* in seiner monumentalen Bach-Monographie über das Thema des Contrapunctus I der Kunst der Fuge: „Es ist eine stille, ernste Welt, die es erschließt. Öd und starr, ohne Farbe, ohne Licht, ohne Bewegung liegt sie da; sie erfreut und zerstreut nicht; und dennoch kommt man nicht von ihr los." (A. SCHWEITZER, Johann Sebastian Bach [1907], Wiesbaden 1972, 374).

relativ wenige (dafür allerdings umso gewichtigere) Werke hervorgebracht hat. Hindemith spricht mit einer eindrucksvollen Formulierung von der „Melancholie des Vermögens“, die Bach ergriffen habe, und schildert sie so: „Was kann ein Mann noch tun, der technisch und geistig in seiner Kunst die höchste Stufe des von Menschen Erklimmbaren erreicht hat? Höher steigen kann er nicht, denn er ist ja nur ein Mensch. […] Er ist am Ende; er steht, wie es im alten persischen Gedicht heißt, vor dem Vorhang, den niemand je zur Seite zieht.“[15]

Worin besteht diese Kunst der Fuge, die uns in Bachs Werk in so eindrücklicher Gestalt begegnet?

3.1. Zur Form der Fuge

Die Fuge ist ein musikalischer Vorgang, in dem es um den Vorgang als solchen geht. Regelgebunden und offen zugleich, ist sie jeder Entwicklung fähig, im Prinzip endlos. Dass die Fuge dennoch endet, enden muss, liegt in dem Sachverhalt beschlossen, dass sie wie jede menschliche Kunstform den Möglichkeiten und Grenzen endlicher Freiheit unterliegt. Von ihrem Ansatz her tendiert die Fuge jedoch ins Unendliche, ist ihr ein transzendierendes Moment inhärent.

Eine Fuge beginnt grundsätzlich mit einer einzigen Stimme, die auf dem Grundton, der Tonica, das Thema einführt und vorstellt. Diese erste Stimme wird als „Dux“ (Führer) bezeichnet. Ihr gesellt sich, meistens im Abstand einer Quinte, also auf der Dominante, die zweite Stimme als „Comes“ (Begleiter) mit demselben Thema hinzu. Während dieses zweiten Einsatzes wird die erste Stimme dazu – als Kontrapunkt – in einer eigenen Melodielinie weiterentwickelt. Nach und nach treten die anderen Stimmen nach demselben Prinzip in das Geschehen ein, bis die jeweils volle Stimmenzahl erreicht ist. Fugen können aus zwei, drei oder vier, in manchen Fällen auch aus fünf Stimmen bestehen. Mit ihrem vollständigen Eintritt ist die Exposition abgeschlossen, und es entwickelt sich im weiteren Verlauf ein kunstvolles (Wechsel-)Spiel der Motive, in dem eine vollständige Gleichwertigkeit der einzelnen Stimmen herrscht. Dieses Prinzip der konsequent durchgeführten *Polyphonie* ist grundlegend für die Fuge. Es gibt in ihr keine übergeordnete Stimme, der sich die anderen anzupassen hätten. Die einzelnen Stimmen – von den hohen bis in die tiefen Lagen – sind vielmehr im ständigen „herrschaftsfreien“ Dialog miteinander; sie werfen sich gewissermaßen fortlaufend die Bälle zu. Jede Stimme bleibt eigenständig, kann für sich gehört und dargestellt werden, und doch ergibt sich im Zusammenspiel ein harmonisches Ganzes, das immer mehr ist als die Summe seiner einzelnen Teile. Eben darin besteht das „Wunder“ der Fuge. Sie ist, dem Prinzip der Polyphonie folgend, *horizontal* angelegt, entwickelt sich aus der Linienführung ihrer einzelnen Stimmen. Zugleich aber schließt sie durchgängig eine *vertikale* Dimension ein, die sich aus dem Zusammenklang der einzelnen Töne und der Charakteristik der dadurch entstehenden Harmonien ergibt.

[15] P. HINDEMITH, Johann Sebastian Bach. Ein verpflichtendes Erbe (Rede zum Bachfest 1950), Frankfurt am Main 1953, 40–41.

Bachs Meisterschaft in der Fugenkomposition besteht darin, wie es ihm gelingt, diese Dimensionen in seinen Werken zu verbinden. Geradezu virtuos setzt er alle Techniken ein, mit denen ein Thema behandelt und weiterentwickelt wird. Es kann gespiegelt oder umgedreht, rhythmisch verändert und angepasst sowie in seinen Notenwerten verlängert oder verkürzt werden; die Stimmen können sich kanonisch überlagern und verdichten, sie können auch parallel geführt werden und dann wieder ihre eigenen Wege gehen. Den Möglichkeiten sind kaum Grenzen gesetzt. Das Ganze aber steht immer unter der Maßgabe des harmonischen Gesamteindrucks, durch den das Hören und Spielen der Fuge zum ästhetischen Erlebnis wird.

Als Beispiel zur Veranschaulichung wähle ich die *fünfstimmige Fuge in cis-moll* (BWV 849) aus dem Ersten Band des *Wohltemperierten Klaviers*, deren erste Takte bis zum Eintritt der dritten Stimme (mit Klammern kenntlich gemacht) hier dargestellt sind. In der Beschäftigung mit dieser Fuge lässt sich zudem verdeutlichen, dass und inwiefern Bach mit seinen Motiven Aussagen und Botschaften verknüpft, die sich aus dem musikalischen Gehalt ergeben und zugleich umgekehrt für das Verständnis des Motivs erhellend sind.

3.2. Themen und Motive

Aus vier einfachen Tönen besteht das Thema dieser Fuge. Es verbreitet eine ruhige, meditative Grundstimmung, die das Stück auch weitgehend durchzieht. Allerdings spielt sich das Thema in dem schmal bemessenen Tonraum einer großen Terz ab. Das verleiht ihm von Anfang an eine gewisse Enge. Dieses Gefühl wird durch die nach unten gerichteten zwei Halbtonschritte (cis-his – e-dis), die das Thema prägen, noch verstärkt. Der zweite Halbtonschritt setzt dabei über dem ersten an. Dadurch entsteht der Eindruck, als wolle sich das Thema mühsam wie unter einer Last erheben. Es bleibt aber nicht „oben", sondern sinkt wieder in Richtung des Ausgangstons zurück.

Als „chromatisch" werden Tonfolgen bezeichnet, die allein aus Halbtonschritten bestehen, wobei der Halbton in der abendländischen Musik der engst mögliche Tonschritt überhaupt ist. Halbtonreihen sind also in besonderer Weise dafür geeignet, Gefühle der Beklemmung auszudrücken bzw. auch auszulösen. In der Barockzeit wurde der chromatische Tongang deshalb als „Passus duriusculus", als „ein etwas harter Gang" bezeichnet. Bach macht ihn sich in vielfältiger Weise zu nutze. Er setzt ihn als musikalischen Ausdruck für Erfahrungsfelder ein, die mit den Begriffen „Elend", „Not", „Tod", aber auch „Sünde" und „Schuld" umschrieben werden können. Die Beispiele und Belege dafür sind in Bachs Werk kaum zählbar. Die Chromatik bildet ein wesentliches Element seiner Tonsprache.[16]

Dem Thema steht nun ein Kontrapunkt entgegen, der nicht starr und festgefügt erscheint, sondern sich eher spielerisch entwickelt. So entsteht eine Bewegung, die der Fuge von Beginn an ein lebendiges Moment verleiht; es „verflüssigt" die Schwere und Dichte des Grundthemas. Dieser Aspekt wird im Verlauf der Fuge noch weiter verstärkt.

Das Thema der Fuge meint aber vermutlich noch mehr als diese erste Analyse zeigt. Einer erhellenden Einsicht des Musikwissenschaftlers *Hans Heinrich Eggebrecht* zufolge sind Bachs Themen in bestimmten Fällen nicht allein ästhetisch entworfen; sie können zugleich eine *symbolische* Bedeutung haben. Das heißt: Bach schreibt den Tönen dann zusätzlich zu ihrem musikalisch-ästhetischen Gehalt ein „Meinen" zu, „das ihnen von einer außersinnlichen Seite her zugedacht, zugeschrieben wird."[17] Woran zeigt sich das in unserem Beispiel?

Das Notenbild der vier Töne des Grundthemas zeichnet das Bild eines liegenden *Kreuzes*, und zwar dann, wenn man sich die erste und die vierte sowie die zweite und dritte Note miteinander verbunden vorstellt. Grafisch dargestellt:

Eine überspitzte Deutung? Beweisen lässt sie sich natürlich nicht. Doch es spricht viel dafür, dass es genau so gemeint ist. Denn Bach selbst bestätigt diese Auffassung. Das charakteristische Thema taucht nämlich, teilweise rhythmisch verändert, auch in den Fugen der „Kreuzige-Chöre" seiner beiden Passionen auf, und zwar jeweils direkt verbunden mit dem „kreuzige"-Ruf. In der *Matthäus-Passion* (BWV 244) nimmt es folgende Gestalt an:

Noch eindrucksvoller ist die Korrespondenz von Motiv und Wort sowie die Übereinstimmung mit dem Thema der Klavierfuge in der Fassung der *Johannes-Passion* (BWV 245):

16 Auf die Spitze getrieben hat Bach diesen Aspekt mit der „Chromatischen Fantasie und Fuge" in d-moll für Klavier (BWV 903), wo er in chromatisch auf- und absteigenden Tonlinien, Akkorden und Harmonien geradezu „badet".

17 H. H. EGGEBRECHT, Bachs Kunst der Fuge. Erscheinung und Deutung, München ^{3}1988, 13.

Die Analogien sind offenkundig und kaum bestreitbar. Wir haben es hier mit einer Tonfolge zu tun, die sich in Bachs musikalischer Vorstellung eng und wiederkehrend mit der Metapher des Kreuzes verbindet, was sich dann sogar am Notenbild darstellen bzw. ablesen lässt. Da die Klavierfuge zeitlich vor den Passionen entstanden ist, hat Bach das Motiv für letztere möglicherweise erneut aufgegriffen. Es muss ihm aber auch unabhängig davon und ganz grundsätzlich als geeignet erschienen sein, das Bild des Kreuzes musikalisch auszudrücken. Damit erhält die Tonfolge eine Aura, welche diese spezifische Assoziation freisetzt. Und dies wird durch den ästhetischen Gehalt der Musik auch bestätigt, die ihrerseits die Erfahrung von Enge und Bedrängnis zum Klingen bringt.

In der Klavierfuge kommen nun aber noch weitere Aspekte hinzu. Es bleibt in ihr nämlich nicht bei dem *einen* Thema, das bis zur fünften Stimme eingeführt wird und die Stimmung zunächst dominiert. Es treten noch *zwei weitere* Themen in das Geschehen ein, die zwar selbst keine ausführliche eigene Behandlung erfahren,[18] die aber der Fuge andere Farben beimischen und ihren Charakter im Ganzen nachhaltig beeinflussen.

Zunächst tritt – während in den unteren Lagen das Hauptmotiv weitergeführt wird – als zweites Thema eine Stimme auf, die wie aus lichten Höhen herabschwebt.

Eine zauberhafte Koloratur, mit der Anmutung von Leichtigkeit und Verspieltheit. Das Thema umspielt jeweils einen Ton und steigt dabei allmählich ab. Der Kontrast zum ersten Thema in seiner Erdenschwere könnte kaum größer sein. Die Fuge wird fließend, nimmt Fahrt auf und verliert ihren statischen Grundzug. Und schließlich kommt mit einem dritten Thema ein weiteres Motiv mit einem ganz eigenen Charakter zur Geltung. Es meldet sich erstmals in der mittleren Lage zu Wort, wird im Sopran aufgenommen und wandert dann durch alle Stimmen.

[18] Die jeweils eigene Behandlung ihrer Themen ist das Kennzeichen von *Doppel- oder Tripelfugen* im eigentlichen Sinn. Sie integrieren zwei bzw. drei verschiedene Themen, entwickeln diese aber vor ihrer Zusammenführung eigenständig und streichen so ihre Bedeutung musikalisch heraus. Eine Tripelfuge schließt also im Grunde drei Fugen in sich ein, um sie dann musikalisch zu verschmelzen. Solche Werke stellen an Komposition wie Interpretation höchste Ansprüche.

Dieses dritte Thema (im Notenbild dunkler abgesetzt) springt von seinem Grundton „cis“ in einer Quarte zum „fis“ nach oben, schreitet auf der Höhe fort, bewegt sich in der Verzierung zweier Achtelnoten um eine Spur nach unten, fällt aber nicht auf den Ausgangspunkt zurück, sondern behauptet am Ende die vorher erreichte Höhe. In dieser Gesamtbewegung verströmt das Motiv eine Zuversicht und Gelassenheit vermittelnde, eine nach vorne gerichtete Stimmung: insgesamt ein Gefühl von Offenheit.

Damit sind alle Motive der Fuge eingeführt, das musikalische Material ist und bleibt von nun an präsent. Zwischen den verschiedenen Motiven entspinnt sich im Folgenden ein kunstvolles Wechselspiel, in dessen Verlauf die drei Themen durch sämtliche fünf Stimmen wandern, alle Lagen erkunden und sich im ständigen Austausch miteinander befinden, ohne dass der Eindruck eines harmonischen Ganzen verloren geht. Dabei steigert sich das Werk mehr und mehr zu einer eindringlichen Dramatik, der auch grelle Dissonanzen nicht fremd sind. Im Schlussteil treten schließlich das Grundthema und das dritte Thema, eng zusammengeführt, gegeneinander an. In äußerster Verdichtung und Zusammenballung „kämpfen“ die Motive und Stimmungen mit- und gegeneinander. Wird der Widerspruch aufgehoben?

Vielleicht ganz am Ende. Und dieses ist noch einmal ein Ereignis für sich. Nach dem dramatischen Finale hätte Bach ganz einfach mit einem zusammenfassenden Akkord enden können. Andere Komponisten hätten das vielleicht auch getan. Bach tut etwas anderes: Er verschiebt im erwarteten Schlussakkord (im Tenor) eine einzige Note um einen Halbton nach oben – der Schluss wird zum *Trugschluss*. Die Wirkung ist immens, sie lässt für einen Moment eine ganz neue Welt anklingen. Erst in ihr finden die Themen in einem sich allmählich beruhigenden Spiel zusammen; sie fügen sich ineinander zum erlösenden Abschluss in hellem Dur.

3.3. b-a-c-h

Bachs Name ist selbst Musik. Er lässt sich mit seinen vier Buchstaben als musikalisches Motiv darstellen: „b-a-c-h“

Gegenüber der Verwendung dieses Motivs, dessen er sich natürlich zeitlebens bewusst gewesen sein muss, hat sich Bach freilich größte Zurückhaltung auferlegt. Zwar wurde ihm lange Zeit das „Präludium und Fuge B-Dur über den Namen Bach“ (BWV 898), ein schwungvoll apartes Stück, zugeschrieben. Es ist aber wahrscheinlich, dass dieses Werk gar nicht aus seiner Feder stammt. Bereits der musikalische Gestus, der eher an Händels klangliche Ausdrucksweise erinnert, spricht dagegen. Bach hat sich die explizite kompositorische Verwendung seines Namens offenkundig aufgespart, bis ganz zum Ende. Dies macht seinen Einsatz dann aber nur umso bedeutsamer. Er wird zum musikalisch-theologischen Bekenntnis einer Existenz, die – ihren Zielpunkt vor Augen – auch das Fragment zulassen und annehmen kann.

Anklänge jedoch mag es schon vorher geben. Und hier kann wiederum das Grundthema der vorgestellten cis-moll-Fuge als Beispiel dienen. Es besteht nämlich erkennbar eine Verwandtschaft mit dem „b-a-c-h“-Motiv, zumindest was die Anordnung der vier charakteristischen Noten anbelangt. Obwohl sich die Tonarten unterscheiden, vollziehen beide Motive dieselbe Bewegung, evozieren sie damit eine ähnliche Grundstimmung. Auch der Tonraum (eine Terz), welchen die Noten jeweils umschließen, ist nahezu gleich, wobei er beim „b-a-c-h"-Thema noch um einen Halbton vermindert ist. Sogar der Umstand, dass der letzte Ton des Motivs jeweils ein wenig *über* dem Ausgangston liegt, ist in beiden Fällen gegeben – mit dem Unterschied wiederum, dass die Differenz in einem Fall in einem Ganzton, im anderen Fall in einem Halbton besteht. Trotz dieser erkennbaren Unterschiede ist die Parallele augenscheinlich. Im Notenbild dargestellt:

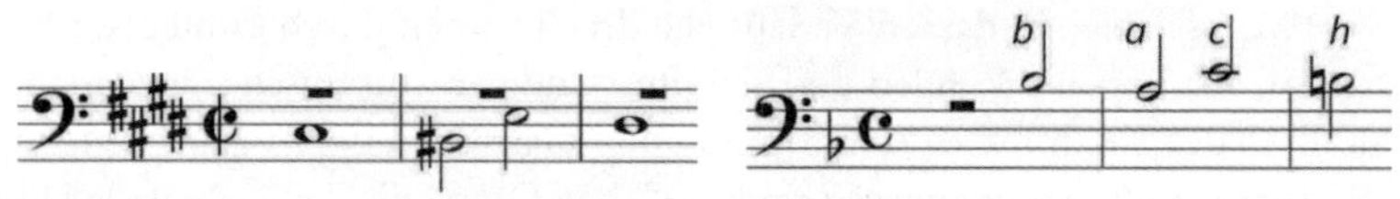

Ob und inwiefern sich Bach beim Entwurf des cis-moll Themas, das dann in den „Kreuzige"-Rufen der Passionen so expressiv zum Ausdruck kommt, von der Charakteristik seines Namensmotivs hat anregen lassen, muss weitgehend offen oder spekulativ bleiben. Ausgeschlossen ist es wiederum nicht, wenn man sich klarmacht, dass er seinen Namen auch in anderer Form „verewigt" hat. Es ist also zumindest denkbar, dass Bach sich in dieser kunstvoll verhüllten Weise selbst in die „Kreuzige"-Schreie eingetragen hat – so wie der Maler eines Bildes, der sich in eine bedeutungsvolle Szenerie, leicht übersehbar, selbst hinein gezeichnet hat. Bach hätte sich damit bewusst in die Wirklichkeit der Sünde, mehr aber noch in die Verheißung des Kreuzes mit eingeschlossen.

Diesen verdeckten Umgang mit seinem Namen kann man bei Bach, wie erwähnt, auch in anderer Hinsicht finden. Und die hat etwas mit Zahlen zu tun. Nach dem natürlichen Zahlenalphabet (in dem A=1, B=2, C=3 und H=8 ist) summieren sich die vier Buchstaben seines Namens zur Ziffer „14". Es ist die *Bach-Zahl.* In seiner Musik lässt sich nahezu alles zählen und in eine bestimmte Beziehung setzen: Noten, Takte, Einsätze, Worte. Bei manchen Zahlen liegt die Bedeutung klar auf der Hand, zum Beispiel wenn in seiner Orgel-Choralbearbeitung des Luther-Liedes „Dies sind die heil'gen Zehn Gebot" das Thema zehn Mal auftritt. In anderen Fällen erschließt sich der Sinn nur vermittelt, indem man das Zahlenalphabet anwendet. So singt in der *h-Moll-Messe* (BWV 232) der Chor im „Credo in unum deum" 43 Mal das Wort „Credo", was exakt der Quersumme von dessen Buchstaben entspricht. Die Suche nach einer Zahlensymbolik in Bachs Musik ist ein gewiss faszinierendes, bestimmt aber weites und in der Bach-Forschung[19] zugleich ausgesprochen umstrittenes Feld. Auf die damit verbundenen überraschenden Einsichten aber auch spekulativen Verirrungen kann hier freilich nicht vertieft eingegangen werden. Kaum zu bestreiten ist jedoch, dass die Zahl „14" für Bach eine persönlich-symbolische Bedeutung gehabt haben muss. Sie lässt sich an verschiedenen markanten Stellen identifizieren. So zum Beispiel im Zentrum der *Matthäus-Passion* beim Bekenntnis des Hauptmanns angesichts des Gekreuzigten: „Wahrlich, dieser ist Gottes Sohn gewesen!" Genau 14 Töne weist die Basslinie des Chors auf, der die Worte singt – in einer musikalischen Dichte und in mystischer

[19] Als Begründer der Zahlenanalyse von Bachs Werk kann der Theologe *Friedrich Smend* gelten, grundlegend mit der Monographie: DERS., Johann Sebastian Bach bei seinem Namen gerufen, Kassel 1950.

As-Dur-Versenkung, die ihresgleichen suchen. Bach macht sich das Bekenntnis zu eigen, indem er es symbolisch mit seiner Zahl „unterschreibt“.

Die Zahl 14 spielt nun auch bei dem Werk eine Rolle, in dem Bach seinen Namen ausdrücklich – also nicht versteckt, sondern geradezu demonstrativ – mit Noten einfügt: zum ersten und zugleich zum letzten Mal. Gemeint ist der *Contrapunctus XIV*[20] der *Kunst der Fuge*: die abschließende, dabei unvollendet gebliebene 14. Fuge des gesamten Zyklus'. Die Notenschrift bricht mitten im Text ab, und zwar nur wenige Takte nachdem das Namensmotiv als *drittes Thema* der Fuge eingeführt worden ist.[21] Einer der wirklich bewegenden Momente der Musikgeschichte! Der Sohn Carl Philipp Emanuel vermerkt im Autograph: „Über dieser Fuge, wo der Name BACH im Contrasubjekt angebracht worden, ist der Verfasser gestorben.“

Was besagt diese tonale Einführung seines Namens in Bachs letzter Komposition? Aus welchem Impuls heraus fühlte er sich zu ihr motiviert, vielleicht sogar gedrängt?

Eine durchaus naheliegende Antwort lautet: Er hat die Fuge mit der Zitation gewissermaßen beglaubigt. So wie ein Maler (um den Vergleich noch einmal aufzugreifen) sein fertig gestelltes Gemälde zum Abschluss mit seiner Signatur versieht und es damit als seine originale Schöpfung ausweist, so hat Bach am Ende seines Lebens mit Hilfe der Tonbuchstabensymbolik sein Werk persönlich ausgezeichnet und damit seine Bedeutung bewusst unterstrichen. Dies könnte sich sogar nicht nur auf diese einzelne Fuge beziehen. Es ist vorstellbar, dass die namentliche Kennzeichnung gewissermaßen in der Rückschau – also pars pro toto – zugleich der musikalischen Entwicklung bis hin zu diesem Punkt gilt. Möglich ist eine solche Lesart. Sie lässt sich weder beweisen noch einfach in Abrede stellen. Allerdings vermag sie nicht wirklich zu befriedigen. Sie reibt sich bereits mit dem schlichten Umstand, dass Bachs Name ja (was ihm auch durchaus wichtig gewesen ist) auf dem Deckblatt jedes seiner veröffentlichten Werke, einschließlich der *Kunst der Fuge*, zu lesen war und ist. Weshalb dann an der Stelle die doppelte Namensnennung? Es muss einen tieferen Grund geben.

Da es vom Künstler dazu keine eigene überlieferte Äußerung gibt, kann eine Antwort – sofern sie denn plausibel gemacht werden kann – nur in der Musik selbst gefunden werden. Schauen wir uns deshalb den Eintritt des „b-a-c-h“- Themas im *Contrapunctus XIV* im Notenbild an:

[20] Die Bezeichnung „Contrapunct“ kann sich sowohl auf die Gegenstimmen in einer Fuge als auch auf die Fuge im Ganzen beziehen. In diesem letzteren Sinn wird sie in der „Kunst der Fuge“ titelgebend für die einzelnen Stücke verwendet.

[21] Gemeint und angelegt war diese Fuge vermutlich sogar als *Quadrupelfuge* (vgl. Anm. 18), also als eine Fuge mit *vier* eigenständigen Themen, die sich am Ende in einem einzigen Ganzen verbinden – ein Vorhaben, welches den menschlichen Geist in der Durchführung an seine Grenzen heranführen dürfte.

Maßgeblich ist die Überlegung, wie das Thema aufgebaut ist, worin es eigentlich besteht und vor allem, wohin es führt. Es besteht nämlich nicht allein aus den vier Buchstaben von Bachs Namen.[22] Nachdem diese mit den entsprechenden Tönen vorgestellt sind, werden sie aufgenommen und fortgeführt in einer nach oben führenden Linie (mit Klammer gekennzeichnet), die bis zum Ton „d" gelangt. Dieser Ton wird sogar zwei Mal erreicht: zunächst unmittelbar nach der Namensnennung über den Ton „cis". Das Motiv verweilt dann eine Zeit lang auf dem „d", kehrt über eine Verzierung für einen Moment zum „cis" zurück, um schließlich endgültig beim „d" anzukommen. Was hat es damit auf sich?

Der Ton „d" ist der *Grundton.* Und zwar der Grundton nicht nur dieser Fuge, sondern des gesamten Zyklus', ja in gewisser Weise der (abendländischen) Musik überhaupt. Es ist weder beliebig noch zufällig, dass Bach die Tonart d-moll für seine *Kunst der Fuge* gewählt hat.[23] Die Tonart leitet sich von der dorischen Tonleiter ab, deren Besonderheit darin besteht, dass sie im Aufbau ihrer Ganz- und Halbtöne als einzige absolut symmetrisch ist. Dies verleiht dem *Dorischen* seine hervorgehobene Stellung, es bildet den Bezugspunkt im System der alten Kirchentonarten, woran die Tonart d-moll dann partizipiert. „Wir dürfen mit Fug und Recht sagen, dass d-Moll, oder zumindest seine dorische Idee, die Mitte unserer tonalen Welt bildet. Kein anderer Ton als der Grundton dieser Tonart steht so im Mittelpunkt der Musik, ist so geeignet, den ‚Grund'ton eines musikalischen Kosmos abzugeben."[24]

Dies in Rechnung gestellt, erscheint das Fugenthema in einem neuen Licht. Es ist in Wahrheit nicht aus vier, sondern aus acht Tönen aufgebaut und lautet:

B-A-C-H-CIS-D-CIS-D

Seine Bedeutung besteht darin, dass es den Namen BACH mit dem Grundton D verbindet, den Namen zum Grundton hinführt. Die symbolische Aussage und Botschaft des Themas besagt dann: „Ich, BACH, will und werde den ‚Grundton' erreichen, ich bin mit ihm verbunden, dem Bezugston des ganzen Werkes, dem Ausgangs- und Zielton seiner gesamten musikalischen Ordnung."[25]

Auch diese Deutung lässt sich nicht beweisen. Was für sie spricht, ist der Umstand, dass sie aus dem musikalischen Gehalt des Themas selbst gewonnen ist, also nicht einfach „von außen" darübergelegt wird. Sie entspricht außerdem dem Selbstverständnis des Komponisten, soweit es uns aus seinen Werken und Äußerungen erschließbar ist. Und sie lässt die Tatsache, dass Bach gerade diese Fuge nicht mehr vollenden konnte, in einem eigenen Licht erscheinen. Die Fuge bleibt Fragment, aber als Fragment ist sie dennoch mit dem Ganzen verbunden.

[22] Ich folge hier der aus meiner Sicht überzeugenden Darstellung von Hans Heinrich Eggebrecht, in: DERS., Bachs Kunst der Fuge, 10f.

[23] So wie es auch kein Zufall ist, dass diese Tonart in der Musikgeschichte auffällig oft in Werken auftaucht, in denen es um Letztes und Endgültiges geht. Mozarts Requiem, Beethovens, Bruckners und Mahlers letzte Symphonien sind eindrucksvolle Belege dafür.

[24] G. JENA, Ich lebe mein Leben in wachsenden Ringen. Die Kunst der Fuge von Johann Sebastian Bach, Eschbach 2000, 18.

[25] EGGEBRECHT, Bachs Kunst der Fuge, 14.

Nicht zuletzt darin gewinnt die Musik auch eine generelle Bedeutung für das Selbstverständnis menschlichen Daseins. Auf sie weist etwa *Dietrich Bonhoeffer* hin, indem er schreibt:

> „Ich denke zum Beispiel an die Kunst der Fuge. Wenn unser Leben auch nur ein entfernter Abglanz eines solchen Fragmentes ist, in dem wenigstens eine kurze Zeit lang die sich immer stärker häufenden, verschiedenen Themata zusammenstimmen und in dem der große Kontrapunkt vom Anfang bis zum Ende durchgehalten wird, so dass schließlich nach dem Abbruch – höchstens noch der Choral: ‚Vor deinen Thron tret ich hiermit' – intoniert werden kann, dann wollen wir uns auch über unser fragmentarisches Leben nicht beklagen, sondern daran sogar froh werden."[26]

Worauf das Zitat mit der Nennung des Chorals anspielt, ist der Umstand, dass die *Kunst der Fuge* nach Bachs Tod nicht so „abgebrochen" veröffentlicht worden ist. Ihr wurde (von Carl Philipp Emanuel) noch eine Orgel-Choralbearbeitung Bachs hinzugefügt. Entstanden ist diese im selben Zeitraum. Der Thomaskantor hat sie, nahezu erblindet, auf dem Krankenlager einem Schüler diktiert. Es ist seine letzte vollendete Komposition. Die Melodie stammt von dem Choral „Wenn wir in höchsten Nöten sein". Bach verfügte aber ausdrücklich, dass der Text des Abendliedes *„Vor deinen Thron tret' ich hiermit"*, das auf dieselbe Melodie gesungen wird, gedanklich zu unterlegen sei.[27] Obwohl dieses Werk mit der *Kunst der Fuge* ursprünglich also nichts zu tun hat,[28] ist seine Integration in den Zyklus als dessen Abschluss gleichwohl stimmig und folgerichtig. Und zwar schon deshalb, weil Bach die einzelnen Abschnitte der Melodie, die schlicht und ohne jede Verzierung im Sopran erklingt, in den weiteren drei Stimmen in höchst kunstvoller Weise selbst als Fugen verarbeitet. Vor allem aber nimmt der Choral (auch in seiner textlichen Gestalt) genau die Intention des „b-a-c-h"-Themas auf in seiner Verbindung mit dem Grundton und seiner Ausrichtung auf ihn hin.

4. Postludium

Musik hat ihr Eigenleben, sie folgt ihren besonderen Gesetzen und lässt bei den Ausführenden wie den Hörenden eine eigene emotionale Welt entstehen. Klänge, Rhythmen, Motive und Melodien evozieren eine *ästhetische Erfahrung*, die sich zunächst weitgehend intuitiv und individuell einstellt und darin keiner Erklärung bedarf. Allerdings kann die Analyse und Deutung der Musik zu einer Vertiefung ihrer Erfahrung beitragen. Es macht durchaus einen Unterschied, *wie* ich Bachs Musik wahrnehme. Von ihrem musikalischen

[26] D. BONHOEFFER, Widerstand und Ergebung. Briefe und Aufzeichnungen aus der Haft. Herausgegeben von Eberhard Bethge, München 1970, 246.

[27] Der Text des Liedes lautet:
Vor deinen Thron tret ich hiermit / o Gott, und dich demütig bitt, / wend dein gnädig Angesicht / von mir betrübtem Sünder nicht.
Du hast mich, o Gott Vater mild, / gemacht zu deinem Ebenbild; / in dir web ich, leb und schwebe ich, / vergehen müsst ich ohne dich.
Du bist mein Fürsprech allezeit, / mein Heil, mein Trost und meine Freud, / ich kann durch dein Verdienst allein / hier ruhig und dort selig sein.
Ein selig Ende mir bescher' / am jüngsten Tag erweck mich Herr, / dass ich dich schaue ewiglich. / Amen, Amen, erhöre mich!

[28] Es erscheint deshalb auch als eigenes Werk (BWV 668) in Bachs „Leipziger Chorälen".

Gestus kann ich spontan angerührt werden. Dieses Erleben verändert sich aber, sobald mir die immanenten Strukturen und Bedeutungsebenen der Musik bewusst sind.[29] So kann es einen tiefen Eindruck auslösen, wenn Bachs letzte Fuge bei einer Aufführung unvermittelt abbricht und dann – nach einem Moment des Innehaltens und der absoluten Stille – die ersten leisen Töne des Chorals anheben. Wirklich anrührend und bewegend wird dieser Moment aber erst dadurch, dass ich um seine Hintergründe, zumindest in Umrissen, weiß (ansonsten würde ein solches abruptes Ende eher irritieren oder verstören). Und das Ganze gewinnt zweifellos noch an Dichte und Intensität, sobald die Bedeutung der einzelnen Motive und damit der Sinn der Komposition im Hören mitschwingen.

Musik löst Resonanz im Menschen aus, sie vermag ihn in seiner Seele anzurühren: aufwühlend, erschütternd, beruhigend oder tröstend. Der Musik wohnt dabei keine Eindeutigkeit inne. Die Gefühle, die sie bei den Hörenden erstehen lässt, sind nicht festgelegt. Eher eröffnet sie einen *Assoziationsraum*, in dem sich jeweils individuell Eindrücke und Bilder einstellen und manifestieren. Die Auseinandersetzung mit den Motiven in Bachs Tonsprache zeigt dabei, dass seine Musik solchen Assoziationen und Gefühlen durchaus eine bestimmte Richtung geben will, ohne dass diese damit in irgendeiner Weise festgelegt werden könnten (oder gar sollten). Die Musik ist eine freie Kunst, auch und gerade hinsichtlich ihrer Wirkungen. Gleichwohl oder gerade deshalb kann sie in dieser offenen, spielerischen Weise zum Medium einer Botschaft werden, die sich befreiend und lösend auf das menschliche Selbstgefühl auswirkt.

In theologischer Perspektive erscheint die Wirkung musikalischer Eindrücke damit in einer erkennbaren Analogie zu dem, was die reformatorische Theologie als Begegnung mit dem *äußeren Wort* kenntlich gemacht und beschrieben hat. Musik muss nicht, kann aber sehr wohl zu einem Medium der Kommunikation des Evangeliums werden. In bestimmter Hinsicht ist sie sogar die Kunstform, welche der Kommunikation des Evangeliums am stärksten korrespondiert, und zwar eben deshalb, weil sie in einer tiefgehenden Weise auf das *Hören* und damit auf die empfangende Dimension menschlichen Daseins bezogen ist. Der Notentext, welcher durch Musik zum Leben erweckt wird, wird zum Geschehen, in das die Hörenden in ihrer seelischen Gestimmtheit einbezogen werden. Im Hören kann diese neu „gestimmt" und ausgerichtet werden.

Dies dürfte auch der Sinn von Bachs Formulierung der „Recreation des Gemüts" sein. Sie zielt auf die Erfahrung der Neukonstitution der Seele im Medium der Musik. Was sich aufreibt und zerfasert, bekommt von neuem Fassung und Halt. Musik wird so zum Werkzeug der *creatio continua*, in der der Schöpfer dem Geschöpf durch alle Brüche und Verwerfungen hindurch treu bleibt. Die Resonanz, welche die Musik in der menschlichen Seele finden kann, trägt damit in spezifischer Weise zu dem bei, was sich an tragender Lebensgewissheit in der Genese der Person herausbildet. So gewiss die ästhetische Erfahrung ein Wahrnehmen sui generis darstellt, so wenig ersetzt sie die anderen Vollzüge menschlichen Geistes: also sein auf wissendes Erkennen gerichtetes Fragen und sein ethisches Orientieren. Die musikalische Erfahrung ist geeignet, die Seele des Menschen – und damit seine

[29] Das gilt natürlich für die Wahrnehmung jeder Art von Musik, freilich mit unterschiedlichem Gewicht.

lebendige Ausrichtung auf den Grund und das Ziel seiner Existenz – in einer bestimmten Weise zum Schwingen zu bringen. Insofern kann man sagen, dass ästhetisches Erleben die erkennende und ethische Existenz des Menschen in der Welt nicht ersetzt, wohl aber fundiert und stimuliert.

Dieses glaubende Bewusstsein, aus dem heraus Bach seine Werke zweifellos geschaffen hat, ist in der Gegenwart freilich an vielen Stellen fragwürdig geworden. Auch die Musik selbst partizipiert an den Brüchen und Abgründen des Lebens. „Zerbrochen ist die Klaviatür [...].“ – das eindringliche Bild *Else Lasker-Schülers* in ihrem Gedicht „Mein blaues Klavier“ bringt das zum Ausdruck. Die Musik, wie überhaupt die Kunst, stellt auch die Verwerfungen und offenen Fragen dar, die eine Zeit ausmachen. Darin bleibt sie authentisch. Zugleich aber behält die Musik in wunderbarer Weise ihr öffnendes und befreiendes Potential. Möglicherweise also sind es in dieser Situation genau die Kunst und in ihr die Musik, welche die Ahnung von Heilwerden dem menschlichen Gemüt erneut zugänglich machen. Oder mit *Konrad Stock* in Anspielung auf das berühmte Hölderlinzitat formuliert: „Sie – die ästhetische Erfahrung der Kunst – kann zum 'äußeren Wort' werden, indem sie zeigt, dass nur der Gott, der schwer zu fassen ist, nah ist.“[30] Anders gesagt: Es ist vielleicht gerade die Aussicht oder Hoffnung, den *Grundton* des eigenen Lebens erneut und erneuernd zu hören, welche Menschen zur Musik bringt und sie dafür empfänglich macht. Bachs Musik ist auch heute eine ausgesprochen schöne Möglichkeit dafür.

[30] STOCK, Idee einer theologischen Ästhetik, 99.

Melanie Beiner

VERLETZLICH LEBEN

Zur Bedeutung der Theologie des Kreuzes in einer verletzlichen Welt

> Du lässt Brunnen quellen in den Tälern, dass sie zwischen den Bergen dahinfließen, dass alle Tiere des Feldes trinken und die Wildesel ihren Durst löschen.
>
> Darüber sitzen die Vögel des Himmels und singen in den Zweigen.
>
> Du tränkst die Berge von oben her, du machst das Land voll Früchte, die du schaffest.
>
> Die Bäume des HERRN stehen voll Saft, die Zedern des Libanon, die er gepflanzt hat.
>
> Dort nisten die Vögel, und die Störche wohnen in den Wipfeln. Die hohen Berge geben dem Steinbock Zuflucht und die Felsklüfte dem Klippdachs.
>
> Du machst Finsternis, dass es Nacht wird; da regen sich alle Tiere des Waldes, die jungen Löwen, die da brüllen nach Raub und ihre Speise fordern von Gott.
>
> Wenn aber die Sonne aufgeht, heben sie sich davon und legen sich in ihre Höhlen.
>
> HERR, wie sind deine Werke so groß und viel! Du hast sie alle weise geordnet, und die Erde ist voll deiner Güter.
>
> Psalm 121

1. Alles Geschöpfliche ist verletzlich

Die Erde ist ein lebendiger Organismus. Wenn an einer Stelle Verletzungen auftreten, können sie ganz woanders spürbar werden. Der Golfstrom ist eine Klimamaschine, die durch ihre Strömung das Klima und damit auch den Artenbestand beeinflusst. Wird er schwächer, hat es Auswirkungen auf das gesamte Ökosystem.

Bislang waren es diese Veränderungen der Natur, die uns vor Augen geführt haben, dass die Erde ein sensibler und verletzlicher Organismus ist. Seit der Pandemie erleben wir, dass diese Verletzlichkeit auch in der menschlichen Gesellschaft wie ein globales Netz die Erde umspannt. Wir sind miteinander verbunden, wir teilen unser verletzliches Leben – eine ansteckende Krankheit ist wie ein Riss in der irdischen Menschenhaut, der sich durch die Völker und Nationen zieht.

Es verwundert nicht, dass der sog. Vulnerabilitätsdiskurs zunächst in der Entwicklungspolitik und dann in der Ökologie seinen Anfang genommen hat.[1] Es verwundert auch nicht, dass das Thema Verletzlichkeit in Bezug auf das menschliche Dasein mit dem Ausbruch einer Pandemie an Bedeutung gewonnen hat. In der Theologie fristet es allerdings immer noch ein Schattendasein.

In vielen Predigten und Ansprachen ist zwar nun von der Verletzlichkeit des Menschen die Rede, aber eine theologische Perspektive darauf gibt es bislang nur in einzelnen Untersuchungen. Besonders im Rahmen der Seelsorge wird darauf Bezug genommen.[2] Das ist nachvollziehbar; allerdings wird damit der Umgang mit Verletzlichkeit – unserer individualisierten Lebensform entsprechend – als eine Herausforderung des Einzelnen gesehen. Die Einbindung der Erfahrung von Verletzlichkeit in einen schöpfungstheologischen Zusammenhang und damit in die Bedeutung von Verletzlichkeit nicht nur als defizitärer Perspektive – dies ist bislang kaum im Fokus theologischer Diskurse.[3]

Richtet man den Blick auf Verletzlichkeit als einer schöpfungstheologischen Kategorie, dann gehört die Verletzlichkeit des Lebens zu den Grundbedingungen des Daseins, die sich in der menschlichen Existenz ebenso wie in allem Lebendigen zeigt. Gleichfalls theologisch wenig bemerkt scheint mir, dass die Rede von der Vulnerabilität in die ökologischen Diskurse eigentlich eine ethische und damit auch theologisch aufzugreifende Ebene einzieht. Sie bezeichnet die Anfälligkeit von Personen, Regionen oder Ökosystemen für Umwelteinflüsse und die Fähigkeit diese zu bewältigen. Damit wird das ökologische

[1] Als einer der Wegbereiter für den Vulnerabilitätsdiskurs gilt A. SEN, Poverty and Famines: an Essay on Entitlement and Deprivation, Oxford 1981.

[2] A. BIELER, Verletzliches Leben. Horizonte einer Theologie der Seelsorge, Arbeiten zur Pastoraltheologie, Liturgik und Hymnologie Bd. 90, hg. von E. Hauschildt, F. K. Praßl und A. M. Steinmeier Bd. 90, Göttingen 2017.

[3] Neben Bieler hat in der ev. Theologie Heike Springhart als eine der Ersten in der ev. Theologie den Vulnerabilitätsdiskurs aufgenommen und eine Realistische Anthropologie entwickelt: H. SPRINGHART, Der verwundbare Mensch. Sterben, Tod und Endlichkeit im Horizont einer realistischen Anthropologie, Tübingen 2017. In der kath. Theologie hat vor allem Hildegund Keul das Thema zu einem wichtigen Forschungsschwerpunkt etabliert: H. KEUL (Hg´in), Theologische Vulnerabilitätsforschung. Gesellschaftsrelevant und interdisziplinär, Stuttgart 2020.

Geschehen nicht mehr nur als biologische Ursache – Wirkung beschrieben. Wenn nicht nur von der Verletzlichkeit von Personen, sondern auch von der von Regionen und Systemen gesprochen wird, dann ist damit auch impliziert, dass diese ihren Eigenwert haben und des Schutzes bedürfen.

Die Schöpfungspsalmen zeigen diese Bezogenheit der Natur als Schöpfung auf Gott als Garant für die je in ihrer biologischen Nische befindlichen Geschöpfe ebenso wie den aus dieser Beziehung entstehenden Charakter und die Wertschätzung der Geschöpfe. Die „weise Ordnung" bezieht sich ja auf die Existenz eines sinnvollen Gefüges von lebendigen Wesen, in der jedes Geschöpf seine Zeit und seinen Ort hat und die Natur ihnen damit einen Schutzraum bietet.

Sowohl in der philosophischen als auch in der soziologischen Debatte wird zunehmend darauf hingewiesen, dass Verletzlichkeit nicht nur als Schwäche oder Mangel in den Blick kommen darf, sondern auch in der darin liegenden Offenheit und Sensibilität.[4]

Ohne Verletzlichkeit gibt es auch keine Lebendigkeit – beides bedingt einander und ermöglicht einander – das beschreibt die grundlegende Bedeutung noch einmal.

Im Folgenden möchte ich gerne die Bedeutung von Verletzlichkeit in einen protestantisch-theologischen Diskurs aufnehmen. Dabei scheinen mir biblische Bezüge, aber vor allem kreuzestheologische Überlegungen weiterführend, um der Bedeutung dieses Phänomens und seiner theologischen Implikationen auf die Spur zu kommen. Die Erfahrungen, die wir derzeit unter den besonderen Krisenbedingungen mit menschlicher Verletzlichkeit und Verletztheit machen, zeigen, dass wir damit heute vor besonderen und in dem Ausmaß neuen Herausforderungen stehen und scheinen mir eine theologische Debatte darüber dringlich zu machen.

2. Verletzliche Körper – Biblische Zugänge und moderne Deutungen

Schon die ersten beiden Menschen der Bibel erzählen eine Geschichte von menschlicher Verletzlichkeit.

Adam und Eva. Sie übertreten den Verhaltenskodex, den Gott ihnen vorgegeben hat. Bevor die Schlange da war, war nur Gott. Mit der Schlange entstehen Alternativen, sie sind vor die Wahl gestellt. Und werden dann, indem sie diese Wahl treffen, als eigenständig handelnde Personen sichtbar. Sie werden individuell – und werden nackt und schämen sich.

Verletzlichkeit ist eine Köpererfahrung. Der nackte Körper ist der verletzliche Körper.

Verletzlichkeit ist auch eine seelische Erfahrung. Der sich schämende Mensch ist der sich selbst als verletzlich erlebende Mensch.

[4] Vgl. H. HAKER, Verletzliche Freiheit. Zu einem neuen Prinzip der Bioethik, in: H. Keul (Hg'in), Theologische Vulnerabilitätsforschung. Gesellschaftsrelevant und interdisziplinär, Stuttgart 2020, 109.

Man kann die Urgeschichte lesen als eine Geschichte, die die Folgen menschlicher Verletzlichkeit thematisiert. Kains Opfer wird von Gott nicht so angesehen wie Abel, er fühlt sich benachteiligt und verletzt selbst.

Noah erlebt das unbehauste, unwirtliche Dasein. Er erfährt die eigene Verletzlichkeit und Schutzbedürftigkeit der Geschöpfe angesichts der Macht der Natur.

Alle drei Erzählungen thematisieren die sich im Angesicht der Verletzlichkeit ergebenden Gefährdungen. Sie lassen die daraus entstehende Fragilität menschlichen Handelns sichtbar werden. Und zugleich verweisen sie auf die Bedeutung, die eine Gottesbeziehung mit der darin gesetzten Anerkennung menschlicher Existenz hat; dass von ihr wesentlich abhängt, ob die Erfahrung von Verletzlichkeit zum Segen oder zur Katastrophe wird.

Verletzlichkeit ist in dieser Hinsicht eine radikale Offenheit, die nach einer Resonanz sucht und die sie braucht.

Hille Haker spricht von der verletzlichen Freiheit, die sie als neues anthropologisches Fundament und normatives Prinzip ethischen Handelns sieht.[5] Sie charakterisiert den Begriff der Verletzlichkeit als ontologische, moralische und strukturelle Verletzlichkeit. Während die ontologische Verletzlichkeit in dem grundlegenden Ausgesetztsein der natürlichen Lebensbedingungen liegt, liegt die moralische Verletzlichkeit in der Offenheit gegenüber dem eigenen und dem Handeln anderer. Mit struktureller Verletzlichkeit verbindet Haker schließlich die Erfahrung sozialen Bedingungen ausgesetzt zu sein, die dem Einzelnen soziale Teilhabe entziehen. Freiheit kommt dem Menschen als verletzliches Wesen zu und es ist die verletzliche Freiheit die Grundlage einer theologischen Sicht auf den Menschen.

In der Bibel gibt es aber nicht nur die Erzählungen, die ein Bewusstsein für die Gefährdetheit und Angewiesenheit menschlicher Existenz schaffen.

Jakobs Kampf am Jabbok ist zwar auch eine Erzählung, in der es um eine Verletzung geht. – Aber hier kommt eine andere Dimension mit hinein: Gott verletzt – so könnte man es deuten. Und die Pointe: Der verletzliche und verletzte Mensch ist nicht der Verlierer, sondern der verletzliche Mensch wird der erwählte Mensch. Auf der Verletzlichkeit liegt Segen. Diese immer noch im Letzten unanschaulich und geheimnisvoll bleibende Erzählung lässt allerdings auch etwas anschaulich werden: In dem Spüren der eigenen Verletzlichkeit tut sich eine existentielle Dimension menschlichen Lebens auf, in der die Blöße des leibhaftigen Daseins zu einer Erfahrung der Gottesnähe und Gottesliebe werden kann. Diese Begegnung mit Gott ist schmerzhaft und bricht mit dem Gefühl der Autonomie und Selbstgewissheit; aber gleichzeitig erscheinen die Verletzungen als offene Wunden, durch die etwas Anderes in die geschöpfliche Wirklichkeit hineinkommt und diese bewahrt. „Ich habe nicht Löcher gemacht, um das Bild zu ruinieren. Ich habe Löcher gemacht, um etwas anderes zu finden."[6] – so beschreibt der Künstler Lucio Fontana die

[5] H. HAKER, aaO, 109.

[6] J. SCHWANBERG (Hg´in), Zeig mir deine Wunde, Wien 2018, 21.

Intention seines künstlerischen Schaffens, in dem er das Gewebe von Stoffen und andere Materialien mit Schnitten durchtrennt.

Die Heilung einer blutflüssigen Frau – hier wird auch Jesus schwach, als sie ihn berührt. Mir erscheint dies als eine Begegnung zweier Menschen, die sich gegenseitig ihrer Verletzlichkeit ansichtig werden. Der Frau gesteht Jesus nicht zu, einfach so zu verschwinden, sondern er fragt nach: „Wer hat mich berührt?" Und die Kraft, die in sie fließt, die fehlt ihm. Verletzlichkeit prägt Beziehungen – sie nicht zu verbergen und nicht Autorität aus einem vermeintlichen Stärke-Schwäche-Gefälle zu gewinnen – dies scheint jedenfalls biblisch gesehen zum Gelingen beizutragen, mit Verletzlichkeit in Beziehungen umzugehen.

Die biblische Erzähltradition verweist immer wieder auf Menschen, die nicht aus sich selbst heraus oder nach unseren Maßstäben stark sind. Sie macht uns bewusst: wer seine Verletzlichkeit mit vermeintlichen Sicherheiten zu überwinden versucht, scheitert oft. In der Erzählung vom reichen Kornbauern wird deutlich, dass die vermeintliche Sicherheit seelisch auch Schaden anrichten kann. Die Seele bleibt nur (welt)offen lebendig. Vermutlich ist diese Erfahrung in der derzeitigen Krise nachvollziehbar wie kaum zuvor; gleichzeitig zeigt sie auch, dass die Bedeutung der Verletzlichkeit eine Körper und Seele verbindende Kategorie ist.

Die biblischen Bezüge zeigen: Es geht immer wieder um die Erfahrung, dass der Lebensgewinn nicht in der Überwindung der Verletzlichkeit liegt, sondern in ihrer bewussten Wahrnehmung.

Seine Herausforderung und Zuspitzung erfährt dieser Gedanke aber vor allem durch die Passions- und Kreuzeserzählungen. Jesus am Kreuz erscheint christlich gesehen als der Inbegriff des verletzlichen und auch des verletzten Körpers.

3. Verletzlichkeit im Angesicht des Gekreuzigten – Gottes Kraft in (meiner) verletzlicher(n) Gestalt

Seit der Neuzeit, so konstatieren Vertreterinnen und Vertreter der Pädagogik, „werden Versuche des Ankämpfens gegen Verwundbarkeit sichtbar, die das menschliche Leben als eines begreift, in dem es nicht um Anerkennung der Vulnerabilität, sondern um deren Aufhebung geht. In diesem Sinne lässt sich die Neuzeit als bis in die Gegenwart fortwirkendes Projekt zur Überwindung der unterschiedlichsten potenziellen oder tatsächlichen körperlichen, psychischen, sozialen, ökonomischen, politischen, pädagogischen Leiden durch medizinische, technische, politische, ökonomische, ökologische und pädagogische Maßnahmen beschreiben."[7]

Eine protestantisch-theologische Deutung des Phänomens der Verletzlichkeit kann und sollte aus meiner Sicht eine andere Richtung einschlagen. Nach ihr kann es nicht um die Überwindung, sondern um die Aufnahme dieses Phänomens gehen. Eine besondere Bedeutung bekommt dabei die kreuzestheologische Deutung, weil und wenn diese eben nicht

[7] D. BURGHARDT u.a. (Hg.), Vulnerabilität. Pädagogische Herausforderungen, Stuttgart 2017, 9.

nur das Phänomen als anthropologische Kategorie beschreibt, sondern wenn mit ihr und durch sie das Phänomen als Offenbarung der Wirklichkeit Gottes sichtbar wird. Weil der Gekreuzigte zugleich als Sohn Gottes geglaubt wird, teilt sich in diesem und durch dieses Bild eine Vorstellung des göttlichen Wirkens selbst mit. Das möchte ich im Folgenden erläutern.

Das Ereignis der Kreuzigung Jesu wurde – nach allem, was wir wissen und historisch einordnen können – zunächst als Scheitern seiner Botschaft vom Reich Gottes verstanden. Dass die Jünger fliehen und als Wegbegleiter im Umfeld Jesu gefährdet waren, ist zwar selbst schon Bestandteil der Evangelien und so Teil einer theologischen Deutung, aber es ist zu vermuten, dass mit dieser Information nicht nur eine theologische Intention verbunden war. Die Theologien des Neuen Testaments spiegeln dann aber schon den Versuch und bieten auch Konzepte an, dieses Ereignis mit dem Handeln und Wirken Gottes in Verbindung zu bringen. Die Rede von der Auferstehung geht ja davon aus, dass Gott trotz des Todes seine Macht erweist und der lebendige Christus grundlegende Bedeutung hat. Gott ist in Jesus Christus gegenwärtig, das ist unser Glaubenssatz.

Die Kreuzigung selbst wird dabei als Ausdruck der Gottesferne des Menschen verstanden und die Auferstehung als sichtbarer Erweis ihrer Überwindung durch Gott selbst. Die Deutung, dass es Gott selbst ist, der gekreuzigt wird, besagt, dass die Gottesferne durch Gott selbst überwunden wird.

Unterschiedliche Bilder von der Interpretation des Aktes der Kreuzigung Jesu weisen dabei auf unterschiedliche Gottesvorstellungen schon im NT hin. Lösegeld, Sühnopfer, Sündenvergebung. Je nachdem, wie Gott verstanden wird, wird auch der Vorgang beschrieben, der das Verhältnis zwischen Gott und Mensch durch die Kreuzigung ändert, so dass aus der vom Menschen intendierten Gottesferne eigentlich ein Akt ihrer Überwindung durch Gott selbst wird.

Bis in das 20. Jahrhundert hinein sind dabei Gottesvorstellungen überwiegend vom Gedanken der Allmacht Gottes ausgegangen. Der Tod Jesu ist dann der von Gott selbst gewählten Weg der Versöhnung. Gott begibt sich an das Kreuz als den Ort der Gottlosigkeit schlechthin, erniedrigt sich selbst und kann damit die Macht der Sünde durchbrechen.

Die sog. Theologie nach Ausschwitz hat dann vor allem den (mit)leidenden Gott in den Vordergrund gestellt. Gott ist nicht allmächtig; seine Kraft zur Überwindung des Bösen liegt nicht in einem Machtakt der Überwindung, sondern in der radikalen Solidarität und Mitleidenschaft für den Menschen. Nach den grausamen millionenfachen Gewalterfahrungen kann nicht mehr davon gesprochen werden, dass es einen übernatürlichen „Willen" Gottes gibt, der dies hätte verhindern können. Die Kraft Gottes liegt in der Mitleidenschaft.

Beiden Vorstellungswelten ist gemeinsam, dass die Gegenwart Gottes im Leiden rettende „Wirkung" hat. Bei der ersten Vorstellung aufgrund einer Art Machtkampf, der damit endet, dass Gott selbst die Macht des Bösen überwindet, weil er sie als Allmächtiger selbst durchleidet und überwindet, also alle Gottesbeziehung stärker ist als das die

Beziehung zerstörende Böse. Bei der zweiten Vorstellung liegt der Gedanke der Rettung vor allem in der solidarischen Beziehung, die zwischen Gott und den Leidenden entsteht; das Leiden wird nicht durch ein Machtwort überwunden, sondern durch das gemeinsame Hindurchgehen durch dieses Leiden. Beide Vorstellungswelten leben in unserer Frömmigkeitspraxis weiter und werden gepflegt.

Günter Thomas benennt, dass es sich um zwei Alternativen handelt, die jeweils eine Schwierigkeit haben. Die Allmacht Gottes wirkt unvermittelt in die Wirklichkeit hinein wie ein deus ex machina. Die Mitleidenschaft macht Gott hilflos und ohnmächtig. Erst das Konzept der Verletzlichkeit Gottes kann beides überwinden.[8] Dieses Konzept erweist das Risiko[9], aber auch die Kreativität Gottes. Gott lässt sich von der Schöpfung affizieren und wagt sich mit der Menschwerdung in einen offenen Prozess. Damit setzt er der Vorstellung der Allmacht Gottes eine Vorstellung von der schöpferischen Tätigkeit Gottes entgegen, die offen für die Veränderung ist. Jenseits der Vorstellung eines allmächtigen Gottes einerseits oder eines mitleidenden Gottes, der dann keine Hoffnungsperspektive mehr aufzeigt, setzt Thomas auf eine Lebendigkeit Gottes, die durch Tod und Auferstehung Jesu Christi ein radikal neues Moment der Intervention Gottes offenbart.[10]

Ich teile die Problemanzeige Thomas‘ im Blick auf die Gottesbilder, möchte mich aber zunächst nicht den weiteren Überlegungen von Thomas anschließen, der der Verletzlichkeit Gottes und dem damit verbundenen Risiko nachgeht. Ich möchte zunächst die Verletzlichkeit des Menschen stark machen. Erst in der Bedeutung der Verletzlichkeit und des verletzlichen Körpers erscheint aus meiner Sicht die darin aufscheinende Bedeutung Gottes.

Rebekka Klein hat die in der Kategorie der Verletzlichkeit liegende Umdeutung von göttlicher Macht im Diskurs mit der sozialen Ontologie der Verletzlichkeit von Judith Butler entfaltet. Dabei ist entscheidend, dass es nicht um die Alternative zwischen einem machtvollen und einem ohnmächtigen Gott geht (wobei sich die Bestimmung von Ohnmacht eben an einem klassischen Verständnis von Macht orientiert), sondern Verletzlichkeit auch eine emanzipatorische und nach Klein eine subversive Macht beinhaltet. Die im Auferstandenen sichtbare Körperlichkeit, die sich dennoch der Begreifbarkeit entzieht, macht deutlich, dass es sich um eine Macht handelt, die durch das sinnhaft-sinnliche, aber gleichzeitig unverfügbare Exponieren des Körpers entsteht. Dieser Körper entzieht sich damit der Bemächtigung und durchkreuzt so gängige Macht- und Ohnmachtsdeutungen.[11]

Hier geht es um eine tatsächliche Umdeutung, die sich aus einer anderen Bewertung von Verletzlichkeit ergibt. Es geht nicht um eine passive Haltung, sondern darum, den Wert von Verletzlichkeit so zur Geltung zu bringen, dass sich eine positive Konnotation

[8] G. THOMAS, Gottes Lebendigkeit. Beiträge zur systematischen Theologie, Leipzig 2019, 90.

[9] „Das Kreuz Christi als Risiko der Inkarnation.“ aaO, 51.

[10] Vgl. aaO, 311.

[11] R. KLEIN, Die Schwachheit Gottes als subversive Macht. Eine kreuzestheologische Relektüre der Körperimaginationen der Moderne, in: Gottes schwache Macht, hg. v. R. Klein, F. Rass, Leipzig 2017, 227-243.

und daraus eben eine in der Wirklichkeit Gottes verankerte Erfahrung von Anerkennung und Stärke, die in dieser Verletzlichkeit liegt, ergibt.

Wenn das Kreuz eine soteriologische, also ein das Dasein des Menschen rettende Bedeutung hat, dann braucht es diese positive Konnotation und ebenso ihre Auswirkung auf das Leben. Diese soteriologische Bedeutung des Kreuzes liegt in der Bedeutung und Wahrnehmung des verletzlichen Körpers. Es sind die Körper, die in der sozialen Welt zum Austragungsort von Macht und Ohnmacht, auch von Empathie und Gefühllosigkeit werden, aber auch von Erfahrung von Liebe und Leidenschaft usw.

So gesehen beginnt das rettende Handeln Gottes schon in seiner Menschenwerdung. Das Kreuz weist uns auf die Dimension der Verletzlichkeit hin, und es kann die in dieser Verletzlichkeit liegende Stärke des Menschen wachhalten.

In der Wahrnehmung von Verletzlichkeit – das ist meine These – zeigt sich die rettende und heilsame Kraft Gottes.

a) Das Bild des Gekreuzigten bietet den Anblick eines verwundeten und schließlich getöteten Körpers. Die Wundmale als Zeichen sind noch für die Gegenwart des Auferstandenen von Bedeutung. In diesem Bild des Gekreuzigten erscheint der wahre Mensch als verwundeter Mensch. Es ist diese Verletztheit, die mir die eigene Verletzlichkeit als fundamentales Signum meines Menschseins vor Augen führt. Geht man schöpfungstheologisch von der Gottebenbildlichkeit des Menschen aus, dann wäre die christologische Pointe die, dass der Gott – in Jesus Christus – ebenbildliche Mensch nur der verletzliche Mensch sein kann.

Der Anblick des Gekreuzigten ist der Anblick des wahren Menschen, der die Realität leiblichen In-der-Welt-Seins spiegelt und eben der Verletzlichkeit eine grundlegende Bedeutung zumisst. Dass sich darin auch eine Schuldgeschichte spiegelt und der gekreuzigte Christus nicht nur ein verletzlicher, sondern auch ein getöteter Mensch ist, das möchte ich nicht ausblenden: Die Konsequenz eines Lebens, das die Verletzlichkeit des Daseins nicht beachtet, ist eben die, sich individuelle, gesellschaftliche, politische Schutzstrategien zuzulegen und damit in eine Macht-Ohmacht-Gefälle zu geraten, das tödlich enden kann.

Wichtig scheint mir aber dazu als Voraussetzung zu sein, Verletzlichkeit als eine Grundkategorie menschlichen In-der-Welt-Seins zu verstehen.

Das zieht zwei Konsequenzen nach sich:

Erstens ist Verletzlichkeit keine dem Menschen allein eignende „Eigenschaft". Wie eingangs schon beschrieben gilt: Tiere, Pflanzen, alle Lebewesen und organischen Systeme sind in diesem Sinne verletzlich. Das bedeutet also, dass die Erlösungsbedürftigkeit und die Erlösungsfähigkeit nicht dem Menschen alleine vorbehalten ist. Es ist die ganze Schöpfung in diesen Prozess einbezogen, es ist das Seufzen und Harren aller Kreatur, das in der Vorstellung einer neuen Schöpfung und einer soteriologischen Praxis gehört und beachtet wird. Die zweite Konsequenz ist, dass nicht der unverwundete, unverletzte Mensch das Ziel göttlichen Handelns in der Welt ist. Das wird schon daran deutlich, dass es eben der

Gekreuzigte ist, der auferstanden ist, und erkannt wird der an den körperlichen Wunden. Auch der Auferstandene bleibt verletzt.

b) Inwieweit hat die Wahrnehmung der eigenen Verletzlichkeit nun eine rettende oder heilsame Bedeutung?

Im 2. Korintherbrief führt Paulus der Gemeinde sehr sinnenfällig seine eigene körperliche Schwäche vor Augen. Und er weist genau darin Gottes Handeln auf. „Gottes Kraft ist in den Schwachen mächtig.“ (2. Kor 12, 9) Diesen Vers lese ich als eine Aussage, in der die Verletzlichkeit des Menschen, eine Erfahrung göttlicher Stärke bereithält.

Nimmt man diese Deutung ernst, dann zeigt sich Gott eben nicht nur in der Überwindung des Leidens und auch nicht nur in einem Mitleiden. In der Verletzlichkeit – so würde ich es übersetzen – erscheint eine Dimension von Tiefe und Wahrhaftigkeit menschlicher Existenz auf. Sie hält eine fundamentale Selbsterfahrung bereit, die sich nicht in der Selbstmächtigkeit und Selbstvergewisserung zeigt, sondern eben nur in der Angewiesenheit und Offenheit, und die sich leibhaft erleben lässt. Gott ist darin gerade nicht der, der überwindet und (mir) hilft. Im Gegenteil und als Aussage pointiert zugespitzt:

Gott gewinnt durch meine und in meiner Verletzlichkeit Gestalt.

Es ist nicht einfach die Kraft Gottes, die mir hilft Verletzungen zu überstehen. Das würde wiederum ein Gefälle zwischen einem (machtvollen) Gott und einem schwachen Menschen einziehen. Die Kraft Gottes besteht gerade darin, meine Verletzlichkeit als Teil meines von Gott geliebten und gerechtfertigten Daseins zu verstehen, weil sie mir andere Erfahrungsräume aufschließt als die, die ich allein aus meiner eigenen produktiven Kraft nicht machen kann.

In dieser Verletzlichkeit, so könnte ich es auch sagen, entdecke ich eine tragende Beziehung zum Grund des Daseins. Es sind oft solche Erfahrungen, die sich in existentiellen Situationen einstellen, in denen Menschen berührt werden, und die eine seelische und körperliche Empfindsamkeit erleben lassen, und zwar als Teil einer Wirklichkeit, die mir durch aktives Tun, durch eigenes, willentliches Gestalten nicht zu Erfahrung werden.

Ich möchte damit zwei Dinge nicht: Ich möchte nicht das Leiden aufgrund von Verletzungen und Bedrohungen verherrlichen. Es geht nicht darum, dass Menschen leiden sollen oder müssen, um Gott zu begegnen. Es geht nicht darum, Verletzungen zu glorifizieren. Es geht nicht um Verletzungen. Im Gegenteil: Es geht um die Wahrnehmung meiner Verletzlichkeit, also auch meiner Angewiesenheit auf andere. Aber ich möchte auch nicht darauf hinaus, verletzliches Leben zu überwinden.

Wenn ich ernst nehme, dass wir alle schon gerechtfertigte und geliebte Kinder Gottes sind, dann bedeutet das, dass es so, wie ich bin, einen guten Sinn mit mir hat; und dass ich dann eben auch meine Verletzlichkeit nicht verstecken, schützen und mich selbst verteidigen muss.

Brené Brown, Sozialforscherin aus den USA, hat das Thema Verletzlichkeit auch im Kontext von Unternehmen bekannt gemacht. In einem Interview berichtet sie von einer internationalen Tagung: In keinem der 48 Länder, aus dem die Teilnehmenden kamen, gab es die Rückmeldung, mit Verletzlichkeit würde in ihrer Kultur angemessen umgegangen. Jeder kannte aber ein Sprichwort (und damit eine ja geronnene Form kultureller Praxis), das zur Botschaft hatte: Zeige dich nicht verletzlich.[12]

c) Welche Bedeutung haben dann Heil und Heilung? Natürlich entstehen aus verletzlichen Körpern auch Erfahrungen von Verletzungen und Verwundungen. Das Ausmaß dessen, was wir als versehrte Körper, aber auch an seelischen Verletzungen ertragen und einander zufügen, scheint unübersehbar und in jedem einzelnen Ereignis, das uns widerfährt oder an dem wir teilhaben, immer wieder zutiefst erschütternd.

Niemand wird ohne Verletzungen leben, auch wenn die Erfahrungen und Zumutungen so unterschiedlich sind.

Der Respekt, aber auch das tiefe Mitgefühl für Menschen, die mit Verletzungen leben, lässt uns heute immer auch sprachlos werden, gleichzeitig nehmen wir vermutlich darin aber auch die tiefe Bedeutung und die Gefahr, die Erfahrungen von Verletzungen, und das sind ja immer Erfahrungen von physisch oder seelisch machtvollen „Einbrüchen“ in meine Welt, wahr. Die Frage nach Heil und Heilung darf darum nicht hinter der Bedeutung von Verletzlichkeit zurückstehen.

Gleichwohl – und das ergibt sich möglicherweise jetzt schon aus der Sache selbst – Heil und Heilung beziehen sich dann nicht auf die Wiederherstellung eines vermeintlich gesunden Zustandes. Auch wenn Krankheiten geheilt werden, bleibt die Erfahrung der Verletzung und wird ein Teil meiner Person, hat mich verändert, entwickelt oder anders beeinflusst. „Wieder gesund“ ist körperlich gesehen immer wieder auch ein Synonym dafür, wieder so weiter leben zu können wie vorher. Möglicherweise verändern sich aber Erfahrungen von Gesundheit über die Lebensspanne und lassen eine eindeutige Bestimmung nicht zu.

Heil und Heilung verstehe ich darum umfassender, nicht als je „meine“ Aufgabe, sondern als die Möglichkeit einen Raum, einen Ort zu schaffen, an dem ich auch verletzlich und verletzt heil bin. Für mich liegt darin ein wichtiger Aspekt der biblischen Heilungsgeschichten. Sie alle beziehen sich auf menschlichen Verletzungserfahrungen, deren Kern in der sozialen Ausgrenzung bestehen. Es geht um Blinde, Lahme, Aussätzige – sie alle sind aufgrund ihrer Schwächen nicht mehr Teil der Gesellschaft. Heilung im theologischen Sinn ist für mich vor allem ein gesellschaftlicher Prozess. Geheilt wird nicht einfach nur die Krankheit oder Behinderung, sondern die Situation, in der Menschen mit ihr leben, leben dürfen und dennoch Teil einer lebendigen Gemeinschaft sind. Eine Theologie der Verletzlichkeit ist insofern auch eine inklusive Theologie.

[12] Süddeutsche Zeitung vom 18. November 2018, https://sz-magazin.sueddeutsche.de/wissen/verletzlichkeit-ist-der-schluessel-zu-allem-86367, zuletzt abgerufen am 8.03.2021.

d) Der Gedanke, dass Gott in meiner Verletzlichkeit Gestalt gewinnt, kann auch im Kontext einer Debatte um die Bedeutung und das Verständnis des Leibes Christi eine andere Perspektive einspielen und dem Verständnis des Abendmahls als die sakramentale Repräsentation des Leibes Christi. Denn die Bedeutung von Verletzlichkeit kann aus meiner Sicht auch die Frage nach der Relevanz der sinnlich-leiblichen Teilhabe an dem Leib Christi neu bearbeiten.

Andrea Bieler fragt dabei danach, wie über den Leib Christi gesprochen werden kann, wenn die Körperlichkeit des Menschen eine elementare Bedeutung beim Abendmahl gewinnt und lotet Wege aus, das Ritual des Abendmahls und die darin sich vollziehende Vergegenwärtigung mit der Erfahrung eigener Leiblichkeit in Verbindung zu bringen.

„Erinnerung ist ein gegenseitiger Prozess, in dem wir mit unserer ganzen Existenz auf Gottes Gnade antworten. Die rituelle Gestaltung der Eucharistie schließt einen Resonanzraum auf, der das Potential hat, Raum zu geben, um diese verschiedenen Dimensionen zu vermischen."[13] Dabei werden die eigenen Körper Teil des Leibes Christi. „Wenn wir am Abendmahl teilnehmen, werden unsere Körper als Tempel des Heiligen Geistes sichtbar gemacht."[14] Andrea Bieler und Luise Schottroff plädieren dafür, die Bedeutung des individuellen Körpers und die darin eingeschriebenen sozialen Erfahrungen in die Praxis des Abendmahls stärker mit einzubeziehen. Die leibhafte Teilhabe am Abendmahl wirkt auch auf die Körper und umgekehrt – es sind die Körper mit ihrer Verletzlichkeit und Verletztheit, die Teil des Leibes Christi werden. „Der Begriff der Gemeinschaft, den die Metapher des Leibes Christi beinhaltet, ist nicht naiv oder romantisch; er erkennt vielmehr die schmerzhaften Erfahrungen von Privileg und Ausgrenzung an. Unsere Körper sind nicht einfach natürliche biologische physische Gebilde. Sie werden in ihrem partikularen physischen Erscheinungsbild durch andere und durch unser eigenes Zutun »in die Existenz gesehen«."[15] Das Abendmahl wird – versteht man es in diesem Sinne als einen je und je durch die präsenten Körper konstituierten Raum – eine jeweils neue Repräsentation und man könnte sagen, dass es damit immer andere und neue Erfahrungsräume der Gegenwart Gottes bereithält.

4. Gottes Verletzlichkeit und die globale Erfahrung menschlicher Verletztheit

Alles Lebendige ist verletzlich. In Zeiten einer sich weltweit ausbreitenden ansteckenden Krankheit kann diese Erfahrung auch zu einer Glaubenskrise werden. In der Auseinandersetzung damit tauchen die beiden oben als problematisch benannten Gottesvor-

[13] „Anamnesis is a mutual process in which we respond to God´s grace with our whole existence. The ritual performance of the Eurachistic opens up a space of resonance that has the potential to give room to an intermingling of these various dimensions." A. BIELER, Real bodies at the meal, in: J. Ebach, H.-M. Gutmann u.a., „Dies ist mein Leib" Leibliches, Leibeigenes und Leibhaftiges bei Gott und den Menschen, Jabboq Bd.6, Gütersloh 2006, 86.

[14] A. BIELER, L. SCHOTTROFF, Das Abendmahl. Essen, um zu leben, Gütersloh 2007, 186.

[15] AaO, 188.

stellungen wieder auf: Zum einen ist es die Vorstellung von der Allmacht Gottes, die schnell nach dem warum? hat fragen lassen und mit der Vorstellung bzw. Frage operiert, ob Gott diese Krise gewollt oder zumindest zugelassen hat.

Im Hintergrund steht dabei genau dieses Verständnis von Macht als eines in die irdischen Lebensvollzüge gewaltsam eingreifenden Handelns. Obwohl wir mittlerweile große Schwierigkeiten mit einem Verständnis von Wundererzählungen haben, die in metaphorischer Form genau dieses Wirken beschreiben, scheint andererseits bei global wirksamen Naturerfahrungen die Frage nach dem Warum göttlichen Handelns weit weniger fraglich.

Als Alternative erscheint genau die andere Vorstellung Gottes als mitleidend und uns in unserem Leid begleitend in den Deutungen auf.

Nun erleben wir die Pandemie nicht nur als eine körperliche Gefährdung, sondern auch als eine Kränkung menschlicher Zivilisation; sie macht uns bewusst, dass unsere Körper und Seelen auch in hochmodernen und hochentwickelten Gesellschaften verletzlich sind und bleiben.

Dazu kommt, dass diese Form der Verletzlichkeit ein hohes Maß an Verunsicherung mit sich bringt. Das physical distancing trägt der Erfahrung Rechnung, dass ich nicht sicher weiß, ob nicht mein eigener Körper Ausgangspunkt einer schwerwiegenden oder sogar tödlichen Erkrankung eines oder einer anderen ist. Dies ist eine Verunsicherung, die sich ja flächendeckend auf das Gesamte globale soziale Geschehen in der Welt ausweitet.

Lässt sich angesichts dieser Erfahrung noch bekennen, dass Gottes Kraft in den Schwachen mächtig ist, vor allem, wenn diese Kraft keine neben oder über der Schwäche, sondern gerade in dieser Schwäche liegende verstanden wird?

Meine Wahrnehmung ist, dass wir angesichts dieser Herausforderungen neu lernen, was es bedeutet, mit der eigenen Verletzlichkeit und der anderer umzugehen und wie bedeutsam unsere Körperlichkeit das seelische und geistliche Erleben bestimmt. Möglicherweise üben wir gerade auch eine neue Sensibilität in der Wahrnehmung darin ein und entdecken die Bedürftigkeit, die Unsicherheit, aber auch die Offenheit geschöpflichen Daseins neu. Möglicherweise kristallisiert sich auch in einer Zeit, in der der Schutz von vulnerablen Gruppen im Vordergrund allen gesellschaftlichen Handelns steht, die Kostbarkeit und die Würde und Achtsamkeit eines verletzlichen Lebens neu.

Lässt man sich von dem Gedanken leiten, dass Gott in den verletzlichen Körpern Gestalt gewinnt, dann kann aus der Frage nach dem „Warum" möglicherweise eine Wahrnehmungsfrage, eine Frage nach dem „Wie" werden:

Wie verändert sich mein Blick auf einen anderen Menschen, wenn ich danach frage, wie Gott in dieser verletzlichen Person Gestalt (für mich) gewinnt? Welchen Raum für meinen eigenen Glauben schließt mir der- oder diejenige auf, die ihre Verletzlichkeit zur Sprache bringt? Welche Haltung vergewissern wir in der Anteilnahme an der jeweiligen Erfahrung des anderen? Welche Lebensdimensionen entdecke ich neu auch oder gerade in einem durch Grenzerfahrungen geprägten Leben?

Auch in einer Krisensituation geht es dabei nicht darum, diese für Vergewisserungen zu vereinnahmen. Es geht vielmehr darum, Gottesbegegnungen und Gottesbilder zu profilieren, die die Menschwerdung Gottes ernst nehmen und darin einen anderen Blick auf die Wirklichkeit ermöglichen.

Der Umgang mit der eigenen Verletzlichkeit, aber auch mit der anderer, der darin nicht einen zu überwindenden Zustand, sondern eine Repräsentation göttlicher Gegenwart sieht, trägt zur sensiblen Wahrnehmung alles Geschöpflichen bei, verlangsamt Prozesse, entspannt und entzerrt machtvolle Auswirkungen und Durchsetzungsstrategien.

Im Mai vergangenen Jahres wurde der Christus Redentor in Rio de Janeiro mit einer Lichtinstallation so angestrahlt, dass er eine Maske trug und gleichzeitig weiter wie eh und je schützend seine Arme ausbreitete. Der auferstandene und erhöhte Christus wurde mit dem Signum des Schutzes in Zeiten großer Verletzlichkeit dargestellt. Der lebendige Christus spendet Leben in Zeiten von Verletztheit nicht durch die Geste der Erhöhung, sondern in der Gestalt des schutzbedürftigen Gottessohnes.

Das Ungewohnte und Herausfordernde in diesen Zeiten erscheint mir aber nicht nur die Erfahrung von Verletzlichkeit durch körperliche Beeinträchtigung zu sein. Das Besondere ist die globale Dimension, die diese Erfahrung hat. Eine weltweit geteilte Sorge und Gefahr, die im Prinzip alle auf dieser Erde lebende Menschen zur gleichen Zeit nachempfinden können und die sie in ihrem jeweiligen aktiven Habitus beeinträchtigt.

Der Unterschied zu anderen Krankheits- und Verletzungserfahrungen besteht darin, dass hier eigentlich niemand außen vor bleibt. Die sonst schnell vollzogene Individualisierung von Verletzlichkeit als eines je individuell zu bewältigenden Schicksals greift hier nicht.

Daraus kann das Bewusstsein wachsen, dass wir alle ein Leib sind, und die Verletzungen eines Teils des Körpers unweigerlich Auswirkungen auf die anderen haben. Das bedeutet für mich: Wenn wir unsere Verletzlichkeit wahrnehmen und ihr die fundamentale Bedeutung zukommen lassen, die sie hat, dann werden wir andere Räume schaffen, anders kommunizieren, anders agieren, so dass Verletzlichkeit vorkommen darf und kann. Sie muss dann nicht verborgen, überspielt, wegtrainiert werden und dann ggf. doch Aggression und Gewalt hervorbringen.

Im Gegenteil: Wir können uns die Frage stellen: Welche Erfahrungsräume müssen wir bereithalten, welche Erfahrungen stärken, worauf hören und was wahrnehmen, um dieser verletzlichen Existenz Geltung zu verschaffen.

Der Schöpfungsauftrag fragt nach der Sorge um den Schutzraum – und die Möglichkeit, die Erde gefüllt mit den Gütern Gottes wahrzunehmen. In der Erfahrung der Verletzlichkeit Gottes, die in der Verletzlichkeit des Menschen Gestalt gewinnt, bleibt die Frage nach dieser Wohlordnung bestehen – sie stellt sich aber auch für den Menschen nicht aus der Perspektive einer vermeintlichen Überlegenheit, sondern aus der einer Schöpfungsgemeinschaft, die sich berühren lässt, offen und angewiesen zeigt.

C. Dogmatische Zugriffe

Hermann Deuser

GIBT ES EIN GOTTESARGUMENT?

Dass *Gott* gedacht werden *muss,* dass sich das zeigen ließe, das war und ist der rote Faden in den Traditionsbeständen der sog. Gottesbeweise. Zu sagen *Gott kann* gedacht werden, ist dagegen die schwächere Fassung dieser Frage, ein zweiter nur leicht roter Faden, der immer wieder mit dem erstgenannten verwechselt werden kann. Doch worin genau besteht der Unterschied?

In Eilert Herms[1] phänomenologischer Begründung der Gottesaussage wird unter den Bedingungen der Moderne (Evolution, Kosmologie, Prozessrealität, Pragmatismus, Existenzialität, Geschichtlichkeit, Subjektivität, Kontingenz) kein Schlussverfahren bemüht, das Gottes *Existenz* zur Konklusion hätte, sondern in der konkreten Situation der Erschließung, die zuerst für jede Erfahrung unabdingbar und wesentlich ist, kann gefolgert werden, dass zum Gegebensein von Erfahrenem eine einheitliche Lebenswelt und deren (schöpferischer) Grund gehören. Und weil nicht vorstellbar ist, wie aus einer apersonalen Gesetzlichkeit der Natur personale/ geistige Erfahrung hat werden können, bleibt eigentlich nur zu sagen: *Ergo* ist eine „weltübergreifende", kreative „Ursprungsmacht" zu denken.[2]

Heiko Schulz hat an der Darstellung dieser Argumentation beanstandet[3], dass der eingangs genannte Unterschied zwischen einer *hinreichenden* Bedingung (Gott *kann* auf diesem Wege gedacht werden) und einer *notwendigen* Bedingung (Gott *muss* gedacht werden) im Unklaren bliebe. Ersteres ließe sich zeigen, Letzteres bisher nicht, d.h. die Religionskritik ist so noch nicht widerlegt. – Diese Kritik steht und fällt natürlich mit dem quasi als *Ockhams razor* eingesetzten Differenz-Dual von *hinreichend* und *notwendig.* Worum geht es?

> „Logisch unterscheidet man notwendige und hinreichende B.en [Bedingungen]. Eine *notwendige B.* muss erfüllt sein, damit eine Handlung entstehen kann; ist sie nicht erfüllt, ist das Eintreten der Handlung nicht möglich. Von einer *hinreichenden B.* wird eine der möglichen Handlungen jeweils hervorgerufen."[4]

[1] E. HERMS, Systematische Theologie. Das Wesen des Christentums in Wahrheit und aus Gnade, Bd. 1, Tübingen 2017; vgl. H. DEUSER: Rationalität und Leidenschaft. Überlegungen zu Eilert Herms' phänomenologischer Dogmatikbegründung im § 4 der Systematischen Theologie, in: G. SCHREIBER (Hg.): Interesse am Anderen. Interdisziplinäre Beiträge zum Verhältnis von Religion und Rationalität. Für Heiko Schulz zum 60. Geburtstag, Berlin/Boston 2019, 463-477.

[2] Vgl. aaO. 470f.

[3] H. SCHULZ, 10.9.2020 (brieflich).

[4] N.I. KONDAKOW, Wörterbuch der Logik (Moskau 1971, 1975), Hg. der dt. Ausg. E. ALBRECHT u. G. ASSER, Leipzig [2]1983, 70.

„What do we mean by calling one thing a necessary condition, or a sufficient condition, for another? By saying that *B* is a *necessary* condition for *C*, we mean that nothing is a case of *C* without being a case of *B*. For example, being at least thirty years old is a necessary condition for being a United States senator. By saying that *B* is a *sufficient* condition for *C*, we mean that anything which is a case of *B* is a case of *C*. For example, eating a pint of arsenic is a sufficient condition for promptly dying."[5]

Im Anwendungsfall der Gottesaussage bleibt zunächst, d.h. seit Kants Kritik der Gottesbeweise, ein Weg versperrt, nämlich die Rückschlusslogik, die besagt: Bestimmte Ereigniszusammenhänge (z.B. in der beobachteten, empirischen Natur) sind als Folgerungen aus einer Bedingung zu interpretieren, die selbst, notwendig und/oder hinreichend, nicht mehr gegenständlich gedacht werden kann. Das hat seinen Grund darin, dass Verstandesbegriffe exklusiv transzendental und empirisch gebunden sein müssen, transzendente oder supranaturale Welten sind folglich begrifflich hohl.[6] – Wird anstelle dieser Prämissen als Ausgangspunkt ein Erfahrungsbegriff gewählt, der evolutionistisch, kosmologisch, phänomenologisch etc. geprägt ist, dann geht es um spezifische Merkmale unserer Lebenswelt, wie sie uns erscheint, die kategorial geordnet werden können.[7] Dazu gehört unbestreitbar die aktive Symbolisierungsfähigkeit des menschlichen Geistes, die am vertrautesten in den verschiedenen Sprachen und Zeichenwelten lebendig ist und dabei vor allem verschiedene Ebenen der (Selbst-)Reflexion umfasst. Zugleich stößt man auf die, trotz ihrer Funktion bei der Symbolisierung, auch selbständige Gegenstandswelt in unaufhebbarer Distanz zur Subjektivität. Diese ist zwar methodisch vorübergehend in Abzug zu bringen (experimentelle Naturwissenschaft), genauer betrachtet aber ist sie in jedem Akt des Erfassens vorausgesetzt als produktive Wahrnehmung ‚von etwas'. Dieses noch Unbestimmte (gemessen an methodischer Objektivierung) ist gerade entscheidend für die Zugänglichkeit der Dinge überhaupt und zwar notwendig auf eigenwillige Erfahrungsweise.

[1] Es entsteht die paradoxe Situation, dass gerade die Basis allen Erkennens im direkten Zugriff nicht erkannt werden kann. Was die Wahrnehmung auszeichnet ist ihre Vorgängigkeit, auf die re-agiert werden muss. Es handelt sich also um eine ursprüngliche Ermöglichung oder Kreativität in den Prozessen des Werdens, wie sie von den heute einschlägigen Naturphilosophien als Geschichte der Natur oder des Universums beschrieben werden und wie sie als wachsendes Kontingenzbewusstsein in den gesellschafts- und kulturtheoretischen Modellen Eingang finden. Der Wahrnehmungsbegriff hat also einen mehrfachen Sinn: Er ist als *sinnliche Gewissheit* (etwa mit Hegels Eröffnungskapitel der *Phänomenologie des Geistes*) unmittelbar mit dem *Fühlen* verbunden, und im Rahmen von allem Erkennen, Denken und Sprechen bleibt Wahrnehmung die Basis für perzeptionstheoretisch jeweils angemessen zu bestimmende Verständigungsmöglichkeiten. Ontologisch oder kosmologisch ist die Verankerung solcher Modelle des Verstehens in den Prozessen der Erfahrungswelt im Ganzen zu respektieren.

[5] S. F. BARKER, The elements of Logic, New York 1989, 52.
[6] Vgl. H. DEUSER, Religionsphilosophie, Berlin/New York 2009, § 8.
[7] Vgl. aaO. § 1.

[2] Inwiefern sind dann Gott (als Schöpfer) und Natur (mit ihren Gesetzen und Konstanten) aufeinander bezogen? Handelt es sich überhaupt um eine Frage der Kausalität? – Die Natur kann *salva veritate* nicht als Bedingung für Gott verstanden werden. Das ist nur in philosophisch (noch) nicht durchgängig reflektierten Religionen und in der religionskritischen, negativen Wendung im Namen einer totalisierten Anthropologie möglich, weil sie, im letzteren Fall, sich allein weltimmanent-empirische Perspektiven vorstellen kann. Doch sie fußt natürlich auf der Umkehrung der Schöpfer- / Schöpfungs-Relation. Sie machte in ihrer genuinen Fassung eben dann Sinn, wenn Gott als Bedingung der Natur zu bestimmen wäre. Damit würde die genannte paradoxe Wahrnehmungssituation aufgelöst, wenn – z.B. in lockerem Anschluss an Hegels Gliederung (*Enzyklopädie* 1830) der Realisierungen des absoluten Geistes in Kunst, Religion und Philosophie – religiöse / ästhetische / theologische / metaphysische Verständigungsmittel zum Einsatz kommen: Gott als hinreichende (überzeugende, in sich klare, kreative) Bedingung alles Geschaffenen. – Doch entspricht dies dem Muster: Die Einnahme von Arsen (als hinreichende Bedingung)[8] ziehe im selben Akt die Todesfolge nach sich, also in unmittelbarer Kausalität?

[3] Mittelbare Kausalität läge dann vor, wenn verschiedene Bedingungen erfüllt sein müssen, dass es zu einer bestimmten Folge kommen kann: Die Altersgrenze für die Bewerbung um das Senatorenamt ist eine notwendige Bedingung,[9] ohne die – und weitere notwendigen Bedingungen, den geplanten Handlungen der Boden entzogen bleibt. Das lässt sich handlungstheoretisch auch so ausdrücken, dass eine Handlung gar nicht zustande kommt, wenn nicht zugleich gewisse inhaltlich anspruchsvolle Ereigniszusammenhänge im Spiel sind, die den Maßstab für die Beurteilung abgeben, welche Handlung „jeweils hervorgerufen" wird. Man könnte z.B. fragen, wie die Auswahl der notwendigen Bedingungen gesteuert wird oder auch, um im Beispiel zu bleiben, welche notwendigen Bedingungen in einer hinreichenden Bedingung stecken: Die Wirkung von Arsen verlangt chemische Prozesse, genaue Mengenangaben für den richtigen Einsatz, bestimmte gesundheitliche Voraussetzungen bei den Betroffenen – ohne die die Handlungsqualität nicht zustande kommt.

[4] Die rein formale Kausalität betrifft das Wahrnehmungsproblem also nur indirekt, inhaltliche oder besser: qualitative Entscheidungen sind ebenso vorauszusetzen wie zu fordern in einer (pragmatischen) Handlungssituation,[10] die aufgrund der reflexiven Vermittlungsleistung von notwendigen Bedingungen in neue Grund-Folge-Unmittelbarkeit transformiert wird. Will man nicht in Verdacht geraten, die Frage nach dem Grund als Gottesfrage auf Umwegen nun doch wieder als kosmologischen Beweis (und seinem Scheitern) im Sinne Kants zu konzipieren, dann muss registriert werden, dass die Frage nach den unterschiedlichen Bedingungsformen letztlich auf die Gottesfrage nicht recht passt. Zwar ist Gott als Schöpfer nicht Bedingtes, sondern Bedingung, aber der Sonderfall

[8] S.o. Anm. 5.
[9] S.o. Anm. 5; zum Folgenden vgl. Anm. 4
[10] Vgl. Anm. 4.

einer nicht-verfügbaren Bedingung (Arsen dagegen kann man kaufen!), der also auf andere Weise nachgegangen werden muss.

[5] Der Vorrang der Wahrnehmungsqualität steckt einerseits in allen Erfahrungen und Erkenntnissen, andererseits aber auch in herausgehobenen Erschließungssituationen, die viele und verschiedene Wahrnehmungen bündeln – bis hin zu dem Sonderfall, dass die Erschließungssituation auf alles zu beziehen ist. Hier greift die Unterscheidung von *notwendig* vs. *hinreichend* nicht, eher die Zugangsdifferenz von *unmittelbar* und *vermittelt*. Der Sonderfall steht für das, was in der theologischen Tradition als Offenbarung ausgezeichnet wird: Überraschendes, unmittelbares Verstehen von bisher verschlossenen Denk- und Erfahrungszusammenhängen, eine Klarheit, die als Geschenk, Befreiung und Verpflichtung empfunden wird, und die von da an Gefühl, Denken und Verhalten bestimmen wird. Die Form dieser Erschließung / Wahrnehmung des Grundes von Erfahrung und Erkennen kann als *Abduktion*[11] bezeichnet werden: der hypothetische Schluss auf einen Fall; in einem Möglichkeitsraum, als vage Vermutung mit dem exklusiven Vorteil ausgestattet, Neues zu entdecken, die Chance der Kontingenz zu wahren. Dass es diesen Vorteil gibt, liegt aber nicht an der formalen Struktur der Abduktion, sondern an ihrer Verwurzelung in der realen Logik der Dinge, denen die Erfahrungen in Wissenschaft und Lebenswelt angehören. Die Abduktion hat eine instinktive Kraft und deshalb eine vertrauenswürdige, problemerschließende Stellung in der Logik der Forschung. Das von Ch. S. Peirce sog. Gottesargument hat hierin seine Basis.[12] Formalisiert lässt sich das z.B. so darstellen:

> „The surprising fact, C, is observed; / But if A were true, C would be a matter of course. / Hence, there is reason to suspect that A is true."[13]

[6] Wie aber sind bei Anerkennung der so beschriebenen instinktiven Hypothesenbildungen die implizierten Modalitäten aufzufassen? Die klassischen „Eigenschaften" Gottes haben den Zufall und die bloße Möglichkeit vom Gottesbegriff ferngehalten (Allmacht, Vorsehung, Allgegenwart) und gerade zur Absicherung der bloß weltlichen, geschichtlichen, natürlichen Ereigniszusammenhänge deren Rückhalt in einem Ersten, Nicht-Kontingenten *ens necessarium* gesucht. Diese Notwendigkeit steht am höchsten, die Wirklichkeit stufenweise an Bedeutung abnehmend am anderen Ende der Reihe. Mit der Ablösung dieser mittelalterlichen Ontologie durch die Neuzeit nimmt das Bewusstsein für die einzelne natürliche wie geschichtliche Wirklichkeit zu: Kontingenz, d.h. das Wirkliche ist nicht notwendig, aber auch nicht unmöglich, sondern als Mögliches unter gegebenen Bedingungen realisiert.[14] Doch auch sein Gegenteil wäre zumindest möglich. Dass alles

[11] Zu Herkunft und semiotischen Bedeutung der Abduktion en detail vgl. G. LINDE, Zeichen und Gewissheit. Semiotische Entfaltung eines protestantisch-theologischen Problems, Tübingen 2013, 1007-1025.

[12] Vgl. DEUSER, aaO. § 16.3.

[13] The Essential Peirce, vol. 2, Bloomington/ Indianapolis 1998, 231. – Zu den Problemen mit diesem Beispiel vgl. LINDE, aaO. 1015ff.

[14] Vgl. die Unterscheidung von „unbedingter" und „faktischer Notwendigkeit" bei K. STOCK, Systematische Theologie Teil I: Erfahrung und Offenbarung, Göttingen 2017, 268f.

anders sein könnte, als es ist, nimmt der Notwendigkeit ihre Erklärungsweite und konfrontiert sie mit den singulären (geschichtlichen und natürlichen) Ereignissen. Denn deren Auftreten ist immer auch kreativ, weil Alternativen und ganz Anderes denkbar werden. Notwendigkeit liegt dann im relativen Bereich von geregelten Verfahren und logischen Schlussformen, während die Ontologie des (existentiellen) Daseins die Produktivität des Zufälligen zu ihrer Selbstbestimmung braucht.

[7] Dass aber Gott als notwendige Bedingung des Kontingenten vorgestellt werden soll, macht nur dann Sinn wenn es um das Zusammenspiel von Notwendigkeit und Zufall geht, *Kontingenz*, die bewältigt sein will und im Gottesbegriff selbst zum Tragen kommen muss, z.B. im Leben und Leiden des Menschen-/Gottessohnes. Notwendigkeit bedeutet dann, nicht anders zu können als der Verständnisforderung radikaler Kontingenz nachzukommen, Singularität auszuhalten, der Wahrnehmungsqualität und Abduktion in ihrem Ursprung zu entsprechen: Das „nennen nicht nur alle Gott", sondern in der Primärwahrnehmung des Geschaffenen ist die vorrangige Kreativität des Schöpfers schon vorhanden, und nur deshalb kann in einem Gottesargument mit religiösem „Instinkt" auf dessen Herkunft geschlossen werden: den Schöpfer aller Dinge – nicht nur der Möglichkeit nach, sondern auf Veranlassung und in Wahrnehmung der wirklichen schöpferischen Ermöglichungen. Deren Vorrangigkeit und Aufforderungscharakter verlangen eine ebenso existentielle wie kosmologisch-metaphysische Reaktion, die man eigentlich nicht vermeiden kann; so wie Kierkegaard das Wesen der Angst beschreibt: Wer sagt, er habe und kenne sie nicht, beweist damit nur, dass er sie hat. Die zugehörige (neue) Metaphysik ist lebensweltlich am Dasein orientiert, die Reduktion auf den Erfahrungsbegriff der empirischen und nomologischen Naturwissenschaften geben ihren Ausschnitt der Wirklichkeit wieder, arbeiten auf ihre Weise an den Singularitäten und Gesetzmäßigkeiten der Dinge, können aber keine abschließende Notwendigkeiten für das Sein der Dinge behaupten. Narrative, orientiert an Stichworten wie „schwarze Löcher" oder „Urknall", zeigen diese neue Situation aufs Schönste. Diese Wahrnehmung von realen Möglichkeiten der Schöpfung belegt den Umgang mit Kontingenz und Regelhaftigkeit in einem Kontinuum von ursprünglicher Ermöglichung, empirisch und methodisch gesicherter Gegenstandserfahrung und bewusster Selbstwerdung des menschlichen Geistes im universalen Kontext. Die Unmittelbarkeit der Selbsterfahrung (Schöpfung als hinreichende Bedingung) und ihre vielfach vermittelten Erfahrungen (notwendige Bedingungen) gehören zusammen.

[8] Der Erfahrungsbegriff ist unversehens dreigliedrig geworden: Schöpferischer Ursprung, kontingenter Lebensbezug, geistiges Leben – sind die drei notwendigen Hinsichten, die sich aus der (phänomenologischen) Geschichte der Natur aufdrängen und am besten als trinitarische Konstellation begriffen werden. Diese besteht vor allem darin, eine Erfahrungs- und Erkenntnisstruktur namhaft zu machen, in der Menschen sich schon

befinden und die sie kategorial[15] zur Bearbeitung, Orientierung und Darstellung einsetzen können. Der schöpferische Ursprung (monadisch) stellt sich in einem Gegenüber von Weltbeziehungen (dyadisch) dar, was zugleich als (geistige, triadische) Relation zur Wirkung kommt. Das Gottesargument bewegt sich in dieser Struktur, nimmt sie auf, ohne dass, wie in der Tradition der (neuzeitlichen) Gottesbeweise, von einem Empirischen (dyadisch) auf ein Nicht-Empirisches geschlossen werden müsste. Auch der Verdacht, die bisherigen Argumente seien zirkulär, weil das Schöpferisch-Ursprüngliche, auf dem die Argumentation beruht, zugleich Prämisse und Konklusion sei, greift dann nicht, wenn eingeräumt und beachtet wird: Die Erschließungssituation (Offenbarung) kann gar nicht anders als sich in der gegebenen (trinitarischen) Struktur zu bewegen – und genau dies ist aufzudecken: dass das so ist und nicht anders sein kann. Das Eintreten in diesen vorhandenen und zugleich immer neuen Zusammenhang ist ein teilnehmendes, immer perspektivisches Mitgehen, das deshalb als Abduktion eine eigene Form des Schließens darstellt, keinen *circulus vitiosus*. Man könnte positiv gewendet von einem „kreativen Formalismus" sprechen:

> „Der Gottesbezug ist damit in allen Repräsentationen fest gesetzt, aber gerade als das Element, das sich keinen festen Formen fügt."[16]

[9] Die herausgehobene Dreigliedrigkeit der Erschließungssituation hat weiterhin zur Konsequenz, dass Gott in seiner Personalität – nicht als raumzeitlich gebundene Einzelperson – gedacht werden kann. Das Argument besteht darin, dass die Struktur von Ursprungs- und Gegenstandsbeziehung, die symbolisch verarbeitet werden, als geistige Relation erkannt wird. Sie wird einerseits als humane Selbstpräsenz erfahren, in temporalen Begriffen gesagt: als *Dauern* im *Jetzt*, das das Erfahrungskontinuum qualifiziert[17] und die bloße Sukzession der Zeit unterbricht – in einem *Augenblick*, der einem (raumzeitlichen) *spatium* gleicht und genau betrachtet kein Zeitbegriff, sondern das Ewige in der Zeit ist.[18] Andererseits entspricht diese Struktur ganz den Anforderungen an die Personalität: ein geistiges Selbst- und Anderes-Empfinden, und so kann Gott im übertragenen Sinn als Person angesprochen werden, wie es der christlichen Theologie von früh an durch die Trinitätslehre gelungen ist. Zwar gibt es verschiedene Ausformungen gerade dieses Traditionsstückes und noch mehr Bestreitungen oder Ignorierungen in den Religionen der Welt. Doch deren Zahl ist begrenzt und nicht beliebig, weil eine gemeinsame Fragestellung vorliegt, die in irgendeiner Form angegangen werden muss, und so oder so werden die Folgen erkennbar sein – in der Kraft der Argumente oder in ungeklärten Defiziten.

[15] Zur universalen Bedeutung von Peirce's Kategorien vgl. „Eine Vermutung über das Rätsel der Sphinx", in: CH. S. PEIRCE, Religionsphilosophische Schriften, hg. v. H. Deuser, Hamburg 1995, Text Nr. II.4; und s.o. Anm. 7.

[16] L. OHLY, Kirche und Krise. Theologische Perspektiven auf Inhalt und Form, Tübingen 2020, 43.

[17] Vgl. E. HERMS (s.o. Anm. 1), aaO. 138f.; vgl. H. DEUSER (s.o. Anm. 1), aaO. 471f.

[18] Vgl. S. KIERKEGAARD, Der Begriff Angst, Kap. III.

[10] Die Theologie europäischer und nordamerikanischer Prägung lebt in der Zeit nach dem „*shock of modern science*" – der aufgefangen werden kann, wenn, wie es Robert Neville[19] vorschlägt, eine philosophische Grundlegung, „*the eternal ontological creative act*", mit Metaphern und Symbolisierungen für Gott kommunikationsfähig gemacht wird. Streng genommen aber bedeutet es, dass der ontologische Grund von allem – was wissenschaftlich nicht zu bestreiten ist: dass es überhaupt etwas gibt und dazu so etwas wie den Menschen –, dass der ursprünglichen Kreativität als erster und letzter Instanz nichts Anderes auf derselben Stufe gleichkommt. Die Vorstellung der Personalität Gottes kann dann entweder ganz entfallen oder – wissenschaftlich gesehen – als uneigentliche Rede, d.h. als bloßes Zugeständnis geduldet werden. Diese Unterscheidung scheint wiederum der zwischen notwendiger und hinreichender Bedingung zu entsprechen: *notwendig*, d.h. kreative Ontologie ist das alles überragende Ursprungsdatum; *hinreichend*, d.h. der kreative Akt ist unmittelbar bedingend für die Personifizierung im Gottesbegriff. – Doch die damit unterstellte Trennschärfe der Begriffe ist voreilig und muss in die *kategoriale* Strukturbetrachtung überführt werden, die den unbedingten Ursprung, Kreativität selbst schon als dreistellige *Relation* erkennt: Schöpfung als (ursprünglicher) Akt, als geschaffene Welt und als geistiges Selbst-Verhältnis; und weil die drei Darstellungsperspektiven unreduzierbar sind, ist das Wahrnehmungsgeheimnis[20] so präsent wie die Gegenstandswelt und die geistige Relationalität. Die Bedingungen der Personalität Gottes, des Schöpfers „aller drei Universen der Erfahrung"[21], sind also schon da – und müssen, wie gesagt, nur jeweils aufgedeckt werden. Darin besteht das Gottesargument.

[19] R. NEVILLE, Sola scriptura and the Dynamics of Signs, in: Sola scriptura 1517- 2017. Rekonstruktionen – Kritiken – Transformationen – Performanzen, hg. von St. Alkier, Tübingen 2019, 479-490; 488ff.

[20] S.o. Nr. 1.

[21] Vgl. PEIRCE (s.o. Anm. 14), aaO. 329.

Martin Honecker

DAS SCHWERE WORT GOTT

Den Probevortrag meiner Habilitation im Sommersemester 1965 in Tübingen habe ich dem Streitgespräch zwischen Helmut Gollwitzer und Wilhelm Weischedel „Glaube und Denken" (veröffentlicht 1.1.1965) gewidmet. Es ging dabei insbesondere um die Gottesfrage. Der Text ist unveröffentlicht. Damals habe ich ferner die Frage diskutiert: „Gibt es eine nachtheistische Theologie?", Pastoraltheologie 57, 1968, S. 156–169. Mein akademischer Weg hat mich auf das Feld der Ethik und Sozialethik geführt. Heute halte ich als Emeritus die „Gotteskrise" für gewichtiger als die Kirchenkrise oder gesellschaftliche Probleme, so wichtig diese ebenfalls sind. Gott ist ein schwieriges Wort. Im alltäglichen Sprechen wird es oft selbstverständlich und leichthin gebraucht. Seinen Ort hat es seit Jahrtausenden in Philosophie und Religion. Es ist also ein allgemeiner Begriff. Zugleich hat jedoch das Wort Gott einen Ort im christlichen Glauben, in der biblischen Überlieferung und im Bekenntnis. Dieses Thema hat mich seit 1965 beschäftigt. Heute bin ich mir dieser Spannung im Reden von Gott zwischen Allerweltswort und spezifisch theologischer Verwendung bewusst und damit der Grenze menschlicher Rede von Gott. Das ist das Thema meines Beitrags.

I.

Gott ist ein Alltagswort, so scheint es.[1] Man begrüßt sich mit „Grüß Gott". Der Ruf „Gott sei Dank" drückt Erleichterung aus. Und wer spontan „mein Gott" sagt, bringt Überraschung, positiv oder negativ, zum Ausdruck. Das Wort Gott scheint also einfach und klar zu sein. Zugleich aber ist es ein schwieriges Wort. Was meinen wir eigentlich, wenn wir dieses Wort benutzen? Kritiker und Spötter halten das Wort für inhaltsleer. Der Naturwissenschaftler Ernst Haeckel (1834–1919), Professor für Zoologie in Jena und Gründer des Monistenbundes, bestimmte Gott folgendermaßen: „Gott ist ein gasförmiges Wirbeltier"[2]. Dazu berief er sich auf das Zitat im Johannesevangelium (Joh 4, 24), „Gott ist Geist", und erklärte Geist rein empirisch und naturphilosophisch als schwer zu fassendes Fluidum. Und er verknüpfte diese Bezeichnung mit dem Begriff der Person, die er wiederum empirisch, naturalistisch durch Verortung des Menschen im System der Wirbeltiere interpretierte. Nun kann man an dieser Interpretation eine doppelte Kritik üben. Einmal betrifft die johanneische Aussage über Gott als Geist die Beziehung zwischen Gott

[1] Vgl. M. HONECKER, Das schwere Wort „Gott". Zu Beiträgen von Pannenberg, Jüngel, Ebeling. Protestantische Texte 002/1965, Stuttgart 1966, 113–125.

[2] E. HAECKEL, Die Welträthsel. Gemeinverständliche Studien über monistische Philosophie, Bonn 1899.

und Mensch, Gott und Glauben. Diejenigen, die Gott verehren, verehren ihn im Geist und in der Wahrheit (Joh 4, 24). Und die Bezeichnung Gottes als Person besagt in der griechisch sprechenden altkirchlichen Theologie, dass Gott Selbständigkeit besitzt, und ist nicht mit der neuzeitlichen Vorstellung von Persönlichkeit und Individualität gleichzusetzen. Andere grundsätzliche Infragestellungen des Gedankens und Inhalts des Wortes Gott persiflieren dieses als „unsichtbares rosafarbenes Einhorn" oder als „fliegendes Spaghettimonster". Schon das Wort Gott ist also strittig. Es gilt als Leerformel, als inhaltslose Aussage.

Dennoch gibt es das Wort Gott in den meisten Sprachen. Allerdings entzieht sich das Wort einer Definition. „Deus definiri nequit". Es fehlen nämlich für eine Definition sowohl das Genus proximum als auch die differentia specifica. Gott ist also eine Singularität. Er ist kein feststellbares Ding. Man nennt dies auch die Nichtobjektivierbarkeit Gottes. Gott ist nicht Teil der Welt. Das Neue Testament betont: „Niemand hat Gott je gesehen" (Joh 1, 18, vgl. 1 Tim 6, 16, 1 Joh 4, 12). Dietrich Bonhoeffer formuliert knapp: „Einen Gott, den es gibt, gibt es nicht."[3] Thomas von Aquin konstatierte: „de deo non possumus scire quid est, sed solum, quid non est."[4] Und ebenso: „Das ist das Äußerste menschlichen Gotterkennens, zu wissen, dass wir Gott nicht wissen."[5] Gott ist damit ein schwer bestimmbares Wort und vielfach auslegbar. Und das Wort ist manchen Missdeutungen ausgesetzt.

II.

Daher ist zu differenzieren zwischen Gott und Gottesvorstellungen. Gott an sich ist nicht feststellbar. Fassbar sind nur Gottesvorstellungen oder Gottesgedanken. Das ist Konsens. Die Vorstellungen von Gott sind menschliche Vorstellungen. Gleichwohl ist das schwer zu bewältigende Wort Gott unverzichtbar. „Auf das Wort ‚Gott' kann der christliche Glaube nicht verzichten, ohne sprachlos zu werden."[6] Religionswissenschaftlich betrachtet ist Gott ein Gattungsbegriff, unter dem man verschiedene Gottheiten als Einzelarten zusammenfassen kann. Die Religionsgeschichte verfügt über keine einheitliche und umfassend gültige Definition des Begriffs Gott. Das ist schon deshalb nicht möglich, weil die einzelnen jeweiligen Religionen in ihren Vorstellungen ganz unterschiedliche Anschauungen über Gott vertreten. „Grundsätzlich gilt, dass Gott kein Gegenstand der Religionswissenschaft ist, da Gott – wie auch die Theologie lehrt – nicht zum Gegenstand wissenschaftlicher Untersuchungen werden kann."[7] Gegenstand sind in der Religionswissenschaft nur Vorstellungen und Äußerungen von Gott in Kult, Geschichte, Gesellschaft und in Formen der Verehrung.

[3] D. BONHOEFFER, Widerstand und Ergebung (DBW 8), Gütersloh 1998, 514f.; vgl. DERS. Akt und Sein (DBW 2), Gütersloh 1988, 94.
[4] THOMAS VON AQUIN, STh I a II a 2.
[5] DERS., De potentia dei q 7 art 5, ad 14.
[6] I. LØNNING, Art. Gott. VIII. Neuzeit/Systematisch-theologisch, TRE 13, 669, 30f.
[7] H. ZINSER, Art. Gott. I Religionswissenschaftlich, RGG[4] 3, 1095.

Zwischen monotheistischem und polytheistischem Verständnis Gottes bestehen fundamentale Differenzen. In der Geschichte der Religionen gibt es unterschiedliche Deutungsmodelle der Gottesvorstellung. Der Grundgedanke des Monotheismus beruft sich darauf, dass es nur einen einzigen exklusiven Gott geben kann. Das ist die Gottesvorstellung im Judentum und Islam. Dagegen benennt der Polytheismus eine Vielzahl von Gottheiten als Repräsentanten der Phänomene, so in der griechischen und römischen Antike. In den Religionen hat Gott einen Namen, unter dem man ihn anrufen kann. Zumeist ist Gott nicht namenlos. Der Polytheismus kennt eine Vielzahl von Götternamen mit jeweiliger Zuständigkeit. Der Deismus akzeptiert nur die Annahme eines einmalig beim Ursprung der Welt tätigen Welturhebers, eines Schöpfergottes. Gott hat den Anfang und Ursprung der Welt geschaffen, überlässt jedoch danach die Welt und deren Lauf sich selbst. Gott verkörpert die Kausalität der Weltentstehung. Die Theorie des Theismus vertritt hingegen ein fortwährendes Wirken Gottes. Pantheismus setzt das All, das Universum mit Gott in eins. Ein Dualismus zwischen einem guten Gott und einem Widersacher des guten Gottes sucht auf diese Weise die Wirklichkeit des Bösen in der Welt zu erklären. Goethe legte sich nicht auf eine bestimmte Gottesvorstellung fest. Er schrieb 1782 an Lavater: „In unseres Vaters Apotheke sind viele Rezepte“[8]. Später bekannte er: „Ich für mich kann bei den mannigfaltigen Richtungen meines Wesens nicht an einer Denkweise genug haben, als Dichter und Künstler bin ich Polytheist, Pantheist als Naturforscher, und eins so entschieden als das andre. Bedarf ich eines Gottes für meine Persönlichkeit, so ist dafür auch schon gesorgt. Die himmlischen und irdischen Dinge sind ein so weites Reich, dass die Organe aller Wesen es nur zusammen erfassen können.“[9] Je nach Blickwinkel und Zugang kann sich danach die Anschauung und Vorstellung von Gott ändern und der jeweiligen Sichtweise anpassen. Pantheismus, auch Polytheismus sind mit der Vorstellung von Gott als sittlichem Gesetzgeber und Garanten einer moralischen Weltanschauung vereinbar. Gott ist somit religionswissenschaftlich betrachtet ein Sammelbegriff, unter dem ganz verschiedene, zum Teil gegensätzliche Vorstellungen zusammengefasst werden können. Für die religionsphilosophische Reflexion ist Gott ein Symbolbegriff, der mit unterschiedlich zu erfassenden Realbestimmungen wie Sein oder Geist oder Universum verbunden werden kann. Eine solche Interpretation des Gottesgedankens kann auf den vorphilosophischen Gebrauch des griechischen Wortes für Gott, θεός, zurückgreifen, welches ein überwältigendes, beseligendes Gegenüber benennt. Gott, θεός, ist dann überhaupt jede übermächtige Erfahrung. Insofern ist sie Prädikat für alles, das sich göttlich ereignet. Gott geschieht. Das Göttliche wird einem zuteil, wenn man Glück hat, ein Wiedersehen erlebt oder auch die Widerfahrnis von Gericht und Schicksal. Philosophen suchen das Wort auf einen Begriff zu bringen. Für das Christentum einflussreich wurde die griechische Übersetzung des hebräischen Jahwenamens mit der Seiende (ὁ ὤν). Hebräisch heißt Gott: „Ich werde sein, der ich sein werde.“ (Ex 3, 14). Gott ist ein Ereignis. Griechisch ist der Seiende der Unveränderliche.

[8] J. W. GOETHE, Brief an Lavater vom 4. Oktober 1782, zit. nach: H. THIELICKE, Goethe und das Christentum, München 1982, 22.

[9] DERS., Brief an Jacobi vom 6. Januar 1813, zit. nach THIELICKE, Goethe, 20.

Als Fazit ergibt sich, dass nicht zu bestreiten ist, dass Gott durchaus ein Wort der menschlichen Sprache ist, aber dass ebenso wenig zu übersehen ist, dass Gottesvorstellungen pluralistisch und zum Teil untereinander widersprüchlich sind.

III.

In der Geistesgeschichte des Gottesgedankens waren metaphysische und theologische Verwendungen des Wortes eng verbunden. Philosophisches Bemühen ist, Gott auf einen einheitlichen Begriff zu bringen. Griechische Naturphilosophen setzten daher Gott mit dem Ursprung, der ἀρχή, dem Anfang gleich. Aristoteles fand in der Vorstellung von Gott die erste Ursache, die ewige Bewegung. Daraus entwickelte sich die Definition von Gott als Erstursache, prima causa. Andere Vorstellungen sind: „Höchstes Wesen" (summum ens), „höchstes Gut" (summum bonum), „absolutes Sein" (summa essentia). Gott ist der Weltgrund, der „höchste Geist" (summus spiritus). Der Philosoph J.G. Fichte suchte Gott außerhalb der Welt. Der „wahre Gott" hat mit der „Sinnenwelt" „unmittelbar gar nichts zu tun". Er ist vielmehr die „moralische Weltordnung".[10] Andere Erklärungen bestimmen Gott als das „Woher des unmittelbaren Selbstbewusstseins" (F.D.E. Schleiermacher). Formeln wie die, Gott sei die „alles bestimmende Wirklichkeit" (Rudolf Bultmann) oder er sei „das, was mich unbedingt angeht" (Paul Tillich) erläutern den Gottesgedanken aufgrund menschlicher Erfahrung als Selbsterfahrung.

Gott soll auf diese Weise mithilfe der Vernunft des Menschen begriffen werden. Die klassische Form dieses Erweises der Existenz Gottes mithilfe der Reflexion durch Vernunft sind die Gottesbeweise. Der *kosmologische* Gottesbeweis schließt aus dem Bestehen der Welt auf einen Welturheber, einen Weltschöpfer. Der *moralische* Gottesbeweis folgert aus der Notwendigkeit des Sittengesetzes Gott als moralischen Gesetzgeber. Der *teleologische* Gottesbeweis versteht das Sosein des Kosmos als eine alles bestimmende Zweckmäßigkeit und erkennt darin eine Sinngebung der Welt und des Menschen. Die Ordnung der Welt verweist auf einen lenkenden Gott. Der *ontologische* Gottesbeweis, wie ihn klassisch Anselm von Canterbury im Proslogion formuliert, will von der Welterfahrung und dem Weltgefühl absehen, das seit der Antike Ausgangspunkt der Argumentation war.[11] Anselm beruft sich ontologisch auf die Grundgegebenheit des Seins. Denn wenn Gott „summa essentia" und das „bonum ipsum", das höchste Wesen selbst, ist, dann muss er notwendig „aliquid quo nihil maius cogitari possit" sein; es kann dann nichts Höheres als Gott gedacht werden. Dieses summum ens hat jedenfalls Existenz „in intellectu". Wäre freilich dieses höchste Wesen lediglich in der Reflexion, „solo in intellectu", allein im Denken vorhanden, dann wäre es gerade nicht das Größte, über das hinaus nichts gedacht werden kann. Also müsse dieses „quo maius cogitari non valet, et in intellectu et in re" sein, es müsse im Denken und in der Realität vorhanden sein. Kant hat diesen ontologischen

[10] Zit. nach F. WAGNER, Art. Gott, HWPh 3, 784.

[11] Vgl. ANSELM VON CANTERBURY, Proslogion 2–4; vgl. K. BARTH, Fides quaerens intellectum. Anselms Beweis der Existenz Gottes im Zusammenhang seines theologischen Programms, München 1931.

Beweis widerlegt. Aus der bloßen Denkmöglichkeit folgt nicht die Notwendigkeit und Wirklichkeit der Existenz, eines Vorhandenseins.[12] Das Beispiel ist für Kant der Hinweis, dass aus dem begrifflichen Denken von hundert Talern keineswegs das Vorhandensein von hundert Talern folgt. Hundert gedachte Taler sind eben nicht hundert verfügbare Taler. Thomas von Aquin hat den ontologischen Gottesbeweis abgelehnt. Nach ihm überzeugt dieser Beweis nur unter der Voraussetzung des Glaubens an Gott. Dann ist er freilich kein Gottesbeweis „sola ratione", allein aus der Vernunft. Thomas von Aquin greift auf Aristoteles zurück und entwickelt fünf Wege – viae - des Gottesgedankens[13]: Das ist einmal der Übergang von der potentia zum actus, von der Möglichkeit zur Verwirklichung. Von allem, was geschieht, ist auf ein ursprünglich Bewegendes zurückzuschließen. Das ist das primum movens, der erste Beweger von Aristoteles. Der zweite Weg geht aus vom Begriff der causa efficiens, der Wirkursache. Ohne einen Bewirkenden gebe es auch nichts Bewirktes. Der Bewirker ist Gott. Der dritte Weg unterscheidet zwischen möglichem und notwendigem Sein. Alles nur mögliche Seiende muss, wenn es wirklich wird, zurückgehen auf ein Wesen, das es notwendig macht. Der vierte Weg verweist auf die Hierarchie der Abstufungen in den Dingen. Der fünfte Weg beruft sich auf die Zweckmäßigkeit und Sinnhaftigkeit der Dinge (teleologischer Beweis). Als logisch zwingender Beweis sind diese fünf Wege nicht überzeugend, da der Übergang von Beobachtungen in der Welt auf Gott als Urheber des Bewegungsprinzips nicht gedanklich zwingend ist. Als Hinweis auf Plausibilitäten kann man sie jedoch diskutieren. Der absolutheitstheoretische Denkweg mit seinen unterschiedlichen Fassungen stößt also an Grenzen. Das Bemühen um die Beweisbarkeit des Daseins Gottes kann sogar auch als Reaktion auf Kontingenzerfahrungen seit dem Spätmittelalter und der Moderne interpretiert werden. Der wachsenden Erfahrung der Kontingenz in der Neuzeit soll ein Halt in einem nicht kontingenten, sondern notwendigen Grund gegeben werden. Das philosophische Bestreben, die Existenz Gottes als notwendig zu beweisen, hat also Grenzen. Damit wird die Denkbarkeit und Verstehbarkeit Gottes grundsätzlich fraglich.

Mit dem Fraglich-Werden des Gottesgedankens wird auch die klassische Lehre von den metaphysischen Eigenschaften Gottes problematisch. Zum Wesen Gottes gehören besondere Eigenschaften. Es sind drei Wege zur Formulierung dieser Eigenschaften: Der Weg der Steigerung, (via eminentiae): Gott ist allmächtig, allgegenwärtig, allwissend. Die Verneinung der Welthaftigkeit Gottes (via negationis): Gott ist unsterblich, unveränderlich, unkörperlich. Der Weg der Ursächlichkeit (via causalitatis): Gott ist der letzte Urgrund. Anders steht es freilich mit den personalen, relationalen, kommunikativen Eigenschaften Gottes: Gott ist Liebe, Gerechtigkeit, Barmherzigkeit, Gnade, Heiligkeit, Wahrhaftigkeit. Sie beziehen sich nicht auf ein metaphysisches Wesen Gottes, sondern auf sein Wirken.

Von dem metaphysischen Zugang zu Gott ist der *theologische* Zugang zu unterscheiden. Das ontologische Verständnis beruft sich auf die Vernunft. Es beruft und begründet sich auf Einsicht und entwickelt einen rationalen Gottesbegriff. Der theologische Zugang

[12] Vgl. I. KANT, Kritik der reinen Vernunft. Transzendentale Dialektik. Buch 2, Hauptstück 3, Absatz 4, in: Kant Werke, hrsg. von W. Weischedel, Bd. II, 529ff., 534.

[13] Vgl. THOMAS VON AQUIN, STh I, 2, 3.

beruft sich auf die uneinholbare Differenz zwischen Gott und unserem Denken Gottes.[14] Gott hat im christlichen (und im jüdischen) Denken eine Geschichte. Er offenbart sich in der Geschichte und wird erkennbar. Er begegnet in der Geschichte Israels, in der Geschichte Jesu Christi, in der Geschichte der christlichen Gemeinde. Er hat seinen Ort nicht in der wissenschaftlichen, ab-strakten Reflexion, in der Theorie. Der Ort der christlichen Begegnung mit Gott ist die Lebenswelt. Von Gott kann daher christlicher Glaube nicht reden, ohne die Verbindung von Gott zu Welt und Mensch mit zu bedenken. Der christliche Glaube kann von Gott nur relational sprechen. Wer von Gott redet, kann und muss zugleich von Gottes Wirken in der Welt und am Menschen sprechen. Es geht im Glauben nicht um eine isolierte Reflexion Gottes, um Aussagen über ein zeitloses Wesen Gottes, sondern um Gottes Wirken in der Welt und für Menschen. Darum ist religiöses Reden von Gott gegründet und verankert in der Erfahrungswelt. Christliches Reden von Gott geschieht in der Perspektive des Glaubens, nicht in der Perspektive der bloßen Vernunft.

Damit wird die Basis für die Grundlage christlichen Redens von Gott in der Trinitätslehre gefunden. Der Glaube bezieht sich auf Gottes Wirken. „Die Trinitätslehre bietet also keine Theorie Gottes, sondern fixiert den Bezugspunkt und Erfahrungshorizont christlicher Gottesrede. Sie sucht Gott nicht in den Gedanken aufzuheben, sondern verweist permanent auf die Situation der Verkündigung des Evangeliums und seiner Reflexion im Glauben."[15] Das Bekenntnis zum dreifachen Wirken Gottes als Schöpfer, Versöhner und Geist verknüpft damit den universalen Blick auf die gesamte Schöpfung mit der Darstellung in der Person Jesu Christi als Bild Gottes mit der eigenen Wahrnehmung der Geschichte, in der wir leben und mit der eigenen Lebensgeschichte. Der Geist vergegenwärtigt und bekräftigt den Glauben an Gottes Wirken. Glaube und Gott sind verbunden. Die Perspektive des Glaubens lässt sich nicht auf die Perspektive der Vernunft reduzieren, wie umgekehrt die Einsicht und Perspektive der Vernunft nicht eo ipso Glauben schafft. Ludwig Wittgenstein notierte: „Ein Gottesbeweis sollte eigentlich etwas sein, wodurch man sich von der Existenz Gottes überzeugen kann. Aber ich denke mir, dass die Gläubigen, die solche Beweise liefern, ihren Glauben mit ihrem Verstand analysieren und beschreiben wollen, obgleich sie selbst durch solche Beweise nie zum Glauben gekommen wären."[16] Die Trinitätslehre, recht verstanden, ist keine eigenartige, seltsame Begriffstheorie Gottes im Modus religiöser Vorstellungen, sondern Beschreibung des Wirkens und der Erfahrung der Gegenwart Gottes in der Lebenswelt. Das Wort „Gott" verbindet Philosophie und Theologie, ontologisches Denken und christlichen Glauben. Das Bekenntnis zum dreieinigen Gott unterscheidet christlichen Glauben und Theologie von einem ontologischen Gottesverständnis.[17]

[14] Vgl. I. U. DALFERTH, Gott. Philosophisch-theologische Denkversuche, Tübingen 1992, 9f.

[15] DERS., Gott, 19.

[16] L. WITTGENSTEIN, Vermischte Bemerkungen. Eine Auswahl aus dem Nachlaß, hrsg. v. Georg Henrik von Wright, Frankfurt a.M. 1977, 161, zit. nach DALFERTH, Gott, 213.

[17] Besonders eindrucksvoll belegt dies das Streitgespräch zwischen Helmut Gollwitzer und Wilhelm Weischedel: H. GOLLWITZER/W. WEISCHEDEL, Denken und Glauben. Ein Streitgespräch, Stuttgart ^{2}1965.

IV.

Glaube kennt die Verborgenheit Gottes. Der Maimonides-Schüler Josef Albo konstatierte: „Man fragte einen weisen Mann, ob er das Sein Gottes erkennen könne. Er antwortete: Wenn ich Ihn erkennen könnte, dann wäre ich Er selbst. Er ist nicht ein Lebewesen, das sein Wesen darlegen würde. Vielmehr wird Er in dem Zusammenhang gepriesen, daß Er Seine Existenz durch Seine Werke offenbart hat."[18] Gottesbeziehung ist Glaubenssache. „Es ist aber der Glaube eine feste Zuversicht auf das, was man hofft, und ein Nichtzweifeln an dem, was man nicht sieht" (Hebr 11, 1). Augustin sagt knapp: „creduntur absentia."[19] Glauben ist nicht dasselbe wie meinen und lediglich vermuten. Glaube ist kein Ergebnis eines logischen Kalküls. Er ist eine Grundhaltung des Menschen, eine existentielle Einstellung. Traditionell bezeichnete man den Glauben, genauso wie Liebe und Hoffnung als Tugend des Christen (vgl. 1 Kor 13, 13). Glaube ist vor allem Vertrauen. Christlicher Glaube ist Gottvertrauen. Das ist nicht selbstverständlich. Neben dem Glauben gibt es den Unglauben; dann ist der Glaube einem Menschen fremd. Glaube ist innere Gewissheit, Festigkeit. Da der Unglaube nicht glaubt, lehnt er Glaubensaussagen und Glaubensinhalte ab und stellt sie in Frage. Und überdies gibt es auch einen falschen Glauben, Aberglauben, Irrglauben, der eine falsche Glaubensbeziehung darstellt. Glaube ist insofern eine umfassende Haltung. Und ein solches Vertrauen auf Gott prägt auch das Weltverständnis und die Deutung der Welt. Sie gestaltet auch das Selbstverständnis und die Selbstdeutung des Menschen, aus der Sicht des Glaubenden. Nach reformatorischer Einsicht sind cognitio dei und cognitio hominis untrennbar verbunden.[20] Glaube ist Grund des Christseins. Die Besonderheit des Christlichen ist die Inanspruchnahme des Glaubens als Grund christlichen Lebens (1 Kor 3, 11). Christlicher Glaube ist somit Gottvertrauen. Im Neuen Testament wird Glaube zum Grundbegriff.[21] Glaube ist Teilhabe und Teilgabe an Gottes Macht. So sieht es der Apostel Paulus. Die Reformation hat die neutestamentliche Konzentration auf den Glauben erneut betont. Im Großen Katechismus formuliert Luther: „Denn die zwei gehören zuhaufe, Glaube und Gott. Worauf Du nu (sage ich) dein Herz hängest und verlässest, das ist eigentlich dein Gott."[22] Der Reformator betont nachdrücklich: „Wir haben so viel, wie wir glauben und hoffen."[23] „Soviel du glaubst, soviel hast du."[24] Er kann sogar behaupten, der Glaube sei so vollmächtig wie Gott selbst; der Glaube erschafft die Gottheit, nicht als solche, wohl aber in uns.[25] Glaube und Verheißung

[18] Zit. nach C. THOMA, Art. Gott. III. Judentum, TRE 13, 641, 19–23.

[19] AUGUSTIN, Ennarr. in Ps 77, 8, MPL 36, 988.

[20] Vgl. J. CALVIN, Institutio I, 1; vgl. Luther: Das „subjectum theologiae", der Gegenstand der Theologie sei der „homo reus ac perditus et deus iustificans et salvator", der verlorene Mensch und der Gott, der diesen Menschen rechtfertigt. (M. LUTHER, WA 40 II, 328, 1f.). „Alles, was außerhalb jenes Arguments und Gegenstandes behandelt wird, das ist gänzlich Irrtum und Eitelkeit in der Theologie" (DERS., WA 40 II, 328, 2f.). Vgl. auch DERS., Disputatio de homine. 1536, in: WA 39 I, 175–177.

[21] Vgl. M. HONECKER, Glaube als Grund christlicher Theologie, Stuttgart 2005, 80–92.

[22] M. LUTHER, Großer Katechismus, BSLK 560, 21f.

[23] DERS., WA 3, 180, 26.

[24] DERS., WA 2, 719, 3.

[25] DERS., WA 10 III, 214, 16: „Fides est creatrix divinitatis, non in persona, sed in nobis."

beziehen sich aufeinander.[26] Allerdings ist der Glaube nicht durch menschliche Aktivität herzustellen und zu bewirken. Er entsteht durch die Mitteilung des Wortes, des Evangeliums. Darum gehört zum Glauben eine Grundkenntnis des Christlichen. Der Glaube muss sich überdies artikulieren können. Er ist Quellgrund, Wurzel des Christseins. Aber bloße Kenntnis der christlichen Lehre und Tradition schafft allein noch nicht Glauben. Glaube ist vielmehr Wirkung und Gabe des Geistes Gottes.[27]

Glaube gibt Lebensorientierung. Damit Glaube weitergegeben und dann eigenständig angeeignet werden kann, bedarf es einer Grundkenntnis christlicher Überzeugung und deren Inhalte. Dies ist jedoch kein technisch anwendbares Verfügungswissen, sondern Lebensorientierung. Deswegen ist zwischen Glaubensgrund, dem Vertrauen auf Gott, der Orientierung an Jesus Christus und der Aneignung des Zeugnisses in der eigenen Erfahrung und den Glaubensgedanken zu unterscheiden. Glaubensgedanken sind Explikationen, Auslegung des Glaubengrundes, die unterschiedlich formuliert werden können. Glaube hingegen ist Beziehung, Relation. Er verbindet sich als Ereignis mit menschlichen Erfahrungen, Verhaltensweisen und Handlungen. Dies legitimiert keinen Verzicht auf das Denken. Im Gegenteil, der Glaube bedarf des Denkens und der kritischen Reflexion. Er muss intellektuell verantwortet werden. Außerdem verdankt sich gegenwärtiger Glaube einer Geschichte. Und er gestaltet Lebensführung und stiftet Gemeinschaft. Dies alles ist vor Argumenten der Vernunft zu verantworten. Das setzt Kenntnis der Glaubensgemeinschaft und des Glaubensbekenntnisses voraus. Es bedarf also der Vermittlung und Unterweisung im Glauben. Die Gewissheit des Glaubens und damit eine christliche Akzeptanz Gottes scheint somit selbstverständlich und sicher zu sein. Aber dem ist nicht so.

Zwar scheint aus der Sicht christlichen Glaubens Gott einfach und ohne weiteres einleuchtend zu sein. Und dann könnte christlicher Glaube unangefochten sein. Aber Anfechtung und Zweifel gehören stets zur Realität und Praxis des Glaubens. Darum weiß das Neue Testament: „Ich glaube, Herr, hilf meinem Unglauben" (Mt 9, 24). Die Frage bleibt: Hält Gott sein Versprechen, seine Zusage der Gegenwart und Gemeinschaft, seine Verheißung (promissio)? Dem scheint allein schon die Realität des Bösen zu widersprechen. Auch die radikale Infragestellung der guten Schöpfung Gottes durch Krankheit, Leid, Schmerz und Tod, durch Unrecht und Entehrung machen Gottes Fürsorge und Allmacht zweifelhaft. Der Gedanke an Gott ist keineswegs unumstritten. Der Apostel Paulus antwortet auf diese Frage mit dem Dennoch des Glaubens, wenn er den Römern schreibt, dass „weder Tod noch Leben, weder Hohes noch Tiefes" uns von der Liebe Gottes trennen kann (Röm 8, 38f). Luther rät angesichts einer radikalen Anzweiflung Gottes, es gelte, „ad deum contra deum confugere"[28], zu Gott angesichts der Unbegreiflichkeit Gottes zu fliehen. Wie ist dies aber möglich?

[26] DERS., WA 57, 45, 24: „Fides et promissio sunt correlativa."

[27] Vgl. Luthers Auslegung des 3. Artikels im Kleinen Katechismus: „Ich glaube, dass ich nicht aus eigener Vernunft und Kraft zu Jesus Christus, meinem Herrn kommen kann, sondern der Heilige Geist ist es, der mich durch das Evangelium beruft […]" (DERS., WA 30/1, 11, 296).

[28] DERS., WA 5, 204.

Ein wesentlicher Aspekt ist, dass alle Vorstellungen von Gott menschliche Anschauungen sind. Von Gott kann man nur in menschlichen Worten, in Metaphern, Bildern reden. Es sind anthropomorphe Vergleiche, wenn von Gottes Zorn, von Gottes Reue, von Gottes Lachen (Ps 2, 4) die Rede ist, oder wenn Gott ein verzehrendes Feuer genannt wird (Hebr 12, 29). Luther verglich einmal Gott mit einem glühenden Backofen voller Liebe.[29] Ohne metaphorische Sprache und ohne Vergleiche in Bildern kann von Gott gar nicht gesprochen werden. Aber Metaphern können auch irritierend und zweideutig sein.

In der Theologiegeschichte gab es folglich Bestrebungen, die Grenzen aller menschlichen Deutungsversuche Gottes und allen menschlichen Redens von Gott generell festzulegen. Besonders hervorzuheben ist der Entwurf einer „negativen Theologie"[30]. Eine negative Theologie, griechisch abgeleitet von ἀπόφασις, Verneinung, im Gegensatz zur Bejahung, κατάφασις, positive Theologie, entstand im Griechentum. Sie beruht auf der Kritik an allen Vorstellungen von Gott, seinem Wesen und seiner Existenz, wenn sie im Sinne weltlicher, üblicher Dinge und Personen formuliert und gedacht wird. Sokrates soll gesagt haben: „Wir wissen von den Göttern nichts, weder von ihnen selbst noch von ihren Namen"[31]. Gott ist demnach unaussprechlich. Im Neuplatonismus greift Plotin zur negativen Kennzeichnung Platons Wendung des einen Absoluten auf: „Jenseits des Seins."[32] Israel wahrt ebenfalls mit dem Bilderverbot und dem Verzicht auf die Nennung des Namens Gottes (Ex 30, 3.4f; Dtn 5, 8f., vgl. Joh 1, 18; 1 Tim 6, 16, Apg 17, 22–31) die Unvergleichbarkeit und Einzigartigkeit Gottes. Der Jahwename wird nicht gesprochen. Dionysios von Areopagita hat für die Theologiegeschichte exemplarisch und programmatisch eine negative Theologie entfaltet.[33] Die angemessene Reaktion auf die Unbegreiflichkeit Gottes ist für ihn Schweigen. Eine negative Theologie hat vor allem ihren Ort im Schweigen der Mystik. Gott begegnet in einem Schweigen, das Gottes Unsagbarkeit achtet und wahrt. Eine solche Theologie übt Kritik an einer Dominanz rationaler Reflexion in einer festgelegten Dogmatik und an einer ontologischen Metaphysik. Christlicher Glaube kann sich freilich nicht auf eine negative Theologie beschränken und im Unaussprechlichen der Mystik aufgehen. Denn Glaube will und muss bezeugt und bekannt werden. Darum muss auch von Gott gesprochen werden. Die bleibende Nichtobjektivierbarkeit und Unverfügbarkeit Gottes verweist zwar auf die Grenze des Redens von Gott. Negative Theologie hat insofern eine kritische Funktion für alle menschliche Rede von Gott. Aber sie verbietet gerade nicht, in menschlicher Sprache von Gott zu sprechen. Im Reden zu Gott und von Gott müssen allerdings das Weltgeschehen und die Lebensverhältnisse des Menschen zu Gott in Beziehung gesetzt werden.

Ein anderer Versuch, die Unbegreiflichkeit und Unergründlichkeit Gottes zu verstehen, ist der Hinweis auf die Verborgenheit Gottes (absconditas Dei). „Die Verborgenheit

[29] Vgl. H. BEINTKER, Art. Gott. VII. Reformationszeit, TRE 13, 664, 40f.

[30] Vgl. R. STOLINA, Art. Negative Theologie, RGG^4 6, 170–173; Vgl. Th. RENTSCH, Art. Theologie, negative, HWPh 10, 1102–1105.

[31] PLATON, Krat. 400 d, zit. nach RENTSCH, Theologie, 1102 (οὔτε περὶ αὐτῶν οὔτε περὶ τῶν ὀνομάτων).

[32] PLATON, resp. VI, 509 9b; PLOTIN, Enn. VI, 6: ἐπέκεινα τῆς οὐσίας.

[33] Vgl. die Aufnahme dieses Ansatzes bei Thomas von Aquin: „Quid est Deus nescimus" (THOMAS VON AQUIN, De pot. q. VII, a. 2, ad 11).

Gottes in der Welt ist der Grund dafür, dass es Gottesgewissheit nur im Glauben geben kann."[34] Wäre Gott jedem Einsichtigen unmittelbar mit seinen Sinnen zugänglich wie die Phänomene der Welt, bedürfte es keines Glaubens. Wäre jedoch Gott total verborgen, so wäre jedes Reden von Gott und das Vertrauen auf Gott unmöglich und sinnlos. Das Alte Testament wusste, dass Gott ein verborgener Gott ist (Jes 45, 14f: „Fürwahr du bist der Heilbringer, ein verborgener Gott, du Gott Israels") und im „Dunkel" wohnen will (1 Kön 8, 12). Gleichwohl tritt Gott heilbringend für Israel ein. Allerdings wird zugleich prophetisch festgestellt: „Meine Gedanken sind nicht eure Gedanken und meine Wege sind nicht eure Wege" (Jes 55, 8).[35] Auch der Apostel Paulus begnügt sich mit der Feststellung der Verborgenheit des Ratschlusses Gottes (Röm 11, 33–35). Gottes Handeln in Christus ist ein der menschlichen Weisheit unzugängliches Geheimnis (1 Kor 2, 6–9; Eph 3, 9; Kol 1, 26. 2, 2). Christen leben als Menschen im Glauben und nicht im Schauen (2 Kor 5, 7).

Martin Luther hat in der Auseinandersetzung mit Erasmus die Unterscheidung von Deus revelatus, offenbarem, und Deus absconditus, verborgenem Gott, herausgearbeitet. Die Verborgenheit Gottes ist für Luther ein tief zu verehrendes Geheimnis der göttlichen Majestät. Verborgen ist Gott nicht nur dem Unglauben, sondern ebenso dem Glauben.[36] Es sei zwar anzunehmen, dass Gott auf eine uns unbekannte Weise alles regiert, was in der Welt der Fall ist.[37] Aber er ist keineswegs immer und überall erkennbar. Luther hat diesen verborgenen Gott bisweilen auch „deus nudus, absolutus", „deus ipse" genannt. Er ist nicht zu erforschen, sondern nur in Ehrfurcht zu verehren.[38] Der Deus absolutus bewirkt Erschrecken; vor ihm kann einem nur grauen. Deshalb soll man sich an den Deus revelatus, den in Christus offenbaren Gott, halten.[39] Der „Deus revelatus" in Christus ist zugleich der „Deus praedicatus", der verkündigte Gott. Luthers Unterscheidung von Deus revelatus und Deus absconditus ist Auslegung der Verborgenheit Gottes. „Verborgenheit ist ein Modus der Offenbarung Gottes, aber nicht deren Problematisierung."[40] Die Unterscheidung von Deus revelatus und Deus absconditus kann missverstanden werden als Vorstellung eines doppelten Gottes, eines offenbaren und eines verborgenen Gottes. Sie kann zu einem innergöttlichen Dualismus führen. Angemessen ist hingegen, von der Erkennbarkeit, Offenbarung und Verborgenheit des einen Gottes zu sprechen. Dann gilt freilich, dass der Deus absconditus, der grauenerregende Gott, uns nichts angeht.[41]

[34] W. KRÖTKE, Art. Verborgenheit Gottes, RGG⁴ 8, 938; vgl. D. KORSCH, Art. Verborgenheit Gottes, HWPh 11, 585–588.

[35] Das Hiobbuch formuliert die Anklage gegen Gott, weil dessen Handeln unanschaulich und unverständlich ist.

[36] M. LUTHER, WA 18, 684, 38f.: „secretum longe reverendissimum majetatis divinae".

[37] DERS., WA 18, 685, 21–23: „Deus absconditus in majestate […] operatu vitam, mortem et omnia in omnibus".

[38] DERS., WA 18, 634f.: „voluntas non requirenda, sed cum reverentia adoranda est."

[39] Vgl. DERS., WA 18, 685, 1–20.

[40] E. JÜNGEL, Gott als Geheimnis der Welt, Tübingen 1977, 460. Vgl. K. BARTH, Die kirchliche Dogmatik II, 1, Zürich ⁴1958, 206: „Die Verborgenheit Gottes ist der Inhalt eines Glaubenssatzes."

[41] Vgl. M. LUTHER, WA 18, 685, 6f.

Beide theologischen Ansätze, eine negative Theologie und die Rede von der Verborgenheit Gottes lassen Fragen offen. Diese Fragen sind allerdings nicht definitiv zu beantworten. Damit ergibt sich eine weitere Überlegung.

V.

Gerhard Ebeling hat Gott Geheimnis der Wirklichkeit, Eberhard Jüngel Geheimnis der Welt genannt. „Nichts ist einfacher als Gott. Daher ist nichts schwieriger, als Gott zu denken. Auch anderes macht uns Denkschwierigkeiten, die uns vor kaum lösbare Probleme stellen: die Welt etwa, oder wir selbst. Aber die Schwierigkeiten sind anderer Art."[42] Die Ausarbeitung einer negativen Theologie wie die Unterscheidung von verborgenem und offenbarem Gott, von Offenbarsein und Verborgenheit Gottes suchen dem Rechnung zu tragen. Aber es bleiben offene Fragen. Gerhard Ebeling hat einen Vorschlag gemacht, wie das Problem der Unzugänglichkeit und Unverfügbarkeit Gottes zu verstehen und zu deuten ist. Er bezeichnet Gott als „Geheimnis der Wirklichkeit"[43]. Gleicherweise trägt Eberhard Jüngels Opus magnum den Titel „Gott als Geheimnis der Welt".

Der christliche Glaube kann, wie gesagt, auf das Wort Gott nicht verzichten. Das Wort steht freilich unter dem Vorbehalt, dass kein Mensch je Gott gesehen hat (Joh 4, 12; 1 Tim 6, 16). Darum steht Gott unter dem Vorbehalt des Geheimnisses. Was heißt *Geheimnis*? Das deutsche Wort Geheimnis ist Übersetzung des griechischen Wortes μυστήριον. Allerdings ist das Christentum keine Geheimreligion, keine Mysterienreligion. Das Evangelium muss öffentlich verkündigt werden. Der Glaube wird öffentlich bezeugt und gelebt. Auch die gottesdienstlichen Feiern von Taufe und Abendmahl sind keine geheimen Feiern, keine Mysterien. Jesus spricht freilich in den Gleichnissen von Geheimnissen des Gottesreichs (Mk 4, 11f.). Beim Apostel Paulus findet sich das Wort μυστήριον in der Bezeugung des Geheimnisses des Kreuzes als *Wort* vom Kreuz (1 Kor 2, 6–16). Mysterium sind im Neuen Testament ferner die Auferstehung Jesu (1 Kor 15, 51) und die Erwählung Israels (Röm 11, 29). Gottes Heilsratschluss als solcher ist Geheimnis (vgl. Eph 1, 9; 3, 3; Kol 1, 26 u.ö.) Das Neue Testament verwendet das Wort Geheimnis bei der Beschreibung des Heilsgeschehens, des Handelns Gottes.

Zum Verständnis des Begriffs Geheimnis ist eine grundsätzliche Unterscheidung wichtig und sinnvoll. Geheimnisse sind nicht dasselbe wie Rätsel. Rätsel verlangen nach einer Lösung. Geheimnisse sind entweder solche, welche Menschen durch bewusste Geheimhaltung machen, oder solche, die dem Menschen widerfahren. Geheimnis ist ein doppeldeutiges Wort. Geheimnisse können dadurch entstehen, dass man etwas verheimlicht, verschweigt, totschweigt. Geheimnis ist aber auch Chiffre für das in bestimmten Sinnbereichen nicht Fassbare. Ein solches Geheimnis beruht nicht auf Geheimhaltung. Es ist etwas, was sich menschlicher Erklärung und Beherrschung entzieht. Geheimnis ist bei der

[42] DALFERTH, Gott, 1.

[43] G. EBELING, Dogmatik des christlichen Glaubens, Dritter Teil. Der Glaube an Gott, den Vollender der Welt, Tübingen 1979, 319–330, 476.

Verwendung des Wortes im Zusammenhang mit Gott nicht ein Produkt, Erzeugnis des Menschen. Die Begegnung mit Gott ist doch höchst unwahrscheinlich. Geheimnisse in diesem zweiten Sinne sind Widerfahrnisse, denen der Mensch begegnet. Nicht der Mensch macht aus Gott ein Geheimnis. Vielmehr begegnet Gott als Geheimnis. Der Apostel Paulus bekennt von Gott: „Wie unbegreiflich sind seine Gerichte und unerforschlich sind seine Wege" (Röm 11, 33). Die klassische Theologie hat diese Aussage aufgenommen traditionell von der incomprehensibilitas, der Unbegreiflichkeit Gottes, gesprochen. Ein echtes Geheimnis, das einem Menschen widerfährt, ist nicht durch vernünftige Erklärung aufzuheben. „Echtes Geheimnis ist bleibendes Geheimnis."[44] Die Achtung eines derartigen Geheimnisses ist daher Vertrauenssache. Damit wird erneut der unlösliche Zusammenhang von Gott und Glaube bekräftigt. Der angemessene Umgang mit einem Geheimnis ist Achtung, Staunen, Ehrfurcht, Scheu, Pietät, Dankbarkeit.[45] Der Mensch erfährt sich bei der Wahrnehmung dieses Geheimnisses nicht als Machender, sondern als Empfangender. Die Erfahrung von Gott als Geheimnis der Wirklichkeit nötigt folgerichtig zu der Unterscheidung zwischen dem Menschen als Täter, als aktiv Handelndem, und dem Menschen als Empfänger, als passiv Erlebenden und Erleidenden. Das Geheimnis Gottes verweist damit zurück auf den Menschen, der sich selbst Geheimnis ist und bleibt. Karl Rahner hat oft darauf aufmerksam gemacht, dass Gott das Geheimnis ist. Geheimnis ist eines der fundamentalsten Schlüsselworte in seiner Theologie. Aber er fügt hinzu: „Gott kann mir nur das offenbaren, was der Mensch hören kann."[46] Daher erklärt er: „Die Offenbarung der Verborgenheit Gottes bleibt inhaltslos, bis ein Begriff des Geheimnisses [...] in der transzendentalen Erfahrung des letzten Wesens des Geistes gegeben ist."[47] Reden von Gott als Geheimnis hängt daher zusammen mit der Erfahrung und Fähigkeit der Wahrnehmung des Geheimnisses der Wirklichkeit.[48]

Für das Wirklichkeitsverständnis beruft sich Luther auf den überkommenen Grundsatz: „esse est operari". Dem Sein voraus geht das Handeln. Gott ist immer tätig, er ist der Deus actuosus. Die Wahrnehmung Gottes ist eben nicht nur eine Suche im Ungewissen. Der Glaube erkennt vielmehr Spuren des Wirkens Gottes. Der Zugang zu Gott erschließt sich über sein Wirken. Aber das Wirken Gottes bleibt immer auch Geheimnis. Doch Gott ist dem christlichen Glauben enthüllt als derjenige, der in der Schöpfung und Erhaltung der Welt wirkt, der in Jesus Christus als Bild Gottes dem Menschen als befreiender Erlöser

[44] G. EBELING, Wort und Glaube. Zweiter Band. Beiträge zur Fundamentaltheologie und zur Lehre von Gott, Tübingen 1969, 200.

[45] Rudolf Otto benutzte statt des Wortes Geheimnis den Begriff des Numinosen. Es ist dies „ein mysterium numinosum et fascinosum", ein erschreckendes und anziehendes Ereignis. R. OTTO, Das Heilige, Breslau 1917 (Nachdruck 1987).

[46] K. RAHNER, Hörer des Wortes, München ^{2}1962, 142.

[47] DERS., Art. Geheimnis. II Theologisch, HThG 1, München 1962, 450.

[48] Auch Raum und Zeit haben etwas vom Charakter des Geheimnisses an sich. Das Erleben von Raum und Zeit ist zwar eine unmittelbare allgemeinmenschliche Erfahrung. Will man Raum und Zeit freilich bestimmen, wird es schwierig. Raum und Zeit sind nach Kant keine Dinge an sich, sondern eine Form menschlicher Anschauung. Ist denn Raum als solcher ein geschaffener Gegenstand? Augustin sagt von der Zeit (AUGUSTIN, Confessiones 11, 17): „Was ist also Zeit? Wenn mich niemand danach fragt, weiß ich es. Will ich einem Fragenden es erklären, weiß ich es nicht."

sich manifestiert und durch den Heiligen Geist in Menschen und Gemeinde gegenwärtig am Werk ist.

VI.

Was mit dem Wort Geheimnis umschrieben wird, hat eine lange Tradition. Die Rede von Gottes Unbegreiflichkeit (incomprehensibilitas) ist alter theologischer Topos, eine Denk- und Lehrfigur.[49] Augustin betonte, wenn Gott begreifbar, fassbar wäre, wäre er nicht Gott.[50] Der Apostel Paulus bekennt: „Wie unerforschlich sind Gottes Entscheidungen und unausdenkbar seine Wege" (Röm 11, 33). Luther hat das paulinische Wort unausdenkbar, unbegreiflich mit incomprehensibilis wiedergegeben. Unerforschlich heißt „investigabilis". Eine andere Formulierung lautet: unergründlich. Friedrich Jacobi konstatierte, der Mensch sei sich selbst unergründlich, weil ihm das Wesen Gottes unergründlich ist.[51] Und Wilhelm Dilthey stellte die These auf, das Leben insgesamt sei unergründlich und bleibe ein Rätsel.[52] Damit ist das Wort Geheimnis umschrieben. Bei Karl Rahner ist die Verborgenheit Gottes das Unbegreifliche. Nikolaus von Kues interpretiert die Verborgenheit als Namenlosigkeit. Rudolf Bultmann spricht von der Unverfügbarkeit Gottes. „Die Unverfügbarkeit Gottes […] ist nicht eine zufällige, wie die Unverfügbarkeit eines unverfügbar Seienden. Sondern sie ist zugleich die Unverfügbarkeit des Menschen über sich selbst."[53] Das ist eine stoische Sentenz, die auf das aufmerksam macht, „was nicht in unserer Macht steht". Zuständig für das Unverfügbare sind Vorherbestimmung und Schicksal.

Das Unverfügbare ist das, was sich dem technisch Herstellbaren entzieht. Verfügbarkeit ist immer auch Ausdruck von Macht und Herrschaft. Gott entzieht sich dem Verfügen des Menschen. In dieser Gott zugeschriebenen Unbegreiflichkeit, Unergründbarkeit und Unverfügbarkeit geht es eben nicht allein um ein epistemologisches Problem. Es geht zugleich um das Selbstverständnis des Menschen, um das Wirklichkeitsverständnis und um den Umgang mit der Welt. Es ist eine existentielle Erfahrung. Der Hinweis auf Gott als Geheimnis der Wirklichkeit ist insofern tatsächlich ein Schlüsselbegriff christlichen Glaubens.

[49] Vgl. W. HOYE, „Die Unerkennbarkeit Gottes. Hilfsgerüst zum Thema", http://hoye.de/gottlicht/unerkenn.pdf (abgerufen am 25.02.2021).
Der Text enthält Aussagen von Karl Barth, Karl Rahner, Nikolaus von Kues, Thomas von Aquin.

[50] Vgl. AUGUSTIN, Sermo 117, 3.5: „Si enim comprehensibilis est, non est deus."

[51] Vgl. F.H. JACOBI, Briefe an Fichte (1799), Werke 3 (1816), zit. nach Ch. DANZ, Art. Unergründlichkeit, HWPh 11, 148.

[52] Vgl. U. DIERSE, K. ROTHE, Art. Leben, HWPh 5, 87.
W. DILTHEY, Wilhelm Diltheys gesammelte Schriften. Bd. 7 Der Aufbau der geschichtlichen Welt in den Geisteswissenschaften, hrsg. v. K. Gründer, Göttingen [5]1968, 218: „So ist in allem Verstehen ein Irrationales, wie das Leben ein solches ist." Ferner: AaO. 212: „Das Geheimnis der Person reizt um seiner selbst willen zu immer neuen und tieferen Versuchen des Verstehens."

[53] R. BULTMANN, Theologische Enzyklopädie, hrsg. v. E. Jüngel, Tübingen 1984, 55, zit. nach H. VORSTER, Art. Unverfügbarkeit, HWPh 11, 334.

Günter Bader

DOGMATIK ALS DIFFERENTIAL

Dogmatik als Differential zu betreiben, oder deutlicher: zur Aufgabe der Dogmatik sich des Differentials als Betriebssystem zu bedienen, erscheint als unvermeidliches, wenn auch soweit zu sehen bisher unbearbeitetes Programm, also nicht ohne Dringlichkeit. Die Formel geht zurück auf Niklas Luhmanns nachgelassene Schrift *Die Religion der Gesellschaft*, findet sich dort aber nur beiläufig. Nach einer Anstrengung, sie zu erläutern, sucht man vergeblich. Obgleich im Fluss der Argumentation bloß hingeworfen, fällt sie aus ihr heraus und bleibt stehen. So wird sie zum Grundtext, vielleicht zum Ungrundtext des folgenden Versuchs.

Immerhin soviel gibt der unmittelbare Kontext zu erkennen: Nachdem Dogmatik „in der allgemeinen gesellschaftlichen Kommunikation jetzt negativ konnotiert" ist, religiöse Systeme aber gleichwohl einer solchen auch in der modernen Welt nicht entbehren können, bedürfen Dogmatiken einer neuen Form der Organisation. An die Stelle von hergebrachten – Luhmann zufolge „alteuropäischen" – treten neue. Wenn überhaupt, fungieren „Dogmatiken eher als Differential". Und kaum ist dies mit aller Vorsicht ausgesprochen, fällt auch schon jede Zurückhaltung dahin. Dogmatik eher als Differential war nur das Entreebillet, um „Dogmatik als Differential" zu erreichen.[1] Kürzer geht es nicht. In Ermangelung einer Erläuterung wird man nicht weniger als die Systemtheorie selbst heranziehen müssen.

Differential ist bei Luhmann ein nicht eben gebräuchlicher, geschweige denn zentraler Terminus. Bloß hingeworfen, bleibt er ein erratischer Solitär. Sein Nachlasscharakter verschafft ihm eine gewisse Magie, die irgendwie wirkt. Soviel leistet der Kontext: das Differential fungiere als „Gabelungspunkt", biete „Orientierungshilfe" und diene dazu, „Entscheidungszusammenhänge" zu verdeutlichen, wie in der Organisationstheorie üblich. Keine Rede davon, dass das Differential, wie es nahegelegen hätte, seine Anschaulichkeit aus dem Antrieb von Kraftfahrzeugen bezieht, der in Kurven Kraft und Beschleunigung gleichstark auf Radläufe von verschiedener Krümmung und Geschwindigkeit überträgt. Aber soviel macht die Wegmetapher der Gabelung und des Gabelungspunkts deutlich: Im Unterschied zur Differenz, die Luhmann nicht nur einmal einführt, dürfte das Differential, das nicht eingeführt, sondern lediglich mit Metaphern bebildert wird, nicht zwei-, sondern dreistellig sein, und damit ist eine Marke gesetzt, die nicht unterboten werden darf.

[1] N. LUHMANN, Die Religion der Gesellschaft, Frankfurt/M. 2000, 339, 345f.

So ungewöhnlich die Rede vom Differential ist: *Dogmatik* ist bei Luhmann gang und gäbe. Der historische Hintergrund zeigt: Den einstmals oberen Fakultäten Theologie, Jurisprudenz und Medizin waren Dogmatiken geläufig. Jede hatte ihren Kodex, einerlei ob Heilige Schrift, Allgemeines Landrecht oder Bürgerliches Gesetzbuch, Preußische Medizinalordnung oder Deutsches Apothekerbuch. Unter der Vorherrschaft der negativen Konnotation von Dogmatik wird man der Theologie ihren ehemaligen Rang als oberste Fakultät gönnen. Denn mit dem manifesten Verfall der oberen Fakultäten in den Rang von Departementen in Fachschulen für angewandte Wissenschaften, möglichst im dualen System, ist auch der Verfall der herkömmlichen Dogmatik evident. Doch erstaunlicherweise haben weder Organisations- noch Religionstheorie, aller Umstellung auf Modernität zum Trotz, aufgehört, Dogmatiken zu produzieren, wenn auch solche gewandelten Stils. Also ist festzuhalten: Wenn fernerhin von Dogmatik gesprochen wird, dann im Sinn einer Dogmatik nach der Dogmatik oder einer Dogmatik ohne Dogmatik. In Luhmanns Werk reicht die Aufmerksamkeit für Dogmatik bis in die Anfänge zurück. Es ist unsere Aufgabe, Dogmatik über die programmatische Formel hinaus aus der Länge und Breite seines Werks soweit nötig zu entwickeln.

Wer will schon Dogmatiker sein? Vor dem weiteren Eindringen in *Dogmatik als Differential* stellt sich die Frage: Handelt es sich wirklich um eine programmatische Formel? Oder nicht eher, wie bei allem Dogmatischen, um Abgesang? Wir müssen die Theologie selbst befragen, und am besten eine solche, die mit Luhmanns Systemtheorie nicht in Kollusion steht von vornherein. Unter diesem Gesichtspunkt bieten sich nach Gewicht und Anschlussfähigkeit zwei theologische Werke als paradigmatisch an. Auf der einen Seite Philipp Stoellgers *Passivität aus Passion*, ein Werk, das sowohl diachron wie synchron die Verortung von Theologie in der Enzyklopädie philosophischen Wissens möglichst umfassend anstrebt; es hält sich im Spannungsfeld von Phänomenologie und Theologie und verläuft außerhalb aller express systemtheoretischen Argumentation.[2] Auf der anderen Seite Heinrich Assels wieder ganz anders gestrickte *Elementare Christologie*. Diese bedarf zwar, um ihre Spannung bis ins Ziel zu tragen, der minutiösen Durchdringung der dogmatischen Lehrbildung von zwei Jahrtausenden, eingebettet in die philosophische Enzyklopädie der jeweiligen Zeit und zugespitzt auf die offene Krisis von Gewissheit und Skepsis, bedient sich aber nirgends einer Argumentationsweise, die systemtheoretisch verfährt.[3] Beide theologischen Werke bedürfen zur Absolvierung ihres Pensums keiner Nähe zum Differential, beide erstreben, in verschiedener Weise, keine Dogmatik. Das frappiert: weder enthalten sie die Rede vom *Differential*, obgleich für beide Begriffe wie Differenz und

[2] P. STOELLGER, Passivität aus Passion. Zur Problemgeschichte einer ‚categoria non grata' (HUTh 56), Tübingen 2010; dort wird auf Luhmann nur einmal und völlig ephemer Bezug genommen (479). Anders verhält es sich mit der gleichzeitig entstandenen, aber aus *Passivität aus Passion* ausgegliederten Studie desselben Verfassers: Kommunikation von Paradoxen. Zu Luhmanns Umgang mit Paradoxen und den anschließenden Möglichkeiten für die Theologie, in: G. Thomas/A. Schüle (Hg.), Luhmann und die Theologie, Darmstadt 2006, 67–103.

[3] H. ASSEL, Elementare Christologie, Bd. I Versöhnung und Neue Schöpfung, Bd. II Der gegenwärtig erinnerte Jesus, Bd. III Inkarnation des Menschen und Menschwerdung Gottes, Gütersloh 2020; Luhmann wird nur einmal und völlig ephemer zitiert (I, 518).

Hermeneutik als Differenzkompetenz nicht ohne jeden Reiz sind, noch die von *Dogmatik*, obgleich diese als Historie allgegenwärtig ist. Stoellgers Welt ist viel zu reich und weit, um sich darin beengen zu lassen. Und Assels Christologie, die selbstverständlich über weiteste Strecken mit Dogma und Dogmatik befasst ist, exponiert sich dem Widerspiel von Gewissheit und Skepsis zu rückhaltlos, um nicht in Hinsicht auf Bildung von Dogmatik zu zögern; jetzt geht es um das Elementare, und als elementar erweist sich nur, was dem Versuch der Elimination zu widerstehen imstande ist. Gerade so, in der Widersetzlichkeit ihres theologischen Eigenwillens, kommen uns beide Werke, das von Stoellger und das von Assel, ausgesprochen entgegen. Indem keines von beiden der programmatischen Formel *Dogmatik als Differential* auch nur im Geringsten zulächelt, weder der Magie ihrer Stichworte verfällt, noch die Argumentationsdisziplin auf sie abstellt, empfehlen sie sich als verlässliche Gesprächspartner. Sie treiben das Risiko von Dogmatik als Differential zuverlässig in die Höhe.

Es ist eine denkwürdige Situation: Während es der Theologie aus respektablen Gründen vergangen ist, außer in Repetitorien von Dogmatik als einer noch zuzumutenden Aufgabe zu handeln, fährt ihr ausgerechnet die Systemtheorie in die Parade. Nach dem manifesten Ende der alteuropäischen Dogmatiken blickt diese aus internen, form- und organisationstheoretischen Gesichtspunkten nicht auf nichts, sondern hinterlässt die Zumutung einer Dogmatik nach der Dogmatik. Und außerdem gewährt sie die Anmutung, dass sie, wiewohl ohne es eigens zu explizieren, das *catchword* des Differentials uns direkt zuwirft. Wir wiederum schätzen Stoellgers und Assels magistrale Werke vor allem deshalb, weil sie ebendies, ebenso direkt, *nicht* tun. Jedoch Texte belassen es selten bei ihrer Oberfläche. Begeben wir uns bei den drei Autoren, bei Luhmann, der es hinsichtlich des Differentials gerade bis zum Hapaxlegomenon gebracht hat, und bei Stoellger und Assel, die definitiv nichts damit zu tun haben, auf Spurensuche, dann zeigt sich wenigstens indirekt: Spuren des Differentials, genannt oder ungenannt, finden sich bei Luhmann im Zusammenhang von Linguistik, Semiologie und Semantik, systemtheoretisch redigiert, bei Stoellger in der Prinzipienlehre der Logik, und bei Assel, ausgerechnet in der Prinzipienlehre der Mathematik, und da sogar überreich. Bei Luhmann liegen die Spuren am Tag, bei Stoellger und Assel knapp unter der Oberfläche, aber nachweisbar in jedem Fall. Wenn wir unterscheiden: Systemtheorie, Logik und Mathematik und sie bestimmten Autoren zuordnen, so handelt es sich nur um Schwerpunkte eines weiteren Zusammenhangs. Weder sind die Grenzen dicht, noch wird *ein* Autor auf *ein* Gebiet festgelegt. Daher hegen wir die Erwartung, dass der Durchgang durch alle drei Gestalten von Differential am Ende Aspekte und Facetten genug gesammelt haben wird, um der Frage gegenüberzutreten, was als Dogmatik als Differential zu gelten hat, und was nicht.

1. Das Differential in der Systemtheorie

Soviel ist gewiss: Wenn etwas als Erstes zu erwarten gewesen wäre, dann das Differential in der Mathematik. Von dort kommt es her. Dagegen mit der Systemtheorie zu beginnen, ist dem Umstand geschuldet, dass uns der Terminus, so wie die Dinge liegen, durch Luhmann zugespielt wird. Dieser macht aber von der mathematischen Herkunft keinen Gebrauch. Stattdessen ist viel von Linguistik, Semiologie und Semantik die Rede, einem Aggregat von Wissensbeständen also, das darin übereinkommt, dass es mit Zahlen überhaupt nichts zu tun hat, mit Sprache und Schrift dagegen viel. In der Tat: Sofern das Differential, wie es bei Luhmann begegnet, darauf hinaus will, eine Bestimmung von Dogmatik zu liefern, lässt es sich anders als in sprachlich-schriftlicher Verfasstheit schwerlich denken. Dogmatiken tauchen, wie schon erwähnt, in angewandten Wissenschaften auf, die Kant noch, doppelzüngig genug, obere Fakultäten nennt. Ihnen wird heute, um mit ihrer Monstrosität, wenn nicht Spektrizität umzugehen, das Etikett der Buchwissenschaften umgehängt, als friedliebender Vorschlag zur Güte. Von buchwissenschaftlichen Bindungen ist die Mathematik frei, und gerade dies hat sie bei Leibniz zur Hervorbringung des Terminus Differential befähigt. Beginnen wir dagegen, auf dem Wege der Spurensuche, mit dem Differential in der systemtheoretisch aufbereiteten Linguistik, Semiologie und Semantik, so ist von vornherein eine Unwucht im Spiel. Statt mit zahlbezogenen Wissenschaften beginnen wir mit sprach- und schriftbezogenen, was der theologischen Bildung, wie sie nun einmal ist, gewiss entgegenkommt. Offenbar stoßen in *Dogmatik als Differential* zwei Welten aufeinander; während Dogmatik ursprünglich ins sprach- und schriftbezogene Wissen gehört, gehört Differential ursprünglich in das zahlbezogene. Beides kommt in der Regel kaum zusammen. Die cusanische Tradition, die von dieser Regel abweicht, steht im Zeichen der Präsenz des Vergessenen,[4] und diejenigen, die bis hin zu George Spencer-Brown, den Luhmann sich als *spiritus rector* kooptiert,[5] darin fortfahren, stehen aufseiten der Theologie unter dem Verdikt *mathematica non leguntur*. Also kommen wir mit unserem Anfang beim Differential in der Systemtheorie in den Genuss einer Versparung, die erst im weiteren Verlauf entfallen wird.

Religion und Dogmatik. – Entsprechend ihrer Eigenschaft als Großtheorie, die sie ungeniert zur Schau trägt, zögert die Systemtheorie nicht, mit Vorliebe Großbegriffe zu gebrauchen: Religion überhaupt, Dogmatik überhaupt. Auf dieser Ebene ist Dogmatik eine von zahllosen Lebensäußerungen der Religion, aber insofern eine besonders vitale, als Religionen zur Steuerung ihrer Systeme nicht verzichten können auf sie. Die Thematisierung von Dogmatik reicht, werkgeschichtlich betrachtet, zurück bis in Luhmanns früheste Religionssoziologie. „Vorneuzeitliche“ Gesellschaften haben religiöse Dogmatiken entwickelt, altprotestantische zum Beispiel, Stadt- oder Herrschaftsdogmatiken. Die Funktion der Religion für die Gesellschaft musste dabei nicht eigens thematisiert werden, sie durfte

[4] S. MEIER-OESER, Die Präsenz des Vergessenen. Zur Rezeption der Philosophie des Nicolaus Cusanus vom 15. bis zum 18. Jahrhundert (Buchreihe der Cusanus-Gesellschaft 10), Münster: Aschendorff 1989; GREGOR NICKEL, Nikolaus von Kues. Zur Möglichkeit mathematischer Theologie und theologischer Mathematik, in: I. Bocken/H. Schwaetzer (Hg.), Spiegel und Porträt. Zur Bedeutung zweier zentraler Bilder im Denken des Nicolaus Cusanus (FS Klaus Reinhardt) (Veröffentlichungen des Cusanus Studien Centrums 4), Maastricht 2005, 9–27.

[5] G. SPENCER-BROWN, Laws of form [1]1969, Leipzig 2011. Dazu N. LUHMANN, Frauen, Männer und G. S. BROWN, in: Protest. Systemtheorie und soziale Bewegungen, Frankfurt/M. 1996, 107–155.

in ihrer Selbstverständlichkeit „latent" bleiben. Dagegen in der „heutigen" Gesellschaft, die eine Koextension von Religion und Gesellschaft nicht mehr kennt, und in der Religion sich neben Politik, Wirtschaft, Recht, Wissenschaft, Kunst auf die Funktion eines Teilsystems spezifiziert hat, stellt sich mit Vehemenz die Frage,

> „ob [eine solche Dogmatik des älteren Typs] eine nicht mehr überbietbare Endgestalt von Dogmatik ist, oder ob [sie] sich [...] auf ein Reflexionsniveau bringen läßt, das mit heutigen Gesellschaftsstrukturen kompatibel ist."[6]

Dogmatiken wollen im Fluss gesellschaftlicher Evolution begriffen werden. Als Nachfolgeeinrichtungen von multi-, potentiell omnimedialen Ritualen und Liturgien, deren bindende Kraft im Schwinden ist, suchen Dogmatiken durch Konzentration auf wenige Medien oder auf eins erneut bindende Kraft zu gewinnen. Als Sprache zwar noch leibliche Präsenz verlangend, löst sich die Dogmatik als Schrift und Text davon und beschränkt sich auf diejenige Stringenz, die von einem bestimmten Grad der Argumentation ausgeht. Jedoch genau hier tut sich ein großer Unterschied auf. In Gesellschaften älteren Typs durfte sich die Dogmatik auf die *Interpretation* hergebrachter Glaubensinhalte beschränken, jetzt dagegen, nach der Ausdifferenzierung von Religion zu einem gesellschaftlichen Teilsystem neben anderen, steht sie nicht nur vor der Aufgabe der Interpretation, sondern der *Reflexion*. In dem Maß, in dem sie nicht mehr einfach unthematisch mitläuft, sondern eigens zum Thema wird, steigt das Reflexionsniveau ihrer Präsentation sprunghaft an.

Diese Charakterisierung des Verhältnisses von Religion und Dogmatik aus Luhmanns frühem Werk verliert sich auch auf dem Weg zum späteren nie. Bei genauer Betrachtung enthält sie von Anfang an eine Zuspitzung in Hinsicht auf die Stellung von Dogmatik, die sich sehr schnell auch als Zuspitzung in Hinsicht auf die Stellung der Religion erweist, und außerdem eine Zumutung an die Adresse der Theologie, immer in der Annahme, dass es eine solche gibt.

> „Ob d[a]s Dogma seine Funktion heute noch erfüllt, nachdem der gesellschaftliche Wandel des Zeitverständnisses es hat historisch werden lassen; ob hier noch eine ausreichende Artikulationsbasis für die Steuerung des Umweltverhältnisses der Religionssysteme liegt; ob, mit anderen Worten, Interpretation und Reinterpretation von Offenbarung die Funktion von Religion noch erfüllen kann oder ob nicht Interpretation durch Reflexion ersetzt werden müßte – das sind Fragen, die die Soziologie stellen, aber nicht beantworten kann. Vielleicht findet die Theologie Möglichkeiten [...]."[7]

Die einladende Geste an die Theologie lässt den ironischen Unterton kaum verkennen. Und eine Theologie, die ihrerseits keinerlei Beruf zur Ironie fühlt, müsste die Zumutung abweisen. Ein Verdacht verbindet beide, Soziologie und Theologie. Wiederholt klopft er mit „ob" an und fragt,

> „ob [Dogmatik, wie sie einst entwickelt wurde,] in unserer christlichen Glaubensüberlieferung die Grenze eines gerade noch integrierbaren Spannungsverhältnisses darstellt und damit eine nicht überbietbare

[6] N. LUHMANN, Religion als System. Thesen, in: K.-W. Dahm/DERS./D. Stoodt (Hg.), Religion – System und Sozialisation, Darmstadt/Neuwied 1972, 11–13.

[7] N. LUHMANN, Religiöse Dogmatik und gesellschaftliche Funktion, in: Dahm/DERS./Stoodt (Hg.), ebd. 15–132, 96f; ebenso in: DERS., Funktion der Religion (s. Anm. 10), 180.

Leistung von Dogmatik überhaupt; und weiter, ob diese Gestalt von Dogmatik ein Religionssystem unserer Gesellschaft noch identifizieren und steuern kann."[8]

Und hinter dem Verdacht, selbst beim besten Willen könne Dogmatik beim Sprung in die moderne Gesellschaft nur das falsche Ticket sein, tut sich „in Riesengröße"[9] die fundamentalere, zugleich frappant elementare Frage auf,

„ob Religion noch möglich ist,"[10]

und sie ist es, die als „Leitmotiv" das Pochen der vernommenen ‚Obs' grundiert. Die Möglichkeiten der Theologie wären somit unmögliche Möglichkeiten, was ohne Zweifel den Ironiebedarf der Theologie sprunghaft steigen lässt.

Wir bezogen uns auf Luhmanns frühe Religionsschriften. In seiner letzten Religionsschrift ist er einen minimalen Schritt weitergegangen. Er überschreitet die Grenze eines gerade noch in „Dogmatik" integrierbaren Spannungsverhältnisses. Als Soziologe erhebt er zwar auch jetzt nicht den Anspruch, Antwort zu bieten. Aber nach dem definitiven Verfall ihres Abonnements auf Dogmatik hinterlässt er den Theologen einen Wink, der voraussetzt: Wenn überhaupt, dann gibt es Dogmatik nur als solche nach der Dogmatik. So entsteht die Formel *Dogmatik eher als Differential*. Und erkühnt dadurch wie durch eine Anzahlung, setzt er alsbald zur Zahlung an: *Dogmatik als Differential*. So wird deutlich: Das Differential ist die Marke für ein gerade *nicht* integrierbares Spannungsverhältnis, das die Dogmatik „heute" auszutragen hat.

Selbstbeschreibung. – Dass Dogmatik, einerlei welche, als Gebilde aus Schrift und Text unter die Rubrik der Beschreibung gehört, liegt in der Natur der Sache. Aber *Selbst*beschreibung? Das lässt aufhorchen. Den Schritt von der Beschreibung zur Selbstbeschreibung zu vollziehen, verschafft Aussicht, auch den von der Differenz zum Differential zu finden. Nicht nur Interpretation, *Reflexion* sei erforderlich, um unter Bedingungen von Modernität Dogmatik in ihrer einzigmöglichen Form als Differential zu denken. Zwei Präzisierungen des alltäglichen, unscharfen Sinnes von Reflexion sind erforderlich. Soll sie zu einem Akt von Selbstbeschreibung werden, muss sie den Charakter von Selbstreflexion annehmen, was das Erste ist. Dabei bleibt es nicht. Das Selbst könnte ein psychologisches Phänomen sein, und die alltägliche Unschärfe schliche sich abermals ein. Also muss als Zweites das Selbst streng auf Reflexion bezogen werden, die dadurch zur Selbstbeziehung der Reflexion wird, Reflexion der Reflexion. So vollzieht auch die Selbstbeschreibung eine Selbstbeziehung der Beschreibung, woran ein Selbst in psychologischem Sinn zunächst gar nicht beteiligt ist. Oder anders: Zwar hat die Beschreibung ohne Zweifel ein Subjekt, das sie durchführt. Aber was ist das Subjekt von Selbstbeschreibung? Im Unterschied zur bloßen Beschreibung ist Selbstbeschreibung nicht nur die Operation des Systems, in unserem Fall der Religion, sondern sie ist „die Thematisierung des Systems, in dem die

[8] LUHMANN, aaO. 1972, 91; 1977, 174.

[9] F. SCHLEGEL, Sonett Die Reden über die Religion, in: Athenäum, Bd. III (1800), 234/KFSA 5, 301f.

[10] LUHMANN, Funktion der Religion, Frankfurt/M. 1977, 8: „Die Frage, ob Religion noch möglich ist, wird [...] zum Leitmotiv aller Kapitel."

Operation der Selbstbeschreibung stattfindet."[11] Um die Präzisierung vorwegzunehmen, die George Spencer-Brown zu Beginn der *Laws of form* vorgelegt hat:[12] Die Selbstbeschreibung erkennt die Form von Selbstunterscheidung (*distinction*) und Selbstbezeichnung (*indication*), der universale Geltung zukommt, als eine solche von *Texten*. Dadurch entstehen Dogmatiken. Das erlaubt Luhmann, seine frühere Schilderung von der Aporie der Dogmatik in neueren Gesellschaften wieder aufzunehmen. Ältere Gesellschaften durften unthematisch und latent lassen, was jetzt zur Thematisierung drängt. Daher Reflexion als Selbstreflexion. Und daher Beschreibung als Selbstbeschreibung. Nun kann behauptet werden: Selbstbeschreibung ist „eine Beschreibung, die zusätzlich in der Reflexion noch reflektiert, daß sie selbst dem System angehört, das sie beschreibt [...]." Nun steht die Definition: „Selbstbeschreibung ist die Anfertigung eines autologischen (sich selbst mitmeinenden) Textes."[13] Plötzlich hat das bieder dreinblickende Wort Selbstbeschreibung seinen Abgrund eröffnet. In ihm hat Dogmatik als Differential ihren Ort.

Selbstbeschreibung ist eine Aufgabe, die nicht nur in jedem Teilsystem der Gesellschaft ansteht, sondern auch und erst recht im Grundriss der *Gesellschaft der Gesellschaft*, der die Teilsysteme umfasst. So ist Selbstbeschreibung geradezu selbstverständlich. Aber zur Religion gehört sie, anders als bei Recht, Wirtschaft, Politik, in einem ausgezeichneten und deshalb prekären Sinn, der sich von jenen Teilsystemen unterscheidet. Nur bei der Religion, nicht bei Recht, Politik, Wirtschaft, Kunst, stellt sich unter Bedingungen der modernen Welt die Frage, ob sie überhaupt möglich ist. Das liegt beileibe nicht an der Böswilligkeit einer religionsfeindlichen Umgebung (obgleich der Dummheit keine Grenzen gesetzt sind), sondern in der Natur der Sache. Gemäß der Losung „in der Welt der Welt entfliehen",[14] eine Parole, die allen Parolen, und selbst entgegengesetzt lautenden, vorausgeht, setzt sich die Religion zum Ziel, „in der Gesellschaft gegen die Gesellschaft" zu kommunizieren und dafür sogar deren Applaus zu suchen.[15] Nicht bloß um „Distanz" geht es ihr, sondern um nicht weniger als „Erlösung von der Gesellschaft".[16] Erst damit ist die Ausdifferenzierung der Religion hinreichend distinkt; erst so ist Religion zu sich selber gekommen. Von daher erhalten alle Vollzüge religiöser Semantik ihren Zuschnitt. Es genügt nicht, das religiöse System analog zum politischen, ökonomischen und juristischen von der Umwelt zu unterscheiden, ohne dass die Unterscheidung von der Welt zugleich mitthematisiert wird. Oder mit anderen Worten: „es genügt nicht mehr, das System/Umwelt-Verhältnis mit einem positiv/negativ-Schematismus zu beschreiben [...]." Religion kommt erst zu sich, wenn „nicht einmal der positiv/negativ-Schematismus für die Beschreibung des Umweltverhältnisses ausreicht."[17] Selbst wenn für alle gesellschaftlichen Teilsysteme gilt: „Selbstbeschreibungen thematisieren Grenzerfahrungen",[18] gilt dies

[11] N. LUHMANN, Das Recht der Gesellschaft, Frankfurt/M. 1993, 498.
[12] SPENCER-BROWN, aaO. 1.
[13] LUHMANN, aaO. 498.
[14] Evangelisches Gesangbuch, Nr. 384,1.
[15] LUHMANN, Die Religion, 325.
[16] LUHMANN, aaO. 323, 325ff, 354.
[17] LUHMANN, aaO. 324.
[18] LUHMANN, aaO. 322.

für die Religion nur in unvergleichlicher Zuspitzung. Was ist jenseits von Affirmation und Negation?

Gerät die Selbstbeschreibung im Fall von Religion derart unter Stress, dürfte das Programm *Dogmatik als Differential* die direkte Folge davon sein; es handelt sich um eine Stressformel. Zwar enthalten alle Funktionssysteme die selbstproduzierte Differenz von System und Umwelt, und selbst die „Zuspitzung dieses Problems wird man für alle Teilsysteme der modernen Gesellschaft annehmen können."[19] Aber für keines im selben Grad wie für die Religion. Zwar mag sie sich mit Rücksicht auf ein säkularisiertes Publikum liberalisieren und ihre Botschaft bloß als „Angebot" zum Besten geben,[20] aber in der Sache fordert ihr Proprium, die Erlösungsbedürftigkeit, dass sie „die Position der Transzendenz gegenüber allem, was immanent und damit unterscheidungsgebunden" ist, sowohl beibehält, als auch wiederum „in das System hineinspiegelt".[21] Daher das außerordentliche Niveau von Reflexion, das von der religiösen Dogmatik gefordert wird. Eingangs wurde Selbstbeschreibung definiert als Hervorbringung eines autologischen Textes. Schließt man autologische Texte, etwa weil sie Blockaden des Kommunikationsflusses heraufbeschwören, aus dem Standard aus, den man für Texte überhaupt gelten lässt, wird der Dogmatik als Differential der Boden entzogen. Deshalb markiert Luhmann gegenüber dem Terminus des Autologischen bleibende Fremdheit, indem er das Adjektiv meist mit Anführungszeichen aus der selbstverantworteten Rede ausschließt und das Substantiv so gut es geht meidet. Und wenn er auf dem Höhepunkt der *Gesellschaft der Gesellschaft* einmal davon Gebrauch macht, dann nur als „reflektierte Autologie",[22] das heißt so, dass das ins Gesagte hineingespiegelte Sagen allererst durch den „autologischen Schluss" freigelegt werden muss. In der Tat, Autologie an und für sich wäre heikel. Vielleicht bleibt sie Luhmann deshalb so fremd, weil ohne das Wort selbst – αὐτὸς ὁ λόγος samt dessen theologischen Wurzeln: das Wort als Wort[23] –, auch kein Anlass besteht, auf die Riesenfrage, ob Religion überhaupt möglich ist, eine von Zuversicht getragene Antwort zu wagen.

Beschreibendes und Beschriebenes, Bezeichnendes und Bezeichnetes. – Wie Beschreibungen, so geschehen auch Selbstbeschreibungen durch Unterscheidung von Beschreibendem und Beschriebenem, zwar nicht schlechthin, aber durch einen bestimmten grenzwertigen Gebrauch dieser Unterscheidung. Allerdings ist die Unterscheidung von Beschreibendem und Beschriebenem nicht ohne Überraschung. Üblicherweise bekannt als eine solche von Bezeichnendem (*signifiant*) und Bezeichnetem (*signifié*), eingeführt von de Saussure und vom Genfer Strukturalismus und aufgegriffen von der modernen Linguistik und Semiologie, richtet sie sich vehement gegen die alteuropäische Annahme, die Zeichenfunktion

[19] LUHMANN, aaO. 341.

[20] LUHMANN, aaO. 322, 339f.

[21] LUHMANN, aaO. 326.

[22] N. LUHMANN, Die Gesellschaft der Gesellschaft, Frankfurt/M. 1997, 1128.

[23] C. PALLESEN, Der Weltbezug der Religion, in: G. Thomas/A. Schüle (Hg.), Luhmann und die Theologie (s. Anm. 2), 51–64, 62ff; 57 Anm. 24: „Der Begriff ‚Autologos' wird von den nizänischen Vätern verwendet". PALLESEN entfaltet seinen Ansatz: The Nicene Creed with special regard to the concept of homoousia, in: Dansk Teologisk Tidsskrift 84 (2021) [im Erscheinen].

bestehe aus Zeichen (*signum, verbum*) und bezeichneter Sache (*res*), aus Zeichen und Bezeichnetem. Schon der sprachlichen Unbequemlichkeit wegen vermischt sich die Unterscheidung von Bezeichnendem und Bezeichnetem leicht mit der von Zeichen und Bezeichnetem und fällt in den alten Zustand zurück. Doch das Zeichen verdankt sich nicht dem referentiellen, sondern dem differentiellen Ursprung (*l'origine différentiel*), nicht dem Bezug auf ein Objekt, sondern dem auf ein anderes Zeichen des Sprachsystems. Es gewinnt seinen Stellenwert (*valeur*) in und durch die Sprache. Sprache, das ist ein „Geflecht ewig negativer Differenzen" (*plexus de différences éternellement négatives*).[24]

Bedarf es zur Theorie des Zeichens nicht der Opposition von Zeichen und Dingen, sondern nur der von Zeichen und Zeichen, so läuft dies auf die überraschende Einsicht hinaus, „daß es nur Zeichen und nichts anderes gibt." Allerdings droht mit dem Wegfall der Opposition von Zeichen und Dingen und damit, dass es *nur* Zeichen gibt, stets der Kollaps, „daß es keine Zeichen gibt." Das klingt nicht nur paradox, es ist so – „aber: warum nicht?"[25] Wir nannten die Selbstbeschreibung einen Grenzfall von Beschreibung, und eben der kommt hier in den Blick. Das Paradox ist der Grenzfall einer Unterscheidung, der entsteht, sobald diese auf sich selbst angewandt wird. Aber bei gebührender Entfernung vom Paradox können wir von der Differenz von Zeichen und Bezeichnetem nachwievor ausgehen. Nun tragen wir den strukturalistischen Einspruch in sie hinein und präzisieren sie zur Differenz von Bezeichnendem und Bezeichnetem. Dadurch wird der Begriff des Zeichens frei und verschiebt sich aus der Differenz, deren Teil er bisher war, zur Bezeichnung der Differenz als ganzer. Anstelle von zwei Begriffen sind nun drei erforderlich. Wir reden von Zeichen (*signe*), Bezeichnendem (*signifiant*) und Bezeichnetem (*signifié*), und es gilt: „ein Zeichen konstituiert überhaupt erst die Differenz von Bezeichnendem und Bezeichnetem."[26] Aber die drei Begriffe folgen weder dem schlichten Nacheinander,[27] noch fügen sie sich in die klassische Unterordnung von Ganzem und Teil.[28] Sondern sie lüften das offenbare Geheimnis ihrer Ordnung erst, wenn die Dreiheit von Zeichen, Bezeichnendem und Bezeichnetem als Palimpsest der früheren Dreiheit von Zeichen, Zeichen und Bezeichnetem gelesen wird. Das Zeichen hat sich verdoppelt. Das ist das Entscheidende. Die Vollformel „Ein Zeichen ist die Differenz von Zeichen und Bezeichnetem"[29] hat den Charme, dass sie auf der einen Seite expliziert, was durch sie gesagt ist, auf der anderen Seite aber auch ein Sagen impliziert, das sie nur zeigt: Indem das Zeichen sich verdoppelt, differenziert es sich selbst. Das ist es, was aus der bloßen Differenz ein

[24] H. FRANK, Art. Zeichen, HWPh 12 (2004), 1175, mit Verweis auf FERDINAND DE SAUSSURE, Cours de linguistique générale, hg. v. R. Engler, Wiesbaden 1968, Bd. 1, 264: N 10 (1916).

[25] N. LUHMANN, Zeichen als Form, in: D. Baecker (Hg.), Probleme der Form, Frankfurt/M. 1993, 45–69, 46.

[26] LUHMANN, aaO. 48 und Anm. 9, 50; cf. ders., Die Gesellschaft (s. Anm. 22), 208, 995.

[27] F. DE SAUSSURE, Grundfragen der Allgemeinen Sprachwissenschaft, Berlin ²1967, 135: Wir gehen „nacheinander aus vom Bezeichneten […], vom Bezeichnenden […] und vom Zeichen […]."

[28] DE SAUSSURE, aaO. 78f: „Ich schlage also vor, daß man das Wort *Zeichen* beibehält für das Ganze, und Vorstellung bzw. Lautbild durch Bezeichnetes und Bezeichnung (Bezeichnendes) ersetzt; die beiden letzteren Ausdrücke haben den Vorzug, den Gegensatz hervorzuheben, der sie voneinander trennt und von dem Ganzen, dessen Teile sie sind."

[29] LUHMANN, Die Religion, 49.

Differential macht. Dazu genügt es nicht, das Zeichen reichlich lendenlahm als Einheit der Differenz von Bezeichnendem und Bezeichneten zu definieren; die Differenz ist nicht nur Erzeugnis und Ergon, sondern energetisches Differential, bewirkt durch die selbstunterscheidende Verdopplung des Zeichenbegriffs. „Wenn das Zeichen selbst" – in diesem energiegeladenen Sinn – „die Unterscheidung von Bezeichnendem und Bezeichneten ist, so ist es weder das Bezeichnende noch das Bezeichnete, sondern etwas Drittes." Es ist „Drittheit".[30]

Die Drittheit vermeidet zwei Aporien der Beschreibung, die sich nach der Umstellung von der traditionellen Zeichendefinition auf die strukturalistische leicht einstellen. In den Worten Luhmanns: Einerseits die Reformulierung, wenn am äußersten Rand die Aporie eines Beschreibenden (*signifiant*) ohne Beschriebenes (*signifié*) entsteht. Dann spricht man „(bewußt widersinnig) von referenzlosem Zeichengebrauch". Andererseits die Dekonstruktion, wenn am entgegengesetzten Rand ein „Bezeichnetes" auftaucht, „dem kein Zeichen entspricht". Das ist die Aporie eines Beschriebenen ohne Beschreibung, die in Hinsicht auf Religion suggeriert: „Ist es das, was mit Transzendenz gemeint ist?"[31] Nicht so die Selbstbeschreibung. Bedacht weder auf die eine noch auf die andere Auflösung der Differenz von Beschreibendem und Beschriebenem, wendet sie die Beschreibung auf sich selbst und provoziert das Paradox, von dem in umgekehrter Richtung zu vermuten ist, dass es die Differenz allererst produziert. Dafür kennt Luhmann eine ganze Reihe aussagekräftiger Metaphern. Sobald die Beschreibung sich selbst voraussetzt, vollzieht sie „ein Unterlaufen der Unterscheidung von Beschreiben und Beschriebenem".[32] Wird aber die Unterscheidung, die an sich nicht groß genug gedacht werden kann, unterlaufen, dann „sabotiert" Selbstbeschreibung die Beschreibung.[33] Weiter: Obgleich es Aufgabe der Kommunikation ist, die Vermischung von Information und Mitteilung zu verhindern, stiftet die Selbstbeschreibung sehenden Auges „Konfusion", wenn nicht „Fusion", und führt zu paradoxen Handlungen.[34] Und endlich: Wenn man dem (Heiligen) Geist nachsagt, er kommuniziere, ohne sich auf die Unterscheidung von Information und Mitteilung einzulassen, dann handelt es sich bei Selbstbeschreibung, als Geschehen des Geistes, um einen „konspirativen" Akt, der „Konspiration innerhalb einer Unterscheidung" anzettelt.[35] In allen Metaphern verfährt die Selbstbeschreibung nicht als Entweder/Oder, als einseitige Aufhebung sei es des Beschreibenden, sei es des Beschriebenen, sondern als Weder/Noch, das die Beschreibung auf sich selbst anwendet und damit das Dritte hervorruft, von dem zu fragen ist, ob es nicht vielmehr die Differenz von Beschreibendem und Beschriebenem allererst erzeugt.

Paradoxie und Tautologie. – Selbstbeschreibung impliziert das Zugleich (*simul*) von Beschreibung und Beschreibung der Beschreibung. Sie muss „sich von ihrem Gegenstand

30 LUHMANN, aaO. 52.
31 LUHMANN, aaO. 347.
32 LUHMANN, aaO. 328.
33 LUHMANN, aaO. 353, 355.
34 LUHMANN, aaO. 335, 337.
35 LUHMANN, aaO. 329f.

unterscheiden und sich zugleich in ihm wiederfinden“;[36] sie vollführt das „Doppelspiel“,[37] dass sie bestimmte Unterscheidungen „zugleich verwendet und sabotiert“.[38] Die Dogmatik, deren Texte auf diese Weise angefertigt werden, arbeitet wissentlich oder unwissentlich mit dem Mittel des performativen Widerspruchs. Ihre Texte verraten ein Spannungsverhältnis zwischen performativem und konstativem Aspekt, und zwar so, dass die pure Performation „widerlegt“,[39] was der Text seiner konstativen Aussage nach behauptet. Tritt der Widerspruch im Modus der Unausweichlichkeit auf, erreicht er die Qualität des Widerstreits.

Das ist der Fall in der Paradoxie. Paradoxie tritt, wie soeben als Weder/Noch dargestellt, ein, wenn auf der einen Seite vorausgesetzt wird, „daß die Beschreibung nicht das Beschriebene sein will, weil sie sonst keine Beschreibung wäre,“ auf der anderen Seite „aber zugleich das Beschriebene ohne Beschreibung nichts anderes wäre als der unmarked space.“[40] Daher sind Selbstbeschreibungen des Religionssystems etwas ganz anderes sind als die klassischen Beschreibungen des Wesens der Religion.[41] Anstelle von Wesenskunde müssen sie sich damit begnügen, die Parerga oder „Nebenbeis“ zu liefern, „die als Zutaten zum Wesentlichen wesentlicher sind als das Wesen selbst, das sich ohne sie nicht behaupten könnte.“ Die Paradoxie bezeichnet den Fall, in dem das Zugleich, wenn es zur Gestalt des Widerstreits aufläuft, sich nicht verbergen lässt, sondern sich sichtbar und hörbar manifestiert. Hier ist die harte Formel angebracht: das Wesen manifestiert sich als „Unwesen“.[42]

Darüber darf der entgegengesetzte Fall nicht in Vergessenheit geraten. Das ist die Tautologie. Sie findet weniger Aufmerksamkeit, weil ihr das Eklatante abgeht. Bei aller Differenz zur Paradoxie gilt: „beide Formen, Tautologie und Paradoxie, sind auf Unterscheidungen gebaut, die sich selbst sabotieren.“[43] Während die paradoxe Selbstbeschreibung das Wesen auf dem Umweg über das Unwesen manifestiert, versteckt die tautologische Selbstbeschreibung das Wesen bis zur Unkenntlichkeit unter dem Wesen. Texte beschreibender Art, die das Wesen der Religion thematisieren,[44] sind daher nicht kurzerhand der

[36] LUHMANN, aaO. 328.

[37] LUHMANN, aaO. 329.

[38] LUHMANN, aaO. 353.

[39] LUHMANN, aaO. 328f, 341.

[40] LUHMANN, aaO. 336.

[41] LUHMANN, aaO. 328f, verweist auf Schleiermachers Reden Über die Religion, die, gelesen durch die glasklare Interpretation von T. LEHNERER, Kunst und Bildung. Zu Schleiermachers Reden über die Religion, in: W. Jaeschke (Hg.), Der Streit um die Grundlagen der Ästhetik *(1795-1805)*, Hamburg 1999, [Bd. 1,] 190 200, 194, cf. 200, als Produkt des „Widerstreit[s]“ von Performation und Konstatierung begriffen werden. Während SCHLEIERMACHER die Verwechslung von „Inhalt einer Reflexion“ mit dem „Wesen […], über welche[s] reflektirt wird,“ recht liberal als „gewöhnliche[n] Fehler“ auffasst, der zwar nicht verwunderlich, aber vermeidbar ist (R[1] 116; KGA I/2, 239,36f), wendet HEGEL „die Besorgnis, in Irrtum geraten,“ vielmehr in die Besorgnis, „daß diese Furcht zu irren schon der Irrtum selbst ist“ (Phänomenologie, Einleitung, WW 3, 69). Darin dürfte Luhmann mit Hegel einig sein.

[42] LUHMANN, aaO. 336.

[43] LUHMANN, aaO. 74; cf. 83: „Das Mysterium sabotiert die Unterscheidung, auf der es beruht.“

[44] Obwohl dogmatische Sätze nach SCHLEIERMACHER, Der christliche Glaube ([2]1830/31), § 16.2, KGA I/13,1, 131f, als „darstellend belehrende“, nur von *beschreibender* Art sind, gehen sie zurück auf die –

alteuropäischen Welt zuzuordnen und als unterkomplex beiseitezulegen, sondern stehen, sobald sie in ihrer tautologischen Struktur erkannt werden, den paradoxen Texten der Moderne in nichts nach. Nur eins bringt die Symmetrie von Paradoxie und Tautologie zum Kippen. Zwar kann man Tautologien als versteckte Paradoxien begreifen, aber das Umgekehrte gilt nicht. In Wirklichkeit stehen Paradoxie und Tautologie in einem Verhältnis der Asymmetrie. Tautologien sind lediglich Unterscheidungen, die nicht unterscheiden.[45]

Differential systemtheoretisch. – Wir kommen von Selbstbeschreibungen her, systemtheoretisch betrachtet. Hier liegt der Schlüssel zur Dogmatik, sofern sie der modernen Gesellschaftsstruktur gewachsen sein will. Jedoch nichts wies darauf hin, dass es dazu des Begriffs des Differentials bedarf. Im Gegenteil, die Analyse von Selbstbeschreibung in systemtheoretischer Absicht ging auch ohne diesen vonstatten. Auf der einen Seite überflüssig, wird er auf der anderen Seite empfohlen. *Dogmatik als Differential* ist ein Vorschlag zur Selbstbeschreibung von Religion. Merkwürdige Repulsion – und zugleich Konnivenz. Der Grund ist klar. Das Differential kommt aus der Welt der Zahlen, nicht der Wörter, Sätze und Texte. Und doch nimmt Luhmann auf den mathematischen Erstsinn keinen Bezug. Wenn selbstbeschreibende Dogmatik wirklich *als Differential*, dann Differential in systemtheoretischem Sinn. Mag sein, dass dabei die wörtliche, zahlbezogene Schicht mitgemeint ist. Jedenfalls ist die sprachbezogene Schicht in Luhmanns Kontext die einzige, die expliziert wird. Verdankt sie sich einer Übertragung?

Um mit dem Einfachsten zu beginnen, das uns von Anfang an begleitet: Das Differential verschwimmt nicht in der Differenz. Während im Französischen und Englischen *différentiel/differential* das Eigenschaftswort ist, das zu *Differenz* gehört und im Deutschen mit *unterschiedlich*, *verschieden* wiedergegeben wird, bleibt, ebenfalls im Deutschen, und nur da, das substantivierte Eigenschaftswort *Differential* ein Fremdwort und wird dazu freigestellt, die Ebene der Differenz zu übersteigen. So wurde es durch Leibniz geprägt, so bildete sich sein Eigensinn, der anderen europäischen Sprachen nicht leicht mitzuteilen war. Die Differenz gehört auf die Ebene der Beschreibung, das Differential erklimmt die der Selbstbeschreibung. Obgleich der Differenz in der Ordnung der Erkenntnis nachgeordnet, geht es dieser in der Sache voraus. Das ist der erste und elementare Gesichtspunkt, der sich aus Luhmann und über Luhmann hinaus zur Erklärung von Differential beitragen lässt. Im Vergleich hierzu sind die beiden Formeln, mit denen Luhmann in die Erklärungslücke vorstößt, von nur epexegetischer Natur. Die erste: Ein Zeichen ist die Differenz von Bezeichnendem und Bezeichnetem, „signe *ist* der Unterschied von signifiant und signifié."[46] Darin ist enthalten, dass es zum Differential, anders als zur Differenz, die sich mit zwei Begriffen begnügt, dreier bedarf. Diese Bedingung ist zwar notwendig, aber nicht

*selbst*beschreibende – „Selbstverkündigung Christi", und was in dieser dichterisch (parabolisch) oder rednerisch (prophetisch) ist, bleibt dem „Wesentliche[n] seiner Selbstverkündigung" untergeordnet, die „darstellend belehrend" vonstattenging. Das „Wesen" der christlichen Religion ist tautologisch, das „Unwesen" paradox.

[45] N. LUHMANN, Tautologie und Paradoxie in den Selbstbeschreibungen der modernen Gesellschaft (1987), in: Protest. Systemtheorie und soziale Bewegungen (stw 1256), Frankfurt/M. 1996, 79–106, 97.

[46] LUHMANN, Die Religion, 347 (Kursive GB).

hinlänglich. Selbst drei Begriffe sind von zweien noch nicht genügend unterschieden, wenn sie die Reihe nur fortsetzen. Erst wenn der dritte sich zum Unterschied des Unterschieds aufschwingt, gewinnt die strukturalistische Formel die energetische Kraft, die zum Differential gehört und sich in Luhmanns Reihe nur versteckt. Die zweite Formel präzisiert: „ein Zeichen *konstituiert* überhaupt erst die Differenz von Bezeichnendem und Bezeichnetem."[47] Denn „Selbstbeschreibungen haben [...] ihren Anlass in der Beobachtung einer *selbstproduzierten* Differenz".[48] Ist dies klar, mag man sogar zugeben: gewiss ist das Differential nichts als Differenz, aber eine selbstproduzierte. Damit kehren wir zum elementaren ersten Gesichtspunkt zurück. Erst die Selbstbeschreibung macht das Differential zu dem energiegeladenen Bündel, das von der bloßen Beschreibung einer Differenz hinreichend absticht. Und von Dogmatik, sofern sie sich nicht in Strukturen vormoderner Gesellschaften erschöpft, wird eben dies gefordert.

2. *Das Differential in der Logik*

Beim Übergang von der Systemtheorie zur Logik verlassen wir die Sprachbezogenheit des Differentials nicht. Es ist die semantische Seite der Sprache, die der Logik zugrundeliegt und durch sie formalisiert wird. Sie war bei Luhmann durchweg präsent. Er machte klar: Sobald das Differential auf die Logik stößt, gerät diese in ihrem klassischen Format als formale Logik unter Druck. Paradoxien treten auf, die zu vermeiden die Logik angetreten war, sie blockieren die Kohärenz; der Begriff des Widerspruchs, grundlegend für die zweiwertige Logik, wird „überprüfungsbedürftig", und die Frage entsteht, ob nicht strukturreichere Logiken als solche der Ja/Nein-Bivalenz zu finden sind.[49] Doch fahren wir nicht mit Luhmann fort. Wir greifen das affine Werk Philipp Stoellgers *Passivität aus Passion* auf.[50] Affin nenne ich es, obgleich es an der Textoberfläche fast keine Berührung zeigt. Weder schließt es, trotz der gleichzeitigen Luhmann-Studie *Kommunikation von Paradoxen* ausdrücklich an dessen Religionsschrift an, noch steigert es sein differenzhermeneutisches Interesse bis zum Differential, das gleichwohl überall in der Luft liegt. Die Theologie weiß damit nichts anzufangen, die Logik hingegen wohl, wie die Logiken Hegels und Cohens mit bemerkenswertem Unterschied zeigen. Dennoch ist Stoellgers Passivitätsbuch mit Luhmanns Religionsschrift tief verbunden. Nicht nur handelt es, was das erste ist, vom selben, denn Passivität steht für nichts anderes als Religion, sondern auch die Apostrophierung der Passivität als *categoria non grata* gibt genau den prekären Stand wieder, den die Religion in ihrem Verschwinden bei Luhmann einnimmt. Manifest, nicht nur indirekt, reden beide vom selben. Hinzu kommt zweitens, dass die Logik auch bei Stoellger omnipräsent ist. Sein Werk beginnt mit der Figur des Dritten und endet mit der Einsicht, dass der Verlust dieser Figur unverzüglich auch den Verlust von Religion und Passivität nach sich

[47] S. Anm. 26 (Kursive GB).
[48] LUHMANN, aaO. 341 (Kursive GB).
[49] LUHMANN, aaO. 323 Anm. 4, 324, 336f, 344, 355.
[50] S. Anm. 2.

zieht. Das ist ein starkes Motiv, sich dem Differential in der Logik zuzuwenden.[51] Dem folgt, wenn auch schwächer, ein dritter Berührungspunkt. Es ist der systemtheoretische Soziologe, der sich anerbot, Dogmatik über die herkömmliche Gestalt hinaus auch als Aufgabe moderner Gesellschaften anzuerkennen, wiewohl nicht ohne mitschwingende Ironie. Jedoch der hermeneutische Theologe lässt, wenigstens oberflächlich, Interesse an Dogmatik nicht erkennen und thematisiert es nicht. Gewiss greift die Logik, sofern sie mit der Figur des Dritten laboriert, tief in die Gestalt der Theologie ein. Ohne sie würde die Theologie sich verlieren. Selbst wenn sie unwillig wäre, etwas zur Dogmatik zu sagen, hat sie dadurch, dass sie etwas zur Logik des Dritten sagen muss, auch etwas zur Dogmatik zu sagen. Wenn aber die Theologie, sofern sie der Figur des Dritten nicht entraten kann, sich das Differential zueigen macht, kann ihr auch Dogmatik als Differential nicht auf Dauer fremd bleiben.

Religion als Passivität. – Die äußerliche Sendestille zwischen Stoellger und Luhmann weicht schnell, wenn man sich klarmacht: Passivität hier setzt nur das Thema der Religion dort fort. Wie bei der Umstellung auf die Moderne von allen gesellschaftlichen Teilsystemen nur die Religion die Hauptverliererin ist, so erscheint unter den Gebieten der Phänomenologie allein die Passivität als *categoria non grata*. Und wie bei Luhmann die Religion, nur sie, die Frage auslöst, ob sie noch möglich ist, so antwortet bei Stoellger darauf die Phänomenologie der Passivität mit der Suche nach dem Unmöglichen, der Religion. Ohne Zweifel gehören die Spitzenthesen zur Passivität zur DNA des Protestantismus und werden als bloß positionelle Hervorbringungen leicht in Misskredit gezogen, sogar von der eigenen Konfession. Da ist Luthers These, *hominem iustificari mere passive*, ausgeweitet zur Lehre vom *servum arbitrium*, mit der Luther sich bereits unter den Seinen zu isolieren drohte. Da ist Schleiermachers fundamentalanthropologische Aussage zum Gefühl schlechthinniger Abhängigkeit, von Anfang an als hündisch verspottet. Aber Zuspitzungen konfessioneller Art sind eines, ein anderes sind die Phänomene der Passivität, nicht zuletzt unter Bedingungen von Passivität.

Der Phänomene sind Legion. Die Grundformel, mit der Stoellger sie zu fassen sucht, lautet „Pathos zwischen Ethos und Logos“.[52] Sie leitet in verschiedenen Variationen durch die Problemgeschichte. Es sind also drei Termini, die zur Suche nach Passivität erforderlich sind, nicht nur zwei. Kein Zweifel: Bereits das Ethos als Gebiet selbstbestimmten Handelns hat sein Anderes, den Logos; aber Pathos, das Dritte zu den zweien, ist noch einmal ein Anderes. Dem kommen die drei Termini der Hauptformel entgegen; sie sind selbständig in den Wortstämmen und vermischen sich nur in den Endungen, dem Gedächtnis zuliebe. – Etwas anders ist es, wenn, abweichend von der triadischen Formel, die sich dreier Worte für drei Begriffe erfreut, nur zwei Worte verfügbar sind. Davon, dass dies in aller Regel so ist, darf man unter Bedingungen von Saat und Ernte, Frost und Hitze, Sommer und Winter, Tag und Nacht ausgehen. Genau so haben wir die Zweiheit von Aktivität und Passivität, und mit ihrem Zweiertakt muss alles gesagt werden, einerlei, ob

[51] STOELLGER, Passivität, 1, 482.
[52] STOELLGER, aaO. 1.

es sich begrifflich um eine Zwei- oder eine Dreiheit handelt. Wenn Zweiheit, dann entsteht keine Differenz zu der Art, wie die triadische Formel zu handhaben war. Wenn aber Dreiheit, dann muss sich das Befangen-Sein in einem der beiden Termini lösen. Doch auf welcher Seite? Auf der Seite des Aktiven, weil sich in ihm eine Aktivität von anderer Art meldet? Oder auf der Seite des Passiven, weil in ihr noch einmal eine Passivität ganz anderen Kalibers aufgeht? Einerlei wie der apagogische Prozess ausgeht, die Figur ist klar. Wir müssen damit leben, dass wir in diesem Fall für drei Begriffe nur zwei Worte besitzen. – Wie weit lässt sich die Verknappung treiben? Ist denkbar, dass für drei Begriffe nur *ein* Wort zur Verfügung steht? Nachdem Luhmann dem Strukturalismus *signe, signifiant*, *signifié* entnommen hat, wird der Tanz auf einem Bein nicht unwahrscheinlich. Dabei müssen wir für drei Begriffe mit *einem* Wortstamm auskommen. Husserl klagte in Hinsicht auf die Phänomene der Passivität: „*Für all das haben wir keine Namen.*“[53] Es zeigt sich: Nicht wir treiben aus purer Lust an Eskalation die ‚Sprachnot‘ voran, auch stecken wir nicht in ‚Sprachlosigkeit‘ in des Wortes schlechthinnigem Sinn. Sondern das Sprachlos-Machende ist ein Ereignis der Sprache. Es ist in der Sprache, dass wir aus der Sprache fallen, oder anders: es ist in den Namen, dass wir ohne Namen sind. Anonymie und Polyonymie sind seit Dionysius Areopagita verflochten. Wie es zur Religion gehört, in der Welt aus der Welt zu sein, so zur Passivität, in der Sprache ohne Sprache zu sein. Und mit der These, dass sich dieses Sein in der Sprache und außer ihr nicht auf der Seite der Aktivität, sondern auf der der Passivität ereignet, fügt sich Stoellgers Passivitätsbuch in die Reihe der Werke *Über die Religion* ein.

Von der Figur zur Logik des Dritten. – Die Konstanzer Figur des Dritten, errichtet auf der topographischen Präsenz von Gottlieben und Gottleiden, wird von Stoellger thematisiert von Anfang an. Ohne sie könnte Passivität nicht gesagt, geschweige denn ausgesagt werden. – Nicht *gesagt*, weil immer, wenn sie gesagt ist, Passivität im direkten Gegensatz zur Aktivität steht, und somit das Gesagte genau das nicht ist, was es hätte sein sollen. Es verdeckt das zu Sagende bis zum Nicht-Wiedererkennen. Nicht nur kühlt das Gesagte das Sagen ab, petrifiziert es und bringt es bis zur Erstarrung, sondern es steht dem Sagen direkt im Wege. Und mit jedem weiteren Gesagten, das zum Zweck der Remedur nachgeschoben wird, wird der Schaden nur schlimmer. – Und ebenso: die Passivität kann nicht *ausgesagt* werden, weil ohne das Prinzip, das die Bejahung einer Aussage bei gleichzeitiger Verneinung desselben nicht nur nicht gern sieht, sondern direkt ausschließt, keinerlei Aussage möglich ist. Sagen und Aussagen liegen nicht auf derselben Ebene. Der Ausschluss der Figur des Dritten auf der Ebene der Aussage weist zurück auf die für uns spätere, in der Sache frühere Ebene des Sagens. Unbeschadet ihrer Verschiedenheit sind sie darin gleich, dass sie das Dritte ausschließen. Figuren des Dritten mögen in Grammatik, Rhetorik und Poetik geläufig sein: die Logik schließt sie aus. Darauf deutet Stoellger hin. Im Gegensatz von Logos und Ethos erweisen sich Pathos und Pathe, Affekt und Affekte „meist nur als ausgeschlossene Dritte“, sozusagen als Bettel und Pöbel jener beiden, als dritter Stand.

[53] E. HUSSERL, Vorlesungen zur Phänomenologie des inneren Zeitbewusstseins, Hua 10, 371; bei STOELLGER, aaO. 4.

Prekär sind sie im Sinne von Prekariat.[54] Das Dritte entblößt sich als „Figur des ausgeschlossenen Anderen der Selbstbestimmung", die bei Logos und Ethos vorherrscht.[55] Jedoch das auf der einen Seite Ausgeschlossene und Auszuschließende kehrt auf der andern Seite wieder. Die Grundformel Logos, Ethos und Pathos demonstriert, dass man es mit „einer dreistelligen Relation" zu tun hat, „die sich nicht auf eine zweistellige reduzieren läßt".[56] Die Figur des Dritten begnügt sich nicht mit der grammatischen, rhetorischen und poetischen Ebene. Sie verlangt nach *Logik* des Dritten. Wir begegnen dem Prinzip des ausgeschlossenen Dritten in verschiedenen Ansätzen, starken und schwachen.

Das stark ausgeschlossene Dritte. – Den ersten Ansatz unternimmt, ausgehend von Systemtheorie und Paradoxie, Elena Esposito. Mit ihren beiden Merkmalen Selbstreferenz (Autologie) und Unentscheidbarkeit verletzt die Paradoxie das Prinzip des ausgeschlossenen Dritten. Ihr ist eigentümlich, dass sie nicht nur als Autologie von sich selbst *spricht*, etwa *Ich schweige*, oder *Ich lüge*, sondern dass sie zugleich, bedingt durch die Negativität ihrer Aussage – *Nicht*-Reden, *Nicht*-die-Wahrheit-Sagen – sich selbst *widerspricht*. Also ist die paradoxe Aussage sowohl wahr, *weil* sie falsch ist, als auch falsch, *weil* sie wahr ist; Unentscheidbarkeit tritt ein. Und statt dass das Paradox mit den Mitteln der formalen Logik in die Bedeutungslosigkeit abgedrängt und mittels des *principium exclusi tertii* ausgeschlossen wird, erhebt es sein gorgonisches Haupt und verschafft sich Bedeutung durch die Botschaft *Beachte mich nicht!* Es zieht Aufmerksamkeit auf sich; Andacht zum Unbedeutenden entsteht. Gerade als Ausgeschlossenes ist es gegeben. Das ist die Pointe von Elena Esposito. Das Dritte ist gegeben, und zwar gegeben als etwas, was von der zweiwertigen Logik als Opposition ausgeschlossen wird. Indem es dem *principium exclusi tertii* folgt, verstößt es gegen das Prinzip *tertium non datur*. Üblicherweise werden beide Prinzipien für austauschbar gehalten. Aber gerade indem sie „gleichgesetzt" werden und das Dritte als *nicht* gegeben zu betrachten ist, stellt sich dieses hinterrücks wieder ein und man sieht sich gezwungen, „die Gleichsetzung des Prinzips vom ausgeschlossenen Dritten mit dem *tertium non datur* auf[zu]geben".[57] Währenddessen hat sich der Sinn von *gegeben* geändert von Grund auf. Es verliert seinen positionellen, vielleicht empirizistischen, sensualistischen Charakter und wird in dieser Hinsicht auf Entzug gesetzt. Fast möchte man sagen, das Dritte würde hervorgebracht, wenn es nicht umgekehrt als selbst Hervorbringendes in Erscheinung träte. Dass aber das Ausgeschlossene sehr wohl gegeben ist, und zwar als Ausgeschlossenes, nimmt die Systemtheorie zum Anlass, über den Hintersinn von *tertium (non) datur* auch das *principium exclusi tertii* ins Wanken zu bringen, wiewohl stets unter der Voraussetzung, dass es *nicht* wankt. Sie schließt das Ausgeschlossene per Re-entry wieder ins System ein, sodass

[54] E. Eßlinger/T. Schlechtriemen/D. Schweitzer/A. Zons (Hg.), Die Figur des Dritten. Ein kulturwissenschaftliches Paradigma (stw 1971), Berlin 2010. Figuren: Bote, Cyborg, Parasit, lachender Dritte, Trickster, Rivale; Dienstmädchen, Gefängnisgeistlicher, Jude, Leihmutter usw.

[55] Stoellger, aaO. 9, 6 (dort kursiv).

[56] Stoellger, aaO. 15 (dort teilweise kursiv).

[57] E. Esposito, Paradoxien als Unterscheidungen von Unterscheidungen, in: Hans Ulrich Gumbrecht/K. Ludwig Pfeiffer (Hg.), Paradoxien, Dissonanzen, Zusammenbrüche. Situationen offener Epistemologie, Frankfurt/M. 1991, 35–57, 38.

das ausgeschlossene Dritte das eingeschlossene ist. Aber wie der Grenzfall des *tertium datur* nur aussagbar wird auf Grund von *tertium non datur*, solange er besteht, so wird auch der Einschluss des Ausgeschlossenen nur möglich auf der Basis des *principium exclusi tertii*. Er müsste in Nichts zerfallen, wenn dies aufgehoben wird.

Kehren wir vor dem Hintergrund der Logik des Dritten zur „Figur des Dritten" zurück, wie Stoellger sie umreißt. Die Logik des Dritten hat einen sowohl festen wie schwankenden Grund. Das entspricht völlig dem Topos der Passivität, dem es an Signalen für gründliche Atopie nicht fehlt. Sie liegt einmal „zwischen" Passivität und Aktivität, dann wieder beiden „basal" zugrunde; in jedem Fall liegt sie „quer". Als nichtgegebene ist sie gegeben, als ausgeschlossene eingeschlossen. Daher ihr Verschwinden und ihre Wiederkehr. Auch fragt man sich, ob ihr Status als *categoria non grata*, die wie das Haupt der Meduse keine Wahl zulässt, nicht hinzuschauen also zwingt, nicht nicht hinzuschauen, einzig dazu da ist, ihren Charakter als *categoria grata* zu verbergen. Passivität, das fundamentale Merkmal von Religion, dürfte an sich hochwillkommen sein: *graziös*. Logisch jedenfalls hat die Figur des Dritten die Verfasstheit einer Paradoxie. Deshalb fordert Luhmann: „Nicht Arbeit am Mythos ist notwendig, um einen Buchtitel von Hans Blumenberg zu zitieren, sondern Arbeit an Paradoxien."[58] Dem folgt Stoellger und überträgt die disziplinierte Arbeit an der Metapher, die ihm geläufig ist,[59] auf die Arbeit am Paradox. *So* entsteht *Passivität aus Passion*. Die „Arbeit am Paradox ist die Entfaltung, in der das Paradox an der Arbeit ist."[60] Sie setzt voraus, dass in Analogie zur ‚absoluten' Metapher die ‚Absolutheit' der Paradoxie respektiert wird. Nur bei Paradoxen in strengem Sinn geschieht es, dass die Arbeit der Paradoxie, obgleich äußerlich betrachtet eine und nur eine, in zwei entgegengesetzte Richtungen auseinandertritt, in den objektiven und den subjektiven Genitiv. Arbeit der Paradoxie ist sowohl die, die an und mit Paradoxien geschieht, als auch diejenige, die Paradoxien selbst leisten. Das sind zwei Bewegungen, und beide invers. Wird die Paradoxie zum Objekt von Explikation, dann nimmt ihre Komplexion ab, und entlässt aus sich eine bedingt geordnete Welt. Tritt sie aber als selbsttätiges Subjekt auf, dann saugt sie die unter dem Schein von Normalität auftretende Welt wie einen Schweif in sich hinein und unterwirft sie der Im- oder Komplikation. Es wäre unzureichend, diese beiden Bewegungen nur als Paradoxierung und Entparadoxierung zu bezeichnen, wozu Luhmann in früheren Texten, etwa in der ersten Religionsschrift neigte. Aber wie die Arbeit an der Metapher lehrt, dass bloße Metaphorisierung und Entmetaphorisierung der ‚absoluten' Metapher nicht gerecht wird, so auch hier. Die Paradoxie als Modell des auszuschließenden, gleichwohl irreduzibel gegebenen Dritten bedarf weder der Paradoxierung noch der Entparadoxierung, sondern gehorcht stärkeren Begriffen wie Einfaltung und Entfaltung (*complicatio/explicatio*), Verflechtung und Entflechtung (συμπλοκή/διαίρεσις), und diese zieht Luhmann in der zweiten

[58] N. LUHMANN, Brauchen wir einen neuen Mythos? (1987), in: Soziologische Aufklärung, Bd. 4 Beiträge zur funktionalen Differenzierung der Gesellschaft, Wiesbaden ⁴2009, 269–290, 279f.

[59] P. STOELLGER, Metapher und Lebenswelt. Hans Blumenbergs Metaphorologie als Lebensweltthermeneutik und ihr religionsphänomenologischer Horizont (HUTh 39), Tübingen 2000.

[60] STOELLGER, Kommunikation von Paradoxen, 77 (dort kursiv).

Religionsschrift vor. Sollten die schwächeren Termini dennoch unterlaufen, so sind sie ab jetzt im starken Sinn zu nehmen.[61]

Das schwach ausgeschlossene Dritte. – Während der erste Ansatz damit arbeitete, die beiden für den Satz vom ausgeschlossenen Dritten üblichen Formeln *principium exclusi tertii* und *tertium non datur* durch Gleichsetzung in Ungleichsetzung zu bringen, nimmt der zweite sie als austauschbare Varianten des Selben. Während der erste Ansatz als Modelle seit der Antike bekannte Antinomien und Paradoxien aufruft, erstere als *zwei* Sätze, die sich gleichstark widersprechen, letztere als *ein* Satz, der seinen Widerspruch äußerlich unter ein und derselben Gestalt verbirgt, nimmt der zweite Ansatz eine besondere Form des Urteils zum Ausgangspunkt. Es ist das unendliche Urteil. Dabei schließt der zweite Ansatz den ersten nicht aus, ergänzt ihn vielmehr durch ein Modell, das sich bei Leibniz auskristallisiert hat. Pirmin Stekeler-Weithofer zufolge begegnet das Prinzip des ausgeschlossenen Dritten in zwei Gestalten, wobei die zweite auf der ersten beruht.[62] – Die erste und allgemeine ist das semantische Prinzip der Zweiwertigkeit, das für die formale Logik die Grundlage bildet. Der in indogermanischen Sprachen möglichen scharfen Ja/Nein-Grenze folgend besagt es, dass ein aus Affirmation und Negation gebildeter Widerspruch kein Drittes zulässt. Auf die Frage, *ob* (πότερον) etwas so ist *oder ob* (ἤ) nicht, kann nach Aristoteles nur durch einen Satz geantwortet werden, der die eine Seite eines Widerspruchs ist, der kein *Zwischen* (μεταξύ) duldet.[63] Je zuverlässiger die Negation, desto stärker ist er. Dabei kennt bereits die gesprochene Sprache Unterschiede. Bivalenz wird gefördert, wenn Begriffe endlich begrenzt oder definit sind und Urteile sich des Indikativs, nicht des Konjunktivs, Optativs oder Interrogativs, des Präsens und nicht des Futurs bedienen. Nicht bezieht sich die Zweiwertigkeit auf Sprache schlechthin. – Die zweite Gestalt ist die Variante, die durch Formalisierung der gesprochenen Sprache entsteht. Das Bivalenzprinzip ist die semantische Grundlage der formalen Logik. Nicht jedem semantisch korrekten Satz eignet auch logische Korrektheit. Antinomien und Paradoxien sind zwar semantisch korrekt, aber logisch inkorrekt. Das alles ist bekannt; Eubulides und Epimenides haben es formuliert; Erasmus hat es in den *Sileni Alcibiadis* gesammelt, bevor es in der Frühen Neuzeit epidemisch wurde.[64] Der Fall jedoch, dass der ‚normale' Gebrauch von Begriffen in endlich-definitem Sinn gleichsam explodiert und die Verunendlichung auch das Urteil infiziert, wird Leibniz und dem Differentialkalkül zugeschrieben. Hier treffen erstmals Logik und Differential aufeinander. Stark ist der Satz vom ausgeschlossenen Dritten nur unter ‚normalen' Bedingungen, dagegen leidet die Stärke unter solchen der Verunendlichung. Zwar stark, wenn begrenzt auf Urteile in engerem Sinn, beginnt er zu schwächeln, je mehr er auf Sprache überhaupt bezogen wird. Was motiviert Kant dazu, die qualitativen Urteile über die an sich einzig mögliche Zweiheit von affirmativem und negativem Urteil hinaus

[61] STOELLGER, Passivität, 122: Entparadoxierung liefe hinaus auf Trennungschristologie, und Paradoxierung bewirkte dementsprechend nicht viel mehr als Monophysitismus.

[62] P. STEKELER-WEITHOFER, Art. Satz vom ausgeschlossenen Dritten, in: HWPh 8 (1992), 1198–1202.

[63] ARISTOTELES, Met. X 5, 1055b33f; X 7, 1057a33–36.

[64] D. ERASMUS, Sileni Alcibiadis, in: Adagia III III 1, ASD II/5, 159-190. ROSALIE L. COLIE, Paradoxia epidemica. The Renaissance tradition of paradox, Princeton NJ: PUP 1966.

um ein drittes, das unendliche Urteil, zu erweitern? Offenbar die Idee, dass die Fortbildung der formalen zur transzendentalen Logik zur Deduktion apriorischer Formen befähigt, die zu Kriterien vernünftigen Redens taugen. Dagegen Hegel, so Stekeler-Weithofer, unternimmt den Versuch, lediglich die relative Voraussetzung von Bedeutungsbestimmtheit aufzudecken, nicht aber eine Konstruktion absoluten Wissens vorzulegen. In der *Wissenschaft der Logik* wird dem Unterschied des reinen Seins und reinen Nichts, der leer bleibt, der inhaltliche Unterschied nur „untergeschoben".[65] Und *damit* beginnt der differentielle Prozess.

Ohne Drittes kein Anlass zum Differential. Die Spur davon durchzieht Stoellgers Werk. Passivität ist eine Weise der Erfahrung, genauer der Erfahrung mit der Erfahrung. Und nicht nur dies, sie ist „*Widerfahrung*, die noch nicht ‚als Erfahrung begriffen' ist".[66] Wenn Erfahrung nie anders geschieht als durch die Differenz, die gezogen wird, so ist das Differential nicht in der Differenz zu suchen, sondern in den Weisen der Erfahrung von Differenz. Dass diese „irritieren",[67] ist noch das Mindeste; sie werden vielmehr erfahren als „hart",[68] als irreduzibel wie das ‚absolute' Paradox selbst. Daher ist zu beachten, solcherlei Beschreibungen nicht auf die Differenz, sondern auf die Differenz zwischen Differenz und dem Dritten zu beziehen, die „radikal" ist. Die Differenz und das Dritte, „haben *gar kein* Verhältnis".[69] Solche Spurenelemente im Text tragen das Pathos an sich, das der Erfahrungsweise der Differenz Färbung verleiht. Also gehört die allfällige Rede vom Differential auf die Ebene des Pathos der Differenz. Hier hat das Differential seinen angemessenen Ort. Es steuert die Weise der Differenz, nicht die Differenz selbst. Nachdem die Spuren am Tag liegen, müssen wir das Wort Differential nur noch ausrufen, um sie zu sammeln.

Differential logisch. – Nun beginnen die drei von Stoellger vorgestellten Modelle des Differentials zu arbeiten. Das erste Modell gibt die unreduzierbare Dreistelligkeit des Differentials unreduziert mit drei unabhängigen Worten wieder. Stoellgers Leitmodell *Pathos, Logos und Ethos* ist dem Schleiermacherschen *Gefühl, Wissen und Tun* nachgebildet. „Die Frömmigkeit an sich ist weder ein Wissen noch ein Thun, sondern eine Neigung und Bestimmtheit des Gefühls."[70] Sobald das Gefühl, allein es, sich bestimmt findet durch schlechthinnige Abhängigkeit, wird in ihm die Passivität antizipiert, die Stoellger als „Urpassivität" präzisiert. Verschiedene Reihungen sind denkbar. Die von Schleiermacher gewählte zeigt von vornherein mehr als bloße Serialität, indem sie zwei Glieder durch Weder/Noch ausgrenzt. Des Weiteren kann die Reihe der Erkenntnis, die Schleiermachers Satz vorlegt, umgekehrt werden in die der Sache entsprechenden Reihenfolge, die dem Dritten, dem Pathos, die erste Stelle zubilligt und die beiden anderen, Logos und Ethos,

[65] HEGEL, Enzyklopädie, § 88 Anm. 2, WW 8, 189 (dreimal).
[66] STOELLGER, aaO. 19.
[67] STOELLGER, Passivität 15 u.ö.
[68] STOELLGER, aaO. 26 u.ö.
[69] STOELLGER, aaO. 327.
[70] SCHLEIERMACHER, Der christliche Glaube (^{1}1821/22), § 8 LS, KGA I/7,1, 26. Dieselbe Trias auch bei G. ROTH, Fühlen, Denken, Handeln. Wie das Gehirn unser Verhalten steuert, Frankfurt/M. 2001.

als paarweisen Gegensatz nachordnet. In dieser Form reicht das Modell tief in die Theologiegeschichte zurück. Die Trias *memoria et intellegentia et uoluntas* wurde, seit Augustin sie als Trinitätsanalogie (*evidentior trinitas*) eingeführt hatte, vielfach reproduziert[71] – ein Verfahren, dem Schleiermachers Trinitätslehre nicht gefolgt ist, das aber nicht ohne Einfluss auf den Aufbau der Differentialdogmatik bleiben wird. Bisher fragten wir nach dem Dritten zwischen Logos und Ethos, zwischen Wissen (*intellegentia*) und Tun (*uoluntas*), „zwischen Bedeuten und Begehren", wie Stoellger phänomenologisch hinzufügt,[72] die Stelle des zugehörigen Dritten aber unbenannt lässt. Während die Trias *Pathos, Logos und Ethos* drei verschiedene Wortstämme durch ein und dieselbe Silbe in Endreim zwingt, ist diesmal die Vorsilbe als Anfangsreim gefragt. Wie wäre es, Bedeuten und Begehren durch Bestimmen oder Berühren zu ergänzen? Bestimmung, eingeführt durch Kant in unmittelbarer Nachbarschaft zur Stimmung, findet sich bereits in Schleiermachers Formel; Berührung, in allernächste Bewandtnis zur Rührung gebracht durch denselben Kant, liegt hart daneben.[73] Somit ist als weiteres Grundmodell zu erschließen *Bestimmung/Berührung, Bedeutung und Begehrung*. Einerlei wie: alle genannten Modellformen kommen darin überein, dass sie für die irreduziblen drei Stellen des Differentials irreduzibel drei Worte gebrauchen, deren Zusammenhalt durch Assonanz und Alliteration hergestellt wird. Es handelt sich um 1:1-Modelle, aber gewiss nicht zu deren Vorteil. Was durch sie geleistet wird, darf als terminologische Grundversorgung bezeichnet werden, wobei die Vielzahl der Worte den Denkanstoß eher hemmt. Warum gerade drei? Nach welcher Ordnung und Reihung? Neben- oder Nacheinander? Untereinander oder Statteinander? Die Fragen bleiben offen, weil zu viele Worte im Spiel sind. Verknappung ist angesagt.

Das zweite Modell des unreduziert dreistelligen Differentials reduziert die Anzahl der Worte auf zwei. Das steigert die Spannung. Stoellger bietet die Formel *Passivität, Aktivität und Passivität* oder *Passiv, Aktiv und Passiv.*[74] Sie unterscheidet sich von den früheren Vorschlägen, indem sie die Seite der Passivität der begrifflichen Verdopplung aussetzt. Die zweigliedrige Formel erzwingt aus Gründen der Wortknappheit, dass sich eins der beiden Worte bewegt und in zwei klar zu unterscheidende Bedeutungen splittet; die triadische Formel dagegen erzwang, wie sich jetzt erst klar abzeichnet, gar nichts. Wie genau die Zweiworte-Formel an die vorangehenden dreiwortigen anschließt, ist schwer zu erkennen, solange man an der konkreten Sinnlichkeit der Worte hängenbleibt, leichter dagegen, wenn man es beim Vergleich des bloßen Stellenwerts belässt. An die Stelle von korrelativem *Logos und Ethos* tritt *Aktivität und Passivität*, womit vielfache Verschränkungen angestoßen werden. Aktiv und Passiv beziehen sich weder direkt auf Logos und Ethos noch auf Ethos und Logos, sondern stets beide auf beides. Und *Passivität* schlechthin tritt in die Rolle ein, die vorher *Pathos*, *memoria*, *Gefühl* oder *Bestimmung/Berührung* an die erste Stelle geführt hat. Nimmt man nun *Aktivität und Passivität* für umgangssprachliches *Tun und Leiden*, *Tun und*

[71] AUGUSTIN, De trin. X, XI, 17; XV, III, 5.

[72] STOELLGER, aaO. 2 u.ö.

[73] Dazu G. BADER, Psalterium. Zum Psalter als Form, Rheinbach 2020; Abyssus abyssum vocat. Zur Kritik der Resonanz, Rheinbach 2020.

[74] Besser: *Passivität (Aktivität und Passivität)* oder *Passiv (Aktiv und Passiv)*.

Lassen, so ist zwingend, dass die an die erste Stelle gerückte Passivität gemäß der Logik des Dritten nicht nur kein Tun, sondern auch weder Leiden noch Lassen ist. Eine solche nie gehörte Passivität wird ekstatisch, sie entsetzt sich. Soll man sagen, sie werde zu Passivität, in „einem ‚höheren Sinne' allerdings"? Oder nicht vielmehr in einem tieferen, weil „basale" Passivität?[75] In jedem Fall versteigt sie sich bis zu „Urpassivität". Oder mit Levinas' Komparativ: bis zur „passiveren" Passivität, wobei aber die hörbare Wiederholung des anselmischen Komparativs *maius* darauf hindeutet, dass sich die Bewegung von der korrelativen zur reinen Passivität nicht auf dem Weg des Vergleichs und nicht in quantitierenden Tippelschritten vollzieht. Zwischen beiden Passivitäten besteht gemäß der Inkommensurabilitätsregel der *docta ignorantia* ein Verhältnis der Verhältnislosigkeit: *ex se manifestum est infiniti ad finitum proportionem non esse.*[76] Anders als das erste Modell vermittelt das zweite einen starken Eindruck von dem qualitativen Riss oder Bruch, den das Wort *Passivität* in sich austragen muss. Das harmlos scheinende Nebeneinander von *Pathos, Logos und Ethos* hat seinen Abgrund eröffnet.

Das dritte Modell begegnet zwar bei Stoellger nicht ausdrücklich, lässt sich aber rekonstruieren. Das Differential treibt die Unreduzierbarkeit seiner Dreistelligkeit auf die Spitze, indem es die Anzahl der in Anspruch genommenen Wortwurzeln auf eine einzige reduziert. Jetzt wird die Einsicht unausweichlich, dass das Differential kein Wort lässt wie es ist. Unausweichlich, weil auf keinen anderen Wortstamm ausgewichen werden kann. Erst die äußerste Reduktion der Wortvielfalt bringt, nein: zwingt die Dreistelligkeit des Differentials zur Erscheinung. Nun lagen die bisherigen Formeln in einem Gebiet, in dem von Pathos, Passiv, Passivität ausdrücklich gehandelt wurde. Wenn dagegen das dritte Modell ausschließlich mit der Sprachwurzel des Zeigens/Zeichnens operiert – und das ist die einzige Formel, die sich bei Stoellger, unterstützt durch Luhmanns Differential – rekonstruieren lässt, dann ist dies nicht so zu verstehen, als sei von anderem als Passivität die Rede. Vielmehr erst wenn der Terminus Passiv oder Passivität, der die Welt sofort in die Opposition von Aktiv und Passiv spaltet, vollends entfällt, kann das *experimentum crucis* stattfinden. Warum dies gerade bei Zeigen und Zeichen geschieht, ist jetzt noch nicht aufzuklären. Immerhin lässt sich in der hier stets vorausgesetzten Unterscheidung von Bezeichnendem (*signifiant*) und Bezeichnetem (*signifié*) schon grammatisch die Korrelation von Aktiv und Passiv klar erkennen. Aber was in aller Welt soll dazu führen, dem korrelativen Gegensatz noch einmal eine Bildung desselben Wortstammes als Drittes vorauszusetzen, wie es bei Luhmann regelmäßig geschieht und vor allem bei Stoellger dann, wenn er auf Dieter Merschs *Was sich zeigt* verweist?[77] Dann rückt das Zeichen (*signe*) als das Dritte an die erste Stelle und macht sich bemerklich durch Materialität, Präsenz und Ereignis. Hier geschieht, dass das Zeichen, dessen Aufgabe an sich ist, von sich wegzuweisen, auf sich selbst zurückweist, und genau das ist es, was Bezeichnendem und Bezeichnetem sowohl „entgeht", als auch „was sie ermöglicht". Zwischen dem Bezeichnenden und dem

[75] STOELLGER, aaO. 15 u.ö.: „höherer"; „basaler" pass.

[76] CUSANUS, Doct. ign. I, 3, nr. 9, h 1, 8,20f; Pac. fid., nr. 5, h 7, 7,2. REUCHLIN, Verb. mirif. I, SW I/1, 68,10f.

[77] STOELLGER, aaO. 14f, 329.

Bezeichneten als dem Bedingten und dem sie bedingenden Unbedingten „klafft eine Lücke, eine Kluft, die auf ein ‚Unvordenkliches' zurückweist, das den Zeichen oder ihrer Position *zuvorkommt*": „das Nicht-Zeichen im Zeichen, das gleichwohl die Möglichkeit seiner Bedeutung, seiner Differentialität konstituiert, vermöge eines Paradox[es]."[78] Was Mersch hier als Passivität als Differential vor aller Passivität anzeigt, nimmt Stoellger als dasjenige auf, was in das Spiel der Zeichen einbricht, als „die *unter* oder *zwischen* Zeichen nicht *als* Zeichen gegebenen Formen der Wirksamkeit des Pathos – die man sekundär sc. wieder als Zeichen, eben als deren Störung oder Unterbrechung thematisieren kann."[79]

3. Das Differential in der Mathematik

Keiner der Theologen, die wir der programmatischen Formel der Systemtheorie *Dogmatik als Differential* zur Seite stellen, weder Philipp Stoellger noch Heinrich Assel, bedient sich des Terminus des Differentials. Völlig zu Recht. Seit Leibniz gehört das Differential in die Mathematik, und dem Einfall Luhmanns, es vom Reich der Zahlen in das der Worte zu übertragen, widersetzt sich bereits das Sprachgefühl. Die Irritation, wohin unsere Regie führt, potenziert sich noch, wenn wir mit Faszination und Schrecken vor Augen malen, wie in der dritten und letzten Untersuchung zur Herkunft des Differentials, gerade infolge unserer Regie, zwei Züge ungebremst aufeinander zurasen. Auf der einen Seite der Zug des Differentials, der, je näher er seinem Ziel kommt, an Fahrt und Geschwindigkeit zulegt. Sein Ziel ist das Differential in mathematischem Sinn. Und von der anderen Seite taucht unversehens der Zug auf, der nicht nur systemtheoretisch, somit ironisch betrachtete Theologie mit sich führt, sondern Theologie, die theologisch ist von innen heraus. Keiner der Autoren, auf die wir uns beziehen, ist so konzentriert theologisch, christologisch und trinitarisch unterwegs wie der Autor der *Elementaren Christologie*. Der Gegenzug gewinnt jetzt vollends an Fahrt, je näher er dem Ziel kommt. So rasen zwei Züge aufeinander, der eine erreicht im Verfolg des Differentials die Mathematik, wie sie mathematischer nicht sein kann, der andere rast im Verfolg des Dogmas auf Theologie zu, wie sie theologischer nicht sein kann. Die Befürchtung droht wahr zu werden: *Dogmatik als Differential* ist nichts als ein spektakulärer Unfall; am Ende bleibt, soll die Strecke wieder befahrbar sein, nur die Beseitigung der Trümmer. Und dennoch! Bereits Stoellger musste zur Figur des Dritten das Risiko der Möglichkeit des Unmöglichen auf sich nehmen. Ebenso kann Assel ohne das Differential im strengen, mathematischen Sinn nicht zu seinem Ziel kommen.

Dogma und Skepsis. – Wie kein anderes der herangezogenen Werke hat es die *Elementare Christologie* mit dogmatischer Lehrbildung zu tun: altkirchliche, mittelalterliche, reformatorische, solche des 19. und 20. Jahrhunderts und ökumenische weltweit. Doch bleibt nicht verborgen, dass Dogma und Dogmatik, so intensiv sie thematisiert werden, alles in allem

[78] D. MERSCH, Was sich zeigt. Materialität, Präsenz, Ereignis, München 2002, 29.
[79] STOELLGER, aaO. 329.

von einem rückwärtsgewandten Einschlag geprägt sind. Sie tragen, anders als bei Luhmann, die Konnotation „alt" von vornherein. Jedenfalls findet sich kein Ausblick auf heute, der selbstbewusst unter dem Titel der Dogmatik stünde. Das heißt nicht, dass Ausblick auf heute nicht stattfindet, im Gegenteil, die *Elementare Christologie* ist das Dokument einer Zeitgenossenschaft, die sich nicht bloß mit Ausblicken begnügt. Nur ist *Dogmatik* kein Format dafür. Nicht nur macht die *Christologie* keinen Gebrauch vom Differential, sondern auch keinen von Dogmatik, sofern sie in die Zukunft weist. Währenddessen ist die Sache Luhmanns wohl da, wenn auch nicht in dessen Termini. Nicht Dogmen, allenfalls „Elemente" sind es, in denen die christologische Argumentation ins Offene führt. Die kritische Situation von Dogma und Dogmatik ist der Skepsis geschuldet. Anders als in der Modellszene von deren erstem Auftritt in der Frühen Neuzeit, im Streit zwischen Erasmus und Luther, begegnet die Skepsis nicht als Widersacher der christlichen Gewissheit, sondern als Mitagent und Mitproduzent eben dieser. Als „Christologie-Skepsis" betritt sie die Bühne der *Elementaren Christologie* bereits auf deren zweiter Seite, und dies mit dem Vorsatz, sie auf keiner ferneren Seite mehr zu verlassen. Die *Elementare Christologie* maßt sich nicht an, skeptische Zweifel (*dubitationes*) vorzutragen, um sie am Ende als lächerlich (*ut risu dignae*) zu unterlassen.[80] Philosophiegeschichtlich wurde die Skepsis erstmals von Hegel ins Werk gesetzt als rundum produktive Kraft, die nicht nur nicht verboten oder bis zu einem bestimmten Grad erlaubt, sondern erfordert ist, um mit dem Denken zu beginnen.[81] Wenn die Christologie-Skepsis in der *Elementaren Christologie* bis zum Ende anhält, setzt sie die Wendung zur Konstruktivität voraus, die Hegel mit dem Programm des sich vollbringenden Skeptizismus vollzogen hat. Sie tut dies selbst dann, wenn sie sich, wie zu zeigen sein wird, von Hegels Logik kritisch absetzt. Somit ist von Anfang an ein Problembewusstsein zugegen, das die alteuropäische Entgegensetzung von Dogma und Skepsis unterläuft und die Frage nahelegt, ob nicht Skepsis die für „heute" dogmatischere Dogmatik hervorbringt, nämlich eben die, von der Luhmann prognostiziert: „Heute scheinen Dogmatiken *eher* als Differential zu fungieren".[82] Wie präzis sich diese Wendung skeptischer Sprachbildung verdankt, wird deutlich, wenn Luhmann das alte skeptische Schlagwort „nicht eher" (οὐ μᾶλλον)[83] in ein nicht minder skeptisches – soll man sagen: fideistisches? – „eher" verkehrt. Das klingt selbst dann nach, wenn es in der Reprise „Dogmatik als Differential" entfällt. Dogmatik als Differential: Das ist diejenige Sorte von Dogmatik, die nicht auf Skepsis folgt, vielmehr bei anhaltender Skepsis und mit deren konstruktiven Mitteln gebildet wird. Somit ist klar: Luhmann und Assel sprechen von derselben Situation, wenn auch vorderhand in verschiedenen Terminologien.

Unter Christologie-Skepsis tummelt sich vielerlei, aber keine ist profilierter als die, die aus der neueren jüdischen Philosophie erwuchs. Sie ist nicht nur die „vielleicht scharfsinnigste", sondern die „denkbar schärfste", „denkbar profundeste[.]" Christologie-Skepsis

[80] R. DESCARTES, Meditationes de prima philosophia, VI, 24.

[81] G. BADER, Luther und die Skepsis, ausgehend von De servo arbitrio, in: H.-C. Askani/M. Grandjean (Hg.), Luther und die Philosophie, Tübingen 2021.

[82] S. Anm. 1 (Kursive GB).

[83] SEXTUS EMPIRICUS, [Opera,] Bd. 1 Outlines of Pyrrhonism, hg. u. übers. v. Robert G. Bury (LCL 273), London 1967, I, 19,188–191.

überhaupt.[84] Und Ziel, ja „Proprium" der *Elementaren Christologie* ist es, nur so zu *wachsen*, dass sie die Einwände der jüdischen Christologie-Skepsis zugleich *wachsen lässt*. Dieses, nie anders als zweiseitige *magnificare*, Großmachen der Christologie *und* Großmachen der Christologie-Skepsis, bildet die Aufgabe, die der Christologie „heute"[85] obliegt. Dass Assel in einem Kontext argumentiert, der mit Hegel die Skepsis unreseziert als Produktivkraft des Denkens voraussetzt, wurde erwähnt. Aber dass die Situation nach Hegel nicht nur durch Skepsis überhaupt, sondern durch jüdische Christologie-Skepsis geprägt ist, setzt einen Akzent, der sich kritisch gegen Hegel wendet. Es ist die mit Hermann Cohen beginnende, mit direkten Schülern wie Ernst Cassirer und, in weiterem Abstand, Jakob Gordin fortgesetzte Reihe, die indirekt, aber deutlich erkennbar bei Franz Rosenzweig, Emmanuel Levinas und Hilary Putnam nachwirkt, und gewiss sollte man Gershom Scholem nicht übergehen. Sie repräsentieren nach und gegen Hegel Christologie-Skepsis in akutester Gestalt.[86] Daher das Direktorium, das dem Gesamtwerk vorangestellt wird:

> „Die Dimensionen der Christologie werden durch den Einbezug elaborierter Typen von Christologie-Skepsis anspruchsvoller. Sie werden aber auch orientierungskräftiger. [...] Es ist das Pfund der Christologie, dass sie im 20. und 21. Jahrhundert mit der denkbar profundesten Christologie-Skepsis überhaupt konfrontiert ist, derjenigen der jüdischen Philosophie."[87]

Sie erst vermag nach dem Ende der alten Dogmatik in Dogmatik jenseits von Dogmatik zu führen. Ihren innersten Fokus bildet – so Heinrich Assel – die Differenz zwischen den Logiken Hegels und Cohens. Dabei geht es nicht nur darum, dass es immer schon vermessen erschien, die Einzigkeit des Ärgernisses der Menschwerdung Christi „dann erneut störungslos in eine Logik des Absoluten als Gerüst des christologischen Aussagen-Zusammenhangs einzuordnen."[88] Das trifft noch nicht den Kern. Solange es nach Paulus unvermeidlich ist, einen Begriff des Wortes vom Kreuz (ὁ λόγος τοῦ σταυροῦ), und nach Johannes unausbleiblich, einen Begriff vom Wort (ὁ λόγος oder gar ὁ Λόγος) zu bilden, kann es keine Option einer noch so christologischen Christologie sein, sich zur Vermeidung jener Vermessenheit jenseits von Logik zu positionieren. Dies stimmt damit überein: Ziel der jüdischen Christologie-Skepsis ist nicht, der Logik etwas anderes als Logik entgegenzusetzen,

[84] ASSEL, aaO. I, 18, 66; III, 17, 152; cf. II, 341.

[85] ASSEL, aaO. III, 16, 22 u.ö.

[86] Assel bietet unter ‚Christologie-Skepsis' zahlreiche Quellen des Differentials. – S. MAIMON, Versuch über die Transcendentalphilosophie, Berlin: C.F. Voß 1790, 27ff, 32ff, 122: „Die intensive Größe ist das Differential der extensiven, und diese wiederum das Integral von jener", dazu 394-396. – HERMANN COHEN, Das Princip der Infinitesimal-Methode und seine Geschichte. Ein Kapitel zur Grundlegung der Erkenntnisskritik, Berlin 1883 [künftig: PIM], pass.; Kants Theorie der Erfahrung, Berlin: Dümmler ²1885, 423f Anm.; Jubiläumsbetrachtungen (1888), in: Schriften zur Philosophie und Zeitgeschichte [künftig: SPZ] Bd. I, 415; Logik der reinen Erkenntniss, Berlin ¹1902 [künftig: LRE], 105, 156 (in Opposition zu HEGEL, Wissenschaft der Logik, WW 5, 279-322, 322-357; 6, 509); Ethik des reinen Willens, Berlin ¹1904 [künftig: ERW], 126; [Nachruf] A. STADLER (1910), in: SPZ II, 450 [Zitat Stadler]. – F. ROSENZWEIG, Der Stern der Erlösung, GS II, Den Haag ⁴1976, 23, 146. – J. GORDIN, Untersuchungen zur Theorie des unendlichen Urteils (Veröffentlichungen der Hermann-Cohen-Stiftung bei der Akademie für die Wissenschaft des Judentums), Berlin 1929, 7, 28 Anm. 37, 30, 31-34. – E. CASSIRER, Philosophie der symbolischen Formen [künftig: PSF], Bd. III Phänomenologie der Erkenntnis (¹1929), Darmstadt ⁴1964, 468f.

[87] ASSEL, aaO. I, 66.

[88] ASSEL, aaO. I, 46.

sondern eine andere Logik als die absolute Hegels. Dies ist der Fall, sobald der Logik Hegels die Logik Cohens entgegentritt, des ersten in der Reihe der jüdischen Christologie-Skeptiker. Also wird die christologische Auseinandersetzung nicht ausgetragen um Logik oder Nicht-Logik, sondern um Logik in Differenz zur Logik in innerlogischem Streit. Und nicht genug damit. Zwar tritt Cohens Logik auf als Beginn derjenigen Christologie-Skepsis, die bei Rosenzweig und Levinas ihren Gipfel erreicht, und es scheint, als würde sich ihre Skepsis vom spekulativen Anspruch der Hegelschen Logik vorteilhaft abheben. Aber bereits philosophiegeschichtlich wird vorausgesetzt: auch die Hegelsche Logik erwuchs ursprünglich aus der Wurzel unresezierter Skepsis; sie ist selbst, zumindest in der Intention, eine Hervorbringung derjenigen Skepsis, der auch die jüdische Christologie-Skepsis entspross. Wie soeben der Streit nicht zu führen warum Logik oder Nicht-Logik, so auch hier nicht um Skepsis oder Nicht-Skepsis. Vielmehr: beide sind Logiken, beide sind Skeptiken, und die jüdische Christologie-Skepsis hat das Format eines Streits von Logik mit Logik und Skepsis mit Skepsis. Wenn aber so, dann stellt sich die abgründige Frage: „Wie ist es zu werten, dass in den Logiken Hegels und Cohens schon in der Prinzipienlogik jene Alternativen auftreten, die in ihren inkarnationschristologischen bzw. monotheistischen Religions- als Realphilosophien zum Ausdruck kommen?“[89]

Um zu Dogma und Skepsis zurückzukehren, von deren Zweiheit wir ausgingen, so hat sich die Situation grundlegend, richtiger: grundstürzend gewandelt. Ihre Opposition ist verschwunden; trotzdem daran festzuhalten, wäre dogmatisch. Oder umgekehrt: Die übrigbleibende Skepsis ist die einzige Art von Dogmatik. Man wollte es vielleicht für eine sonderliche Neigung Luhmanns zur Provokation halten, wenn er die traditionelle Dogmatik unter das Label Alteuropa packt und beiseiteschiebt. Doch in der Elementaren Christologie, wo sie am elementarsten ist, geschieht ceteris imparibus genau das Gleiche. Der alteuropäische Antagonismus von Dogma und Skepsis mit seinem notorischen Auf und Ab von Siegern und Besiegten, von am Leben Gebliebenen und Getöteten kommt erst ans Ende, wenn sich die Skepsis soweit ausdehnt, bis sie vom Gegenpol nichts übriglässt. Hegels Logik entstand aus dem Programm des „sich vollbringende[n] Skeptizismus“,[90] und Cohens Logik übt ihre Skepsis an solcher Skepsis, indem sie die Frage stellt, was daran überhaupt „sich vollbringend“ gewesen sein soll. Es ist diese Situation, in der Luhmann die Parole Dogmatik als Differential ausruft, und an ihr ist zu erkennen, dass er keine Hoffnung hegt, bloß durch die Rede von Skepsis anstelle von Dogmatik alles recht gemacht zu haben. Es mag zwar gut sein, neuen Wein in neue Schläuche zu füllen, aber im Reden kann es nur darum gehen, neue Gedanken in alte und älteste Worte zu packen – bis diese sich in neuem Gebrauch fügen. Auch neue Worte sind keine andern als die alten, doch gepeitscht und gepuscht zu neuem Gebrauch. Es ist dieselbe Situation, in der Assel den Gebrauch von Differential meidet und stattdessen lieber vom Element spricht. Element sei, was durch den skeptischen Versuch aktiv betriebener Eliminierung nur gewinnen kann, weil er zu seiner Emergenz führt.[91] Wenn aber Eliminierung nicht Vernichtung

[89] ASSEL, aaO. III, 51.
[90] HEGEL, Phänomenologie, WW 3, 72.
[91] ASSEL, aaO. III, 17; II, 341.

schlechthin ist, sondern wie das Wort sagt Verneinung durch Verunendlichung, dann liegt die Vermutung nahe, das Element habe hier zu leisten, was dort das Differential leistet.

Verunendlichung und unendliches Urteil. – Unser Ausgangspunkt ist der Satz vom ausgeschlossenen Dritten an genau der Stelle, an der wir ihn in der vorangehenden Untersuchung verließen. Soll der Satz stark sein, bedarf er definiter Begriffe und Urteile. Tritt aber an die Stelle der Definition die Infinition – Jakob Gordin bevorzugt „Infinitation", „Verunendlichung" –, so wird er schwach, jedoch ohne zu verschwinden. Während die Bestimmung durch Endlichkeit zur formalen Logik gehört, operiert, ja laboriert die transzendentale Logik mit der unbestimmten, höchstens begrenzten Infinition, und dies ist der Fall im unendlichen Urteil. Deshalb steht Kants Urteilstafel, die in Hinsicht auf Qualität drei Urteilsformen aufführt: bejahende, verneinende und unendliche, auf der Schwelle zwischen formaler und transzendentaler Logik. Ihre äußere Homogenität verdeckt Brüche, so im Fall der qualitativen Urteile den, dass bejahendes und verneinendes Urteil das unendliche nicht zulassen können, weil es ein Drittes ist. Ist das dritte Urteil ein infinites, so waren die beiden anderen definit, und also enthält die Urteilstafel an dieser Stelle Nicht-Homogenes. Kants bevorzugtes Paradigma „Die Seele ist nicht sterblich"[92] könnte äußerlich als verneinendes Urteil verstanden werden, jedoch ebenso äußerlich, wenn gelesen „Die Seele ist nichtsterblich", den bejahenden Urteilen beigezählt werden, sodass es einer dritten Urteilsform überhaupt nicht bedarf. Sobald aber das Paradigma nicht nur in seiner Form, sondern nach Inhalt und Wert genommen wird, generiert die minimale Differenz zwischen „nicht sterblich" und „nichtsterblich" eine Verschiebung, die maximaler nicht sein könnte. Während die erste Prädikation endlich ist, ist die zweite unendlich; sie setzt die Seele unter die unbestimmt-unendliche Menge von Dingen, die übrigbleibt, wenn das bestimmt Sterbliche negiert wird.[93] Wenn also nach dem principium exclusi medii inter duo contradictoria von zwei widersprechenden Urteilen weder beide wahr, noch beide falsch sein können, so ist, wenn das eine wahr ist, das andere falsch und umgekehrt.[94] Nicht so bei unendlichen Urteilen. Auch sie arbeiten mit der Negation, doch so, dass diese nicht die Kopula, sondern das Prädikat „affiziert", mit dem minimalen Unterschied, dass sich die Negationspartikel der Selbstständigkeit begibt und mit dem Prädikat zu einem einzigen Wort verbindet.[95] In diesem Fall wird das Subjekt weder im Prädikat eingeschlossen, noch von ihm ausgeschlossen, sondern in ein Prädikat eingeschlossen, das von einem anderen ausgeschlossen wird.

Je genauer die Bruchlinie sichtbar wird, die, Kants harmonisierender Neigung zum Trotz, das unendliche Urteil einerseits dem bejahenden und verneinenden anfügt und

[92] J. JESIOŁKIEWICZ, Das unendliche Urteil ‚Die Seele ist nichtsterblich' (anima est nonmortalis). Ein Versuch, das bekannte Lehrstück Immanuel Kants aus der ‚Kritik der reinen Vernunft' (A 71/B96 11- A 72/B 97 15) vor dem Hintergrund der Logik des 18. Jahrhunderts zu beleuchten, Diss. München 2017; https://edoc.ub.uni-muenchen.de/25511/.

[93] KANT, KrV B 95.97f, WW 2, 111.112f.

[94] KANT, Logik (Jäsche) § 48, WW 3, 547f.

[95] KANT, aaO. § 22.3, WW 3, 535. So schon C. WOLF[F], Philosophia rationalis sive logica, Frankfurt/ Leipzig: Renger ²1732, 221 (im Original teilweise kursiv): § 208 Si negandi particula non refertur ad copulam, sed ad prædicatum, vel subjectum; propositio negativa non est, sed aliquam ejus saltem speciem habet. § 209 propositio, quæ speciem negativæ habet, sed revera affirmativa est, infinita dicitur.

andererseits von beiden trennt, stellt sich die Frage: Gehört, was seit alters als unendliches Urteil (propositio infinita) bezeichnet wird, überhaupt in die Klasse der Urteile? Mit der ihm eigentümlichen Verunendlichung weicht es von der Qualität ab, die Urteilen beigemessen wird. Gordin hält fest:

„Im Grunde genommen hat im eigentlichen Problem des unendlichen Urteils der Begriff des negativen Prädikats keinen Platz, weil es sich erstens nicht um die Verneinung und um so weniger um die Bejahung, sondern um eine ganz eigenartige Methode der Verunendlichung (Infinitation) der Bestimmtheit handelt; und weil zweitens das unendliche Urteil überhaupt kein Prädikat und noch weniger ein Subjekt aufzuweisen hat, da, seiner Leistung entsprechend, seine Struktur durchaus keine Aehnlichkeit mit der Struktur des gewöhnlichen Urteils zeigt.“[96]

Hegels und Cohens Logiken reagieren darauf in charakteristisch verschiedener Weise; Hegel, indem er das unendliche Urteil verbirgt, Cohen, indem er es ausstellt. An sich bloß Mittel des Übergangs vom Urteil des Daseins zum Urteil der Reflexion, läuft es bei Hegel in seinen beiden Gestalten, der negativ-unendlichen und der positiv-unendlichen, wenn für sich genommen ins Leere. Im Fall des Negativ-Unendlichen, der durch Beispiele wie „Der Geist ist nicht rot“, „Die Rose ist kein Elephant“ illustriert wird, ist der Widerspruch von Subjekt und Prädikat viel zu groß, um sich nicht ins Widersinnige und Abgeschmackte zu verlieren. Solche Urteile „sind keine Urteile“. Wiederum im Fall des positiv-unendlichen Urteils bleibt vor lauter Identität kein Abstand übrig, er ist viel zu klein. Somit ist es „wegen des ganz mangelnden Unterschiedes kein Urteil mehr.“[97] Dagegen Cohen, geleitet vom Prinzip der Infinitesimalmethode und vom Paradigma des Differentials, erhebt das unendliche Urteil nicht nur über die Klassen der kategorialen Urteile hinaus in die Prinzipienlogik der Denkgesetze, sondern exponiert es noch einmal, indem er es innerhalb der Denkgesetze dem Urteil der Identität und des Widerspruchs voranstellt und ihm den Ursprung der gesamten *Logik der reinen Erkenntniss* zutraut. Nach der unterschiedlichen Rolle des Differentials in beiden Logiken wird zu fragen sein.

Cohens Logik als Kritik der Logik Hegels. – Nicht an sich kann vom Verhältnis der beiden großen Logiken die Rede sein, sondern nur in Beschränkung auf die Perspektive Cohens. Diese wird hier zusätzlich profiliert durch Jakob Gordin, der in der Reihe der jüdischen Skeptiker einen stillen, aber ausgezeichneten Platz einnimmt. Seine These lautet: Zwei Formen von Dialektik sind möglich, die Dialektik des Systems und die des Ursprungs. Während Hegels Dialektik des Systems eine solche ist, „bei der die beiden Glieder der Beziehung durchaus ebenbürtig und ihrer Funktion nach untereinander vertauschbar sind“ – Levinas: „réciprocité des termes antithétiques sans priorité aucune“, ist Cohens Dialektik des Ursprungs eine solche, „bei der ein Glied der Beziehung den Vorrang, das Primat gegenüber dem anderen hat, indem es […] in bezug auf das andere die Funktion

[96] GORDIN, aaO. 12; cf. 3, 13, 81, 122, 130, 143.

[97] HEGEL, Wissenschaft der Logik, WW 6, 324f (im Original teilweise kursiv); Enzyklopädie, § 173, WW 8, 324f. Dagegen wollte HERMANN LOTZE im unendlichen Urteil zwar keine Form des Urteils, aber die einer Frage erkennen: Logik. Drei Bücher vom Denken, vom Untersuchen und vom Erkennen (PhB 141), Leipzig 1912, 61: „D[..]r Inhalt selbst hat seinen von Bejahung und Verneinung noch freien Ausdruck im Fragesatz, und dieser hätte als drittes Glied wohl schicklicher die Dreiheit der Urtheilsqualitäten ausgefüllt, als das limitative oder unendliche Urtheil […].“

des Ursprungs ausübt" – Levinas: „primat de l'un des deux termes, qui se montre ainsi *origine*".[98]

Auf die unterschiedliche Stellung des unendlichen Urteils hier und da wurde bereits hingewiesen. Jetzt geht es um den Unterschied der Auffassung. Cohen liest Hegels Logik, als wolle dieser scherzen; mit Beispielen wie „Ein Löwe ist kein Tisch" mache er sich einen Spaß auf das eröffnete Quodlibet.[99] In Wahrheit steht das unendliche Urteil für die „Frageform, als eine Art des Urtheils".[100] Der Frage geht es um etwas und nicht nichts, obgleich das Etwas noch unbestimmt ist und in Hinsicht auf seinen logischen Wert im Zeichen der Negativität steht. Trotz ihrer Offenheit ist die Frage mit Scherz nicht zu verwechseln; sie ist ernst und zielt auf einen der beiden dialektischen Termini, nicht auf die spielerische Verwechslung beider. Überhaupt ist Scherz, Unernst das durchgängige Motiv von Cohens Hegelkritik, nur seines hohen affektiven, geringen argumentativen Wertes wegen schwer zu fassen. Cohen erblickt in Hegels Spott „kein Zeichen von geistiger Freiheit",[101] vielmehr von „eigenen Ketten".[102] Und was von Cohens Lesart des unendlichen Urteils bei Hegel gilt, gilt erst recht von dessen Begriff des Widerspruchs. Er liest ihn, „als ob es nicht mehr Ernst wäre" und seinem „Schmerz" der Stachel schon gezogen.[103] Während Hegel den Satz vom Widerspruch nur als „andere[n] Ausdruck" des Satzes von der Identität fasst und mit dem „Umschlagen der Gegensätze" der Reziprozität der antithetischen Ausdrücke Raum schafft, welche den Eindruck unernsten Scherzes hervorruft,[104] hält Cohen bereits auf der Ebene der Denkgesetze am Widerspruch fest und erblickt in ihm sogar eine „Vernichtungs-Instanz" allerersten Rangs.[105] Als Nicht der Vernichtung vom relativen Nichts des unendlichen Urteils, das der Ursprung des Etwas ist, der Art nach geschieden, erklärt der Widerspruch das Nicht des absoluten Nichts. Er folgt also in striktem Sinn dem Prinzip des ausgeschlossenen Widerspruchs. Mitnichten ist seinem Schmerz der Stachel gezogen von vornherein.

Gordin hat – um auf die Eingangsthese zurückzukommen – die Logiken Hegels und Cohens unter die Kennworte System und Ursprung gestellt, nicht in der Absicht, es beim Vergleich zu belassen. Sondern er will auf die Asymmetrie zwischen beiden hinaus, „daß es in Hegels Dialektik keine prinzipielle Anerkennung des unendlichen Urteils als des einzigen logischen Ortes für das Thema des Primats gibt."[106] Zwar kann (und muss) Cohens Logik die Hegels umfassen, nicht aber umgekehrt. Gewiss sind beide Logiken Systemphilosophien, und Cohens Logik wurde gelegentlich sogar Krypto-Hegelianismus attestiert.

[98] GORDIN, aaO. 142. E. LEVINAS, Jacob Gordin, in: J. GORDIN, Écrits. Le renouveau de la pensée juive en France, hg. v. M. Goldmann, Paris 1995, 291–296, 292.

[99] HEGEL s. Anm. 97; COHEN, LRE[1] 74f.

[100] COHEN, aaO. 69.

[101] COHEN, aaO. 74.

[102] COHEN, aaO. 359.

[103] HEGEL, Wissenschaft der Logik, WW 6, 481; COHEN, aaO. 95.

[104] HEGEL, aaO. WW 6, 45.75.206; COHEN, aaO. 94f, 98.

[105] COHEN, aaO. 89 (dort gesperrt). H. WIEDEBACH, Wissenschaftslogik vs. Schöpfungstheorie. Die Rolle der Vernichtung in Cohens Ursprungslogik, in: Pierfrancesco Fiorato (Hg.), Verneinung, Andersheit und Unendlichkeit im Neukantianismus, Würzburg 2009, 47–67.

[106] GORDIN, aaO. 162.

In Wahrheit aber verhält es sich Gordins Urteil zufolge so: „Nur ein System, welches dadurch erzeugt wird, daß es [...] durchbrochen wird, kann ein echtes System sein".[107] Die „Frage des Durchbruchs des Systems" ist mit der „Frage der Aufhebung des Systems" funktional vollkommen identisch. Der Ursprung steht dem System gleichsam „gegenüber".

Absolutheit vs. Ungrundlegung. – Schon die Anlage der beiden Logiken könnte unterschiedlicher nicht sein. Während Hegel bestrebt ist, Äußerungen des meinenden Ichs, deren Verstrickungen mit der ihrer ganzen Natur nach nichtmeinenden Sprache (λόγος) der *Phänomenologie des Geistes* das Gesetz des Handelns diktieren, aus der *Wissenschaft der Logik* aber, von Vorwort und Einleitung abgesehen, ausgeschlossen sind, trägt der Autor der *Logik der reinen Erkenntnis* kein Bedenken, dem Autor-Ich über Vorrede und Einleitung hinaus auch im Corpus der Abhandlung Raum zu gewähren. Zwar stehen beide Logiken in der Disziplin der transzendentalen Logik, die sachlich wie stilistisch auf Subjektlosigkeit ausgeht. Aber nur Hegel treibt sie bis zu dem Anspruch, die Begriffe müssten sich selbst bewegen. Cohen dagegen hört nie auf, als Autor aufzutreten und nicht nur der Selbstvorstellung der Logik beizuwohnen. Und selbst diejenigen, die den Absolutheitsanspruch der Logik Hegels wie Gadamer hermeneutisch[108] oder wie Stekeler-Weithofer logisch[109] relativieren, müssen ihn zuerst ernstnehmen. Hingegen Cohens Logik steuert in keinem Moment auf Sich-Vollendung in der absoluten Idee zu, sondern bleibt für Verbesserung offen von Anfang an. Sie erblickt im Anspruch auf „Totalität" schon des unglücklich pantheistischen Untertons wegen einen „tendenziöse[n] Fehler".[110]

Soweit die Auseinandersetzung mit Hegels Absolutheitsanspruch diskutiert werden kann und muss: hier darf sie beschränkt werden auf das Problem, wie Platons ἀνυπόθετον richtig zu fassen und zu übersetzen sei. Im originalen Kontext restringiert auf die Idee des Guten als ἐπέκεινα τῆς οὐσίας, hat es seinen systematischen Ort in der *Ethik*,[111] und so verhält es sich auch bei Cohen. Wenn nun aber das ἀν- υπόθετον bereits zuvor in der *Logik* auftaucht und hier im Verein mit weiteren durch Negationspartikel geprägten Adjektiven wie ἀ- όριστον, ἄ- πειρον, ἄ- τομον, und ich füge hinzu: ἄν- αρχον, dann wird das ἀνυπόθετον zum Einzelelement eines übergreifenden Zusammenhangs, der nicht nur die Ethik, sondern auch Mathematik (diese sogar fundamental), Logik, Kosmologie, Metaphysik und Theologie mitumfasst, und wie bereits erwähnt auch die Psychologie, in der mit der nichtsterblichen Seele ἀ- θάνατον als Paradigma des unendlichen Urteils vorausgesetzt wird.[112]

[107] GORDIN, aaO. 166; zum Durchbruch 6f, 125, 144.

[108] H.-G. GADAMER, Hegels Dialektik. Fünf hermeneutische Studien, Tübingen [1]1971, 49–69.

[109] STEKELER-WEITHOFER, Art. Satz vom ausgeschlossenen Dritten, 1200: es gehe Hegel um die „Aufdeckung relativer Präsuppositionen der Bedeutungsbestimmtheit bzw. der Geltung des Satzes vom ausgeschlossenen Dritten für eine Distinktion", und nicht um den „Weg zur Erkenntnis (absoluter) ‚apriorischer' Formen". DERS., Art. Satz vom (ausgeschlossenen) Widerspruch, in: HWPh 8 (1992), 1205: es gehe Hegel bloß um die endliche, stets fallible „Fortentwicklung" von Bedeutungskonstitution, nicht um „fundamentale Konstruktion" von deren Kriterien.

[110] HEGEL, Wissenschaft der Logik, WW 6, 548-573, bes. 569, 572f; COHEN, LRE[1] 283.

[111] PLATON, Rep. VI 509b, 511b.

[112] S. Anm. 92. PLATON, Men. 81b: Φασὶ γάρ τὴν ψυχὴν τοῦ ἀνθρώπου εἶναι ἀθάνατον.

Immer, wo ein Adjektiv dieser Art auftaucht, signalisiert es, dass am Anfang ein unendliches Urteil am Werk war. „So zeigt sich in allen Gebieten des wissenschaftlichen Denkens das Mittel des unendlichen Urtheils in Anwendung." Ja, mehr: das in der Negationspartikel wirksame unendliche Urteil vollzieht sich nicht nur an Worten, die im Rang von Transzendentalien stehen, „sondern schlechterdings an jedem beliebigen Worte."[113] Jedes Wort der Sprache kann Einfallstor des Unendlichen und seiner Unwucht sein. Ist dies der Ort und Zusammenhang des ἀνυπόθετον, so gewährt es in seiner Bewährung auf Zusehen keine Grundlegung, geschweige denn Letztbegründung. Weder mit dem Unbedingten, noch mit dem Absoluten richtig und triftig wiedergegeben, geht Cohen soweit, das Unwort „Ungrundlegung" in Vorschlag zu bringen.[114] Sie soll zum Ursprung der Grundlegung werden, analog dazu, wie soeben der Durchbruch – also ein Bruch – zur Erzeugung des Systemzusammenhangs geführt hat.

Schon um der Theologie willen, aber nicht allein um ihretwillen, ist hier der Ort, zur *Elementaren Christologie*, deren Hintergrund bisher ausgeleuchtet wurde, an der Textoberfläche zurückzukehren. In Johannes 1,1 ἐν ἀρχῇ ἦν ὁ λόγος treffen beide Logiken auf die Christologie, und dies bringt ihr Aufeinandertreffen untereinander erst recht auf Spitz und Knopf.[115] Begünstigt der Anfang der Johannes-Prologs die Logik des Absoluten? Oder die der Ungrundlegung, die nach Gordins Asymmetrie zwar die Logik des Absoluten zu umgreifen vermag, nicht aber umgekehrt? Seit Aristoteles gilt ἀρχή als Prinzip, das definitives Begreifen ermöglicht. Alles, was zu begreifen ist, wird aus einem Prinzip begriffen. Aber indem die ἀρχή dem Begreifen vorausgeht, ist sie ihrerseits nicht zu begreifen, es sei denn sie wäre Prinzipiat, nicht Prinzip. Ein Prinzip ist nur aus sich selbst zu begreifen, und dies ist das Unbegreifliche an ihm. Hier stößt die Definition, soll sie möglich sein, auf ihre Infinition. Daher, wenn man den Ursprung als ἄναρχος ἀρχή bezeichnet,[116] so ist dies kein Widersinn, sondern liegt, wenigstens nach Cohen, in der Natur der Sache. Die *arché* ist anarchisch. Grundlegung des Systems wird erst möglich durch den Durchbruch der Ungrundlegung.

Differential mathematisch. – Nachdem das Differential durch Luhmann als Zeichen systemtheoretisch und durch Stoellger als Figur des Dritten logisch kontextualisiert wurde, lenken die Quellen von Assels Dogmatik in einem Spagat sondergleichen in die Mathematik. Das mathematische Differential war werkgeschichtlich der Auslöser von Cohens „Neubeginn"[117] auf dem Weg zum System, also auch zur Logik. Alle, Luhmann, Stoellger

[113] COHEN, LRE¹ 72–74.

[114] COHEN, ERW¹ 406; ERW² 429. DERS., Charakteristik der Ethik Maimunis (1908), in: Jüdische Schriften, Bd. 3 Zur jüdischen Religionsphilosophie und ihrer Geschichte, Berlin 1924, 221-289, 226 (teilweise gesperrt): „die Ungrundlegung wird zum Ursprung der Grundlegung. Und es bewährt sich auch an diesem großen Beispiel die Bedeutung des unendlichen Urteils als des Urteils des Ursprungs." AaO. 250 (teilweise gesperrt): „die Ungrundlegung (τὸ ἀνυπόθετον), gewöhnlich unrichtig und untriftig als das Unbedingte, das Absolute, übersetzt (...)." Cf. GORDIN, aaO. 2; ASSEL, aaO. I, 47 Anm. 90, 366 Anm. 16; III, 276.

[115] ASSEL, aaO. III, 38, 296 u.ö.

[116] G. V. NYSSA streift nahe daran: C. Eun. II, GNO I, 280,22-24: τὸ πρῶτον αἴτιον [...] ἀνάρχως ἔστιν ἤ τινος ἀρχῆς ἐξημμένον ἔχει τὸ εἶναι; 359,29f: τὸ [...] πάσης ἀρχῆς ἀνώτερον ἄναρχον; 395,18f: τὸ ὑπέρ ἀρχὴν ἄναρχον.

[117] COHEN, August Stadler (1910), in: SPZ II, 450.

und Assel, sind in welcher Form auch immer an Theologie interessiert, und Dogmatik als Differential ist ein von allen in welcher Form auch immer erstrebtes Ziel. Erschien das Differential bisher in übertragenen Bedeutungen, so erscheint es jetzt in der ursprünglichen. Doch bringt der leibnizsche Erstsinn die bisherigen Sinnschichten keineswegs zum Verschwinden. Das mathematische Differential *dx* ist ja selbst nichts als Zeichen, ein Zahlzeichen zu operativem Zweck, und ebenso ist es nichts als ein Drittes, weder Null noch Eins, sondern infinitesimale Größe, von der gefordert wird, dass sie kleiner sei als jede gegebene Größe und gleichwohl nicht Null. Das Differential ist das „Unendlichkleine", das die Leibnizianer in Atem hielt. Bei Cohen wurde es in zwei Schüben und Werken wirksam, einmal im *Princip der Infinitesimal-Methode*, mit dem jener Neubeginn vorzüglich verknüpft ist, ferner in der *Logik der reinen Erkenntniss*, und damit ist der Weg zum System im Sinn von Ungrundlegung endgültig eröffnet.

In der Schrift über die Infinitesimalmethode[118] geht es um die Frage: Hat das Differential, an sich bloß Zeichen und *modus loquendi*, die Valenz von Realität? Die Antwort, die vor Cohen und von Cohen selbst vor seiner Schrift über die Infinitesimalmethode gegeben wurde, ging von Kants Grundsatz der Antizipiation der Wahrnehmung aus, also von Psychologie. Die hier angenommene Entsprechung von Reiz und Empfindung, jener von außen kommend, diese vollzogen als innerstes Bewusstsein, sei eine intensive Größe, das heißt eine solche, die sich in der Spannung (*intensio*) und in der kontinuierlichen Kurve von Zuwachs oder Abnahme kundtut. Doch die Frage bleibt offen: Ist intensive Größe nur eine Sache der Empfindung und also des Bewusstseins, oder auch der Realität? Um der Gefahr der Verwechslung zu entgehen, überlässt Cohen die Psychologie Herbart und Fechner und schwenkt auf die Seite der Physik, genauer der Mechanik; von ihr erhofft er das stärkste Motiv dafür, dass das Differential nicht nur eine Sache des Bewusstseins bleibt. An die Stelle von Reiz und Reizzuwachs treten hier Galileis Forschungen zu Geschwindigkeit und Beschleunigung, und daraus – so Cohens wiederholte These – „ist im letzten Grunde der Differentialbegriff entsprungen."[119] Cohen nähert sich dem Differential nicht primär über Geometrie und Arithmetik und die dort seit der Antike gepflegte Grenzmethode. Während dieser Teil um Teil extensive Größen zusammensetzt, bis der Spielraum des Unendlichkleinen ausgeschöpft ist, geht es Cohen von vornherein um die intensive Größe, um das Quale, nicht das Quantum. In der Physik, genauer: in der Mechanik ist intensive Größe eine Kraft oder Spannung (*intensio*), die die Dynamik besitzt, mit der mathematischen Formel des Differentials zugleich die physikalische Realität zu bestimmen. Das infinitesimale Differential *dx* ist der Ursprung des finiten *x*. Daher der Vorrang der Infinitesimalmethode vor der Grenzmethode. Nur dem Differential, sofern es ein Infinitesimalprinzip ist, kommt Realitätsgeltung zu.

Dagegen in der *Logik der reinen Erkenntniss* findet sich das mathematische Differential, jetzt als Urteil der Realität, eingefügt in den Gang einer als Urteilslogik angelegten Logik,

118 H. COHEN, PIM. Dazu P. SCHULTHESS, Einleitung [zu COHEN, WW 5, Hildesheim: Olms 1984, 7*-46*]; M. GIOVANELLI, Hermann Cohen's Das Princip der Infinitesimal-Methode. The history of an unsuccessful book, in: Studies in History and Philosophy of Science 58 (2016), 9-23.

119 COHEN, PIM 23 (gesperrt); cf. 29, 34, 45.

der unter den prinzipiellen Urteilen der Denkgesetze als erstes Urteil das des Ursprungs vorangestellt wird. Zwar gilt vom Differential nach wie vor: „dx […] ist der Ursprung des x“,[120] aber nur auf der Ebene der kategorialen Denkgesetze, wie im *Princip der Infinitesimal-Methode* dargelegt. Ihm geht auf der früheren Ebene der reinen Denkgesetze das Urteil des Ursprungs voraus, was das Differential in den nachgeordneten Rang eines Beispiels, der Anwendung oder Illustration versetzt.[121] Worin besteht die Differenz zwischen dem Urteil des Ursprungs und dem der Realität, das den Ursprung auf analoge Weise wiederholt? Es handelt sich, wie zu sehen war, um eine Differenz des Ranges: die prinzipielle Logik geht der kategorialen voran. Daraus folgt, dass das mathematische Differential seiner Erststellung verlustig geht. Zwar terminologisch darf es nach wie vor den ersten Rang beanspruchen; ihm gebührt aufgrund seiner Entdeckung durch Leibniz der Erstsinn, der jede Metaphorik ausschließt. Aber sachlich ist es dem Urteil des Ursprungs nachgeordnet. Die Einsicht liegt nahe: Das unendliche Urteil dürfte, wenn die Metapher erlaubt ist, das sachlich frühere Differential sein. Das Differential im sprachlichen Erstsinn folgt dem im sachlichen Erstsinn nach. Worin besteht dann trotz der dargestellten Differenz die Analogie zwischen Urteil des Ursprungs und Urteil der Realität, zwischen dem unendlichen Urteil und dem Unendlichkleinen? Beim unendlichen Urteil geht es nicht mehr um intensive Größen, und gleichwohl begegnet in ihm deren Spannung (*intensio*) wieder, sogar potenziert. Wie vom Unendlichkleinen des mathematischen Differentials gefordert wird, dass es kleiner sein soll als jede gegebene Größe und doch verschieden von Null – dies ist der Punkt, an dem sich die mathematische Naturwissenschaft konstituiert, und nicht nur die Naturwissenschaft, sondern, wie Cohen später darstellt, auch die Geisteswissenschaft, die Ethik, ja selbst die Religion, sofern sie als Wissenschaft dargestellt werden kann –, so ist vom unendlichen Urteil des Ursprungs gefordert, dass es jedes gegebene Etwas unendlich negiert und gleichwohl unterschieden bleibt vom schlechthinnigen Nichts. Und wie das Differential an seiner logischen Stelle den hochdisziplinierten Vorgang ins Werk setzt, dass das Unendlichkleine zum Ursprung eines Zusammenhangs wird, den Leibniz in das Gesetz der kategorialen Kontinuität fasst, so bietet das unendliche Urteil an seiner logisch früheren Stelle – weit entfernt davon, im Sinn der abgeschmackten Beispielsätze Hegels bloß ein disparates, Inkomparables durcheinanderwürfelndes Urteil zu sein –, die Disziplin, den Ursprung aus Nichts zwar als Sprung, aber, wie Cohen unvergleichlich präzis sagt,[122] als „Sprung durch die Continuität“ auszuführen. Das ist das Differential in seiner zwar semantisch sekundären, da nur übertragenen, logisch aber früheren Bedeutung.

4. *Dogmatik als Differential*

Wir waren dem Begriff Differential auf der Spur. Bisher galt als unzweifelhaft, ein Begriff – hier das Differential – sei freizulegen, Schale um Schale, bis auf den Kern. Wir

[120] COHEN, LRE[1] 106.
[121] COHEN, ebd.: „Beispiel“ 105-107, 115; „Anwendung“ 74; „Illustration“ 107.
[122] COHEN, aaO. 77.

gelangten zum mathematischen Differential als Erstsinn, der buchstäblicher nicht sein kann. Keine Dogmatik als Differential ohne diesen soliden Ausgangspunkt. Man muss einen Weg zu Ende gehen, um das nächste Mal gleich auf der richtigen Seite zu beginnen.

Doch wie? – Die *Elementare Christologie* steigert die Spannung, die *Dogmatik als Differential* annehmen kann, bis zum Eklat. Auf der einen Seite dem Dogma, der Dogmatik, der Christologie und Theologie nachgehend möglichst aus der Binnensicht, übt sie sich zugleich und gleichstark, schon um sich selber über die Schulter zu blicken, in Außensicht: Gewissheit und Skepsis. Sie entfaltet nicht nur Dogmatik als Rundpanorama von Gewissheit, sondern öffnet den Blick auf Quellen der Skepsis, in der das Differential eine hervorragende Rolle spielt. Indem die Formel *Dogmatik als Differential* so Disparates, Inkompatibles, hier Theologie, dort Mathematik, zusammenwürfelt, scheint sie Ausdruck von Scherz oder Spott zu sein, von Unernst in jedem Fall; sie führt zu nichts. Jedoch die *Elementare Christologie* zeigt: Gerade die vom Differential herkommende jüdische Christologie-Skepsis nimmt für sich ein, weil sie nicht nur Opposition übt, sondern wider Erwarten christologische Motive hervorbringt, die man vielleicht selbst gerne vorgetragen hätte, um dem Anspruch elementarer Christologie zu genügen. – Aber vielleicht löst sich die Spannung mit der Logik des Dritten, auf die Stoellgers *Passivität* uns geführt hat. Sie ließ Grade der Spannung unterscheiden, stärkere und schwächere, je nachdem, was unter Logik verstanden wird. Stärker, wenn strikte Anwendung des Satzes vom ausgeschlossenen Dritten stattfindet, schwächer im umgekehrten Fall. Das bloß mathematische Verfahren, die Grenzmethode, operierte mit extensiven Größen und erwies sich als schwächer, dagegen das logische Verfahren, die Infinitesimalmethode, vermochte die Intension bis ins Unendliche zu steigern. – Gelangen wir schließlich im Rückgang wieder zu Luhmanns nachgelassener Religionssoziologie und also zum Differential in systemtheoretischem Sinn, dann dürfte die Spannung zwar nicht verschwunden, aber einigermaßen *handsome* geworden sein. Sie wird, wie der Sirenenklang des Wortlauts *Dogmatik als Differential* ausweist, dessen Zwei-D-Alliteration in keinem Moment an anziehender Wirkung nachlässt, am Ende sogar gefällig. Fast scheint es, als sei sie auch nur aus diesem Grunde entstanden.

Das Sprichwort sagt: Das Haus verliert nichts. In der Tat verhält es sich so, dass wir bei der Dogmatik als Differential nicht nur mit mehreren Etagen, mindestens mit dreien, rechnen müssen, von denen nur eine bewohnen zu sollen eine unzumutbare Einschränkung darstellt. Vielmehr gilt es, wenn schon jeder faktische Aufenthalt immer nur als solcher auf *einer* Stufe möglich ist, soviel Beweglichkeit zu beweisen, dass die gerade nichtbewohnten Etagen im Gedächtnis präsent bleiben, oder im Fall des Altersgedächtnisses, das von Stockwerk zu Stockwerk Stück um Stück mehr zu vergessen pflegt, die Mühe nicht zu scheuen, den Leib noch einmal zurückzubewegen und das Gedächtnis wiederzuholen. So sehr auch in jedem einzelnen Moment nur ein bestimmter Grad vorherrscht, bleibt die gesamte Bandbreite der Spannung in Kraft. Sie hebt auf der einen Seite an beim knapp vermiedenen Bruch und endet auf der andern bei der knapp vermiedenen Erschlaffung. Wenn also Dogmatik als Differential sich nicht reduzieren lässt auf einen einzigen Punkt oder eine einzige Handlungsanweisung, dann eröffnet sie eine Vielfalt von Typen, mindestens aber drei. Alle kommen, wie es zur Dynamik des Differentials gehört, aus einem einzigen Schwung, aus einem Wurf, wie er zur Schleuder Davids gehört. In Umkehrung des bisherigen Weges ergibt sich folgender Prospekt:

Das mathematische Differential als Symbol. – Drei historische Motive zählte Cohen, die zur Entdeckung des Differentials führten. Was die Geometrie in Hinsicht auf das Tangentenproblem und die Algebra in Hinsicht auf das Reihenproblem der Zahlen nicht zu lösen imstande war, brachte Keplers und Galileis Mechanik in Hinsicht auf das Problem der Bewegung zustande; „aus dem Quell und Princip der mechanischen Probleme ist im letzten Grunde der Differentialbegriff entsprungen."[123] So scheint er sich maximaler Anschaulichkeit zu verdanken. Cassirer hat nicht nur die drei Motive seines Lehrers wiederaufgenommen, sondern er hat sie, durchaus in dessen Sinn, vom anschaulichen Abbildcharakter gelöst und deren produktive Leistung hervorgehoben. Er fasst diese mit dem Begriff des Symbols und fügt sie in den Duktus der Philosophie der symbolischen Formen ein. Im Hinblick auf der Dreiheit der Motive konstatiert er:

> „Newtons Zeichen: $\dot{x}$ und Leibniz' Zeichen: dy/dx leisten zunächst nichts anderes, als daß sie [...] Fixierung vollziehen: sie bezeichnen einen gemeinsamen Richtpunkt für Untersuchungen, die zuvor auf getrennten Wegen verliefen."

Aber zugleich geschieht etwas nicht nur quantitativ Neues:

> „In dem Augenblick, als dieser Richtpunkt einmal bestimmt und in einem Symbol festgehalten war, erfolgte gleichsam eine Kristallisation der Probleme: von allen Seiten her schießen sie jetzt zu einer logisch-mathematischen Form zusammen. Abermals erweist das Symbol hier jene Kraft, die wir immer und überall, auf den verschiedensten Gebieten, vom Mythos [PSF II] hin bis zur Sprache [PSF I] und zur theoretischen Erkenntnis [PSF III], an ihm aufzeigen konnten: die Kraft der Verdichtung. Es ist, als würde durch die Schöpfung des neuen Symbols eine gewaltige Energie des Denkens aus einer relativ-diffusen Form in eine konzentrierte Form übergeführt. Die wechselseitige Spannung zwischen den Begriffen der algebraischen Analysis, der Geometrie, der allgemeinen Bewegungslehre war seit langem vorhanden: aber erst durch die Schaffung des Algorithmus der Newtonschen Fluxionsrechnung und der Leibnizischen Differentialrechnung entlädt sich diese Spannung und der Funke springt über."[124]

Mit einem Wort: Das Symbol tut, was das Differential tut. Selbst wenn wir im Auge behalten, dass das Symbol bei Cassirer stets vom Zeichen her konzipiert ist (und nicht umgekehrt), und ferner, dass wir uns im dritten Band der *Philosophie der symbolischen Formen* befinden, nicht im ersten und schon gar nicht im zweiten, bringt das Symbol ein Element ins Spiel, das über das bloße Zeichen hinausgeht. War dieses die Differenz zwischen Bezeichnendem und Bezeichnetem, so ist das Symbol auf der darüber liegenden Ebene, die das Zeichen als Zeichen reflektiert, dasjenige, was die Kollusion, die Konfusion oder die Konspiration der Differenz betreibt. Es beschreibt die Einheit der Differenz. Daher kommt es, dass sich das Differential im Kontext der Philosophie der symbolischen Formen nicht auf den buchstäblichen Sinn, den mathematischen, festlegen lässt, sondern es geht ihm etwas voraus, was logisch bereits vorgedacht ist. Diesen symbolischen Mehrwert

[123] COHEN, PIM 22f.

[124] E. CASSIRER, PSF III, 469. Zur Metaphorik der Kristallisation: SCHLEIERMACHER, Die Weihnachtsfeier (1806), KGA I/5, 92,27f: „Die größte Krystallisation bedarf nur eines Kleinsten, um daran anzuschießen". GRIMM, DWb 1 (1854), 439: „die bildung geschieht alsdann durch anschieszen d. i. plötzliches festwerden, *nicht durch allmälichen übergang aus dem flüssigen in den festen zustand, sondern gleichsam durch einen sprung.*"

hält Cassirer präzis fest, indem er das Differential als *logisch*-mathematische Form charakterisiert.

Das logische Differential als Infinitesimal. – Niemand bestreitet: Der Rang des Erstsinns gebührt dem mathematischen Differential. Dies ist der *sensus historicus* oder *literalis*, dem Eigentlichkeit zusteht; *sensus historicus*, weil er auf eine datierbare Erfindung zurückgeht und insofern zu den Geschichtswahrheiten gehört, *sensus literalis*, weil er Verstandeswahrheiten beschreibt. Die Ernstintention des *sensus literalis* wird meist gegen die überflüssigen Geistreichigkeiten der Allegorie (oder was man für Allegorie hält) gerichtet, der im wohlmeinenden Fall spielerische Absicht zugebilligt wird. Und ohne *sensus historicus sive literalis* kein *sensus primarius*. Offenbar sind wir solchen hermeneutischen Binsenweisheiten erlegen, als wir dem mathematischen Differential Erstsinn zuschrieben. Damit stimmt auch seine Auffassung als Symbol, von der wir herkommen, überein – und geht doch darüber hinaus. Das Symbolische daran ist die Form, die die historische Entdeckung immer schon leitet. Es setzt das Infinitesimale voraus. Geht es beim mathematischen Differential um das Unendlichkleine, das auf der einen Seite kleiner ist als jede gegebene Größe, auf der andern aber niemals gleich Null, so eröffnet dieses, sobald es nicht nur mathematisch begründet wird mit Mitteln der Grenz- oder Exhaustions-, sondern logisch mit denen der Infinitesimalmethode, den Blick auf dessen Prinzip. Wenn aber Prinzip, dann war das mathematische Differential nur ein Prinzipiat, das seinen Rang als *sensus primarius* an die Prinzipienlogik weiterzugeben genötigt wird. Geht diese wie bei Cohen voran, dann war sein vermeintlicher Erstsinn – um einen alten Ausdruck zu gebrauchen – nur prinzipiiert. Dass das mathematische Differential seinen Rang als Erstsinn abgibt, geschieht nicht aus überflüssiger Neigung zu Unernst und tändelnder Allegorie, sondern unabweisbar. Es ist ein Übergang von Ernst zu tieferem Ernst. Er impliziert, dass dem Differential der Mathematik das logische vorausgeht. Allerdings suchen wir den Namen des Differentials dafür bei Cohen vergeblich. Nur soviel gibt er zu: Das mathematische Differential fungiert als „das leuchtendste Beispiel“ für das logische, als „bessere Illustration“, die das logische Differential „rückwärts [...] beleuchtet“, ja, man darf umgekehrt sogar soweit gehen, „dass selbständig von ihm [sc. dem logischen Differential] jenes Licht ursprünglich nicht ausgestrahlt wäre.“[125] So bewährt sich der Erstsinn des mathematischen Differentials darin, dass es seinen Rang an das logische Differential überreicht und dahinter zurücktritt. Im Infinitesimal, das unendlich gegen Null geht ohne je Null zu sein, ist das sachlich frühere Infinitesimal des unendlichen Urteils aufgegangen, dessen Art von Aussage unendlich gegen Nichts geht, ohne jemals absolutes Nichts zu sein. Oder kürzer: im Unendlichkleinen der Mathematik und von ihm beleuchtet geht erst das unendliche Urteil als dasjenige Licht auf, das seinerseits strahlt. Wenn wir dies nun, wiewohl auf eigene Kosten, als Differential bezeichnen, so sind wir weit entfernt davon, uns mit dem Rang des Zweitsinns, sei es der Metapher, sei es der Allegorie, zu begnügen. Der Fortgang vom mathematischen zum logischen Differential ist nicht von der Art, dass man ihn geistreicherweise machen kann

[125] COHEN, LRE[1] 105, 107 (teilweise gesperrt).

oder nicht. Er ist unvermeidlich. Daher mangelt es uns völlig an der Bitte um Nachsicht, wenn wir so verfahren. Wir folgen nur der Einsicht, dass der Rang des Erstsinns, soweit bisher zu sehen, in der Sache dem in der Erkenntnis Zweiten gebührt. Daher das Differential als logisch-*mathematische* Form.

Das systemtheoretische Differential als Paradox. – Unser Vorgehen im vierten und letzten Abschnitt dieser Untersuchung zu *Dogmatik als Differential*, äußerlich betrachtet bloß die Umkehrung des Hinwegs, gewinnt jetzt erst Stringenz. Nicht beginnen wir mit dem mathematischen als dem eigentlich buchstäblichen Sinn, um uns Schritt um Schritt davon entfernend in schwer fassbare Übertragungen zu verlieren, sondern wir führen von einem bloß kategorialen Erstsinn in weitere, prinzipiellere Erstsinne hinein. Wenigstens für den logischen Sinn des Differentials, der auf den mathematischen folgte, dürfen wir dies für zugestanden halten. Jedoch der systemtheoretische Sinn steht noch aus, und dies wirkt, als wollten wir die *Logik der reinen Erkenntniss*, von deren Stringenz wir uns bisher leiten ließen, davon überzeugen, sie müsse noch eine Voraussetzung anerkennen, von der sie gar nichts weiß. Nur in einem Punkt tritt Luhmann in Vorleistung; er selbst benennt sein Superadditum, uns diesmal die Verausgabung ersparend, auf seine Kosten *Differential*. Worum handelt es sich? Das Differential ist ein Phänomen der Selbstbeschreibung. Es ist die Arbeit mit Sprache und Schrift, besonders mit Texten, die Luhmann im Auge hat, wenn er auf Dogmatik als organisationstheoretisch unerlässliche Äußerungsform gesellschaftlicher Systeme hinauswill. Das systemtheoretische Paradox, soweit es hier zutrifft, ist nichts als das semantische Paradox, das in Reden und Texten begegnet. Also geht es um Arbeit am Mythos, an der Metapher, aber nur sofern sie auf der Ebene von Selbstbeschreibung stattfindet. Luhmann spitzt sie zu zur Arbeit am Paradox. Denn Selbstbeschreibung ist nicht möglich ohne die Selbstbezüglichkeit sprachlicher oder textlicher Gebilde. Damit ist die eine der beiden Bedingungen des Paradoxes schon erfüllt, die Autologie. Aber man muss die Arbeit am Paradox nur nennen, um mit dem Scharfsinn Stoellgers darin sogleich das Paradox selbst an der Arbeit zu erkennen. Und schon ist mit dem Möbius-Band aus Arbeit am Paradox und Paradox an der Arbeit auch die zweite Bedingung des Paradoxes erfüllt, die Unendlichkeit. Also dürfen wir in Anspruch nehmen, dass das systemtheoretische Differential nicht bloß der Reihe der bisherigen Differentiale mutwillig hinzugefügt wird, vielmehr diese im Sinn der Unendlichkeit fortführt. Neben Selbstbezüglichkeit ist die Unendlichkeit die Hauptproduzentin von Paradoxien.[126] Wie kommt es, dass die neukantianische Darstellung des mathematischen und logischen Differentials auf diese Pointe nicht stößt, obgleich sie am Tage liegt? Sowohl im mathematischen als auch im logischen Differential hat sie es nur mit dem Schein des Paradoxes zu tun, den es zu vermeiden gilt, und sie vermeidet ihn erfolgreich. Dass Cohens Logik dies kann, liegt an einer Grundentscheidung in Hinsicht auf den Logos, die sie gleich zu Beginn trifft.[127] „Im Worte *Logos* tritt [...d]er Zusammenhang von *Vernunft und Sprache*“ zutage; „Logos bedeutet Sprache und

[126] P. HUGHES/G. BRECHT, Die Scheinwelt des Paradoxes. Eine kommentierte Anthologie in Wort und Bild, Braunschweig 1978.

[127] COHEN, LRE[1] 5f.

Vernunft".[128] Cohen hält es für einen in „Ablenkung" und „Irrthum" führenden „Abweg", sich an diesem Gabelungspunkt nicht gegen Sprache zu entscheiden und für die Vernunft.[129] Eine Logik vom Format einer Urteilslogik pflegt „Selbständigkeit" und „Unbekümmertheit um den sprachlichen Ausdruck". Sonst unterläge sie dem „Vorurteil",[130] als ob es analog zum „Denken in Tönen" und „Denken in der Musik", und analog zum „Denken in Versen" und „Denken der Poesie" so etwas wie „Denken mit der Sprache" gäbe.[131] Jedoch selbst der Ausschluss dieses Irrwegs kann nicht verhindern, dass sich die aus dem Logos ausgeschlossene Sprache wiederum meldet.[132] Sie tut es, sobald durch den bloßen Schein des Paradoxes das Paradox selbst hindurchbricht und über das Unendlichkleine und das unendliche Urteil hinaus die Fortsetzung des Infinitesimals zum Paradox erzwingt. Das geschieht, soweit zu sehen, nur durch und in Sprache und Schrift. Dafür steht das systemtheoretische Differential.

[128] COHEN, aaO. 13.

[129] COHEN, aaO. 42, 87, 13.

[130] COHEN, aaO. 121 (teilweise gesperrt).

[131] COHEN, aaO. 16, 5 (teilweise gesperrt). Der Punkt, der zum Weitergehen über das Logische hinaus nötigt, ist die vernachlässigte Rolle des Poetologischen im Logischen, der Cohen vor Beginn seiner eigentlichen Werkgeschichte, damals noch im Banne Steinthals, nahestand, und die bis zur Wiederkehr im Spätwerk, der *Ästhetik*, nie mehr thematisiert wurde. Dazu G. BADER, Creatio ex nihilo bei Cohen, in: H. ASSEL/H. WIEDEBACH (Hg.), *Hermann Cohen im Kontext. Beiträge anlässlich seines hundertsten Todestages*, Tübingen 2021.

[132] COHEN, aaO. 72: Wie es geschieht, wenn sich die Logik des unendlichen Urteils „nicht nur am Seienden vollzieht [...], sondern schlechterdings an jedem beliebigen Worte."

D. Religionstheoretische Zeitdiagnostik

Eberhard Hauschildt

LEISTUNGSFÄHIGKEIT UND GRENZEN DES SPIRITUALITÄTSBEGRIFFS IM GESUNDHEITSSEKTOR

Der Text des WHO-Generalsekretärs Halfdan T. Mahler von 1983 und seine Kontexte[1]

1. ‚Religion' und ‚Spiritualität' – eine Annäherung

Der Begriff „Religion" hat bekanntlich lateinische Ursprünge und gelangte von dort auch in das lateinische Christentum. Über Jahrhunderte gehört er zum Selbstverständnis der Kirche als Verwirklichung der wahren Religion. Mit der Moderne transformierte er zu einem Fundamentalbegriff im Überschneidungsbereich von konfessionsübergreifenden (Religions-)Philosophien einerseits und konfessionellen Theologien der (wahren) Religion andererseits. Von da aus begann er auch, als Begriff für einen maßgeblichen Gegenstand in der (Religions-)Soziologie und – wenn auch weniger deutlich – in der (Religions-)Psychologie zu fungieren. Zudem bezeichnet er den Hauptgegenstand der sich ausbildenden Religionswissenschaft. War in der Ursprungszeit der genannten nicht-theologischen Wissenschaften eine abgrenzende Unterscheidung in der Art der Reflexion über das Religionsphänomen markiert als Emanzipation von der theologischen Reflexion über Religion, so nimmt im 20. Jahrhundert die Bedeutung des Themas Religion – vielleicht mit gewisser Ausnahme von Teilen der Philosophie und natürlich der Religionswissenschaft – innerhalb jener Wissenschaften erkennbar ab. Darin spiegeln sich nicht nur gesellschaftliche Säkularisierungsprozesse und das Objektivitätsideal moderner Wissenschaft, sondern es geschieht dies auch in einer Weise, die das Phänomen Religion als etwas je nach der jeweiligen Wissenschaft anderes, auf jeden Fall aber nicht-theologisch zu Erschließendes behandelt: der Philosophie ist die Religionstheorie ein Fall von (vormoderner) Philosophie, genauer: Anthropologie, die Soziologie liest das Phänomen Religion als Fall von sozialer Form, die Psychologie als Expression von Psychischem, die Religionswissenschaft als regionale Kultur. Allein in der Theologie erfahren der Begriff und das Phänomen der Religion – abgesehen von den Sonderzeiten der dialektischen Theologie – weiterhin zentrale Aufmerksamkeit. Der Begriff erweist sich hier als konstitutiv schon deshalb, weil eine Gottesvorstellung jedenfalls für die monotheistischen Religionen eine Leitvorstellung darstellt – und zwar in der Fassung, dass hier einem als Gott bezeichneten wirksamen

[1] Gefördert durch die Deutsche Forschungsgemeinschaft (DFG) – Projektnummer 348851031.

Gegenüber vertraut wird. Wobei in der gelebten Frömmigkeit traditionell – und in der Regel auch in der Gegenwart – man es sich als ein letztes und höchstes Gegenüber vorstellt, das wahrnimmt und intendiert handelt.

Der klassische, europäisch herausgebildete Religionsbegriff war plausibel, solange das Christentum die Normalreligion darstellte. Als mehr als ethnologisch diskutierbare Fälle von Religionskultur galten höchstens solche Religionen, die, wie Judentum und Islam, mit dem Christentum im monotheistischen Charakter übereinstimmen. Sonstiges konnte in der kolonialen Perspektive des 19. und im Großen und Ganzen auch noch des 20. Jahrhunderts – als primitive Vor- und Nebenformen von Religion, mithin als vormoderne Randphänomene abgetan werden.

Dabei hatte sich dennoch schon viel früher in der Moderne eine Verschiebung in der Theologie selbst aufgetan, die sich bereits in Pietismus und Aufklärung zeigte, nämlich das Augenmerk viel stärker auf die subjektive Frömmigkeit bzw. den gesellschaftlichen Nutzen der Religion zu legen. Religion kam als Produzent von subjektiver Religiosität und gesellschaftsrelevanten Werten in den Blick. Die Subjektivierung und die zweckrationale Betrachtung in der Religionstheorie hat allerdings eine doppelte Schwäche. Sie zeigt sich in Kontexten, wo 1. gesellschaftliche Säkularisierung dazu führt, dass vermehrt für Individuen es nicht mehr plausibel ist, ihre subjektiven Ansichten auf Religion und Kirche zurückzuführen, und 2., wo das Gewicht von Werten nicht mehr durch Verweis auf religiöse Wahrheiten letztlegitimiert werden kann und soll. Die Sachlage wird noch verschärft dadurch, dass auch im Feld der Religionen selbst die Pluralisierung sowohl innerhalb des Christentums wie aber eben auch durch Präsenz anderer Religionen und religionsähnlicher Vorstellungen und Praktiken hinzutritt. Das religiöse und weltanschauliche Feld von Religiositäten, Frömmigkeiten und anderen weltanschaulichen Konstrukten wie Praktiken lässt sich nicht mehr plausibel unter die alten Begriffe bringen: nicht mehr allein unter den eines in öffentliche, private und kirchliche Fassungen ausdifferenzierten Christentums[2] und auch nicht mehr unter den Begriff von Religion aus gemeinsamer subjektiver Religiosität und gemeinsamem gesellschaftlichen Nutzen, auf den sich allgemeinverbindliche rekurrieren ließe. Religion erscheint stattdessen als eine Option unter einer ganzen Reihe von Optionen.

Es ereignet sich in diesem Kontext, dass ein anderer Begriff Karriere zu machen ansetzt, nämlich der der „Spiritualität". Sein Auftritt erfolgt nicht von Seiten der Theologie und der Philosophie, auch nicht der Soziologie oder der Psychologie, sondern wird vor allem wirksam in einem bestimmten gesellschaftlichen Feld: dem *Gesundheitssektor*. Der Begriff gewinnt nicht zuerst Bedeutung im deutschen Sprachraum, sondern im *Englischen* bzw. in *globalen Diskursforen*. Und er kommt in die Theologie nicht über fundamentaltheologische Debatten hinein, sondern von Seiten der *Praktischen Theologie* und der *angewandten Ethik*. Schließlich ist er theologisch auch nicht besonders eng an den Protestantismus gebunden, sondern *ökumenisch*, ja auch interreligiös und *teils nicht-religiös mitgeprägt*.

[2] So zuletzt W. STECK, Praktische Theologie. Horizonte der Religion – Konturen des neuzeitlichen Christentums – Strukturen der religiösen Lebenswelt. Bd. 1, Stuttgart u.a. 2000, u.a. 84–86.

Der Spiritualitätsbegriff rückt auf diesem Wege dann freilich auch näher an die Systematische Theologie heran. Er wird sicherlich nicht den Religionsbegriff ersetzen, aber stellt sich ihm zur Seite mit Nähen zu diesem und Unterschieden zu ihm. Die Nachnachfolgerin auf dem Lehrstuhl für Systematische Theologie, den Konrad Stock als Mitglied der Evangelisch-Theologischen Fakultät Bonn an der Universität Köln über Jahrzehnte bekleidete, hat in ihrer Zeit auf dem Lehrstuhl eine DFG-Forschungsgruppe ins Leben gerufen, deren Gesamtprojekt den Titel trägt: „Resilienz in Spiritualität und Religion". Ich selber arbeite in einem Teilprojekt mit, das nach der „Resilienz und Spiritualität bei ‚Caretakern'" fragt. Das alles wirkt in die folgenden Ausführungen mit ein. Sie sollen zeigen, dass und wie der Spiritualitätsbegriff mehr leistet, als sich in das Feld der Begriffe von Frömmigkeit und Religiosität einzureihen: Er stellt eine für den Religionsbegriff selbst bedeutsame konzeptionelle Herausforderung dar, besonders für die Theologie. Dazu sollen am Schluss der Ausführungen ein paar vorläufige Überlegungen angestellt werden.

Dazu sei im Folgenden genauer dem nachgegangen, wie sich der Begriff der Praktischen Theologie präsentiert, nämlich als inzwischen unübergehbar an denjenigen Orten, an denen die Klinikseelsorge tätig ist. Dabei soll hier gar nicht eine seelsorgetheoretische Antwort auf diese Herausforderung vorgestellt werden. Stattdessen gehe ich nur der Archäologie dieses Begriffs in seinem gesundheitspolitischen Kontext nach und achte dabei darauf, wie hier Kirchlich-Theologisches eine Rolle spielte und zugleich andere Faktoren eine Einwirkung hatten. Das hilft dazu, klarer zu erkennen, was den Begriff im Hintergrund prägt. Ein solches Erkenntnisinteresse ist angeregt durch die Hinweise in einem jüngst erschienenen Taschenbuch, verfasst von dem römisch-katholischen Theologen Simon Peng-Keller. Dieser hat eine von der reformierten wie der katholischen Kirche mitfinanzierte Professur für „Spiritual Care" inne, die in der Theologischen Fakultät der Universität Zürich angesiedelt ist und auch in der Ausbildung für Medizinstudierende involviert. Peng-Keller ist dieser Frage schon seit einigen Jahren nachgegangen. Er bietet zusätzlich von da aus ein verändertes Verständnis vom Beitrag der professionellen Krankenhausseelsorge. Wie jenes aussieht, ist am Ende dieses Beitrags nur angedeutet, aber nicht ausdiskutiert.

2. Die Vorstellung von Spiritualität vom 17. bis zum 20. Jahrhundert: Vom Feld christlicher Frömmigkeiten zum globalen Panorama kirchlicher und nicht-kirchlicher Spiritualitäten

Das Wort Spiritualität stammt ursprünglich aus dem christlichen Kontext. Die Rede von „spiritualitas" (frühe Belege im 5. Jht.[3]) nimmt dabei Elemente aus der griechisch-philosophischen wie der urchristlichen Rede vom „pneuma" auf, und bildet den anthropologischen *Gegensatz von „spirituell" und „körperlich"* aus, lässt sich in der Rede von

[3] Vgl. S. PENG-KELLER, Zur Herkunft des Spiritualitätsbegriffs. Begriffs- und spiritualitätsgeschichtliche Erkundungen mit Blick auf das Selbstverständnis von Spiritual Care, in: Spiritual Care 3 Heft 1 (2014), 36–47, hier: 38.

„spiritualitas" mit dem Ideal christlicher „*Heiligung*" verbinden und bezeichnet im Mittelalter in der Rede von „geistlichen Gütern" schlicht den *kirchlichen* Rechtsraum.[4] In der Bezeichnung von kirchlichen Amtsträgern als „Geistlichen" hat sich diese Linie bis in die heutige Alltagssprache erhalten.

Vom 17. Jahrhundert ausgehend tritt eine weitere stark prägende Entwicklung auf.[5] Sie beginnt bei französischen Laien, entwickelt sich *quietistisch* weiter und verkirchlicht sich in einer *katholischen Ordensfrömmigkeit*, die vom 19. und 20. Jahrhundert her Mystik und Aszetik miteinander verbindet.[6] Die quiestistisch-mystische französische Relativierung in der Rede von Spiritualität im 17. Jahrhundert geht aber auch im 18. Jahrhundert in die protestantische Erweckungsbewegung ein, etwa bei dem Methodisten John William Fletcher (hugenottisch-französischsprachiger Herkunft), der für die *Heiligkeitsbewegung* wichtig ist. Besonders im englisch-amerikanischen Sprachraum erfolgt der Übergang in Freidenkerkreise. Ende des 19. Jahrhunderts hat sich ein globales Feld entwickelt von dezidiert sich jenseits des Christentums positionierender Verwendung des Begriffs, etwa erkennbar bei der *theosophisch-esoterischen Lehre* von Helena P. Blavatsky und dem ursprünglich europäisch gebildeten und stark im Westen wirkenden *Neohinduismus*, vertreten von dem Ramakrishna-Schüler Swami Vivekananda.[7]

3. Die Vorstellung von Spiritualität im Gesundheitssektor: ethisch-politische Hintergründe einer globalen Gesundheitsverantwortung

Zu Beginn des 21. Jahrhundert begegnet in der Definition von Palliativmedizin („palliative care") durch die Weltgesundheitsorganisation WHO der Begriff „spirituell", und zwar als Aspekt der Charakterisierung des Auftrags der Gesundheitseinrichtungen. Die Bezeichnung „spirituell" wird neben andere Dimensionen (physisch und psychosozial) eines zu behandelnden Leidens von Patient*innen gestellt, eine Verknüpfung mit dem Leid von Angehörigen wird vorgenommen und er ist an dem Behandlungsziel einer Verbesserung der Lebensqualität ausgerichtet:

„Palliative care is an approach that improves the quality of life of patients and their families facing the problems associated with life-threatening illness, through the prevention and relief of suffering by means of early identification and impeccable assessment and treatment of pain and other problems, physical, psychosocial and spiritual."[8]

Im Hintergrund dieser Definition von Palliative Care steht nicht nur bekanntermaßen das Konzept des Total Pain inklusive eines spiritual pain, wie es in der Hospizbewegung

[4] Vgl. a.a.O., hier: 38f.

[5] Dazu und dem Folgenden der Überblick bei PENG-KELLER, a.a.O., 39–44.

[6] PENG-KELLER, a.a.O., 40 Anm. 5, verweist auf das „Dictionnaire de spiritualité ascétique et mystique" (1932–1995) und die Umbenennung der von deutschsprachigen Jesuiten herausgegebenen Zeitschrift für Aszese und Mystik ab dem Jahr 1947 in „Geist und Leben. Zeitschrift für christliche Spiritualität".

[7] PENG-KELLER, a.a.O., 31–44.

[8] WHO_Definition_2002_Palliative_ Care_englisch-deutsch-2.pdf (https://www.dgpalliativmedizin.de; letzter Abruf: 17.3.2021).

durch Cicely Saunders eingebracht wurde.[9] Eine solche Verwendung des Begriffs geht erkennbar zurück auf einen Text, der 1983 im Exekutivkomitee der WHO diskutiert wurde und mit „The spiritual dimension" betitelt ist. Anders als in der palliative-medizinischen definitorischen Spezialliteratur der Fall gibt dieser Text eine Begründung, die offenlegt, warum, wozu und wie eine globale Verantwortung für Gesundheit die Beachtung der spirituellen Dimension von Gesundheit erforderlich macht.[10]

Der Text sei hier in Gänze wiedergegeben[11]:

„The spiritual dimension"

During the Thirty-sixth World Health Assembly, the Director-General proposed that the question of the spiritual dimension in health be referred to the Executive Board. He has prepared the reflections that follow to facilitate the discussion in the Board.

Definition

1. Before reflecting on the spiritual dimension in health, one must first clarify what is meant by the word „spiritual", for it is the way in which that word has been understood by different people that has given rise to diametrically opposed views concerning the meaning of the spiritual dimension in health.

2. The word ‚spiritual" is defined in a wide variety of ways by such authoritative sources as the Oxford and Webster's English dictionaries and the French dictionaries of Larousse and Robert. This shows that, at least in these two languages, the word has come to have many different meanings. These include: that which is not corporeal, or is not material, and does not belong to the physical world but rather to the world of ideas. Some more specific meanings are also given, such as: that which is related to the soul or to religion; that which is related not to the physical senses nor to external actions but to the intellect or the higher faculties of the mind or to higher moral qualities; and that which has a high refinement of thought or feeling.

3. All of these meanings have one common denominator. *They infer a phenomenon that is not material in nature but belongs to the realm of ideas that have arisen in the minds of human beings, particularly ennobling ideas.* It is in that sense, and in that sense only, that the word „spiritual" is being used in these reflections.

Historical overview

4. As far as can be gathered from the history of humankind, as soon as homo sapiens had enough food and shelter to survive, human beings were moved to action through ideas that arose in their mind. Often the material world formed the background or the stimulus for the development of these ideas; and often people developed their ideas in order to improve the material world in which they lived and their lot with in that world. This is where homo sapiens differs from all other known species.

5. In addition, ideas have often been formed in peoples' minds following wonderment at the origin of the universe and of life on this earth, giving rise to different religious, moral or philosophical concepts. These in turn have had very practical implications for people's daily lives, such as their rhythm of work and rest, their dietary practices, their hygienic habits, their social organization, their marriage laws and customs , their civil and criminal laws, and their treatment of offenders and dissenters.

6. Moreover, ideas propounded by political philosophers have often been a source of political action. Examples of these are the ideas that led to such ideals as ‚All men are born free", „Liberty, equality,

[9] Vgl. z. B.. M. HOLDER-FRANZ, Cicely Saunders – Entdeckungen bei einer Palliative Care Pionierin, in: PTh 106 (2017), 422–433.

[10] Vgl. insgesamt dazu: S. PENG-KELLER/D. NEUHOLD (Hg.), Spiritual Care im globalisierten Gesundheitswesen. Historische Hintergründe und aktuelle Entwicklungen, Darmstadt 2019, 49–56.

[11] World Health Organization, Global strategy for health for all by the year 2000: the spiritual dimension. World Health Organization, Executive Board, 73. (1983). (https://apps.who.int/iris/handle/10665/160577?search-result=true&query=spiritual&current-vorhebungen im Text entsprechen dem Original. Anmerkungen in dem Originaltext, die auf andere interne WHO-Dokumente verweisen, sind nicht mitübernommen.

fraternity" and „Workers of the world, unite". These political ideals have given rise to vast material changes throughout the world, such as the abolition of slavery, the democratization of government, and the redistribution of wealth

7. By shaping people's action and ways of life, such philosophical, religious, moral or political ideologies have had a profound influence on the physical, mental and social wellbeing of the people concerned.

Concept of health for all

8. The concept of health for all by the year 2000 also arose as ideas in people's minds against the background of the adverse health conditions of the vast majority of the world's population. It was greatly influenced by such humane qualities as a sense of decency, empathy with the world's health underprivileged, compassion, and the desire for social justice regarding health. It was considerations such as these that laid the moral basis for the decision of the Thirtieth World Health Assembly in 1977 that the main social target of governments and WHO in the coming decades should be the attainment by all the people of the world by the year 2000 of a level of health that will permit them to lead a socially and economically productive life.

9. Thus, non-material values led to a decision that has significant material value for people. For by its very definition the attainment of the goal of health for all will ensure as a minimum such a level of health for people everywhere that they will be capable of working productively and thus contributing to their own economic development and to that of the community and country in which they live.

10. However, the implications are not material alone, because the Health Assembly resolution also refers to a socially productive life, which in itself has a non-material connotation. A prerequisite for social productivity is awareness by people and communities of the factors affecting their health as well as their involvement in shaping their own health destiny. Community involvement is inherent in primary health care as defined in the Declaration of Alma-Ata. It implies social action in accordance with the social and cultural patterns of the country concerned. For communities can only become genuinely involved in any endeavor if they do so in ways that are commensurate with their value systems, their beliefs, their attitudes and their customs. These value systems can express themselves in widely different ways, such as religious beliefs and practices, whether theistic or otherwise; political ideologies; moral sentiments; national, tribal or other group solidarity; the desire to perpetuate local and family traditions and cultural heritage; or concern for the future of the world's environment. For individuals, value systems can find expression in such ways as reading or writing of literature or poetry; meditation; prayer; active or passive enjoyment of such arts as painting, sculpture, music and dancing; and the practice of sports.

Strategy for Health for All

11. The Strategy for Health for All was inspired by the above concepts and is therefore dependent on a number of non-material factors in addition to such material factors as resources. For example, the aim of achieving total population coverage with primary health care is a corollary of the concept of social justice regarding health, preferential care to the underprivileged - a manifestation of human compassion. Another feature of the Strategy, namely the commitment of governments by their constitution or otherwise to the above-mentioned aim, depends to a large extent on such factors as social conscience and decency at the central national level.

12. An important feature of the Strategy is the social control of the health system through community involvement. Such control implies public participation in influencing the kind of health technology to be used; it also implies influencing the adoption by people of social and behavioural alternatives to technical measures in consonance with their rights and their freedom to choose. This brings the Strategy for Health for All into the homes, the fields, the factories, the schools and other educational institutions, as well as the streets.

13. Social control also has the potential to make health delivery more humane, to care for people before they become patients, and when they become patients, to treat them as feeling and thinking individuals with their own personalities, and not merely as impersonal „cases" or objects with diseased bodily organs in need of repair. Moreover, the humane approach implies taking full account of people's physical and psychological needs at different stages of their life - from conception, through gestation, and into infancy, childhood, adolescence, adulthood and, old age. It then permits people to die in a dignified manner.

14. All this has important implications for health workers of all types. To fulfil their roles adequately in such a health system they have not only to possess the technical skills required but also to be motivated and socially attuned to their functions in society. In addition, they have to be able to transmit the necessary motivation and proper attitudes to those they serve so that people can make the most of their social and technical skills.

15. The above are intangible factors, and yet without them the Strategy for Health for All would have no meaning. Each society will have to ensure these intangible factors in a manner that is commensurate with its way of life. Hence, while the principles are universal, their application depends on the specific social and cultural patterns of the country and community concerned. By their very nature, these social and cultural patterns are group-specific and consequently not exportable to other groups. They have in themselves the capacity to contribute to individual and group feelings of wellbeing. Thus, they illustrate the first principle in the Constitution of WHO - that health is not merely the absence of disease or infirmity, nor is it limited to a state of physical wellbeing only, but also includes mental and social wellbeing.

Conclusion

16. To sum up, people's intangible ideas have given rise to health ideals which in turn have led to a practical Strategy for Health for All by the Year 2000. This strategy incorporates the attainment of a goal that has both a material and a non-material component. If the material component can be „provided", the non-material or spiritual one cannot. It is something that arises within people and communities, and manifests itself in keeping with their social and cultural patterns. Moreover, the realization of these health ideals in itself contributes to people's intangible but highly salutary feelings of wellbeing. So it can justly be claimed that people' s ennobling ideas have not only stimulated worldwide action for health but have also given health as defined in WHO'S Constitution an added spiritual dimension.

Ich rekonstruiere hier ausführlicher diese Argumentation. Dabei wähle ich, anders als in dem induktiv aufgebauten Text, eine deduktive Darstellungsweise einer Ableitung aus den Zielen der WHO. So tritt der Argumentationskontext noch deutlicher heraus.

1. Die WHO gibt dem der ihr angehörenden Mitgliedsländer miteinander vereinbarten globalen Interesse Ausdruck, die Weltgesundheit zu verbessern. Dem entspricht auch die seit der Gründung 1946 bis heute unverändert gebliebenen *bewusst umfassend gehaltene Basisdefinition von Gesundheit*: „Die Gesundheit ist ein Zustand des vollständigen körperlichen, geistigen und sozialen Wohlergehens und nicht nur das Fehlen von Krankheit oder Gebrechen."[12] Dieses Gesundheitsideal ist verbunden mit der Idee eines menschlichen *Grundrechts auf Gesundheit*: „Der Besitz des bestmöglichen Gesundheitszustandes bildet eines der Grundrechte jedes menschlichen Wesens, ohne Unterschied der Rasse, der Religion, der politischen Anschauung und der wirtschaftlichen oder sozialen Stellung."[13] (Vgl. These 16)

2. Zur Erreichung des damit gesetzten Ziels hat die WHO die Aufgabe, „Gesundheit für alle" zu fördern. Hier geht es nicht nur darum, für optimale medizintechnische Maßnahmen und zu sorgen und deren gerechte Verteilung für alle, die ihrer bedürfen, sondern *auch um eine „nicht-materielle" Seite von Gesundheit, die nur sozio-kulturell hergestellt werden kann* (vgl. These 16 und Thesen 8–10).

3. Deren Förderung kann nur so erreicht werden, *dass jeweiligen kulturellen „höheren" Idealen* Raum gegeben wird – wie sie sich in den Formen von Sitte und Moral, Religion, Philosophie, Literatur und Dichtung usw. vor Ort vorfinden, als sozial verfasste bestehen und bei Individuen sich auswirken (vgl. z. B. These 10)

4. Als solche wirken sie *individuell und kollektiv (potenziell) förderlich* für die Erhöhung von Gesundheit.

5. Sie sind kulturspezifisch und lassen sich als solche *nicht verallgemeinernd „exportieren"* (vgl. These 15).

[12] Zitiert nach der deutschen Übersetzung der Verfassung der Weltgesundheitsorganisation, unterzeichnet in New York am 22. Juli 1946 [Stand 2020]. Dokument 0.8101 (www.bundespublikationen.admin.ch; letzter Abruf 16.3.2021).

[13] Ebd.

6. Sie sind andererseits *anthropologisch verankert* (vgl. Thesen 4, 5, 8).

7. Sie sind *sozialpolitisch bedeutsam*, und die Vorstellung von Grundrechten und Demokratie und Gerechtigkeit bauen auf sie auf (These 6).

8. Bei der Bereitstellung medizinischen Handelns selbst (etwa in Kliniken) müssen sie Berücksichtigung finden, damit die medizintechnischen Eingriffe zugleich als *Akt menschlicher individueller Zuwendung* (care) erfahren werden können und als Verwirklichung des Grundrechts von Menschen auf bestmögliche Gesundheit (vgl. These 13).

9. Sie haben auch hohes *motivationales Potential* für alle im Gesundheitssektor Tätigkeiten, die für ihr Tun medizintechnische wie *soziale Fähigkeiten* benötigen (vgl. These 14).

10. Der Begriff „spirituell" steht darum einerseits für die Bandbreite der nicht-materiellen Seite menschlichen Denkens. Fühlen und Tuns und ist andererseits für die Pluralität von Ausrichtung an *humanen Idealen in welcher kulturellen Ausrichtung auch immer*, wie sie sich in Religionen, Ethiken, Philosophien und künstlerischem Ausdruck vorfinden.

Man sieht: Diese Vorstellung einer „spirituellen Dimension" sammelt gewissermaßen globale kulturelle Pluralität in den Feldern Religion, Philosophie und Kunst usw. ein und präsentiert sie als höhere Ideale und Ideen. Das unter dem Begriff „religiös" zu integrieren ist daher nicht möglich und soll dezidiert vermieden werden, weil dies dem Ideal der WHO widersprechen würde, Unterscheide in Sachen Religion vorzunehmen.

Der Spiritualität-Begriff bekommt so „postreligiösen" Charakter im doppelten Sinne – er geht nicht mehr von einer alle idealerweise vereinenden gemeinsamen Religion aus ist doch zu einem nicht unerheblichen Teil aus gerade religiösen Zusammenhängen gespeist. Das lässt sich deutlicher als im Text selbst in Bezug auf die Genese dieser Vorstellungskomplexe, die zu einem Text wie diesen hinführten, nachweisen. Kleine terminologische Anzeichen dafür bietet freilich der Text selbst bereits doch. Während er Religionen und Religion überhaupt in die Position der weltanschaulichen-kulturalen Pluralitäten verweist und dies zu leisten genau von dem Begriff „spirituell" erwartet wird, schleichen andere Begriffe ein wie das als allgemein menschlich charakterisierte „wonderment" über den Ursprung des Universums und des Lebens (vgl. These 5). Und in der zusammenfassenden Schlussthese treten neben die ärztliche „cure" und die psychosoziale „care" hinsichtlich des „well-being" auch die „salutary feelings" (vgl. These 16). Wie das Adjektiv „spirituell" müssen auch „Wunder des Lebens" und „heilsames Wohlbefinden" nicht religiös gelesen werden, schöpfen aber doch erkennbar aus einem ursprünglich religiösen Sprachschatz.

4. Religiöse Kontexte der gesundheitspolitischen Vorstellung von Spiritualität

4.1. Zu den Unterstützern des Texts über die vierte Dimension von Gesundheit in der WHO

Dass eine Beachtung dieser vierten Dimension von Gesundheit über das persönliche Anliegen ihres Verfassers hinaus in der WHO insgesamt Fuß fasste, ist nicht einer Unterstützung durch die westlichen Länder im Exekutivkommitee zu verdanken. Vielmehr beruhte es auf, pauschal gesprochen, der Zustimmung durch die Länder des Südens und nicht-christlicher Traditionen. Genauer: Nachdem 1978 ein erster Versuch zur „spiritual dimension", initiiert vom Vertreter Libyens und unterstützt vom Vertreter Indiens im Exekutivrat der WHO gescheitert war, und 1983 der Vertreter Swasilands initiativ geworden war und die Arabischen Länder ebenfalls sich dafür aussprachen, ohne dass die Plenarversammlung etwas verabschiedete, hatte Mahler die Angelegenheit mit seinem Text zu seiner Sache gemacht, und über den Exekutivrat gelangte 1984 eine entsprechende Resolution, ohne dass konkretes Handeln gefordert wurde, mit 44 Jastimmen, aber auch 31 Enthaltungen in die Plenarversammlung und wurde angenommen.[14]

4.2. Zu den biographischen Hintergründen des Generalsekretärs der WHO von 1973 bis 1988, Halfdan Mahler

Der Verfasser des Textes, der dänische Lungenfacharzt Halfdan T. Mahler war Sohn eines baptistischen Predigers, seine Mutter stammte aus einer Ärztefamilie. Mit 15 Jahren begann der Sohn zu predigen, entscheid sich dann aber für ein Medizinstudium.[15] „Dr. Mahler was guided by his father's Protestant asceticism throughout his life." Ab 1951 hatte er ein WHO-Programm zum Kampf gegen Tuberkulose in Indien geleitet und danach von 1962 bis 1969 in Genf als Leiter des globalen Tuberkuloseprogramms der WHO gearbeitet, war dann zum Leiter einer „Systemanalyse" der WHO-Tätigkeit aufgestiegen, bevor er 1973 zum Generalsekretär gewählt wurde. Gegenstand jener systemischen Analyse war eine veränderte Ausrichtung der Organisation: nicht mehr nur auf die Hochleistungsmedizin und die klinischen Großeinrichtungen zu setzen, sondern sozialmedizinisch auf die „primary health care services", die basale Gesundheitsversorgung, gerade auch in Entwicklungsländern, zu achten. Seit Halfdans Wahl zum Generalsekretär wurde dieser schon von seinem Vorgänger begonnene Ansatz weiter verstärkt und mündete in das Programm einer „Gesundheit für alle", ausgerufen in der WHO–Erklärung der Vollversammlung von Alma-Ata (1978). Sie erhob eine „möglichst weitgehende Verwirklichung von Gesundheit für alle" und „die Verringerung der Kluft zwischen entwickelten Ländern und Entwicklungsländern in Bezug auf den Gesundheitszustand der Bevölkerung" zum Ziel.[16] Basale Gesundheitsversorgung sei

> „auf der lokalen Ebene und bei Überweisungen auf Gesundheitsfachkräfte wie Ärzte, Pflegekräfte, Hebammen, Hilfskräfte und Sozialarbeiter, gegebenenfalls aber auch auf die Hilfe traditioneller Mediziner angewiesen, die allesamt sozial wie fachlich angemessen für die Arbeit als Gesundheitsteam und für eine Antwort auf die erklärten gesundheitlichen Bedürfnisse der Bevölkerung geschult sein müssen."[17]

Die Grundvorstellung ist die einer breiten Basis von Kräften vor Ort bis hin zu „traditionellen Medizinern", die als ein multifachliches Team Tätiger angesehen werden. 1988

[14] Zu den Details siehe PENG-KELLER / NEUHOLD, 2919, 47–57.

[15] S. CHAN, Halfdan Mahler, Who Shifted W.H.O.'s Focus to Primary Care, Dies at 93, in: New York Times vom 15.12. 2016 (https://www.nytimes.com/2016/12/15/science/halfdan-mahler-who-director-general-dies.html; letzter Abruf; 16.3.2021).

[16] Erklärung von Alma-Ata, Art. III (https://www.euro.who.int/de/publications/policy-documents/declaration-of-alma-ata,-1978; letzter Abruf: 16.3.2021).

[17] AaO. Art VII.7.

wird das Programm unter die Devise „health for all – all for health" gestellt. Der abschließende Absatz eines Artikels von Mahler anlässlich des 40jährigen Jubiläums der WHO aus dem gleichen Jahr drückt es so aus:

> "People everywhere, including top-level political and spiritual leaders, from north and south, east and west, are acknowledging over and above all their differences that health is good for all people and essential for human progress; that there is both economic value and social justice in health. Surely we must all recognise that health is not everything, but that there is nothing without health. In the interest of the human race there must be Health for All and All for Health." [18]

So lässt sich erkennen, dass Mahler's Programm zurückgeht einerseits auf eine soziale und politische Weltverantwortung, diese aber individuell, bei Mahler jedenfalls, auch verwurzelt sein dürfte in einem christlichen Ethos.

Damit ergibt sich ein doppeltes Bild. Einerseits: Der gesundheitspolitische Aufstieg des Spiritualitätsbegriffs verdankt sich mehr den nicht-christlichen religiösen Ländern des Südens. Andererseits: Die Ideenformulierung beruht auf, wenn man so will, der aus den 1960er Jahren europäischen (liberalen) Christentums stammenden sozialpolitischen Wende. Man könnte geneigt sein, letzteres als einen weiteren Beleg für die noch nicht überwundene Kolonialisierung der Welt durch das – nun säkularisiertere – europäisch-amerikanische Christentum deuten. Doch lässt sich noch genauer zeigen, wie beide Stränge zusammenhängen. Dazu ist zurückzugehen auf die Jahre, die Mahlers Engagement für die spirituelle Dimension vorausgingen.

4.3. Die Wahrnehmung christlich-postkoloniale Arbeit durch die „Christian Medical Commission" (CMC) in den 1960er Jahren

Parallel zu den großen Ereignissen des Jahres 1968 geschah auch die Einsetzung dieser Kommission durch den Weltkirchenrat. Vorausgegangen war eine Tagung, die vom „Deutschen Institut für Ärztliche Mission" zusammen mit dem Weltkirchenrat in Tübingen veranstaltet wurde.[19] Im Hintergrund stand die Frage, ob nicht die christlich-missionarisch gegründeten Gesundheitseinrichtungen unter Leitung von Kirchlichen Initiativen aufzugeben bzw. zu säkularisieren seien. Man entschied sich dagegen, befürwortete aber Kontakte mit säkularen Akteuren, nicht zuletzt der WHO, aufzunehmen.[20] Die Kontakte zwischen CMC und WHO intensivierten sich, als sich ab 1973 Mahler dafür zu interessieren begann, verband doch beide Organisationen eine verstärkte sozialmedizinischen Perspektive, die auf die Potenziale in der jeweiligen Sozialkultur der lokalen Bevölkerung zu setzen begann.[21] Dabei stand im Vordergrund, gelungene Projekte solcher Art in den

[18] H. MAHLER, Health for all – all for health, in: World Health, The Magazine of the world health organization, January /February 1988, 3–4, hier: 4.

[19] Vgl. S. PENG-KELLER, Klinikseelsorge als spezialisierte Spiritual Care: Der christliche Heilungsauftrag im Horizont globaler Gesundheit. Göttingen 2021, 32.

[20] PENG-KELLER a.a.O., 32.

[21] Ausführlicher dazu: S. LITSIOS, The Christian Medical Commission and the Development of the World Health Organization's Primary Health Care Approach, in: American Journal of Public Health, November 2004, Vol 94, No. 11, 1884–1893.

„Entwicklungsländern" auszumachen. Es galt also zu lernen von solchen lokalen Initiativen, bei denen nicht so sehr staatliche Vorgaben befolgt wurden, sondern andere zivilgesellschaftliche Initiativen neue Wege gingen, nicht zuletzt solche im Zusammenwirken von lokaler Bevölkerung und europäisch-christlichen Akteuren vor Ort.

Fazit: Es ist genau dieser Punkt, wo a) eine globale Organisation der Gesundheitsförderung, b) christliche europäische Bemühungen (hier herkommend aus der missionarisch-medizinischen Seite im kolonialen Zeitalter) und c) nach postkolonialer Logik entstehende lokale postkoloniale Sozial-Initiativen in einen Austausch miteinander treten, der ab den 1980 Jahren sich in der Vokabel der „spirituellen" Dimension von Gesundheit auf einen gemeinsamen Nenner bringen lässt und der sich zusätzlich als kompatibel mit menschrechtlichen und demokratiepolitischen Einsichten erweist, konkret aber aber nur durch die Unterstützung nichtchristlicher Länder des Südens tatsächlich zu einem Anliegen der WHO erhoben wurden. Als solches ging es dann (nur, aber da deutlich) in die Definition von Palliative Care ein.

5. Fazit: Von den „höheren Ideen" zu einer kritisch-komparativen Perspektive

Es fungiert im Gesundheitssektor der Begriff des Spirituellen als container, um abgepuffert religiöse Akteure und Weltsichten wie nichtreligiöse auf eine gemeinsame Ebene gebracht zu bekommen. Dezidiert christliches Handeln kann damit dem Gesundheitssektor zugeordnet werden als ein Beitragslieferant neben anderen für Gesundheit im weiten Sinne. Nur so kann die Allgemeinheit des Anspruchs, unabhängig von religionskulturellen und anderen Unterschieden, demonstriert werden. Die menschenrechtliche und demokratiepolitischen Horizonte haben die Rolle der allgemein legitimierenden Wertungen übernommen (ob diese Werte tatsächlich so allgemeine Gültigkeit in den lokalen Kulturen haben, wie idealerweise vorausgesetzt, steht freilich auf einem anderen Blatt).

Sodann lässt sich beobachten, dass der Gesundheitsbegriff hier eben sehr weit gemacht wird. Das bringt mit sich, dass dann in der Beschreibung des konkreten Handelns Differenzierungen einzuziehen sind. Welche diese sind, tritt wieder im englischen Sprachspiel besonders deutlich heraus. In der Gesundheit „für alle", die aber dennoch „nicht alles" ist (Mahler 1988), erscheinen sowohl „care" (helfende menschlicher Zuwendung) als auch „cure" (behandelnde Beseitigung von Gesundheitsproblemen) und beide interagieren in einem weiteren Rahmen von „healing". Die Heilungsperspektive vermag damit die Alleingültigkeit von „cure" wieder zu relativieren, ohne sie als unwichtig abzuwerten. Das könnte eine Perspektive sein, um die Klinikseelsorge über diesen Großbegriff des „healing" wieder als unverzichtbar im Gesundheitssektor zu verorten.[22] Ob dieser semantische

[22] Peng-Kellers Buch von 2021 versucht das. Der Obertitel „Klinikseelsorge als spezialisierte Spiritual Care" wird ergänzt durch den Untertitel „Der christliche Heilungsauftrag im Horizont globaler Gesundheit". Der besonders ausführliche Mittelteil des Buches lautet „Der christliche Heilungsauftrag (69–150). Er wird für die Klinikseelsorge in einer Liste an Merkmalen konkretisiert, bei denen, vielleicht überraschend dann erst im letzten Merkmal der religionsspezifische Begriff ‚Gott' begegnet: „Seelsorge ist heilsam, wenn

Weg wirklich trägt, wird weiter zu diskutieren sein. Jedenfalls zeigt er auf, was sonst eher beiseitegeschoben zu sein scheint in Theologie und Kirche. Es bringt eine christliche Selbstreflexion wieder näher heran an die Grunderzählung des Christentums, die sich doch auf einen Heiler beruft, der keinen Abstand nahm von dem Heil(ung)s-Bedürfnis von Menschen in seiner ganzen Bandbreite.

Solche Integrationsbemühungen helfen einer Religionslogik in einer postreligiösen Globalgesellschaft und einer globalen Gesundheitslogik. Letztere bringt, so jedenfalls der Text von Mahler, eine universale Sehnsucht auf den Nenner und erleichtert es, konzeptionell Übergänge zwischen Religiösem und Nichtreligiösem und zwischen Religionen und Spiritualitäten zu begehen. Das hat freilich auch einen Preis, nämlich alle religiösen und nichtreligösen Ideen und Phänomene pauschal positiv (als „höhere Ideen") zu bewerten. Das aber dürfte naiv sein; es lässt die Bereitschaft aus, auch Kritischem und Kritikwürdigem in religiösen und nicht-religiösen Feldern jeweiliger Kulturen nachzugehen. Gerade dies, so scheint mir, ist aber neben der Partizipation an einem Heilungsauftrag der andere Auftrag christlicher Religion und Theologie – und einer dezidierte menschenrechtlich und demokratiepolitisch ausgerichteten Perspektive ebenso. Wie kann der Diskurs dazu aussehen, sei er interreligiös ausgerichtet oder zwischen religiösen und nicht-religiösen Traditionen? Eine Möglichkeit könnte sein, dazu dem Modell der Komparativen Theologie nachzugehen.[23] Deren Pointe liegt darin, dass religiöse (oder eben spirituelle) *Praxen* in Bezug auf bestimmte zu lösende Herausforderungen miteinander verglichen werden im tatsächlichen Dialog und dass fallible wie reversible *Kriterien* entwickelt werden, anhand deren dann sowohl die Schwächen und Stärken der spirituellen Kultur des Gegenübers wie der eignen Kultur miteinander verglichen werden können. Und in analoger Weise könnte, so hier der Vorschlag, das Verhältnis zwischen gesundheitssektoralen Praxen eines optimalem und weit gefasstem „Wellbeing" und religiösen Praxen zur „Seligkeit" in einer jeweiligen Religionskultur füreinander diskutierbar gemacht werden. Das Ideal von „Resilienz" böte wohlmöglich ein solches Feld, auf dem sich das studieren ließe.

Menschen zu mehr Hoffnung, Klarheit, Vertrauen und Trost finden; wenn sie die Krankheitssituation aus einer neuen, zukunftseröffnenden Perspektive sehen können; wenn sie eine gut erwogene Entscheidung zu treffen vermögen: für eine Therapie oder einen Verzicht darauf; wenn sie in guter Weise Abschied nehmen können voneinander; wenn sie mitten in ihrer Not auf Gott zu vertrauen vermögen usw." (124f.).

[23] Vgl. etwa K. VON STOSCH, Komparative Theologie – ein Ausweg aus dem Grunddilemma jeder Theologie der Religionen?, in: ZKTh 124 (2002) 294–311. Die Pointe liegt darin, dass religiöse (oder eben spirituelle) Praxen in Bezug auf bestimmte zu lösende Herausforderungen miteinander verglichen werden im tatsächlichen Dialog und dass sowohl fallible wie reversiblen Kriterien entwickelt werden.

Bernd Harbeck-Pingel

DIE ZEIT DES CHRISTENTUMS

Selbstbeschreibungen der Religionen

Als die Zeit erfüllt war, sandte Gott seinen Sohn.
Gal 4,4

I.

[1]Das Christentum in seinem Werden zu betrachten, bedeutet zugleich die Formen der Zeit zu betrachten, unter denen das Christentum in Erscheinung tritt. Der Begriff des Werdens suggeriert eine Einheitlichkeit, die über die Unwegsamkeiten von Verständigungs- und Aushandlungsprozessen galant hinwegsieht. Der Begriff der Erscheinung dagegen verklausuliert die Diffusion sozialer Formen und kultureller Realisierungen und öffnet den Gegenstand der Beschreibung für interne oder externe Adressierung. Die theologische Arbeit ist eine davon und beides zugleich. Mittels theologischer Arbeit sind die Zeitformen überlappt, indem die Themenfelder der Theologie Zeitstrukturen systematisieren und auch vereinfachen. Themen integrieren Zeitstrukturen, nicht weil sie selbst temporal verfasst wären oder ihr Vorkommnis für Beschreibungen raumzeitlich bedingt ist. Sie bündeln vielmehr kulturübergreifend und asynchron das Wissen von *der* (christlichen) Religion und damit uneinheitliche Formen des Umgangs mit der Zeit.

Diese Uneinheitlichkeit resultiert aus den heterogenen Kontexten und Genesen der Themen des Christentums, ihrer medialen Speicherung und ihrer je eigenen Reflexion der Zeit. Die dahingehend unzulängliche Konstellation von Selbst-, Welt- und Gottesverhältnis stellt die Erfassung der Geschöpflichkeit als invariant dar, gleichsam aus dem technischen Interesse einer besseren Beschreibbarkeit, freilich indem Inkommensurables – und das nicht nur temporal – verlinkt wird. Die Konstellation ringt sich indes die Differenz von *ewig* und *zeitlich*, oder dramatisierend: *vergänglich*, ab, während die Erfassung von etwas als geschaffen und fortgesetzt erhalten nicht als Subsumtionsinstrument, sondern als Heuristik dienen könnte. Die Perspektive einer *zielgerichteten* Abfolge endlicher Gestalten, die dieser Gesamtsicht eschatologisch einzuschreiben wäre, vernebelt sich sofort, wenn mittels der vermeintlichen Klarheit der Begriffe die Zeitformen gesucht werden, wie sich, klassisch formuliert, das Reich Gottes realisiert. Damit wird nicht die einzelne erlebte,

[1] Für fachlichen Rat und Korrektur danke ich Thorben Alles.

erfahrene oder erinnerte Situation erratisch als Reflexionsort von Interpretationsmustern gesucht. Vielmehr wiederholt sich die Unklarheit von anwesend/ abwesend, ankommen/ noch nicht ankommen, hier/dort, klein/ groß, wachsen/ vergehen nicht erst in der Textauslegung. Sie gewährleistet auch die musterhafte Beschreibung einer Anzahl ähnlicher Vorkommnisse bezogen auf eine oder mehrere soziale Formen, und dies verlässlich unscharf. Entsprechend sind auch *beginnen* und *enden* (als *scheitern* und *vollenden*), wenn sie sich zur Interpretation von Folgen anbieten, nahe am Schematismus von Welterklärungen, die soteriologisch allenfalls die biographischen Diskontinuitäten hinsichtlich der veränderlichen zeitlichen Gestalt der individuellen und kollektiven Religiosität abbilden.

Offenkundig sind diese thematischen Bündelungen mnemotechnisch verlässlich, gleichwohl ermüden sie als Beschreibungen in mehrfacher Hinsicht. Denn sie vergleichgültigen diejenigen sozialen und kulturellen Kontexte, unter denen das Christentum als Weltreligion in Erscheinung tritt, und erst recht unterlegen sie geschichtsphilosophisch einen Optimismus des Werdens, gegen den die konkreten Realisierungsformen allenfalls mit den hilflosen Floskeln von gelebter Religion oder naiv bestaunter Alltäglichkeit anstehen. Um diese Widerständigkeit aufzulösen, werden im weiteren Selbstbeschreibungen der Religion herangezogen, die den Begriff der Selbstbeschreibung überdehnen. Denn es handelt sich nicht um genuin theologische Verarbeitungen des Zeitthemas; sie sind indes aber auch keine Fremdbeschreibungen des Christentums, weil sie nicht aus der Distanz zu einer Diagnose der Erscheinungsformen des Christentums verhelfen.

II.

Wenn wir der Verklammerung zeitlicher Formen unter dem Begriff des Werdens skeptisch gegenüberstehen, scheint es wenig angebracht zu sein, einen einzigen philosophischen Begriff der Zeit einzuführen, der dasselbe leistet und dabei nur andere Hilfsmittel zur Hand nimmt. Aus diesem Grunde bietet der Rekurs auf Lynne Rudder Bakers „The metaphysics of everyday life“ zunächst nur die Möglichkeit, die Vorsortierung sprachlicher Prädikatoren zu verstehen. Um religiöse Phänomene zu bezeichnen, werden zeitliche Prädikatoren benötigt[2], die ihrerseits zeitlich invariante Bestimmungen und zeitliche Bestimmungen vereinigen. Das begriffliche Gerüst, das zur Beschreibung benötigt wird, etwa die Begriffe Christentum, Religion, Freiheit, Reich Gottes, können auf zeitliche Formen appliziert werden, sind aber selbst nicht zeitlich. Historisiert werden sie durch Betrachtung einer Begriffsgeschichte, als neutralisierte Kategorien werden sie allerdings verwendet, um zeitliche Phänomene abzubilden. Baker unterscheidet zwischen zeitlichen und nichtzeitlichen Begriffen, die in unterschiedlicher Weise auf eine gemeinsame Domäne bezogen sind. Diese Unterscheidung verhilft dazu, dass Verhältnisse, gerichtet auf bestimmte Zeiten und Zeitraumgebiete überhaupt in ihrer Existenz bezeichnet werden können. Die Unterscheidung zwischen (1) zu einer Zeit existieren und (2) überhaupt existieren verdeutlicht

[2] Und nicht nur Existenzquantoren wie in Bakers Modell L. RUDDER BAKER, The Metaphysics of Everyday Life. An Essay in Practical Realism. Cambridge 2007, 226–233.

zugleich aber die Unzulänglichkeit des Existenzquantors *es gibt*. Während Baker darauf abhebt, dass der Domänenbezug, dazu verhilft, nichttemporale und temporale Beschreibungen auszudifferenzieren, so wäre das Modell dahingehend weiterzuführen, dass der Domänenbezug in seiner Mehrdeutigkeit ausdifferenziert wird: zunächst wird er logischer Art sein, er könnte aber auch verstanden werden als Qualifizierung ethischer Verhältnisse oder als Muster sprachlicher Äußerungen oder mentaler Gehalte oder von Wahrnehmungen. Was die konzeptionelle Strategie angeht, müsste damit zwar nicht die Anzahl der Domänen erhöht werden, wohl aber der Kategorien für das Verstehens in Konkretion und Abstraktion.

Die Unterscheidung von Existenz *in der Zeit* und *nicht in der Zeit* verhilft dazu, Begriffliches von Realisierungsformen zu unterscheiden. In dem Sinn kann man sagen, dass das Reich Gottes in Erscheinung tritt unter bestimmten Aspekten, beispielsweise als Beschreibungsmuster der Art und Weise, wie die Gemeinschaft der Heiligen mehr oder weniger an dem orientiert ist, was durch die Person Christi zur Geltung gekommen ist[3] oder inwieweit sich das Reich Gottes durch den Gebrauch fiktionaler Texten realisiert und davon unterschieden die Referierbarkeit auf das Reich Gottes als kognitives oder sprachliches Muster mittels fiktionaler Texte. Baker arbeitet heraus, dass die Unterscheidung von Begriff und Realisierung in den Rahmen von *Existenz* integriert werden. Somit sei der Begriff *existieren* selbst nicht mehrdeutig, sofern es sich um Typen des Existierens handelt, bezogen auf die Zeitlichkeit und die Abstraktion von der Zeitlichkeit[4]. Für das theologische Verständnis hat dieses Modell eine erhebliche Aussagekraft, weil nicht mit der vorhersehbaren Unterscheidung von Idealisierung und bedauernswerter Realität gearbeitet werden muss, sondern bestimmte Typisierungen zeitlichen Worübers möglich sind.[5] Denn die Identifizierung eines temporalen Bezugs nötigt in semantischer und temporaler Hinsicht zur Suche nach Äquivalenzbeziehungen, die nicht allererst Struktur-, sondern Bedeutungsähnlichkeit aufweisen. Die Kontinuität zwischen mindestens zwei Vorkommnissen generiert Folgen, semantisch: Wiederholungen und Variationen.

Die Kategorisierung hinsichtlich Existenz, Sprache, Wahrnehmung, Kognition oder Interaktion ist nachrangig gegenüber dem tatsächlichen Erscheinen in der Zeit selbst.[6] Das bedeutet, dass die Rahmung eine Möglichkeit ist, zu erläutern, wie die Bezugnahme auf irgendetwas in der unverwechselbaren Zeitlichkeit möglich ist. Wenn auf diese Art und Weise abstrakte Objekte und alle Objekte, die unter der Zeit vorkommen, zusammengefasst werden, leitet sich daraus ein bimodales Konzept ab,[7] das nichtzeitliche und zeitliche Objekte einschließt. Auf diese Art und Weise ist die Domäne als Beschreibungsrahmen von der zeitlichen Organisation der Welt unterschieden, aber nicht als Objekt, sondern als Rahmen für die Instantiierung zeitlicher und nichtzeitlicher Relationen. Für die Beschreibung zeitlicher Formen ist damit folgendes angenommen: Erstens die Unterscheidung

[3] Phil 2,5.
[4] BAKER, 227.
[5] Vgl. ST. YABLO, Aboutness, Oxford 2014, 36.
[6] BAKER, 229, 231.
[7] BAKER, 230.

zwischen zeitlichen und nichtzeitlichen Formen der Existenz. Zweitens die Bestimmung einer Welt zu einer bestimmten Zeit, die unterschieden ist von der Kategorisierung durch Existenzbedingungen. Drittens die Zuordnung von früher-später-Relationen als vorrangig gegenüber der Bestimmung von Zeitpunkten oder Raum-Zeit-Gebieten und viertens, dass die zeitliche Struktur der Sprache aufgehoben ist, wenn auf abstrakte Objekte rekurriert wird. Es ist angedeutet worden, dass sich zunächst diese Zuordnung von commonsense view[8] und metaphysischer Beschreibung auf den Existenzquantor bezieht. Im Vergleich dazu sind theologische Themen reichhaltiger, z. B. Schöpfung, Abendmahl, Versöhnung usw. Das Modell elementarisiert demgegenüber wirkungsvoll, weil es die einfache Unterscheidung von erlebter Zeit religiöser Subjekte und der Zeit religiöser Institutionen wie auch das metaphysische Sprechen über die Wirklichkeit Gottes nicht in einen konzeptionell unklaren Gesamtzusammenhang von Geschichtstheologie einbinden muss, sondern Voraussetzungen dafür bietet, dass auf ethische Kategorien Bezug ebenso genommen werden kann wie auf Sprache, Wahrnehmung und Kognition.

III.

Mit der begrifflichen Beschreibung des Existierens in der Zeit ist zunächst für die Beschreibung der Religion eine ernüchternde Wirkung zu erwarten, weil genauso wenig wie mit dem Makrosubjekt der Geschichte[9] die Invarianz einer Erfassung der Zeit des Christentums zu erwarten ist: weder mit dem Optimismus einer Entwicklungsgeschichte, noch mit der generalisierenden Haltung eines Leidens an der Zeit.[10] Die Konkretion auf bestimmte Realisierungen des Christentums setzt erstens voraus, dass Ereignisse für Beobachter als Ereignisse von anderen unterschieden werden können. Auf diese Weise sind Veränderungen als Folgen zu beschreiben und gegebenenfalls als Prozesse zu generalisieren mit ihrer eigenen Zeitordnung. Wenn beispielsweise die Vermittlung der Glaubensgewissheit als Interaktion zwischen Subjekt und Gottheit gedacht wird, so ist dies begrifflich gesehen ein Muster, dass gleichwohl seine Realisierung als Text und ebenso als Beschreibungsmuster kennt. Kontinuitäten aufzuzeigen, hieße Ähnlichkeiten zu beobachten zwischen Formationen des Glaubens. Angesichts der verschiedensten kulturellen Kontexte, in denen christliche Glaubensgemeinschaften existieren und nicht einmal koexistieren, weil sie voneinander wenig wissen, scheinen die metaphysischen Begriffe Zeit und Geschichte des Christentums nur dahingehend Erklärungswert zu haben, dass sie nach den Bedingungen fragen, unter denen Einrahmungen überhaupt plausibel sind. Nachdem dies anhand der Domäne der Existenz/ der Zeit erfolgt ist, sind weitere Unterscheidungen nötig. Sie beziehen sich auf die Beschreibung der Zeit: Die Bezugnahme auf eine soziale Welt differenziert sich dahingehend aus, dass eine Realität zugänglich ist für

[8] BAKER, 233.

[9] K. STOCK, Die Theorie der christlichen Gewissheit. Eine enzyklopädische Orientierung. Tübingen, 2005, 185.

[10] Vgl. M. THEUNISSEN, Negative Theologie der Zeit. Frankfurt/Main, 1991, 37–66, 218 ff.

wahrnehmende Subjekte, die in ihrem Zeiterleben die fiktionale Zeit von Texten, das Erleben anderer und die Speicherung der Erfahrungen anderer auf sich hin organisieren können. Dazu werden sprachliche Muster, die Veränderungen und Wiederholungen bezeichnen, benötigt, auch unter dem Gesichtspunkt der Reflexion von Alternativen und der Kompensation des Unerwarteten (Modalität).

Diese Umgänge mit der Zeit vereinfachen möglicherweise auch die Zuordnung von Mustern fiktionaler Texte und spezifisch religiöser Redeformen (Gebet, Bekenntnis). Ebenso sind die Realisierungsformen als Interaktionszusammenhang zu begreifen, mit der Besonderheit, dass Interaktionen Teilnahme und Distanz ebenso aufnehmen wie sprachliche Muster der Partizipation und der Distanz auch. Wenn die Ausdifferenzierung von Organisation mit dem Ziel der Stetigkeit und der Institution im Sinne der Substituierbarkeit von Sprecher- und Handlungspositionen notwendigerweise auch die sozialen Formen berührt, unter denen das Christentum erscheint, so sind daran angeschlossen Realisierungen und Erfassungen von Raum-Zeit-Gebieten, die der Semantik des Christentums neuartige Konstellationen und Bedeutungen abgewinnen.

Die Frage was das Neuartige des Christentums einmal gewesen ist *Als die Zeit erfüllt war, sandte Gott seinen Sohn…* lässt sich der Struktur nach weiter reproduzieren, und zwar in durchaus skeptischer Weise: Erstens mit dem Zweifel, wie angesichts dieser Innovation überhaupt bei einem begrenzten Bedeutungsvorrat noch Neues zu erwarten ist. Zweitens in der optimistischeren Leseart, dass dann, wenn es gelingt, den Themenvorrat flexibel zu handhaben, neue Bedeutungen erzeugt werden können. Diese Wendung überspielt, dass die Genese neuer Bedeutungen nicht der Harmlosigkeit von Improvisationen geschuldet ist, sondern einer fehlenden Passung, auf die zu reagieren dann Aktivitätsmuster an unterschiedlichen Orten (Personen, Rituale, Verhandlung, Kooperation) nötig macht. Das Gegenteil ist mächtiger: Mit Iterationen Kontextfreiheit so lange zu simulieren, bis die Deplaziertheit christlicher Semantik offenkundig wird; die Pointen so lange verfremden, bis sie vollends störungsfrei anschlussfähig sind; wenn es um offenkundige Schwierigkeiten geht – sprachlos dastehen, Unzuständigkeit reklamieren, ein paar Handlungsoptionen ausstreuen.

IV.

Die bislang im Modus einer Deskription vorgetragenen Aspekte einer Theorie der Zeit könnten den Eindruck erwecken, als wäre der Umgang mit Ereignissen eine Harmlosigkeit, die durch externe Beschreibung versachlicht, möglicherweise auch bagatellisiert wird. Auch dann, wenn die Erfahrung einer Entfremdung in der Zeit[11] nicht zu verallgemeinern ist, so hat doch die Reflexion auf Zeitbestimmungen immer auch einen zeitdiagnostischen Charakter. Die gemeinschaftlich zu bewältigenden Aufgaben lesen sich in der alltäglichen

[11] H.F. FULDA, Das Konzept einer entfremdend über uns herrschenden Zeit. Erwägungen, Einsprüche, Fragen. In: E. Angehrn u.a. (Hg.): Der Sinn der Zeit. Weilerswist 2002, 185–200.

Konfrontation additiv und allenfalls in der Orientierung an einer gemeinsamen Lösung[12] sind sie integriert. Religionsphilosophisch werden sie indes erst dadurch durchsichtig, dass sie mithilfe eines Verständnisses dieses *bonum commune* validiert werden. Dazu muss die religionsphilosophische Beschreibung geerdet werden durch die Erfahrungsgehalte der Realisierung von Religionen, beispielsweise des Christentums. Die Relevanz der religionsphilosophischen Diagnose und der theologischen steht indes nicht von vornherein fest, sondern muss allererst, wie Wolfgang Janke in seinem geschichtsphilosophischen Spätwerk „Die Seinsfrage“[13]aufgezeigt hat, erläutert werden. Im Unterschied zu einer deskriptiven Metaphysik wird mit der Konzeption einer Geschichtsphilosophie, genauer einer Seins-Geschichte, eine Orientierung in gegenwärtiger Perspektive geleistet. Jankes These beruht darauf, dass die Position des Menschen dadurch zu bestimmen ist, dass die Lebensverhältnisse in ihrer Fraglichkeit erörtert werden. Im Unterschied zu einer, wie er meint, nihilistischen Tendenz, sei diese Fraglichkeit als ins Leere laufende Iteration von konstatierter Sinnlosigkeit zu lesen. Dieser Effekt trete dadurch ein, dass die Grundgefühle Ehrfurcht, Vertrauen und Liebe[14] in ihrer desakralisierten Interpretation diffamiert worden wären. Sie zu restituieren auf dem Hintergrund der Annahme, dass sie ihrerseits konstituiert sind durch die Möglichkeit des Gelingens[15] ist nicht einfach als philosophische Arbeitstechnik oder Lebensprogramm einzuführen, sondern auf dem Weg einer Haltung des Andenkens in Erinnerung zu halten. Dies bezeichnet Janke noch nicht als theologisches Konzept, obgleich es einer poetischen Theologie sehr nahekommt.[16]

V.

Die Beschreibung und Interpretation zeitlicher Verhältnisse geht nicht notwendigerweise von Einzelpersonen aus, sondern sie ist zugleich eine Weise, wie Rituale funktionieren (liturgische Zeit), wie religiöse Gemeinschaften sich Organisieren in Nachbarschaft zu anderen sozialen Prozessen (Politik, Wirtschaft, Kunst, Erziehung). Daher sind die Orte der Instantiierung, wie eine christliche Semantik aktualisiert und modifiziert wird, Ausdruck unterschiedlicher Bewusstseinsformen, Handlungsarten und Sprachformen. Wenn diese Vorkommnisse aber nicht ein Ausdruck eines religiösen Regelbetriebs sind, sondern bezogen sind auf soziale Bedingtheiten und Erfordernisse kooperativer Lebensgestaltung, so wird auch deutlich, worin die Nähe zu philosophischen Bestimmungen dieser Aufgabe liegt, nämlich in der Wiederholung einer Frage-Struktur[17] oder einer Irritation semantischer Passung. Kaum wird man durch das bloße Wiederholen sozialen Wissens über Religion als bloßes Material die Ausdifferenzierung von metaphysischer, poetischer und

[12] K. STOCK, Die Theorie der christlichen Gewissheit, 189.

[13] W. JANKE, Die Seinsfrage. Grundzüge einer restitutiven Ontologie. Würzburg 2018.

[14] JANKE, 212-215, 223.

[15] JANKE, 224.

[16] Im einzelnen bezieht Janke sich auf das Gebot der Feindesliebe (Mt 5) und Sophokles‘ *Antigone*. JANKE, 226.

[17] JANKE, 217.

mythischer Theologie einfach beiseitelegen, noch wird man auf dem Weg der Vergegenständlichung in religiösen Praktiken Hilfestellungen anbieten können. Die Übersetzung des sprachlichen Materials kann ebenso misslingen in einer falschen Assimilation an Surrogate von Trost. Da der Umgang mit den eigenen Instantiierungen immer jedoch individuelle Selbstpositionierungen in der Welt übertrifft, wird auch für kooperative Formen der Religionen der Verweis auf Gegenständliches nicht mehr von Bedeutung sein, sondern der auf Abwesenheiten.[18]

Unter der Voraussetzung, dass die Fraglichkeit der menschlichen Existenz nicht einfach mit vorgefertigten Antworten oder Aktionen bewältigt werden kann, wird zunächst eine Lücke zu bezeichnen sein. Die Unvollständigkeit, mit der Instantiierungen auf etwas reagieren und selbst neue Bedeutungen dadurch schaffen, dass sie für anderes Platz machen, bedeutet aber zugleich, nicht dasjenige zu wiederholen, was sie immer schon gegenstandsbezogen artikuliert haben, sondern etwas einräumen, was zur Lösung beitragen könnte. Jankes Postulat einer Resakralisierung wird man allerdings nicht nur als Resakralisierung von Haltungen denken können, sondern *Ehrfurcht, Vertrauen und Liebe* verlangen geradezu nach einer Andersbestimmung von Intersubjektivität. Diese Andersbestimmung oder Neubestimmung wird nicht instrumentell über den Rekurs auf Poesie oder religiöse Texte erreicht, sondern als Erinnerung an etwas Abwesendes, das fehlt.

VI.

Die Selbstbeschreibungen der Religionen haben damit zu tun, dass sich Instanzen realisieren und auf diese Art und Weise neues semantisches Potential geweckt wird oder Handlungsmöglichkeiten, die darauf beruhen, dass die eigene Zeit und die eigenen Situationen in ihrer Begrenztheit erfasst werden. Sie sind mehrfach begrenzt: Erstens in der Erfassung der Fraglichkeit, zweitens in der Bezugnahme auf die mit dem Potential der christlichen Semantiken mitgegebenen Zeitverhältnisse und drittens in den sozialen Formatierungen, in denen diese Zeitreflexion ihren Platz hat. Die Richtung der Zeit, die von da aus beobachtet wird, kann organisiert erscheinen als auf Ziele gerichtet, die Ziele des Religiösen in der religiösen Praxis. Sie kann aber auch über die Dynamisierung zeitlicher Verhältnisse hinaus in ihrem Potential begriffen werden für die Lösung von Problemen. Dabei erscheint sie nicht funktionalisiert, aber als dennoch Modus der Kombination inhärenter Ziele von Religion, Lebensorientierungen und Ethik, mit der Absicht, Veränderungen abzubilden. Die Vielzahl der Orte, in denen Religionen für- und gegeneinander je eigene Kontexte sind, und die Vielzahl der Orte, an denen sie in je eigenen Intensitäten

[18] M. DE CERTEAU, La faiblesse des croire. Paris 1987, 218: „Il s'agit, pour chaque chrétien, pour chaque communauté et pour le christianisme entier, d'être *le signe de ce qui lui manque*, dès là où il est question de foi ou de Dieu. Ce, manque' n'est pas un manque à gagner, mais une limite par laquelle tout témoin confesse publiquement sa relation avec, l'auteur' de la foi, sa loi interne (qui lie une mort à la necessité de faire place à d'autres), et la nature de son lien avec les espaces imprévisibles ou inconnus que Dieu ouvre ailleurs et autrement. La limite articule le langage chrétien – social, liturgique, théoretique, etc. Elle pose le sens. Mais elle se réfère à l'acte qui a permis les évangiles et qu'ils racontent: la mort de Jésus."

für andere soziale Formen Kontexte sind, reflektieren in ihrer temporalen Gestalt Möglichkeiten und Realisierungen des Christentums.

AUSWAHL DER VERÖFFENTLICHUNGEN VON KONRAD STOCK

- Annihilatio mundi. Johann Gerhards Eschatologie der Welt (FGLP X), München 1971.
- Anthropologie der Verheißung. Karl Barths Lehre vom Menschen als dogmatisches Problem (BevTh 86), München 1980.
- Die Zukunft der Erlösung. Zur neueren Diskussion um die Eschatologie (Hg.), Gütersloh 1994.
- Grundlegung der protestantischen Tugendlehre, Gütersloh 1995.
- Zeit und Schöpfung (Hg.), Gütersloh 1997.
- Gottes wahre Liebe. Theologische Phänomenologie der Liebe, Tübingen 2000.
- Glaube und Schönheit. Beiträge zur theologischen Ästhetik (Hg. mit Michael Roth), Aachen 2000.
- Die Theorie der christlichen Gewissheit. Eine enzyklopädische Orientierung, Tübingen 2005.
- Intelligent Glauben. Religiöse Essays, Fernwald 2005.
- Die Gegenwart des Guten. Schriften zur Theologie (MThSt 96), Marburg 2006.
- Einleitung in die Systematische Theologie, Berlin / New York 2011.
- Systematische Theologie. Teil 1. Erfahrung und Offenbarung, Göttingen 2017.
- Systematische Theologie. Teil 2, Göttingen 2021 (im Druck).

AUTORENVERZEICHNIS

Günter Bader, Dr. theol., seit 2008 Prof. em. für Systematische Theologie an der Ev.-theol. Fakultät der Universität Bonn.
Veröffentlichungen: Lesekunst. Eine Theologie des Lesens (HUTh 76), Tübingen 2019; Psalterium. Zum Psalter als Form, Rheinbach 2020; Abyssus abyssum vocat. Zur Kritik der Resonanz, Rheinbach 2020.

Melanie Beiner, Dr. theol., Oberkirchenrätin, Leiterin des Dezernates Kirchliche Dienste der Evangelischen Kirche in Hessen und Nassau.
Veröffentlichungen: Die Liebe Gottes und die Ordnung der Menschen. Macht in der Kirche zwischen Anspruch und Wirklichkeit, in: Valentin Dessoy u.a. (Hg.), Macht und Kirche, 2021 (im Druck); Der Wille als Kraft und das Wesen der Freiheit. Martin Luthers Rede von der Unfreiheit des Willens im Spiegel interdisziplinärer Diskurse und ihre Bedeutung für ein reformatorisches Verständnis des Menschen heute, in: KuD 64 (2018) 225–245; Bilder vom gelingenden Leben entwickeln. Aspekte einer protestantischen Bildungstheorie, PTh 53 (2018), 104–111.

Hermann Deuser, Dr. theol., Prof. em. für Systematische Theologie und Religionsphilosophie in Frankfurt am Main; 2006/07 und seit 2008 Fellow am Max-Weber-Kolleg der Universität Erfurt.
Veröffentlichungen: Mit-Hrsg. der *Deutschen Søren Kierkegaard Edition* (Berlin/ New York 2005 ff.); (Hg.): Ch.S. Peirce' Religionsphilosophische Schriften. Hamburg 1999; Religionsphilosophie. Berlin/ New York 2009.

Bernd Harbeck-Pingel, Dr. theol., Professor für Systematische Theologie an der Evangelischen Hochschule Freiburg, Wissenschaftlicher Direktor des Friedensinstituts Freiburg.
Veröffentlichungen: Formation der Bedeutungen. Theologische Epistemologie. Leipzig 2018; (mit Wilhelm Schwendemann) Immer reformieren. Über-Setzungen und Neues. Göttingen 2017.

Eberhard Hauschildt, Dr. theol., Professor für Praktische Theologie, Ev.-theol. Fakultät der Rheinischen Friedrich-Wilhelms-Universität Bonn.
Veröffentlichungen: (mit Arndt Bialobrzeskit) Zum Spiritualitätsfaktor in resilienzförderlichen Gesprächen von Seelsorge, Psychotherapie und Medizin. Bericht über ein laufendes Forschungsprojekt, in: Pastoraltheologie 110 (2021), 101–119; Predigten, in: Christof Landmesser (Hg.), Bultmann Handbuch, Tübingen 2017, 199–204; (mit Uta Pohl-Patalong), Kirche (Lehrbuch Praktische Theologie 4), Gütersloh 2013.

Eilert Herms, Dr. theol., Prof. em. für Systematische Theologie an der Ev.-theol. Fakultät der Universität Tübingen.
Jüngste größere Veröffentlichung: Systematische Theologie. In Wahrheit und aus Gnade leben, 3 Bde., Tübingen 2017.

Martin Honecker, Dr. theol., Prof. em. für Systematische Theologie und Sozialethik, Ev.-theol. Fakultät der Rheinischen Friedrich-Wilhelms-Universität Bonn; Herausgeber des Evangelischen Soziallexikons und des Evangelischen Staatslexikons.
Veröffentlichungen: Evangelische Ethik als Ethik der Unterscheidung. Münster 2010; Recht in der Kirche des Evangeliums. Tübingen 2008; Glaube als Grund christlicher Theologie. Stuttgart 2005.

Kai Horstmann, Dr. theol., außerplanmäßiger Professor an der Fachrichtung Evangelische Theologie der Universität des Saarlandes.
Veröffentlichungen: In den Streit der Welt … Eine Anregung zur Konziliaren Gemeindebildung, TKH 29. Leipzig 2020; Religion an der Schule. Zum Verhältnis von Unterricht und Seelsorge, in: Theo-Web. Zeitschrift für Religionspädagogik, 2/2020, 152–166.

Michael Kuch, Dr. theol., Professor für Systematische Theologie und Homiletik, Evangelische Hochschule Nürnberg.
Veröffentlichungen: Herzenssache und Gottesmut. Martin Luther und das Lebensgefühl des Glaubens, Gütersloh 2017; Richtig handeln. Glaube und Ethik, Leipzig 2014; Theologische Einführung zur Freiheitsschrift, in: H. Franke, G. Raatz (Hg.), Befreit! Martin Luthers Hauptschriften von 1520. Theologische Einführungen und Themeneinheiten, Leipzig 2020

André Munzinger, Dr. theol., Professor für Systematische Theologie mit Schwerpunkt Ethik, Ev.-theol. Fakultät der Christian-Albrechts-Universität zu Kiel.
Veröffentlichungen: Gemeinsame Welt denken. Bedingungen interkultureller Koexistenz bei Jürgen Habermas und Eilert Herms (Perspektiven der Ethik 7), Tübingen 2015; (mit Sarah Jäger, Hg.), Kulturelle Vielfalt als Dimension des gerechten Friedens. Grundsatzfragen Bd. 4, Wiesbaden 2019; Mit-Hg., Andreas Arndt, Jörg Dierken, Lutz Käppel, Notger Slenczka, Friedrich Daniel Ernst Schleiermacher. Kritische Gesamtausgabe, Berlin / New York.

Joachim Weber, Dr. phil. habil., Professor für Sozialarbeitswissenschaft an der Hochschule Mannheim – Fakultät für Sozialwesen; Privatdozent am Fachbereich Erziehungswissenschaften der Johann Wolfgang Goethe-Universität Frankfurt am Main.
Veröffentlichungen: Diakonie in Freiheit? Eine Kritik diakonischen Selbstverständnisses. Bochum 2001; Soziale Arbeit aus Überzeugung. Ethische Perspektiven auf

sozialpädagogische Praxis. Opladen/Berlin/Toronto 2014; Freiheit und Soziale Arbeit. Weinheim/Basel 2021.

Michael Wolter, Dr. theol., Professor em. für Neues Testament an der Ev.-theol. Fakultät der Universität Bonn.
Veröffentlichungen: Der Brief an die Römer. EKK NF VI 1-2. Neukirchen 2014/ Göttingen 2019; Jesus von Nazareth. Göttingen 2019; Paulus. Ein Grundriss seiner Theologie. Neukirchen 2011/ 3. Aufl. 2021.